心 育 研 究 书 系

Research on the integration subjects of
mental health education

心理健康教育
学科融合研究

俞国良◎著

北京师范大学出版集团
BEIJING NORMAL UNIVERSITY PUBLISHING GROUP
北京师范大学出版社

序

────────

　　书桌上放着"老学生"俞国良教授近几年撰著的几部"新书稿"，我感慨良多。

　　一是感慨时间过得真快，弹指一挥间，已有 26 年师生情缘，可是往事历历在目。现在，50 多岁的老学生叩请即将奔"八"的老导师命序，时不我待，于是欣然命序。应该说，俞国良教授是中国心理学界一位有学术造诣、社会影响、责任担当的心理学家。然而，为什么国良能成为这样一位颇有建树的学者呢？我想有三个原因：第一，他曾长期接受心理学的正规教育。他是原杭州大学(现浙江大学)心理系的本科生和研究生，是北京师范大学发展心理研究所的博士研究生。这充分表明了正规专业教育对国良的发展，尤其是对他的创新精神起到了一个奠基作用。第二，他善于纳新。国良于 1993 年 9 月成为我的博士生，因成绩优异而提前答辩。1995 年 12 月，北京师范大学授予他博士学位。其中有一年我将他送到美国佐治亚大学进行联合培养。在这一年中，他为博士论文的创新吸收了国外大量的新材料、新文献、新研究，他把这个特点一直贯彻到了现在的研究和他对博士研究生的培养上。第三，他勤奋刻苦。国良是一个在农村长大的孩子，二十多年风风雨雨的求学生涯铸就了他勤奋刻苦的秉性。我清楚记得，他在 1990 年的第一部 31 万字的专著《校园文化导论》的后记中，反复强调自己是一位农民的儿子；在 2000 年 7 月 18 日中央电视台《东方之子》的专访中，他则多次向主持人白岩松阐述勤奋对于成长、成才的重要性。国良就是凭着这种吃苦耐劳的"拼命三郎"精神，严于自律和勤能补拙的正确心态，为日后发展打下了良好基础。

　　二是感慨无论做人、做事，还是做研究、做学问，"没有调查就没有发言权"，实乃至理名言。现在摆在我案头的几部新书稿，即"心育研究"系列，是国良在多年调查研究基础上形成的心理健康教育报告，其最大的亮点在于一切从调研中来，一切从实践中来；其最大的创新在于理论探索和政策研究相统一，调查研究与实验研究相结合。因而，国良在心理健康教育领域是拥有"发言权"的。与此同时，他是教育部高等学校心理健康教育专家指导委员会委员、教育部中小学心理健康教育专家指导委员会秘书长，以及国家卫生健康委员会精神卫生和心理健康专家委员会委员。可以说，他不只是拥有"发言权"，他的"发言"还是十分重要的！几部新书稿虽然内容不同，各有侧重，但互相之间交叉渗透，统一于理论与实践的相互促进之中，统一于"立德树人"的教育根本任务之中，统一于社会心理服务体系的建设之中，统一于回应新时代对心理健康教育的期待之中。据我所知，这可能是他就心理健康教育问题的一次集中"发言"。

在研究问题上，他强调学术研究与实践应用相结合。选题是开展研究的前提与基础，心理健康教育研究中既存在着学术问题，也存在着实践问题。一方面，我们需要了解心理健康的前因与后果，把握学生心理健康状况发展的一般规律，这属于心理健康教育研究中的学术问题；另一方面，我们需要在实践中预防学生心理行为问题的发生，促进学生心理素质的提高，这属于心理健康教育研究中的实践问题。国良开展的系列研究，既对心理健康教育的学科地位、理论思想、研究趋势、发展路径等一系列问题从学术上予以了回答，也对心理健康教育实践中存在的问题进行了归纳，并提出了能够指导实践的具体对策。按照他的观点，心理健康教育领域的研究是"跨学科的交叉融合式的应用基础研究"，这一属性决定了心理健康教育研究应兼具理论意义与实践关怀。

在研究视角上，他重视宏观视角与微观视角相结合。从我国心理健康教育发展的历史来看，其进步发展依靠的是自上而下的顶层设计和自下而上的实践探索之间的相互作用。国良作为教育部多个心理健康教育政策文件的起草人，能够从宏观的视角把握心理健康教育全局，从政策制定的角度探讨心理健康教育的发展。他的系列研究并不是将心理健康教育作为一个孤立的研究领域，而是在社会心理服务和思想政治教育的框架下，在"立德树人"和"幸福中国"的目标下对心理健康教育进行探讨，这种高站位让我们可以"鸟瞰"心理健康教育。另外，他的系列研究也处处体现着自下而上的微观视角，反映着教育一线的实践探索。众所周知，当前国内高校都十分重视的"5·25"大学生心理健康节，最初就是由北京师范大学率先发起的，后来将这一先进经验扩展到了全国。

在研究方法上，他追求理论研究与实证研究相结合。心理健康教育处于教育科学与心理科学的交叉点上，在研究方法上应注重理论研究与实证研究相结合。一方面，心理健康教育的研究应充分吸收心理学、教育学等相关学科的重要理论成果，在对学科发展历史进行回顾的基础上，在与国际心理健康教育发展态势的比较中，厘清心理健康教育与其他学科的关系，探讨心理健康教育的教育理念、发展路径与具体要求；另一方面，心理健康教育研究应综合运用访谈法、测量法、实验法等实证研究技术，收集心理健康教育的一手资料，突出心理健康教育研究的科学性与客观性。国良特别重视实证研究的价值，在全国范围内对学校心理健康教育现状进行了广泛而深入的调研，将大中小学校"一网打尽"，为今后的研究提供了重要参考。

在研究结论上，他探索普遍规律与特殊规律相结合。个体心理发展是连续性与阶段性的统一，这决定了在对学生进行心理健康教育的过程中，既要重视普遍规律，也要重视特殊规律。毫无疑问，心理健康教育过程中存在着普遍的教育规律，这些规律适用于所有群体。但需要注意的是，对于不同的群体来说，心理健康教育规律可能会有所区别、有所侧重。例如，他提出要以人为基本研究对象，以人的发展为研究核心，以现实教育问题为导向，运用心理学的研究方法，坚定地站在教育学的立场上，不断强化心理学与教育学研究范式的有机结合，建立跨学科的交叉融合式研究的新范式；在对学生心理健康的操作性定义进行界定时，他认为，学习、自我、人际、情绪是不同年龄阶段学生心理健康的共同维度，这是心理健康教育需要重视的"普遍规律"。但对中学生来说，社会适应已成为心理健康的重要内容；相比于初中生，高中生的心理健康教育还包含着生涯规划，这些都是心理健康教育需要强调的"特殊规律"。

我衷心希望，上述研究成果是该研究领域的一个重要标志，更是能够提供一级可供攀爬的登山梯。

现在社会上有一句老人不爱听的话，叫作"长江后浪推前浪，前浪死在沙滩上"。作为一个老学者，我却持有迥然不同的理念。我的教育理念：培养出超越自己、值得自己崇拜的学生！我希望我的学生"打倒"导师、超越导师；我也希望我学生的学生"打倒"我的学生、超越我的学生，形成"长江后浪推前浪，一浪更比一浪高"的局面。这样，我们国家的兴旺发达、中华民族的繁荣富强才有希望！否则，必然落得"黄鼠狼下崽，一代不如一代"的结局。因此，国良的研究成果足以说明，我相当一批弟子已经远远地超过了我。我十分欣赏这样的一句口头禅——"长江后浪推前浪，东流前浪捧腹笑"，愿与知我者共勉。同时，这也是一个老学者治学心路的真实写照！

是为序。

林崇德

于北京师范大学

2019 年 9 月

自　序

这是"心育研究书系"之《心理健康教育学科融合研究》。

心理健康问题，无论是基础研究还是应用研究，抑或是应用基础研究，都不能就事论事。实际上，心理健康问题既有基础研究的属性，又具应用研究的性质，更可能属于基础应用研究的范畴，这决定了心理健康教育应是多学科的研究对象，需要多学科协同"作战"。

显然，在学科体系内，心理学隶属于自然科学门类，注重定量研究、实证研究，因而心理学对心理健康问题的研究，更多的是在基础研究的范畴内展开；教育学隶属于社会科学门类，注重定性研究、经验研究，所以教育学对心理健康问题的研究，则更多的是在应用研究的范畴内开展。但在学科发展史上，心理学与教育学的关系极为密切。前者是后者的基础与依据，后者是前者的指导与应用。它们在学科发展中不仅相互影响、相互借鉴，而且在许多领域内有相同的研究主题。在心理健康教育领域，心理学在方法论、实验设计等方面有一定影响，而教育学在理论分析、实践应用等方面做出了特殊贡献。

从心理学、教育学交叉融合研究的历史演变进程看，这种多学科研究范式的形成有一个过程。随着19世纪初期机能主义思想的发展，哲学、心理学和教育学之间的交叉融合也在拓展。在这种背景下，心理学方法论大行其道，加上教育实验本身是学生身心机能发展在教育领域的一种尝试，教育实验中的学科融合思想自然应运而生。20世纪初，杜威（E. Dewey）接受了皮尔斯（C. S. Peirce）的实用主义哲学方法论和詹姆斯（W. James）的机能主义心理学思想，为心理学与教育学的交叉融合做

1

出了不可磨灭的贡献。因此，至今大家公认杜威既是一位哲学家，也是一位教育家、心理学家，他是多学科融合研究的集大成者。

从心理学、教育学交叉融合研究后形成的丰硕成果看，值得一提的是，19世纪末在欧洲和美国形成了实验教育学派，这是一种完全在实证主义精神影响下的教育教学实验活动，它所创立的科学主义教育实验模式是教育学发展中的重要里程碑。该学派首次把科学主义实验的模式经由心理学引入教育实验中，这种努力促进了教育实验的科学化和规范化发展。这种由心理学的实验研究演化而成的实证主义范式的教育实验，也正是心理学与教育学交叉融合后心理健康教育所倡导的研究范式。这里，值得一提的是，瑞士心理学家皮亚杰(J. Piaget)的结构主义认识方法论，对教育实验从传统的科学主义模式和传统的经验主义模式中走出来，发挥了重大作用。皮亚杰运用发生学的观点对结构主义进行了再思考，提出了结构主义的认识论思想。他所创立的"临床实验研究方法"为教育实验研究提供了新思路、新视角。例如，布鲁纳(J. S. Bruner)的教育实验和认知发现学习理论、布卢姆(B. S. Bloom)的掌握学习理论和奥苏伯尔(D. P. Ausubel)的有意义学习理论等，就是结构主义思想的产物。目前在西方，教育实验方法论的新发展体现着一种学科有机融合的思想，即把以往的经验主义与科学主义统一为既是整体的又是分析的现代结构主义的方法。对于心理健康教育而言，一句话：只要心理健康教育研究需要，无论心理学的量表法、实验法、统计法，还是教育学的调查法、文献法、历史研究法，都是适合的。

现在，我们正面临社会转型的新时代，即经由传统型社会向现代型社会快速转变，社会发展为心理健康教育提供了机会，经济发展为心理健康教育提供了条件，科技发展更是为心理健康教育提供了鲜活的教育内容、先进的教育方法和科学的研究范式。所有这些变革，为心理学与教育学的交叉融合研究提供了更大的可能。最近美国国家科学院、国家工程院、国家医学院和国家科学研究委员会联合发布了一份报告，明确指出教育学研究不仅可以而且应该学习借鉴自然科学的研究方法和研究规范。因此，我们需要重新认识研究对象，重新审视原来的研究范式，重新定位自己的研究思维。不可讳言，目前的教育学存在着诸多问题，如重知识轻能力、重智育轻德育、重结果轻过程等，问题的实质在于研究者依靠原有的经验和自身的经历来诠释研究范式，对问题的研究停留在表面现象上，研究缺乏科学性、客观性和适用性；心理学对教育学的支持不足，教育研究成果缺乏客观性、有效性；基础科学问题尚未取得突破进展，导致应用研究"摸着石头过河"。此外，教育研究能力和方法也是一个"瓶颈"，主要表现是社会科学与自然科学明显分割，心理学与教育学界限分明，交叉融合远远不够。人们总是习惯从社会科学的宏观角度来开展教育研究，形成了以经验范式为主的研究方法体系，重思辨轻实证，而自然科学也有"只见树木不见森林"的倾向。

毫无疑问，多学科交叉融合视角下的心理健康教育研究，这是由时代和社会发展的需要、趋势所决定的，也是由其主干母学科的历史演变所决定的。使心理学成为一个独立学科应归功于冯特（W. Wundt），他 1879 年在德国莱比锡大学建立了世界上第一个心理学实验室，同时开拓了两种心理学的研究方法取向，一是用自然科学中的定量方法研究个体心理学，二是用社会科学中的定性方法研究民族心理学。心理健康问题作为心理学研究的一个领域，自然会受到上述研究思路的影响。教育学也同样，1806 年，赫尔巴特（J. F. Herbart）的《普通教育学》问世，这是教育学作为独立学科的重要里程碑。他是第一个企图建立教育学科学体系的人，即在伦理学基础上建立教育目的论，在心理学基础上建立教育学方法论。当然，心理健康教育的多学科交叉融合研究，更是由心理健康研究本身的发展特点所决定的。目前，在心理健康研究的选题、对象、方法和内容上日趋呈现出许多新的特点，单一的心理学或教育学的研究范式已无法满足开展心理健康教育的实际需要。更为重要的是，心理健康问题既有基础研究的属性，又具应用研究的属性，这决定了心理健康教育是多学科的研究对象。一言以蔽之，在心理健康教育研究中，心理学和教育学是其两大支柱，也是两个"重镇"，而多学科交叉融合则是心理健康教育研究的发展趋势，不同群体的心理健康问题或心理健康教育就是佐证。社会和现实的需要，使心理健康教育从曾经的边缘地带终于进入研究者的核心视野。今天的心理健康教育已成为一个体现了科学价值的学术领域。

因此，强调心理学与教育学以及多学科交叉融合研究，赋予心理健康教育研究更多客观的、科学的逻辑属性，重要的是改变传统的研究思维定势，教育学研究要走出"经验论、思辨式"传统研究范式，心理学研究要走出"实验论、学院派"传统研究范式。构建以人作为研究对象，以人的发展为研究核心，以现实教育问题为导向，运用心理学的研究方法，坚定地站在教育学的立场上，不断强化心理学与教育学研究范式的有机结合，开展多学科的交叉融合式研究，这就是新时代心理健康教育研究的新思路、新范式。显然，提高心理健康教育研究方法的科学性、研究程序的完整性、研究结果的规范性、研究结论的可靠性、研究成果的适用性，任重而道远。正所谓"抛砖引玉"，这也是我研究与写作的初衷。

需要指出的是，本书是我近三年来开设博士生相关专业课程，以及课题组每周例会讨论、报告主题的产物。参与资料收集和部分初稿撰写工作的既有外院系在读博士生刘珂、樊林峰、孙迪、王涛、于辉，也有我的在读博士生李森、琚运婷、张亚利、张伟达、靳娟娟、陈雨濛、马海燕、黄潇潇，甚至我的已毕业的博士生董妍、李天然、王勍和谢天也参与了部分工作。他们思维活跃、朝气蓬勃、敢作敢为，其贡献可圈可点！编辑周雪梅博士也为本书的编写出版付出了许多心血，一并致谢。严格意义上说，本书是集体智慧的结晶。

我深知，心理健康教育学科融合研究的"新长征"刚刚开始，其后"路漫漫其修远兮，吾将上下而求索"。愿与志同道合者一起艰难跋涉之、攀登之！

俞国良

于北京西海探微斋

2020 年 4 月 18 日

目录 | CONTENTS

第三篇　教育科学的研究视角

第四篇　群体教育的研究视角

第一篇

总论

　　心理健康问题既有基础研究的属性，又具应用研究的属性，这决定了心理健康教育应是多学科的研究对象，更是心理学、教育学为社会建设与教育事业服务的重要方面。我们从心理学、教育学对心理健康教育的两种不同研究范式出发，阐述了交叉融合是心理健康教育研究的发展趋势；强调以心理健康教育为突破口，加强心理学与教育学交叉融合的基础研究与应用研究；从应用基础研究的视角，促进心理健康教育研究的规范化、科学化进程。具体而言，从基础研究视角，系统梳理了心理科学对心理健康问题的研究成果，包括心理科学主要分支学科对心理健康问题的研究和心理科学各种学派，如精神分析学派、行为主义学派和人本主义学派及其代表人物对心理健康问题的研究。这些研究成果是开展心理健康教育的科学依据和理论基础。从应用研究视角，则系统梳理了教育科学对心理健康问题的研究成果，包括教育科学主要分支学科对心理健康问题的研究和教育科学学科中受教育对象的心理健康问题研究，如学生群体、职业群体及网民群体等，涉及幼儿教育、基础教育、高等教育、职业教育与成人教育等各个层次的教育群体。这些研究成果是开展心理健康教育的范例和样板。毫无疑问，上述多学科融合研究及其研究范式的变革，将为心理健康教育注入新的生命活力。

第一章

————

心理学与教育学的交叉融合研究：以心理健康教育为例

基础研究获取的知识成果，必须经过应用研究方能发展为实际运用的形式。心理学以基础研究为主的心理健康问题研究，通过教育学以应用研究为主的心理健康问题研究发挥作用，而两者的交叉融合研究才能真正使研究成果效益最大化，并衍生出新的研究生长点，即心理健康教育研究，这属于应用基础研究的范畴，意谓那些应用方向已经比较明确，利用其现有成果即可在较短时间内取得理论、技术、产品和效益突破的基础性研究。随着社会发展的需要和科学方法论的进步，多学科交叉融合是心理健康教育研究的发展趋势，而伴随而来的研究范式的变革将为新学科——心理健康教育学的诞生奠定基础。

一、交叉融合是心理健康教育发展的大趋势

心理健康教育的交叉融合研究，是由时代和社会发展的需要、趋势决定的。

随着社会发展，国家和政府越来越重视心理健康、心理健康教育的重要作用，先后颁布了多部纲领性文件、政策。特别是 2012 年颁布实施的《中华人民共和国精神卫生法》，更是从法律层面上对心理健康和心理健康教育工作进行了规定。习近平总书记在全国卫生与健康大会上指出，要加大心理健康问题基础性研究，做好心理健康知识和心理疾病科普工作，规范发展心理治疗、心理咨询等心理健康服务。在全国高校思想政治工作会议上，总书记又再次强调要培育理性平和的健康心态，加强人文关怀和心理疏导。在党的十九大报告中，总书记更是明确提出要加强社会心理服务体系建设，培育自尊自信、理性平和、

积极向上的社会心态。显然，国家和政府对心理健康教育的高度重视，与 40 多年来我国改革开放的伟大社会实践有关，与社会转型期的社会心理与社会心态有关，更与大力加强德育与思想政治教育工作、全面推进和实施素质教育有关。开展心理健康教育，不仅是时代和社会发展的需要，更是促进全体学生全面发展、创造性发展和可持续发展，深入贯彻落实"立德树人，育人为本"的必然要求。新时代、新科技、新生态对创新人才提出了新要求，知识经济、信息社会和大数据时代的人才，首先应该是心理健康的。现代生理学家和脑科学家一致认为，从事创造性学习和创造性活动，要以个人的心理正常或心理健康作为基本条件。[1] 然而如何达到心理健康或心理正常，就需要通过开展心理健康教育、提供心理健康服务来实现。而教育是一种十分复杂的社会现象，它同社会生活的各个方面都有密切的联系。因此，无论从宏观还是微观角度研究教育，都更加需要运用多门学科的知识、理论和方法，进行交叉融合的综合研究。例如，学校心理辅导最早出现在 20 世纪初的美国职业教育中。当时帕森斯在波士顿创办了以职业教育辅导为主的"就业指导局"，成为学校心理辅导诞生的标志[2]；到 20 世纪 60 年代，美国学校心理辅导工作开始由专职人员负责，提高了心理辅导的专业化水平。[3] 20 世纪 70 年代，美国学校的心理辅导无论从理论方面还是实践方面，都形成了相对完善的心理辅导服务体系，并从职业教育、职业辅导中独立出来，其服务模式也迅速传播到其他国家。[4] 纵观心理健康辅导发展历程，根据关注人群和理念的不同，经历了医学模式、教育模式和服务模式。[5] 早期主要以医学模式为主，其关注的人群主要是有智力落后或心理障碍、需要提供特殊心理服务的少数人，并以问题解决为导向。近年来，随着积极心理学

---

[1]　俞国良：《社会转型：心理健康教育报告》，249 页，北京，北京师范大学出版社，2017。
[2]　刘学兰、刘鸣：《加拿大中小学心理辅导的现状及其启示》，载《湖南师范大学社会科学学报》，2009(6)。
[3]　宋晓东、施永达：《美国中小学心理辅导综合模式及其对我国的启示》，载《外国中小学教育》，2010(6)。
[4]　俞国良、赵军燕：《论学校心理辅导制度建设》，载《教育研究》，2013(8)。
[5]　俞国良、赵军燕：《论学校心理辅导制度建设》，载《教育研究》，2013(8)。

的悄然兴起，其服务对象逐渐扩展到全体，强调面向健康的大多数人进行心理健康教育，以预防心理疾病和促进发展为导向。

心理健康教育的交叉融合研究，是由其主干母学科的历史演变决定的。心理学思想源远流长，作为一门学科诞生于哲学的怀抱。使心理学作为一个独立学科从哲学中分离出来应归功于心理学家冯特，他于 1879 年在德国莱比锡大学建立了世界上第一个心理学实验室，同时开拓了心理学的两种研究方法取向：一是用自然科学中的定量方法研究个体心理学；二是用社会科学中的定性方法研究民族心理学。就心理健康而言，20 世纪 20 年代，西方的释梦和自由联想技术等心理健康研究成果就开始被介绍到中国。一些使用行为疗法原理分析心理障碍的研究也开始出现，心理学家丁瓒还在多地建立了心理学诊所，其研究与实践都是定性与定量研究的结合。随后由于多种原因，心理健康研究在我国一度中断，直到 20 世纪 80 年代这方面的研究才重新启动，率先从学校心理健康教育开始，开展了大量心理健康方面的理论探索与实践研究。时至今日，已经从学校心理健康教育领域逐步拓展到社会生活中的各个方面。教育学也同样，1806 年，赫尔巴特的《普通教育学》问世，这是教育学作为独立学科的重要里程碑。从教育思想发展史看，他是第一个企图建立教育学科学体系的人，即在伦理学基础上建立教育目的论，在心理学基础上建立教育学方法论。20 世纪初，在实验心理学的影响下，德国教育学家 A. 拉伊和教育家、心理学家 E. 梅伊曼创立了实验教育学，试图采用实验心理学的方法来研究教育学。他们认为教育学应该是记载并阐释教育事实的科学，主张用实验的方法研究教育活动中师生的心理状态，这为教育学的研究方法打开了"另一扇窗"，开启了教育学与心理学交叉融合研究的征程。可惜好景不长，"出师未捷身先死"，实验教育学很快被其他教育思潮淹没。因为教育学更多具有应用研究的属性，需要解决现实生活中的诸多教育难题，这是心理学作为基础研究所无法替代的。

心理健康教育的交叉融合研究，也是由心理健康研究本身的发展特点决定的。目前，在心理健康研究的选题、对象、方法和内容上日趋呈现出许多新的特点，单一的心理学或教育学的研究范式已无法满足开展心理健康教育的实际需要。

心理健康研究选题的广泛化。从研究选题上看，以往心理健康研究多集中在对各类群体心理健康的标准、影响因素及干预效果等方面的探讨。近年来，随着研究的不断深化，心理健康的研究选题、范围更加广泛，并且紧扣时代热点与社会发展需要。从宏观方面看，研究者开始重视并探索了心理健康服务体系的构建问题，主要探讨了我国心理健康服务的需求、心理健康服务的评估方法、社区心理健康服务体系的构建、进城务工人员心理健康服务体系的构建以及学校心理健康服务体系的构建、残疾人心理健康服务体系的构建等。① 与此同时，我国也开展了一些大规模的心理健康状况调查，如中国儿童青少年身心发育特点调查、青少年心理健康素质调查研究等。从微观方面看，随着积极心理学的兴起，研究者对影响心理健康的一些新的积极心理资源，如自我同情、自我提升、积极情绪等开展了相关的研究。新近研究发现，积极情绪可以通过个人资源促进大学生心理健康水平的提高。从实践效果看，我国心理健康研究也重视对新疗法效果的检验。目前已有研究者对一些新的心理治疗方法，如对阅读疗法和绘画疗法、写作表达的效果进行了研究。研究表明，采用书写表达积极情绪和记录愉快事件的方式，均提高了被试的主观幸福感，而且书写表达积极情绪的这种效果在干预5个月后依然有显著效应。②

心理健康研究对象的多元化。目前，学校心理健康教育仍然是我国心理健康研究的重点。通过对CNKI中文献的检索发现，我国学生群体是被研究最多的对象。对这一群体关注的心理健康问题包括厌学、抑郁、焦虑、人际冲突、恋爱问题、求职压力等。除此之外，心理健康的研究对象还广泛涉及教师、医护人员、企业员工、军人、警察、公务员等。从职业分类来看，教师和医护人员是被研究最多的群体，农民则是被研究最少的群体。例如，对于教师群体来

---

① 宋晓东、施永达：《美国中小学心理辅导综合模式及其对我国的启示》，载《外国中小学教育》，2010（6）。

② 王艳梅：《积极情绪的干预：记录愉快事件和感激的作用》，载《心理科学》，2009，32（3）。

说，研究者发现，我国高校教师心理不健康的检出率最高，农村教师心理健康总体状况比城镇教师差，40 岁以上年龄段的教师心理健康状况差于其他年龄段，女教师的心理健康状况差于男教师。[①] 对于职业群体的关注主要涉及职业压力、幸福感、职业倦怠、职业认同、胜任力等方面。另外，也有一些研究者对运动员群体、老年群体、少数民族群体、进城务工人员群体以及灾后群体、心理障碍患者进行了研究。特别是军人，包括退役军人，也开始成为心理健康研究的一类主要群体。由此可见，与以往单一地把学生群体作为主要研究对象相比，目前我国心理健康研究的对象业已呈现出多元化的特点。

心理健康研究方法的多样化。传统的心理健康研究方法一般采用问卷法和访谈法居多；从研究设计上来看，横向研究设计居多。近年来，随着我国心理健康实验研究的增多、研究内容的深化，心理健康研究方法呈现多样化特色，开始注重多学科交叉结合。从数据收集方法上来看，除采用问卷法和访谈法之外，还可以采取元分析的方法，通过系统分析和总结梳理以往研究成果来提出新问题与新思路。例如，冯正直、戴琴采用元分析的方法考察了中国军人的心理健康状况。[②] 干预研究的增多，也是我国近年来心理健康研究方法方面的一个显著变化。张文新、鞠玉翠采用行动研究法在某小学进行了欺负问题的干预研究，通过为期五周的干预，实验班学生受欺负程度显著下降，学生在学校里的安全感增强。[③] 此外，有研究探讨了正念禅修中最为突出的正念减压疗法、正念认知行为疗法、辩证行为治疗，以及正念在创伤治疗中的应用情况。[④] 从研究设计上看，多采用了横向研究以及少量纵向研究设计。与国外相比，我国需要对心理健康研究采用更加多样化的设计，包括前瞻性的研究设计和回溯性的研究设计等。此外，随着认知神经科学的兴起，对心理健康的基础研究也开始运用事件相关电位(ERP)和功能性磁共振成像(fMRI)等研究手段。这些新技

①　张积家、陆爱桃：《十年来教师心理健康研究的回顾和展望》，载《教育研究》，2008(1)。
②　冯正直、戴琴：《中国军人心理健康状况的元分析》，载《心理学报》，2008，40(3)。
③　张文新、鞠玉翠：《小学生欺负问题的干预研究》，载《教育研究》，2008(2)。
④　李英、席敏娜、申荷永：《正念禅修在心理治疗和医学领域的应用》，载《心理科学》，2009，32(2)。

术、新方法的使用，使心理健康的基础研究更加准确和深入。例如，研究者采用功能性磁共振扫描，发现抑郁症患者的焦虑、认知障碍、迟缓、睡眠障碍以及绝望感症状可能是部分特定的脑神经异常活动的表现。[①] 随着认知神经科学、生物医学的发展，运用脑成像技术、基因技术以及分析技术探讨心理障碍的神经机制，逐渐成为心理健康基础研究中的热点问题，并积累了许多原创性的研究成果。目前，有关这一领域的主要研究成果集中考察了自闭症、恐惧症、精神分裂症等心理障碍的神经机制，如国家杰出青年科学基金项目"精神分裂症的内表型研究"及其研究成果。[②]

心理健康研究内容的丰富化。从研究内容上看，心理健康问题的基础研究与应用研究都开始进入研究者的视野，研究者展开了全方位的研究和探索，尤其是基础研究与应用研究的交叉融合研究，从应用基础研究的角度研究心理健康教育的原理与规律。例如，符合不同年龄特征和我国国情的心理健康标准的制定，心理障碍和心理疾患形成的社会心理机制与病因学研究，情绪调节在预防心理疾患与提高心理健康水平中发挥的作用机制研究，以及心理健康教育与思想政治教育、创新性人才培养的关系；根据我国具体国情和社会文化传统，编制不同年龄阶段国民的心理健康标准与测评工具，寻找心理障碍和心理疾患致病的"医学—生物—社会—心理"基础；通过研究个体与环境因素的相互作用在心理、精神疾病发生发展中的规律，寻找潜在的早期病因，建立心理障碍、心理疾患的预防、诊断和治疗的服务体系；消极情绪、情绪异常及情感障碍性心理疾患，给国民的生活和工作带来的严重影响，以及研究情绪产生和调节的机制，探讨不良情绪与积极情绪的转化机制，特别是长期负性情绪状态（如焦虑、抑郁）的调节干预机制，改善情绪情感障碍，提高生活质量的应对措施，等等。在实践领域，更深入系统地关注心理社会因素对心身健康的影响，特别是

---

① 姚志剑、王丽、卢青等：《静息态下抑郁症患者脑功能与临床症状的相关性》，载《中国心理卫生杂志》，2009，23（9）。

② 中国科学技术协会、中国心理学会：《2014—2015 心理学学科发展报告》，55 页，北京，中国科学技术出版社，2016。

积极心理学对维持个体心理健康的影响，并通过对各种危险因素的干预来提高人们的心身健康水平。在理论上将现在的心理健康领域理论流派加以整合，深入探讨生活方式与身心障碍的关系及其致病机制；研究遗传与环境因素的相互作用在心理疾患和精神疾病发生发展中的规律，寻找潜在病因，确定生物神经标记物；在应用上强调心理健康干预的全社会参与，通过心理、行为、精神医学检查方法的整合技术，实现心理疾患、精神疾病的早诊断早治疗，如国家"863"项目"中国人亚健康状态综合评估诊断"与"亚健康状态的综合干预"研究成果。[①]

二、心理健康教育研究范式的变革为新学科诞生奠基

在学科发展史上，心理学与教育学的关系极为密切。前者是后者的基础与依据，后者是前者的指导与应用。它们在学科发展中不仅相互影响、相互借鉴，而且在许多领域有相同的研究主题。在心理健康教育领域，心理学在方法论、实验设计等方面有一定影响，而教育学在理论分析、实践应用等方面做出了特殊贡献。

从心理学、教育学交叉融合研究的历史进程看，其研究范式的形成有一个过程。随着 19 世纪初期机能主义思想的发展，哲学、心理学和教育学之间的交叉融合也在发展。在这种背景下，心理学方法论大行其道，加上教育实验本身即学生身心机能发展在教育领域的一种尝试，教育实验中的交叉融合思想自然应运而生。这一时期裴斯泰洛齐(J. H. Pestalozzi)、赫尔巴特、蒙台梭利(Maria Montessori)和杜威(John Dewey)等人的教育实验，已经渗透着心理学方法论的光芒。在裴斯泰洛齐教育实验中，他明确地把心理学方法作为教学的基础，提倡"教育心理学化"。[②] 尽管在那个时代心理学还没有成为真正的科学，但他已

① 中国科学技术协会、中国心理学会：《2012—2013 心理学学科发展报告》，101～123 页，北京，中国科学技术出版社，2014。
② 张焕庭：《西方资产阶级教育论著选》，191 页，北京，人民教育出版社，1979。

经敏锐地感觉到了心理学未来发展的端倪。继裴斯泰洛齐之后，赫尔巴特试图在心理学基础上建立教育学方法论。他认为："教育作为一种科学，是以实践哲学与心理学为基础的。前者指明目的，后者指明途径、手段……"① 显然，赫尔巴特已经注意到实验科学方法的重要性，在观念心理学的基础上提出了明了、联想、系统、方法四个阶段教学理论。19世纪末期，蒙台梭利在发展机能主义实验方面做出了新的贡献，以"儿童为中心"将教育实验科学化的进程又向前推进了一步。20世纪初，杜威接受了皮尔斯的实用主义哲学方法论和詹姆斯的机能主义心理学思想，为心理学与教育学的交叉融合做出了不可磨灭的贡献。从方法论上看，其一，他接受了詹姆斯的意识和心理发展的机能主义观点，坚持和发展了儿童作为一个有机整体在与环境积极相互作用的过程中发展的思想，从而为美国进步教育实验的机能主义模式奠定了心理学基础；其二，他在詹姆斯的"意识流"理论基础上，提出了"反省思维"（reflective thinking）理论，具有广泛的方法论意义；其三，他充分肯定了心理学在教育学研究中的重要价值，强调儿童的主体作用，特别是儿童青少年年龄发展阶段的特点以及课程设计的心理学基础。这既是教育学的成果，也是心理学的成果。

从心理学、教育学交叉融合研究后形成的成果看，值得一提的是，19世纪末在欧洲和美国形成的实验教育学派，这是一种完全在实证主义精神影响下的教育教学实验活动，它所创立的科学主义教育实验模式是教育学发展中的重要里程碑。其背景是广泛汲取了19世纪中叶以后实验心理学、儿童心理学和教育心理学的研究成果。② 确实，当时心理学的迅猛发展为实验教育学派的产生创造了有利的条件。就心理测量学来说，达尔文的思想为研究者理解个别差异提供了理论框架。1870年，巴托洛梅（Bartholome）首次用问题表法测量2000名小学生入学时的心理状态；1894年，法国的比奈发表论文，开始探讨测量心理能力，并在1905年与医生西蒙编制了世界上第一个标准化的心理测验比奈-西蒙

---

① 张焕庭：《西方资产阶级教育论著选》，180页，北京，人民教育出版社，1979。
② 单志艳、俞国良：《心理学方法论对教学实验方法论的影响》，载《内蒙古师范大学学报（哲学社会科学版）》，2005，34（4）。

量表；1897 年，德国的艾宾浩斯（Ebbinghaus）首创填充法测量学生智力；1904年桑代克出版了《心理与社会测量导论》一书，这是心理与教育测量理论和技术发展的重要标志。从此，各种成就测验量表，如算术量表、作文量表、智力量表和兴趣测验、人格测验、教育测验等相继问世。心理与教育测量技术的发展为教育实验研究提供了方法支持。此后，实验心理学的方法开始在教学研究领域得到了独立的运用，即在教育实验中开始采用实验心理学中的测量、统计与实验设计方法。毫无疑问，作为心理学与教育学交叉融合研究的实验教学派，首次把科学主义实验的模式经由心理学引入教育实验中来，这种努力促进了教育实验的科学化和规范化发展。这种由心理学的实验研究演化而成的实证主义范式的教育实验，正是心理健康教育所倡导的研究范式。这里，值得一提的是，瑞士心理学家皮亚杰的结构主义认识方法论对教育实验从传统的科学主义模式和传统的经验主义模式中走出来，发挥了重大作用。皮亚杰运用发生学的观点对结构主义进行再思考，提出了结构主义的认识论思想。他认为，认识的发展是一个不断建构的过程，只有将建构主义和结构主义结合起来，才能说明认识是怎样获得的，并强调所有结构都是建构起来的，都离不开主体对客体的活动。他所创立的"临床实验研究方法"对教育实验研究提供了新思路、新视角。例如，布鲁纳的教育实验和认知发现学习理论、布卢姆的掌握学习理论和奥苏伯尔的有意义言语学习理论等，就是结构主义思想的产物。目前在西方，教育实验方法论的新发展体现着一种有机融合的思想，即把以往的经验主义与科学主义统一为既是整体的，又是分析的现代结构主义的方法。显然，教育研究从定量研究转向与定性研究并重的方法论。一句话，只要心理健康教育研究需要，无论心理学的量表法、实验法、统计法，还是教育学的调查法、文献法、历史研究法，都是适合的。

现在，我们正面临社会转型的新时代，社会发展为心理健康教育提供了机会，经济发展为心理健康教育提供了条件，科技发展更是为心理健康教育提供了鲜活的教育内容、先进的教育方法和科学的研究范式。所有这些变革，为心理学与教育学的交叉融合研究提供了可能。例如，社会心理学研究方法论特别关注社会环境如何塑造人的心理与行为，人又是如何创造和改造社会环境的，以及个人和所属群体在各种环境中如何行动。与心理健康问题相关的代表性研究成果是"973"计划的"攻击与亲和行为的机理和异常"、国家自然科学基金重点项目"突发事件的群体心理反应特征、演化规律及管理干预"①，理论成果是社会心理服务及其体系建设。② 其中，心理健康服务是社会心理服务的核心。再以"青少年心理健康教育的目标与主要内容"为例，美国研究者提出青少年心理健康教育应进一步与学校教育相结合，其目标应该定位在培养学生在现实生活中良好的发展功能，聚焦于全体青少年社会适应能力的发展而非个别学生的心理行为问题症状③；英国的一个项目以促进学生的积极行为及情绪幸福感为目标，以培养学生的自我认识、自我控制、共情能力、社会技能，以及激发学生的学习动机为主要内容，取得了良好的教育效果④；意大利国家健康研究院心理健康部门发起了一项旨在提高学生心理幸福感的研究，主要内容包括培养青少年的问题解决能力、沟通能力和制定现实性与挑战性兼备的目标等。⑤ 除从个体内部入手培养与心理健康相关的态度、能力外，芬兰的一项研究还尝试通过校园生态系统的改善，来提升学生的心理健康水平。⑥ 青少年的风险行为，如酗酒、药物滥用、酒后驾车等与他们的心理行为问题显著相关。来自澳大利亚、美国及芬兰的研究表明，加强青少年与学校的联系，建立支持性的师生关

① 中国科学技术协会、中国心理学会：《2014—2015 心理学学科发展报告》，71~110 页，北京，中国科学技术出版社，2016。

② 俞国良：《社会转型：社会心理服务与社会心理建设》，载《心理与行为研究》，2017，15(4)。

③ M. S. Atkins, K. E. Hoagwood, K. Kutash, et al., "Toward the integration of education and mental health in schools," *Administration and Policy in Mental Health and Mental Health Service Research*, 2010, 37, pp. 40-47.

④ A. Lendrum, N. Humphrey, and M. Wigelsworth, "Social and emotional aspects of learning(SEAL) for secondary schools: Implementation difficulties and their implications for school-based mental health promotion," *Child and Adolescent Mental Health*, 2013, 18(3), pp. 158-164.

⑤ F. Veltro, V. Ialenti, C. Lannone, et al., "Promoting the psychological well-being of Italian youth: A pilot study of a high school mental health program," *Health Promotion Practice*, 2015, 16(2), pp. 169-175.

⑥ K. Puolakka, K. M. Haapasalo-Pesu, A. Konu, et al., "Mental health promotion in a school community by using the results from the well-being profile: An action research project," *Health Promotion Practice*, 2012, 15(1), pp. 44-54.

系，能有效降低他们风险行为发生的概率，并提高他们的学习动机、学业成就和心理健康水平[1]；澳大利亚的研究者主张通过培养青少年的心理弹性以降低他们产生心理行为问题的风险，并对此展开了实证研究。[2] 最近美国国家科学院、国家工程院、国家医学院和国家科学研究委员会联合发布了一份报告，明确指出教育学研究不仅可以而且应该学习借鉴自然科学的研究方法和规范。[3]因此，我们需要重新认识研究对象，重新审视原来的研究范式，重新定位自己的研究思维。不可讳言，目前的教育存在着诸多问题，如重知识轻能力、重智育轻德育、重结果轻过程等，问题的实质在于研究者依靠原有的经验和自身的经历来诠释研究范式，缺乏科学性、针对性和适用性，对问题的研究停留在表面现象上；心理学对教育学的支持不足，教育研究成果缺乏客观性、有效性；基础科学问题尚未取得突破性进展，导致应用研究"摸着石头过河"。另外，教育研究能力和研究方法也是一个"瓶颈"，主要表现在社会科学与自然科学明显分割，界限分明，交叉融合远远不够。人们总是习惯从社会科学的宏观角度来开展教育研究，形成了以经验范式为主的研究方法体系，重思辨轻实证，而自然科学也有"只见树木不见森林"的倾向。

有鉴于此，在心理健康教育多学科研究范式下，强调心理学与教育学交叉融合研究，赋予心理健康教育研究更多客观的、科学的逻辑属性，重要的是改变传统的研究思维定势，教育学研究要走出"经验论、思辨式"传统研究范式；心理学研究要走出"实验论、学院派"传统研究范式；构建以人作为研究的基本对象，以人的发展为研究核心，以现实教育问题为导向，运用心理学的研究方法，坚定地站在教育学的立场上，不断强化心理学与教育学研究范式的有机结合，开展跨学科的交叉融合式研究，这就是新时代心理健康教育研究的新范式。

---

[1]　R. L. Chapman, L. Buckley, M. Sheehan, et al., "School-based programs for increasing connectedness and reducing risk behavior: A systematic review," *Educational Psychology Review*, 2013, 25, pp. 95-114.

[2]　J. Dray, J. Bowman, M. Freund, et al., "Improving adolescent mental health and resilience through a resilience-based intervention in schools: Study protocol for a randomised controlled trial," *Trials*, 2014, 15, pp289-297.

[3]　黄蔚：《大力推进交叉融合的教育科学基础研究——访教育部科技司司长雷朝滋》，载《中国教育报》，2018-03-22.

显然，提高心理健康教育研究方法的科学性、研究程序的完整性、研究结果的规范性、研究结论的可靠性、研究成果的适用性，任重而道远。

三、构建新时代符合中国国情的心理健康教育学学科

诚如前述，在心理健康教育研究中，心理学和教育学是其两大支柱，也是两个"重镇"。社会和现实的需要，使心理健康教育从曾经的边缘地带终于进入研究者的核心视野。今天的心理健康教育已成为一个体现科学价值的学术领域。毫无疑问，强化心理学与教育学研究范式有机结合、开展跨学科交叉融合研究的结果，便是催生了一门新兴交叉学科——心理健康教育学学科的诞生。

众所周知，对一门学科定义的科学界定，蕴含着该学科的研究对象和学科性质，同时也反映了该学科研究的内容和目标。对心理健康教育学的定义，首先必须明确心理健康的概念。对此，无论在国内或国外，研究者从不同的认知和经验出发进行了定义。从心理健康概念的历史演变看，首推世界卫生组织（WHO）的理解。1948 年，世界卫生组织正式成立，并提出，心理健康是指人的心理活动和社会适应良好的一种状态，是人的基本心理活动协调一致的过程，即认识、情感、意志、行为和人格完整协调，能顺应社会，与社会保持同步的过程。此后五十年，人们对心理健康的理解大同小异。2001 年，世界卫生组织在《促进精神卫生报告概要》中进一步将心理健康定义为：一种完好的状态，个体能够认识到他或她的能力，能够应对日常生活中正常的压力，能够卓有成效地工作，能够对他或她的社会有所贡献。我们认为，心理健康是指一种适应良好的状态，包括两层含义：一是无心理疾患，这是心理健康的基本条件，心理疾患包括所有各种心理及行为异常的情形；二是具有一种积极发展的心理状态，即能够维持自己的心理健康，主动减少问题行为和解除心理困扰。心理健康既指心理健康状态，也指维持心理健康，预防心理障碍或行为问题；既包括消极情绪情感的减少，也包括积极情绪情感的增多，进而全面提高个体心理素质的

过程。据此，我们提出，心理健康教育学是运用心理学和教育学的理论知识与方法技术，研究心理健康教育基本原理与不同年龄阶段的特点、规律及其教育效益的一门学科。这可以从以下几个方面来理解：一是要根据受教育者不同年龄阶段的身心特征和教育规律，来开展心理健康教育活动，这是学科的前提；二是要重视充分运用心理学和教育学的理论知识与方法技术，来分析和解决心理健康的实际问题，这是学科的性质；三是要围绕心理健康教育基本原理与不同年龄阶段的特点、影响因素和发展规律，为预防、干预和教育工作奠定基础，这是学科的内容或对象；四是要高度关注心理健康教育的效益和结果，提高受教育者的心理素质、心理潜能和心理和谐水平，这是学科的目标。

这里，首先需要重点讨论心理健康教育学的研究对象。因为任何一门学科的确立，必须针对它的研究对象给予科学的界定。我们认为，心理健康教育学的研究对象包括三个方面。一是研究心理健康教育的基本原理，其主要对象范围包括：心理健康的概念、标准和影响因素；心理健康教育的原则、目标、任务和方法、途径；心理健康教育与心理学、教育学等学科的关系，与脑科学、遗传学、精神病学、认知科学、社会学、管理学学科的关系，等等；心理健康教育与德育、思想政治教育和创新人才培养的关系；心理健康教育课程教学内容与教学活动的设计。二是研究不同年龄阶段心理健康教育的特点、规律，该领域的对象范围包括：幼儿心理健康教育、小学生心理健康教育、初中生心理健康教育、高中阶段学生的心理健康教育、大学生心理健康教育、研究生心理健康教育、教师心理健康教育。三是研究心理健康教育的影响因素、教育效益和社会价值，其主要对象范围包括：学校心理健康教育的生态环境建设，家庭心理健康的影响因素及其促进，社区心理健康教育与社区心理健康服务，心理健康测评工具的开发与心理健康教育效果的评价，心理健康问题对社会的影响、应对策略及其教育价值。

同时，学科性质决定该学科的发展方向。对于心理健康教育学的学科性质，可以从不同角度进行诠释。我们以为，心理健康教育学作为一门边缘学科，与其主干母学科——心理学、教育学等有着千丝万缕的联系。这是由心理健康教育学的研究对象和研究范围本身的特点决定的。心理健康问题既受个体心理因素的影响，又受教育和文化环境因素的制约。心理健康教育学既吸收心理学的研究成果，用心理学的理论和方法来观照心理健康问题；又吸收教育学的研究成果，用教育学的理论和观点来解释心理健康问题、提出教育对策，从而使心理健康教育学成为心理学与教育学交叉点上的边缘学科。它不仅从母学科中吸收了大量营养，而且还从其他学科中不断汲取养分，从而促进自身的成长与发展。因为心理健康问题受到社会、环境、教育、文化、人格与生物等多因素的制约，这不仅决定了心理健康教育学的"边缘学科"性质，而且也决定了心理健康教育学的研究主题，本身就属于可以从不同方向探索的"边缘问题"。与此同时，心理健康教育学是一门独立的边缘学科。从上述的概念界定、研究对象、理论体系和研究方法来看，它是一门独立的边缘学科。不可讳言，它虽然从心理学、教育学等母体学科中吸收了不少有益的东西，并在此基础上逐步形成，且今后的心理健康教育学发展还将不断从中吸取养料，但它既不是某一学科的附属品，也不是上述学科的简单拼凑和"大杂烩"。它将从心理学、教育学两门学科的孕育中脱胎而出，形成具有心理学、教育学等学科所不具备的特征和理论，成为一门具有独特理论观点与体系的独立的新学科。我们相信，心理健康教育学作为一门独立的边缘学科，虽然仍有对母学科的依赖，但它所具有的"反哺"功能，同样能够为心理学、教育学的发展做出自己独特的贡献。事实上，不仅心理健康教育学与心理学、教育学等不存在绝对界限，其他人文社会科学也同样，以人为研究对象的学科，彼此之间总是存在着相互交叉、相互接近和相互影响的现象。

构建新时代符合中国国情的心理健康教育学学科，源于现代社会科学发展历史所集腋的经验教训，形成于当前心理学、教育学发展的错综复杂的环境。我们认为，心理健康教育学研究要避免走模仿和追随西方研究的老路，应扎根于中国教育现实和国家发展需求，毫不犹豫地突显中国"国情"，追求中国"特色"。这条心理健康教育学发展道路必须经历：验证对比国内外研究成果，研究中国人心理健康教育中特有的和重要的心理现象，建立适合中国国情的心理健康教育学概念、理论及研究方法，其基本途径是学习、选择、中国化。[①] 在此基础上，探索心理健康教育学中国化的发展道路，即面向社会、在社会实践中研究心理健康教育学，加强心理健康教育学的理论与学科建设，使心理健康教育学为我国教育事业与社会和谐发展提供支持和帮助。

第一，面向社会现实研究心理健康教育学。据世界卫生组织估计，到 2020年，我国心理疾患和神经精神疾病负担会上升至疾病总负担的四分之一；居民死亡谱演变显示，生活行为方式和心理负担已居首位（占比 37.73%）[②]。面向社会现实，以问题为研究导向，这是中国心理健康教育学前进的主要方向，否则就是无源之水、无本之木。研究中国人的心理健康现象，应该让十四亿中国人自己"说话"。一是逐步积累中国的研究材料，克服"拿来主义"。我们有的心理健康教育研究报告，从设计、方法到结果，几乎全是模仿外国的；论著的体系与国外同类书大同小异，如此下去，就不可能建立起我们自己的心理健康教育学。中国人与外国人虽然有共同的心理特点，但更重要的是具有不同的特点。二是选择合理的研究课题，克服研究的盲目性。心理健康教育学的研究课题不外乎来自理论和实践两方面，而更多的是来自教育实践。当前，改革开放的社会实践正渴望我们提供大量有价值的心理健康教育学的科学依据，同时也为我们提出了一系列带有方向性和根本性的重要研究内容。三是加强应用研究，克服研究脱离实际的倾向。心理健康教育的特征及其规律是研究工作的出发点，教育实践呼唤心理健康教育学。但目前心理健康教育学和教育实践存在着严重脱节的现象，这与实现心理健康教育学为时代服务的宗旨是不相称的。我们从研究实践中深深地体会到，心理健康教育学要向社会证明自己的价值，必须加

---

① 林崇德、俞国良：《心理学研究的中国化：过程和道路》，载《心理科学》，1996，19（4）。
② 国家自然科学基金委员会生命科学部：《生命科学》，676 页，北京，科学出版社，2017。

强应用基础研究，舍此别无他路。①

第二，加强心理健康教育学的学科建设。在实现心理健康教育学研究中国化的道路上，我们强调理论联系实际，强调应用，并不是放弃基础理论与学科建设。今天，心理健康教育学发展的另一项根本任务是实现其本身的现代化，即加强学科建设。一是明确我国心理健康教育研究与国外的差距，艰苦奋斗，尽快缩小这种差距。从研究课题上看，主要包括研究的年龄范围、研究的具体内容及其深度、理论研究和应用研究等方面的差距。从研究的方法学看，国外在 20 世纪 20 年代之后就开始注重研究科学化，经过半个多世纪，已发展起专门研究心理健康教育研究方法的方法学，包括设计、测量、统计和评价等。从研究手段、工具看，由于现代科学技术的发展，国外心理健康教育研究采用了现代化的技术设备，如录音、录像、电子计算机、现代化观察室、实验室等。这对于深入研究个体的心理健康问题是有帮助的，特别是计算机辅助教学系统和录像系统。二是组织各方面的人才，融合多学科的知识来共同研究心理健康教育学。在科学技术突飞猛进的今天，如果要使心理健康教育研究有所突破，有所前进，光靠专家学者本身的工作是不够的。这里的关键是发展横向联系，开展跨地区、多学科的科研协作。国内心理健康教育研究工作者在自愿、平等、互利、协商的原则下，开展校(单位)际协作、取长补短、互通信息、各地取样，共同突破一个课题。在有条件的情况下，还可以开展与国外学者的合作研究，跨文化、跨地区、跨国家共同探索感兴趣的心理健康教育学问题。

总之，面向社会研究心理健康教育学和心理健康教育学现代化是统一的，是互相联系、彼此制约、相辅相成和不可割裂的两个方面。面向社会，在实践中研究心理健康教育学是其本身现代化的基础；只有实现心理健康教育学本身的现代化，才能够更好地实现心理健康教育学为时代和社会服务。

---

① 俞国良：《现代心理健康教育——心理卫生问题对社会的影响及解决对策》，1~3 页，北京，人民教育出版社，2007。

第二章

———

心理科学对心理健康问题的研究：基础研究视角

一般而言，心理科学对心理健康问题的研究主要属于基础研究范畴。基础研究回答的是心理学的基本原理、基本规律，即"是什么"的问题，寻求的是心理学所需的描述、解释、预测和干预性的知识。心理学作为一门横跨自然科学和社会科学的边缘交叉学科，其研究成果一方面丰富了人类对自身心理现象本质规律的认识，另一方面也极大地促进了社会的文明和进步。国际心理科学联合会(IUPsyS)的调查表明，心理科学的发展水平反映了一个国家和社会的经济、文明发达的程度。[①] 随着科技发展，人类对物质世界已经有了相当深刻的认识。当人们享受的物质生活越来越好时，对自身精神世界的探索却很有限。心理科学作为一门研究人的学科，与人的发展有着密不可分的关系。我国社会的变迁以及经济的高速发展，给人们带来更高的心理负荷与更多的心理疾患。在这样的社会背景下，系统梳理心理科学领域中的心理健康问题研究成果显得更为重要。这是开展心理健康教育的科学根据。

在林林总总的科学大家庭中，一百多年学科史的心理科学只能算是"小弟弟"，然而麻雀虽小却五脏俱全。这里，我们首先来梳理心理科学主要分支学科对心理健康问题的研究。

认知心理学领域。认知心理科学采用信息加工观点研究人类的心理活动。近年来，随着诸如 ERP、PET、fMRI 等技术的出现与发展，形成了一种研究心脑关系的新趋势，即认知神经科学。它强调多学科、多方面、多层次的融合，

———

① 俞国良、戴斌荣：《心理学基础》，1~2 页，北京，北京师范大学出版社，2015。

研究目的在于阐明认知活动所涉及的脑机制。[1] 通过对机体认知、行为以及脑机制的有机结合，以期在宏观和微观两个水平上了解个体的信息加工过程、行为产生和神经生理机制。该领域的研究成果为心理辅导、心理咨询、临床心理学、教育心理学及发展心理学等提供了强大的理论基础与指导。例如，当人们遭遇重大挫折或重大生活事件时会表现出焦虑、恐惧或抑郁，甚至出现精神分裂症、继发性精神障碍等。随着认知神经科学、生物医学的发展，运用脑成像技术(fMRI、PET)，基因技术以及分析技术探讨心理障碍的神经机制，逐渐成为心理健康基础研究中的热点问题，并积累了许多原创性的研究成果。目前，有关这一领域的心理健康问题主要研究成果集中考察了自闭症、恐惧症、精神分裂症等心理障碍的神经机制，如国家杰出青年科学基金项目"精神分裂症的内表型研究"及其研究成果。[2]

生理心理学领域。生理心理学除了以人为研究对象外，还以各种动物实验为对象，研究个体心理行为活动的生理学机制。近年来，越来越重视行为与脑的关系，也越来越关心心理行为问题影响健康的生理状态的机制，如神经、免疫、内分泌系统在健康与重要疾病发生发展中的作用；应激、情绪与奖赏相关行为的分子、遗传与神经环路机制；环境与营养对人体健康影响的分子与细胞机制；社会认知和心理健康(如网络成瘾、未成年人问题行为与犯罪行为)的认知神经基础与行为遗传学的关系等。有研究者整理了与 21 世纪心身健康领域密切相关的 19 篇国内外生理心理科学研究进展。研究成果涉及应激的神经生物学机制、精神分裂症与抑郁的产生机制及干预技术、成瘾的生物机制与分子基础、认知神经科学与生理心理学的交叉研究以及多学科的交叉研究[3]，特别是身心交互作用的机制研究。除关注应激之外，更加重视各种社会心理因素以及个体

---

① 孟维杰：《从认知心理学到认知神经科学：范式检讨与文化自觉》，载《南京师大学报(社会科学版)》，2012(3)。

② 中国科学技术协会、中国心理学会：《2014—2015 心理学学科发展报告》，55～70 页，北京，中国科学技术出版社，2016。

③ 林文娟：《生理心理学前沿研究概述》，载《心理科学进展》，2008，16(3)。

的心理因素(如人格、生活方式、情绪等)对个体身心健康的影响。同时，药物与网络成瘾的机制研究也有诸多成果，相关研究已深入探讨了网络成瘾、药物成瘾的神经机制。采用 ERP 的研究发现，网络成瘾者在早期视觉注意方面有明显的异化现象。同时，其他研究也发现，网络成瘾青少年的自主神经功能出现了一定程度的改变。

医学和临床心理学领域。该领域几乎汲取了心理科学学科中所有与健康相关的分支学科的研究内容，将心理学知识与技术应用于对人类健康的促进，以及疾病的病因与病情分析、诊断与预防，包括心理健康的促进与心理不良状态的调节，心理疾患、精神疾病的发生机制，以及身心健康交互影响效应与机制，等等。近年来，以生物—心理—社会模式作为指导思想，研究其对心理疾患发生发展的交互影响机制，主要研究成果涉及以下方面：①临床心理测验研究。通过对经典心理测验(如韦氏智力量表、心理健康测验等)的修订以及新心理测验的开发，增加了心理量表的针对性；通过与现代计算机技术的结合，提高了心理测验的应用性。②心理治疗方法研究。受文化心理学影响，我国临床心理学家越来越重视开发出符合中国文化特色的本土化心理治疗技术，如禅修、书画疗法等。③在研究内容上，深入研究病理心理产生的神经和生物学机制。除此之外，随着积极心理科学的兴起，临床心理学家在致力于减轻患者痛苦的同时，更注重对其积极心理力量，如心理资本的培养。④在心理健康实践领域，更深入系统地关注心理社会因素对人们心身健康的影响，特别是积极心理学对维持个体心理健康的影响，并通过对各种危险因素的干预提高人们的心身健康水平，如国家"863"计划"中国人亚健康状态综合评估诊断"与"亚健康状态的综合干预"研究成果。① 同时，加强应激管理研究，特别是高危人群的应激管理，寻找心理健康保护性因素，促进个体心理健康与良好心态的建立。

发展心理学领域。发展心理学学科目标是探讨个体身心发生、发展规律及

---

① 中国科学技术协会、中国心理学会：《2012—2013 心理学学科发展报告》，101～123 页，北京，中国科学技术出版社，2014。

其机制，这是不同年龄阶段个体心理健康教育的理论根据。目前，与心理健康问题相关的研究成果主要涉及以下几个方面：①儿童"心理理论"的研究。研究者力图从不同的角度揭示幼儿的心理发展规律，以此作为儿童的社会性交往问题、自闭症的治疗理论依据。②儿童数学认知的研究。该领域的研究成果集中在学习困难儿童的数量表征、数学运算策略和数学的问题解决三个方面。③儿童人格和气质类型的研究。目前，研究者更多地利用新兴的技术手段，如脑电图等进行人格和气质的研究，为培养儿童、青少年健全的人格提供了更充分的依据。④儿童行为的研究，主要包括亲社会行为和攻击行为两方面的内容。主要关注点在于攻击行为产生的原因与结果、是否具有阶段的稳定性、个体差异的影响，以及对攻击行为的干预措施等方面。对亲社会行为的研究则主要围绕亲社会行为的内在机制、社会文化的作用以及亲子、同伴关系的影响等内容展开。⑤基于生态系统理论，研究家庭、学校等因素在儿童、青少年社会性发展中的作用。研究者重视从系统的观点对家庭在儿童发展中的作用进行研究，把家庭对儿童心理发展的影响置于更宏观的社会文化背景中进行考察，研究早年心理创伤、家庭养育环境、亲子关系及其社会化过程对个体心理健康的影响；同伴关系和同伴互动发展与变化的理论与统计建模、青少年早期的异性关系、同伴和友谊对个体心理健康的影响等，也成为新的研究成果。

人格与社会心理学领域。人格是心理健康问题的核心。近几年，研究人员编制出符合中国文化特色的本土化人格量表，如"中国人人格量表"（QZPS）、"中国人个性测量表"（CPAI）。这些量表具有良好的信效度和文化适用性，在从业人员选拔与心理健康评估等领域得到了广泛的应用。此外，健全人格的四元模型，即"自立、自强、自尊、自信"模型，在理论上深化和丰富了青少年价值观研究。在人格障碍与治疗领域，侧重从个体早期经历及个体特征的认知方面探讨病因，并以药物治疗和心理治疗为主；在人格的应用领域，职业枯竭、自我效能和胜任特征模型一直是研究的热点，并积累了诸多成果。社会心理学关注人与环境互动中的心理学问题。与心理健康问题相关的代表性实验研究成果是"973"计划的"攻击与亲和行为的机理和异常"、国家自然科学基金重点项目"突发事件的群体心理反应特征、演化规律及管理干预"①，理论成果是社会心理服务及其体系建设。可以简单理解为对民意民心的描述，对偏见歧视的理解，对社会心态和社会舆论的监测，对志愿者行为的引导。从其服务对象与范围看，包括个体层面上正确的社会态度和健康的社会情绪服务，人际层面上客观的社会认知和健全的社会影响服务，群体层面上积极的社会行为和公平的公共服务。② 其中，心理健康服务是社会心理服务的核心。

人类心理现象的复杂性和综合性，决定了研究者必然是各抒己见，学派林立。显然，心理科学各种学派，如精神分析学派、行为主义学派和人本主义学派及其代表人物，他们对心理健康问题的研究功不可没。③

精神分析学派。作为精神分析学派的创始人，弗洛伊德(Sigmund Freud, 1856—1939)的精神分析思想为心理健康研究提供了重要的理论启示与实践指导，主要反映在三个方面。一是人格结构理论。弗洛伊德提出，人格由意识、前意识和潜意识三层次构成。其中，潜意识最为重要，它包含着人的各种本能及与本能有关的欲望，是行为背后的主要驱动力。本能又可分为生的本能和死的本能。之后，弗洛伊德对三层次观点进行了修正，引入本我、自我和超我三个结构。自我存在于本我和超我的压力下，当自我过度紧张时，焦虑就产生了。二是心理性欲的发展阶段。弗洛伊德意识到，婴幼儿具有强烈的性冲突，这些冲突会以身体的某一特定区域为中心。据此，他提出心理性欲发展的五个阶段。每一阶段都存在一种冲突，如果这些冲突没有得到解决，就会产生各种心理行为问题。三是弗洛伊德的精神分析疗法。弗洛伊德认为，神经症是由未解决的童年欲望，如俄狄浦斯情结被压抑在意识之外导致的。精神分析的目标就是揭露潜意识层面的冲突，将这些被压抑的欲望和思想带到意识层面中，从而提高

① 中国科学技术协会、中国心理学会：《2014—2015 心理学学科发展报告》，71～110 页，北京，中国科学技术出版社，2016。
② 俞国良：《社会转型：社会心理服务与社会心理建设》，载《心理与行为研究》，2014，15(4)。
③ 俞国良：《20 世纪最具影响的心理健康大师》，1～154 页，北京，商务印书馆，2017。

心理健康水平。其主要方法是自由联想和梦的解析。

精神分析学派的另一位代表人物荣格（Carl Gustav Jung，1875—1961）是分析心理学（analytical psychology）的创始人，他发展出一套不同于弗洛伊德精神分析的人格理论。荣格认为，潜意识不仅包括个人潜意识，还包括集体潜意识（collective unconsciousness），它是心灵中最深层、最难接近的层次。任何一种普遍的经验，都会成为人格的一部分，指引和影响我们当下的行为。集体潜意识可以看作储存人类经验的仓库，这些经验通过遗传传递给下一代。包含在集体潜意识中的原始经验通过主题或模式的再现得以印证，荣格称其为原型（archetypes）。[①] 荣格提出的原型有英雄、母亲、儿童、上帝、死亡、权力以及智慧老人等。[②] 他认为，心理症状的产生是由某一原型发展受阻导致的。因此，心理治疗不能仅仅局限于症状本身，而应以发展人格为主要目标，使受挫的原型得到应有的发展，实现自主化。荣格将其心理治疗过程分为四个阶段，即宣泄（confession）、解释（explanation）、教育（education）和转变（transformation）。一般情况下，这四个治疗阶段是层层递进的，但有时可能只需要进行其中某一个或某几个阶段。

作为新精神分析学派的代表人物，埃里克森（Erik Homburger Erikson，1902—1994）的研究对精神分析和大众文化都有深远的影响。埃里克森强调自我而非本我的力量。在埃里克森看来，自我并不依赖或屈从于本我，而是人格中一个强有力的组成部分。他细化并扩展了弗洛伊德的心理发展阶段理论，试图通过从出生到死亡的八个心理社会性阶段（psychosocial stages）来解释人类的行为。按照埃里克森的理论，人格发展的各个阶段都涉及一系列冲突，每一次与环境的对抗都被看作一次危机（crisis）。各个发展阶段均存在特定的危机或转折点，需要个体做出相应的改变。只有个体以适应性的方式解决了每一个冲突，

---

① ［美］杜安·舒尔茨（Duane P. Schultz）、［美］西德尼·艾伦·舒尔茨（Sydney Ellen Schultz）：《人格心理学：全面、科学的人性思考》，62页，张登浩、李森译，北京，机械工业出版社，2016。
② ［美］杜安·舒尔茨（Duane P. Schultz）、［美］西德尼·艾伦·舒尔茨（Sydney Ellen Schultz）：《人格心理学：全面、科学的人性思考》，62页，张登浩、李森译，北京，机械工业出版社，2016。

才能实现人格的正常发展，并形成积极的心理品质。不同于弗洛伊德对生物学因素的关注，埃里克森更强调心理社会变量，承认文化和历史因素对心理发展的影响。埃里克森提出，我们并非童年经验的独有产物，我们也不是因为本能的生物力量就不可避免地遭遇心理危机。即使在前面某个阶段建立了非适应性的反应，在后面几个阶段中我们仍有机会去改变。心理发展是生物因素和社会文化因素共同孕育的产物。这些观点为我们对不同年龄阶段个体实施有针对性的心理健康服务奠定了理论基础。

行为主义学派。沙赫特（Stanley Schachter，1922—1997）被誉为"现代健康心理学之父"。其最具意义的研究是情绪归因论的提出，因此，他也被看作著名的情绪心理学家。沙赫特认为，情绪是生理因素和认知因素共同作用的结果。其中，生理变化是情绪产生的次要因素，而对情绪状态的认知性解释则是情绪产生的主要因素。这一研究工作为临床心理学和心理咨询领域的应用提供了重要的理论指导。此后，以情绪归因论为基础，沙赫特将研究精力主要投入到健康心理学领域，对犯罪、肥胖、烟瘾等方面进行了系统的研究。例如，他研究了唤起水平在解释犯罪行为中的作用，指出罪犯比普通人具有相对更低的持续唤起水平。因此，罪犯更可能处于一种情绪麻木的状态；另外，对于肥胖者来说，外部刺激线索能引起他们更强烈的反应，因此，在接触到与食物相关的外界环境刺激时，肥胖者会产生更强烈的进食欲望；同样，在烟瘾研究方面，沙赫特也提出了自己独到的见解，认为以往研究大大低估了烟瘾者自我治愈的可能性。这些研究为心理治疗提供了有效的干预方向。

作为 20 世纪富有影响力的行为主义心理学家之一，卡特尔（Raymond Bernard Cattell，1905—1998）的建树颇多，其主要的贡献有两点。一是人格因素论及 16PF 的提出。卡特尔认为，特质是人格的基本组成单位，可以分为表面特质和根源特质。其中，根源特质更为稳定和持久。通过科学的统计测量方法——因素分析法，他确认了 16 种根源特质，并据此编制出"卡特尔十六种人格因素量表"（16PF），以测量人格的基本组成因素。卡特尔提出，与正常个体的人格差异是导致患者行为异常，甚至出现犯罪行为的原因。迄今为止，越来越多的研究者关注到 16PF 与健康（包括心理健康和躯体健康）的关系。16PF 被广泛应用于心理健康诊断、躯体健康预测、人才选拔、药物成瘾及犯罪研究中。二是卡特尔的智力理论。卡特尔将智力看作人格的认知表现，认为智力良好是心理健康的标准之一，通过对流体智力和晶体智力的区分，为提前干预老年人的认知能力，延缓老年痴呆的发生提供了重要依据。

另一位成就卓越的行为治疗心理学家是约瑟夫·沃尔普（Joseph Wolpe，1915—1997）。他创造性地将经典性条件作用理论与操作性条件作用理论应用于临床实践，提出了交互抑制理论，并进一步发展为系统脱敏技术，这可以看作心理科学理论应用于心理治疗实践的典范。交互抑制是指通过诱发竞争反应以抑制不良行为反应的产生，竞争意味着两种反应不能共存。如果特定环境刺激引起个体某种不适的反应，那么诱发其新反应的出现，就能够削弱原有的不适反应。在此基础上，沃尔普发展出系统脱敏技术，主要包括以下三个步骤：首先，通过各种放松训练使患者达到放松的状态；其次，了解引起患者焦虑或恐惧等不适反应的刺激事件，建立焦虑或恐惧的等级层次；最后，采用想象或现实系统脱敏，在放松条件下，从弱到强，从小到大，逐步实施脱敏。由于疗程较短且疗效明显，系统脱敏疗法得到了广泛的应用。除对如上所述焦虑、恐惧等神经症的治疗以外，这一治疗技术也被用于对各年龄阶段人群，尤其是儿童不良行为或习惯的矫正。

人本主义学派。罗杰斯（Carl Rogers，1902—1987）是人本主义学派的主要代表人物之一，他创立了以人为中心疗法（person-centered therapy），并将其看作唯一有价值的人格评价方式。罗杰斯以一种积极、乐观的态度看待人的发展。首先，他认为，人在本质上是积极的，人类具有与生俱来的自我完善需要，推动其不断战胜挫折、实现自主自立。心理咨询的核心目标就是激发来访者自身所具有的潜能，促进自我成长，协助来访者成长为一名机能完善者（fully functioning person）。其次，罗杰斯认为，咨询关系作为咨询成功的关键要素，比具体的咨询技术更为重要。咨询师在咨询过程中必须做到以下三点，即真诚、共情以及无条件的积极关注。心理咨询师应按照来访者本来的样子去接纳他们，为来访者提供一种最佳的心理氛围，使来访者在平等交流中产生积极的改变。最后，以人为中心疗法对学校教育提供了重要启示。它打破了传统以教师为主的教育模式，强调以学生为中心的师生关系的建立，提出教师应无条件地接纳学生，促进学生自我发展。这也正是心理健康教育的目标。

另一位具有代表性的人本主义心理学家是马斯洛（Abraham Maslow，1908—1970）。不同于以往心理学家对心理异常者的关注，他更注重对正常个体，甚至是对杰出人物的考察，强调对人类积极心理品质的探究。马斯洛在心理健康领域的理论贡献可以概括为以下三点：一是需要层次理论的提出。需要是有机体内部的一种不平衡状态。马斯洛总结出人类所具有的五种基本需要，分别是生理需要、安全需要、归属与爱的需要、尊重需要和自我实现需要。不同的需要是按照从弱到强的顺序排列的。需要层次越低，强度越大，越需要优先满足。因此，只有低级需要得到一定程度的满足后，高级需要才会出现。二是自我实现理论。马斯洛认为，自我实现是人类通过不断地自我调整和改变，最大限度地实现自我潜能的过程。马斯洛从经验出发，概括并描述了他心目中的自我实现者所具有的 15 个特征[①]，以及达到自我实现的 8 条路径。马斯洛认为，通过自我实现的过程，可以促进人格成长，实现心理健康。三是高峰体验理论。高峰体验类似于一种深度的宗教体验，是自我实现者在某一时刻所体验到的极度快乐的瞬间。马斯洛认为，高峰体验对心理症状具有治疗作用。

塞利格曼（Martin Seligman，1942—　）是积极心理学的提出者和倡导者，被誉为"积极心理科学之父"。积极心理科学聚焦于拥有快乐人格的个体，关注积极的情绪体验、美德，以及人们的生活满意度和主观幸福感水平。其一，塞利格曼对人类的积极心理品质进行了研究，通过跨文化的大范围研究，确定出人

---

① 郑剑虹、黄希庭：《西方自我实现研究现状》，载《心理科学进展》，2004，12(2)。

类所共有的六大美德(virtue)，后又划分为 24 种具体美德。[①] 其二，塞利格曼批判了传统心理治疗聚焦于来访者心理问题的治疗方式，提出应以积极心理学的视角面对来访者，通过提升其主观良好状态和幸福感水平达到心理治疗的目的。而主观幸福感的高低则依赖于个体感知到的社会支持水平、与他人的联结以及群体氛围等因素，为心理治疗提供了具体的途径。其三，积极心理学促进了心理健康教育思想的转变。心理健康教育不仅要关注学生的心理健康，还要注重教师积极心理品质的培养，使师生间产生良性的互动。

2002 年，美国颇具影响力的《普通心理学评论》杂志发表了一篇题目为《20世纪最杰出的 100 名心理学家》的论文。该文通过质性和量化共 6 个指标，评选出 99 位 20 世纪杰出的心理学家。[②] 其中，许多心理学大师都关注或涉足心理健康领域。例如，新精神分析学派的代表人物，因自卑与超越的提出而享誉文坛的阿德勒(位列 67)以及儿童精神分析学家安娜·弗洛伊德(位列 99)；情绪心理学家拉扎鲁斯(位列 80)；人格特质论的奠基人奥尔波特(位列 11)；三维人格理论的提出者艾森克(位列 13)，"艾森克人格问卷"(EPQ)被广泛应用于人格测评和心理测验中；将愤怒引入挫折—攻击理论的伯科威茨(位列 76)；发展变态心理学家，被誉为"儿童精神病学之父"的路特(位列 68)；等等。在心理健康的研究中，他们的理论与经典实验研究具有里程碑式的意义。

---

① 曹新美、刘翔平：《从习得无助、习得乐观到积极心理学——Seligman 对心理学发展的贡献》，载《心理科学进展》，2008，16(4)。

② S. J. Haggbloom, R. Warnick, J. E. Warnick, et al., "The 100 most eminent psychologists of the 20th century," *Review of General Psychology*, 2002(2), pp. 139-152.

第三章

———

教育科学对心理健康问题的研究：应用研究视角

教育科学对心理健康问题的研究，主要属于应用研究范畴。应用研究是为解决实际问题而从事的科学研究，即将基础研究运用在真实、特定的情境中，通常具有特定的实际目的或目标，或是探索基础研究所产生的理论知识在解决人类实际问题中的作用、途径或方法，并解决问题。教育科学作为研究教育规律的各门教育分支学科的总称，通过培养人为社会生产和社会发展服务，它与政治、经济、文化、科技以及各项社会生活、社会实践都有密切的关系，心理健康问题也不例外。目前，继经济发展之后，幸福成为人类社会发展的新目标，人们逐渐意识到心理健康对于人类终身发展和幸福生活不可或缺。因此，教育科学中以应用研究为主的心理健康问题研究，随着研究领域的拓展、研究内容的深化和研究成果的积累，其目标、内容和途径，以及干预矫治的方法、技术和模式，对于提高人类心理健康水平，促进社会和谐稳定与可持续发展，具有重要的现实意义和实践价值。

德育论领域。广义上，德育是"教育者按照一定社会或阶级的要求，有目的、有计划、有组织地对受教育者施加系统的影响，把一定的社会思想和道德转换为个体的思想意识和道德品质的教育"[1]。为了把德育的社会内容有效地转化为个体内在的思想品德，必然要通过个体积极的心理活动。[2] 德育与心理学有一种天然的联系，道德健康本身就是心理健康的重要内涵。其中较有影响的研究成果，如美国实用主义教育家杜威首先提出，后来由瑞士心理学家皮亚杰、

---

① 中国大百科全书出版社编辑部、中国大百科全书总编辑委员会《教育》编辑委员会：《中国大百科全书：教育》，59 页，北京，中国大百科全书出版社，1998。

② 俞国良：《品德与社会性》，载《教育科学研究》，2003(5)。

美国心理学家科尔伯格进行实验研究的认知学派的道德发展阶段理论，以及社会心理学家班杜拉为代表的新行为主义的社会学习理论等，就对道德品质的心理结构及其形成过程进行了全面的诠释。同时，德育中倡导的理想、信念、孝行、尚志、言行一致、履行躬践、格物、致知、诚意、正心、道德习惯、纪律观念和健全人格等，也是心理健康的重要内容。特别是关于德育与心理健康两者关系的探讨，已积累了不少成果。实际上，我国学校心理健康教育工作，就是在德育框架下展开的。与此相反，也有研究者认为，应在心理健康教育视角下进行德育、思想政治教育工作。[①] 此外，在德育原则、途径和方法诸领域，也为心理健康提供了诸多可资借鉴的研究成果。

教育心理学领域。教育心理学是心理学与教育学的一个共同分支，主要研究教与学过程中的各种规律及其应用。近年来，教育心理学领域对心理健康问题的研究所关注的教与学过程中的变量包括情境学习、非正式学习、社会资本、多媒体、学习氛围、学习动机、学习评价和学业情绪[②]，内容涉及这些变量对心理健康的影响、意义与教育价值。其中，在学习动机领域，自我决定论的研究取得了较大理论进展，认知诊断评价是一种新的学习评价方法，对开展心理健康教育活动有重要借鉴价值。现在，心理健康服务体系的研究是目前关注的热点问题。[③] 与国外成熟的体系相比，我国只有高校心理健康服务体系相对比较成熟，而其他的心理健康服务体系研究，尚处在刚刚从建构到实施这一过程中，如中小学心理健康服务体系、家庭心理健康服务体系和社区心理健康服务体系等。此外，教育心理学关于学习心理、个性心理、个别差异与教育，以及体育心理、美育心理、教师心理诸方面，都积累了许多与心理健康相关的研究成果。

课程与教学论领域。课程在广义上指为实现各级各类学校的培养目标而确

---

① 林甲针：《从"教育"到"辅导"：心理健康教育视野下的德育工作》，1~10 页，福州，福建教育出版社，2017。

② 俞国良、董妍：《学业情绪研究及其对学生发展的意义》，载《教育研究》，2005(10)。

③ 俞国良、侯瑞鹤：《论学校心理健康服务及其体系建设》，载《教育研究》，2015(8)。

定的教育内容的范围、结构和进程安排，课程论指关于学校课程的理论[①]；教学论则研究教学活动及其规律。[②] 课程与教学论对课程类型、课程标准、课程设置和教学原则、教学计划、教学大纲的探讨，以及对教学内容、教学过程、教学方法、教学组织形式和教学效果评价的相关研究，已经积累了相当丰富的研究成果。例如，夸美纽斯的"泛智论"、赫尔巴特的"多方面兴趣"学说、杜威的"儿童中心论"、布鲁纳的知识结构理论、斯金纳的程序教学理论，以及洛扎诺夫的暗示教学法和瓦根舍因的范例教学法等，都为心理健康课程的设计、教学与评价，提供了诸多可资借鉴的理论支撑和实验证据。课程是学校开展心理健康教育的重要手段，通过课程传授心理健康的技巧是有效学校心理健康项目的特征之一。[③] 杜威认为，课程的学习问题首先是一个心理学问题，课程设计应遵循的原则是把学科看作一种个人经验的特殊模式，而不是作为一堆已经解决的事实和科学证实的内容。他强调课程学习中的经验和体验。实际上，这是心理健康课程中最重要的教学方式之一。心理健康课程能成功地走到今天，课程与教学论领域的前期研究成果和教学实践经验功不可没。

比较教育科学领域。对一些国家的教育进行比较研究，从而为本国教育发展和改革提供借鉴，这方面的研究已受到各国的高度重视。就研究方法而言，包括以区域研究为中心和以问题为中心两类。心理健康问题就在这两类比较研究的范畴内。前者如20世纪80年代以前的美国，心理健康教育的重点是个别有心理行为问题的学生，后来才把心理健康教育的重点转移到全体学生身上[④]；而欧洲国家的心理健康教育，虽然强调按照预定方向改变学生的个人行为，但更重视在实践和体验中提高中小学生的心理健康水平；日本在20世纪60年代开始重视学生的心理健康教育，90年代在学校设置心理咨询室或心理辅导室，

---

① 《辞海》第七版，2412页，上海，上海辞书出版社，2009。
② 《辞海》第七版，2120页，上海，上海辞书出版社，2009。
③ K. Weare, "Child and adolescent mental health in schools," *Child and Adolescent Mental Health*, 2013, 18 (3), pp. 129-130.
④ Steven W. Evans, Jennifer L. Axelrod, and Jennifer L. Sapia, "Effective school-based mental health interventions: Advancing the social skills training paradigm," *Journal of School Health*, 2000, 70(5), pp. 191-194.

并于 2000 年开始在学校设置心理健康教育课程。研究发现，西方发达国家对青少年心理健康教育与服务的研究与实践起步较早，随着探索的不断深入，其教育目标与教育内容也在不断推进，早期以青少年心理行为问题的矫正为主，近年来以提升全体青少年学生的心理健康水平为主，注重心理行为问题的预防，这对我国的青少年心理健康教育目标的确定有所启发。相应地，各国的研究成果对于我国的青少年心理健康教育也具有较多参考价值。例如，在心理健康教育的主要内容及其干预措施方面，西方学者的理论与实证研究发现，家校协调对青少年的学习成果和降低风险行为有显著影响[1]；培养青少年的心理弹性可以降低其心理行为问题的发生率[2]；教师专业发展是学校整体心理健康水平提升的核心[3]；戏剧和角色扮演是促进青少年自我认知的有效方式，同时也是促进新手教师和学生关系的手段。[4]

教育社会学领域。教育社会学是从社会学角度研究各种教育现象、教育问题及其与社会之间相互制约关系的学科，包括研究社会结构、社会变迁与教育的关系、教育与儿童社会化的关系等。研究者研究了社会结构对人格发展、学业成就、理想抱负的影响，结果表明：家长的教养态度、孩子在学校参加活动的次数、中途辍学的可能性、理想抱负的高低，甚至孩子的语言特点都与他们的社会背景密切相关。学者对于教育在社会变迁中所扮演的角色持有三种典型观点：教育是其动因，教育是其反映，以及教育既是一种社会变迁的动因，又是另一种社会变迁的潜在条件。无论何种观点，都与心理健康问题息息相关。因为心理健康问题与社会变迁、社会转型有着千丝万缕的联系，它是人际信任

---

[1] R. L. Chapman, L. Buckley, M. Sheehan, et al., "School-based programs for increasing connectedness and reducing risk behavior: A systematic review," *Educational Psychology Review*, 2013, 25(1), pp. 95-114.

[2] J. Dray, J. Bowman, M. Freund, et al., "Improving adolescent mental health and resilience through a resilience-based intervention in schools: Study protocol for a randomised controlled trial," *Trials*, 2014, 15, pp. 289-297.

[3] J. Wyn, H. Cahill, R. Holdsworth, et al., "MindMatters, a whole-school approach promoting mental health and wellbeing," *Australian & New Zealand Journal of Psychiatry*, 2000, 34(4), pp. 594-601.

[4] H. Cahill, "Form and governance: Considering the drama as a 'technology of the self'," *Research in Drama Education: The Journal of Applied Theatre and Performance*, 2012, 17(3), pp. 405-424.

感、个人安全感、主观幸福感产生的社会条件、社会环境。① 更多的研究者关注教育与儿童社会化的关系，他们认为家庭是儿童社会化的主要承担者，家庭中初步具备与形成的习惯行为、待人处世和人格特征等，都会影响他们的社会适应；家庭的经济地位、子女数量、亲子关系等都会显著影响儿童社会化的效果。例如，英国学者研究了家庭支持、家长对孩子学校活动的参与度对青少年心理健康的影响，认为高质量的亲子沟通、家长多参与孩子的学校活动，能够提高儿童青少年心理健康水平及在学校的表现。② 学校作为家庭和社会的桥梁，是培养社会所需要的人格品质的专门机构，对儿童青少年社会化至关重要。实际上，心理健康就是一种适应良好的状态，即个体社会化的积极效果。

学校卫生学领域。学校卫生学是以学生生长发育、健康状况与教育、环境之间的关系为研究对象，探讨促进学生身体正常发育、保护健康、增强体质的理论和方法的一门育人科学。③ 作为保护和增强儿童青少年健康，促进其发育的一门学科，其研究内容部分与心理健康领域重叠，特别是在学校卫生组织的规划与设置、儿童青少年身体的成长发育与心理的发生发展、自然因素与外部条件对儿童青少年心理健康的影响，以及儿童青少年心理卫生、预防和矫治心理异常等方面，为心理健康积累了许多宝贵的研究成果。我国研究者更加侧重于从"心理卫生""健康促进学校"等角度，探索儿童青少年心理健康水平的影响因素及机制，这些探索主要集中在个体的内部过程与外部环境两个层面。认知模型、气质性乐观、情绪调节的自我效能感及感恩行为等变量与儿童青少年心理健康、幸福感的关系是个体水平探讨的主要内容；在外部环境层面上，父母冲突、压力性生活事件、教养行为、家庭亲密度、家庭道德情绪与青少年的心理问题、幸福感、对未来的规划及学校适应之间的关系是近年来关注的重点，

---

① 俞国良：《社会转型：社会心理学的立场》，3 页，北京，中国社会科学出版社，2016。

② C. Rothon, L. Goodwin, and S. Stansfeld, "Family social support, community 'social capital' and adolescents' mental health and educational outcomes: A longitudinal study in England," *Social Psychiatry and Psychiatric Epidemiology*, 2012, 47(5), pp. 697-709.

③ 李林静：《学校卫生学》，1 页，重庆，西南师范大学出版社，1997。

且这些研究取得了丰硕的成果，为教育实践中的预防与干预提供了实证基础。

如果以问题或现象为导向，教育科学在心理健康问题方面的应用研究，主要包括学生群体、独生子女、离异家庭子女和特殊群体、职业群体以及网民群体的心理健康问题六个方面，涉及幼儿教育、基础教育、高等教育、职业教育与成人教育等各个层次的受教育对象。

学生群体的心理健康问题。心理健康决定了儿童与青少年的认知和社会性发展。有心理行为问题的学生不仅面临着污名、孤立和歧视，而且享受不到足够的健康护理和教育设施。通常，学生群体所面临的心理困扰因素主要包括学业、人际关系、自我意识、情绪和就业等。[①] 其中，青年群体尤其是大学生的心理问题尤为突出。大学生处于由青少年向成年过渡的关键期，学业、人际关系、就业等带来的自我认知迷茫和社会适应压力，使其成为各类心理行为问题的易感人群。虽然对从 1986 年至 2010 年大学生心理健康变迁进行的横断历史研究表明，我国大学生的心理健康整体水平逐步提升[②]，但是，近年来由心理行为问题引发的大学生自残自杀等极端事件屡见不鲜，大学生群体的心理健康问题突出且有不断递增的趋势。如何促进全体学生群体的心理健康和幸福，将是未来心理健康研究关注的热点。该领域的应用研究成果包括三个方面：一是促进学校心理健康教育建设的宏观政策措施；二是基于学校的心理健康教育基础建设，如完善心理健康教育的制度、课程、师资队伍，有效构建学生心理健康服务体系等；三是针对各级各类学生群体心理健康标准与测量工具的编制研究。

独生子女的心理健康问题。独生子女问题是我国特定时期的社会性问题，伴随我国的计划生育政策而来。家庭系统通过结构、背景、类型、物理环境、心理环境、父母期望、心理氛围、教养方式和亲子沟通等因素，对孩子的心理健康产生深刻的影响。独生子女政策引起了传统家庭结构的深刻变化，使得独

① 俞国良：《未成年人心理健康教育的探索》，载《北京师范大学学报(社会科学版)》，2005(1)。
② 辛自强、张梅、何琳：《大学生心理健康变迁的横断历史研究》，载《心理学报》，2012，44(5)。

生子女群体与非独生子女群体具有不同的心理健康特点。据调查，"症状自评量表"（SCL-90）检测结果表现出独生子女的敌对因子得分高于非独生子女，且二者的总分、人际关系、抑郁、焦虑和恐怖等因子差异显著。[①] 总体上，独生子女的特点包括娇气、任性、以自我为中心、神经质、社交退缩、缺乏独立性和责任心等，个别表现出自私、嫉妒、内向、缺乏社交能力等不良心理行为，这些心理特点使得独生子女的心理健康问题受到极大关注。该领域的应用研究成果包括独生子女心理健康的特点、影响因素和心理行为问题的预防与干预措施等。这些研究使独生子女心理障碍和心理疾患得到及早干预与治疗，并通过积极开展家庭心理健康教育活动，重视家庭心理辅导与心理咨询，提高了独生子女的心理健康水平，对于全体学生的心理健康教育研究具有积极启发作用。

离异家庭子女的心理健康问题。离异家庭问题是世界各国学者普遍关注的社会问题。研究表明，初中离异家庭子女的 SCL-90 因子分高于正常家庭子女[②]，子女在父母离异后易产生心理健康问题，如攻击行为、冲动、反社会行为及人际关系不良等，相关研究具有重要的社会价值。其应用研究成果主要集中在离异家庭子女心理健康问题的特点、适应性问题产生的机制及教育干预研究三个方面。这些研究在学术上促进了教育科学和心理学学科的发展，因为相对于完整家庭子女，离异家庭子女的心理行为特点研究可为这一群体的教育提供指导与参考；在实践上，通过学校心理咨询辅导和服务，缓解了父母离异这一家庭结构变化对个体造成的心理压力，促进了个体和社会的健康发展。

职业群体的心理健康问题。作为我国经济建设与社会发展的中坚力量，职场人士直接面临社会转型对经济和社会环境的巨大冲突，职业倦怠、焦虑、抑郁等问题突出。该领域的应用研究成果集中在不同职业群体心理健康问题的特点、成因和影响因素的初步探索，并相应建立了职业群体心理健康的评价标准、

---

① 方拴锋、经承学、王琳琳：《独生子女与非独生子女心理健康状况分析》，载《临床合理用药杂志》，2010，3(10)。

② 周世军、李科生、张亚婷等：《初中生心理健康与人格的相关研究》，载《中国临床心理学杂志》，2008，16(4)。

预警机制和干预体系。其中，与公共安全和服务相关的职业群体尤为引人关注。例如，研究发现，我国军人总体的心理健康水平低于国内常模，在"强迫症状"和"人际敏感"方面所表现出的问题一直突出[1]；高达68%的警察存在心理压抑现象，监狱警察存在更多的心理压力，且存在性别、岗位和工作年限的差异[2]；医护人员总体心理健康状况低于普通人群，但通常采用解决问题和求助的积极应对方式，来自患者的心理损害、自身健康状况和生活事件是影响该职业心理健康水平的前三位因素[3]；不同所有制企业职工心理健康状况存在差异，且与负性生活事件密切相关[4]；社交压力、程序压力、年龄压力三个因素则是公务员心理健康问题的主要诱因[5]；约有38%的运动员存在着某种轻度的不良心理反应，10%的运动员存在着某种明显的心理健康问题[6]；近20年来中国教师的心理健康水平有所下降，"焦虑"症状变化最大，"强迫症状"问题一直突出[7]，而职业压力、情绪问题、人格异常、人际障碍和职业倦怠是我国各级各类学校教师普遍存在的五大心理健康问题。这些研究为全面提高我国不同职业群体心理健康水平提供了政策制定和教育实践的理论与实证基础。

特殊群体的心理健康问题。特殊群体，诸如灾后群体，以及进城务工人员、农村妇女、残疾人等特殊群体由于所处情况特殊，心理健康问题更具典型性，与其他群体相比，提升其心理健康水平更为紧迫。该领域的教育应用研究成果主要包括四个方面：一是针对特殊群体，如残疾人群的心理与行为特点研究及相关社会保障措施等；二是对由突发事故造成的群体，如地震、洪灾、战争、

---

① 衣新发、赵倩、蔡曙山：《中国军人心理健康状况的横断历史研究：1990~2007》，载《心理学报》，2012，44(2)。
② 李华燊、聂生奎：《313名警察心理健康现状及改善探索》，载《心理科学》，2009，32(5)。
③ 张自伟、刘小玉、王岚等：《医护人员心理健康状况及应对方式的调查分析》，载《中国健康心理学杂志》，2010，18(2)。
④ 谢建平、唐建良、王莲娥等：《不同所有制企业职工心理健康状况及与生活事件相关性研究》，载《中国全科医学》，2006，9(15)。
⑤ 王阳：《公务员职业心理健康的影响因素与干预机制》，载《中国行政管理》，2008(9)。
⑥ 李可可、黄元讯、李再跃：《运动员心理健康及其影响因素的研究》，载湖北大学学报(自然科学版)》，1995，17(3)。
⑦ 衣新发、赵倩、胡卫平等：《中国教师心理健康状况的横断历史研究：1994~2011》，载《北京师范大学学报(社会科学版)》，2014(3)。

流行性疾病、重大安全事故、恐怖活动等重大自然和人为灾害所产生的受灾群体与救援人员，其心理障碍与心理疾患研究；三是少数民族群体心理健康研究，主要是探讨少数民族群体心理健康问题的特点和成因对其心理健康的影响，并提出相应对策；四是针对特定时期国家经济社会发展所产生的特殊群体，如城乡人口流动带来的进城务工人员群体和农村留守妇女群体的心理健康状况分析及相应的社会治理方案。研究发现，生理障碍或疾病使得残疾人在社会生活中面临诸多实际困难而经常处于相对不利的境地，除此之外，文化程度、与他人不同的生活和行为模式、社会对其需求满足的程度，均对残疾人的心理健康产生影响，体育锻炼则可以促进和改善残疾人的心理健康。① 受灾后人们普遍存在焦虑、恐惧、失眠、抑郁、不安感、人际敏感和主观幸福感降低等心理不良症状，应激障碍(PTSD)症候群、抑郁症候群是转移安置点地震灾民的主要心理问题②；我国少数民族心理健康的研究工具主要为 SCL-90，调查结果表明其心理健康水平普遍低于对照组或无显著差异③；进城务工人员容易产生自卑心理和孤独情绪，心理健康水平显著低于全国成人的一般水平，影响因素包括性别、月收入、文化程度及工作时长等；受到经济困难、婚姻、家庭问题等因素的影响，农村妇女的心理健康水平较差，烦恼、多疑、抑郁、焦虑、性压抑等不良情绪引起离家出走、自杀等极端行为的发生，其中，是否留守、年龄、家庭月收入、个人健康状况、消极应对方式、社会支持、生活事件及抑郁症状为其心理健康的主要影响因素。④ 这些研究成果对于提升我国特殊人群的心理健康水平有较高的实用价值。

网民群体的心理健康问题。随着世界步入移动互联时代，网民群体的心理

① 郭敏刚、吴雪、陈静：《残疾人心理健康及其与体育锻炼关系研究》，载《北京体育大学学报》，2007，30(2)。

② 王相兰、陶炯、温盛霖等：《汶川地震灾民的心理健康状况及影响因素》，载《中山大学学报(医学科学版)》，2008，29(4)。

③ 罗鸣春、黄希庭、苏丹：《中国少数民族心理健康研究 30 年文献计量分析》，载《西南大学学报(社会科学版)》，2010，36(3)。

④ 钟斌、姚树桥：《农村留守妇女健康相关生活质量及相关心理社会因素》，载《湖南师范大学学报(医学版)》，2012，9(3)。

健康问题受到了广泛关注。据 2019 年互联网趋势报告，全世界互联网用户已达 38 亿，超过世界总人口半数，中国则为世界上最大的网络用户市场。2018 年，中国移动互联网用户已达到 8.2 亿，移动互联网数据流量同比增加长 189%。网络作为一把双刃剑：一方面使得人们的信息获取、日常消费和人际交往更为便利；另一方面也给个体和社会带来心理健康问题困扰，主要表现为心理障碍、情感冲突、安全焦虑和心理误导等。例如，个体过度沉迷于虚拟世界而与社会现实相脱离，致使其出现情感冷漠、孤独、疏离甚至暴力犯罪倾向，自媒体式的表达渠道也使得个人价值感突出，而对他人缺乏尊重、对集体和社会价值有所忽略，等等。因此，理解网民的行为特征及其心理机制，揭示病理性行为，如网络成瘾的成因和规律，预防网民病理性行为的发生，是当前网民心理健康研究领域的主要课题。相关应用研究成果主要包括三个方面：一是网络环境中个体与群体行为特征及其心理机制，如网络使用行为的类型特点及其人群分布特征，个体发挥网络功能的动机特征及其与社会行为和心理健康的关系；二是网络使用行为的效应与机制，包括网络功能（如信息获取、情感沟通、网络游戏等）实现过程的心理与神经机制，网络功能发挥对使用者心理和行为的短期效应及其长期后果；三是病理性行为的研究，如病理性网络使用对现实社会行为功能发挥的影响等。这些研究基于个人—虚拟社会—现实社会的整体思想，对于如何通过互联网络这种易接近、覆盖广、技术手段丰富的科技手段预防和治疗心理疾患，促进各年龄段网民群体积极心理健康教育具有现实意义。

第二篇

心理科学的研究视角

　　心理科学多指心理学各个分支学科和不同学术流派的集合。从心理科学的研究视角阐述心理健康问题，意味着心理学的分支学科和不同学派即其出发点与落脚点。就心理学的分支学科而言，认知心理学关注人类心理健康问题的信息加工机制，它揭示了孤独、焦虑、抑郁人群在信息编码和解释过程中存在的认知偏向，并对认知偏向与情绪问题的因果方向进行了探讨；在行为健康方面，则探究了执行功能、心理效能感等高级认知功能在成瘾行为和健康行为中的重要作用，揭示了自我调控行为个体差异的认知因素。生理心理学主要从基因、激素等微观层面和神经网络、全脑等宏观层面对心理健康问题进行研究，其研究涉及身心交互机制、应激行为与脑机制、重大心理疾患的遗传标记、成瘾行为及其机制等方面。临床心理学通过开发一系列心理健康测评工具，助力于心理疾患的诊断和筛查；通过对心理和行为问题的基本估计，为心理健康问题的诊治指明了重点把握的方向，通过建构心理健康问题的解释理论为心理健康问题的产生根源厘清了思路，通过对心理健康问题的干预，有效改善了个体或群体的身心健康水平。发展心理学以个体的心理发展问题作为研究导向，强调在个体发展的每个阶段中都面临着独特的发展任务与不尽一致的心理健康问题。为此，发展心理学以理论为基础对不同年龄阶段个体心理健康问题进行了系统研究，并明确提出了发展心理学有关心理健康问题研究的方法与干预措施。社会心理学从具有代表性的三个理论——计划行为理论、解释水平理论、自我决定理论入手，分析了社会心理学理论如何应用于心理健康研究；并以躯体化和道家人格为例，探讨了中国文化下的心理健康研究；社会心理学能够为心理健康问题研究提供重要的理论指导和方法支持，从而起到促进国民心理健康教育，提升国民心理健康水平的作用。对于心理学的不同学派而言，对心理健康问题的研究是精神分析学派浑然天成的使命。从弗洛伊德的古典精神分析到荣格的分析心理学与心理治疗，再到自我心理学和社会文化学派等，精神分析学派开枝散叶的历程，也集中体现了其家族成员对心理健康问题的认识与回答方式的流变史。时至今日，精神分析学派理论的发展依旧瑕瑜互见，这也导致了来自不同领域的争议。但是，其对心理健康问题的认识和在心理分析治疗中所做出的贡献是无可訾议的。行为主义学派对心理健康问题的研究也颇具影响，从沙赫特的情绪认知理论、成瘾问题的研究到沃尔普的交互抑制理论与系统脱敏技术的提出，再到塞利格曼的积极心理疗法在个体与团体心理治疗中的广泛应用，都对当代心理健康问题的解决提供了重要理论依据和实践指导。人本主义心理学学派始终对心理健康问题的研究抱以极大热情，并取得了丰硕成果。它从整体健康的角度定义心理健康的标准，关注健康人格的特点；重视社会文化因素对心理健康的影响，总结了心理和行为问题形成的机制；在实践中强调咨询师对来访者的接纳、无条件积极关注，认为咨询师与来访者的关系是影响治疗效果的关键因素。所有这些心理科学的研究成果，都将有助于极大地提高心理健康服务和心理健康教育的质量。

第四章

———

认知心理学对心理健康问题的研究

认知心理学把人看作信息的积极寻求者和使用者，为理解人类提供了一个特殊的视角。通过几十年的发展，认知心理学已成为沟通外部行为、心理过程和生理基础的桥梁，为整合心理学的不同解释水平，构建对人类行为的完整认识与理解提供了可能。特别是认知心理学从信息加工的角度对影响心理健康的情绪问题和行为模式进行了细致的研究，了解其背后的探究思路、理论和方法，汲取其研究成果有助于深刻地理解情绪和行为的机制，并为心理健康服务和心理健康教育提供启迪与支持。

一、认知心理学对情绪问题的研究

个体在对信息进行加工的过程中会出现对特定信息的加工偏好，即存在认知偏向（cognitive biases）。很多理论认为认知偏向对情绪问题的产生、维持和复发有重要影响[1]，如卡西奥波（John T. Cacioppo）的孤独模型、杜加斯（Michel J. Dugas）的广泛性焦虑模型、阿尔伯特（Maree J. Abbott）的社交恐惧模型，以及贝克（Aaron T. Beck）的抑郁模型等。大量横断研究也证实，孤独、焦虑和抑郁人群在信息编码、信息解释等过程存在负性认知偏向（negative cognitive biases）。同时，越来越多的纵向研究也表明认知偏向可能是情绪障碍的认知易感因素。

---

① A. Mathews and C. MacLeod，"Cognitive vulnerability to emotional disorders,"*Annual Review Clinical Psychology*，2005（1），pp. 167-195.

(一)信息编码与情绪问题

个体在信息编码阶段对环境中的刺激进行搜寻和识别,涉及注意的定向、维持、解除和转移等。研究发现,孤独、焦虑和抑郁人群对负性信息表现出高度的警觉与选择性注意,即存在负性注意偏向(negative attentional bias)。

孤独个体的负性注意偏向表现为[①]:在点探测任务或眼动实验中对社交威胁信息更早地注视、更难地脱离;在表情识别任务中对愤怒、悲伤、恐惧有更高的识别准确率;在脑电实验中更早地出现对负性社交刺激的神经反应差异。类似地,焦虑症患者或焦虑水平较高的个体在遇到与其焦虑对象匹配的威胁刺激时,也表现出对该刺激更迅速、更准确地捕捉,以及随后对该刺激更多的注意投入。[②] 眼动研究的元分析也证实,焦虑个体相对于非焦虑个体对威胁刺激显示出更多的警觉,且在视觉搜索任务中难以从威胁刺激中脱离。[③]

相比孤独、焦虑个体对威胁刺激自动、迅速且无意识地捕捉,抑郁个体对悲伤、威胁面孔等负性刺激的选择性注意却是一种心境一致的加工,往往出现在刺激呈现一段时间之后,并且抑郁个体在实验中的负性注意偏向程度可以预测其当下的抑郁水平。[④] 除了对负性刺激表现出注意偏向之外,抑郁患者和风险人群还缺乏在正常个体中普遍存在的对正性刺激的加工偏好。[⑤] 特别地,为了探究注意偏向是否是青少年抑郁的认知易感因子,有研究者考察了携带其他抑郁风险因子。对于非抑郁的青少年的注意偏向,研究发现[⑥]:母亲患过抑郁的非抑郁儿童相比

① A. W. M. Spithoven, P. Bijttebier, and L. Goossens, "It is all in their mind: A review on information processing bias in lonely individuals," *Clinical Psychology Review*, 2017(58), pp. 97-114.

② J. M. Cisler and E. H. W. Koster, "Mechanisms of attentional biases towards threat in anxiety disorders: An integrative review," *Clinical Psychology Review*, 2010, 30(2), pp. 203-216.

③ T. Armstrong and B. O. Olatunji, "Eye tracking of attention in the affective disorders: A meta-analytic review and synthesis," *Clinical Psychology Review*, 2012, 32(8), pp. 704-723.

④ C. M. Sylvester, J. J. Hudziak, M. S. Gaffrey, et al., "Stimulus-driven attention, threat bias, and sad bias in youth with a history of an anxiety disorder or depression," *Journal of Abnorm Child Psychology*, 2016, 44(2), pp. 219-231.

⑤ A. D. Peckham, R. K. McHugh, and M. W. Otto, "A meta-analysis of the magnitude of biased attention in depression," *Depress Anxiety*, 2010, 27(12), pp. 1135-1142.

⑥ B. Platt, A. M. Waters, G. Schulte-Koerne, et al., "A review of cognitive biases in youth depression: Attention, interpretation and memory," *Cognitive Emot*, 2017, 31(3), pp. 462-483.

对照组，表现出对负性刺激的注意偏向；母亲的抑郁症状水平可以预测携带 5-羟色胺转运蛋白等位基因的青少年对威胁刺激的注意偏向；母亲如果对正性刺激缺乏注意偏向且患有抑郁或焦虑，其子女也表现出对负性刺激的注意偏向；受过虐待且伴有高特质反刍的儿童和患有重度情绪调节障碍的青少年也表现出对悲伤或威胁面孔的注意偏向。这些研究结果表明，对负性刺激的注意偏向不仅是抑郁群体的典型特征，还可能是抑郁障碍的一个重要认知易感因素。

(二)信息解释与情绪问题

个体在信息解释阶段对捕捉到的刺激进行解释，利用过去经验对当下进入的信息进行深入的加工，并构建对自我、他人、事件和情境的理解，该阶段涉及归因(attributions)、评价(evaluations)和期待(expectation)等心理过程。研究发现，孤独、焦虑和抑郁人群倾向于对模棱两可的信息进行消极解释，即存在消极解释偏向(negative interpretational bias)。

在对刺激的解释方面，孤独组的个体倾向于对模糊或中性的社交信息做消极解释[1]；对自身在社交情境中遭受拒绝的预期比非孤独组高，对遭受拒绝后产生的焦虑和愤怒的预期也更高；特别是，纵向研究发现孤独感与一年以后更高的被拒焦虑预期和愤怒预期相关，而被拒焦虑预期和愤怒预期也可以预测一年以后的孤独感。上述结果意味着孤独个体对社交情境的消极解释偏向可能与孤独体验存在交互作用。

两项元分析表明，当社会信息，如行为言语、面部表情是模糊或中性时，高焦虑水平的成人[2]和少年儿童[3]同样倾向于对其做出消极的解释；此外，高社

① A. W. M. Spithoven, P. Bijttebier, and L. Goossens, "It is all in their mind: A review on information processing bias in lonely individuals,"*Clinical Psychology Review*, 2017, 58, pp. 97-114.

② S. Mobini, S. Reynolds, and B. Mackintosh, "Clinical implications of cognitive bias modification for interpretative biases in social anxiety: An integrative literature review,"*Cognitive Therapy and Research*, 2013, 37(1), pp. 173-182.

③ S. Stuijfzand, C. Creswell, A. P. Field, et al., "Research Review: Is anxiety associated with negative interpretations of ambiguity in children and adolescents? A systematic review and meta-analysis,"*Journal of Child Psychology Psychiatry*, 2018, 59(11), pp. 1127-1142.

交焦虑者还会以"灾难化"的方式解释消极情境，并以"打折"的方式看待积极线索，对积极事件做出更多消极的解释。[①]

对于抑郁群体来说解释偏向可能是一个认知易感因子，研究发现相比正常组，"贝克抑郁量表"中抑郁症状得分超过 14 的青少年，倾向于在模糊情境任务中做出更消极的解释，并且消极解释偏向与抑郁症状的严重性正相关；母亲曾患过抑郁的女孩相比母亲从未有过精神病史的女孩，在模糊情境任务和模糊词语任务中表现出消极解释偏向；大学生消极解释偏向的大小能预测后续抑郁症状的严重程度。

在对事件的归因方面，孤独和抑郁群体存在消极归因风格，且消极归因风格与孤独和抑郁症状可能存在交互作用：当社会排斥原因不明时，孤独个体倾向于对他人的行为做出敌意归因；孤独个体倾向于对负性社交事件做出内部、稳定、不可控的归因，而对正性社交事件做出外部、不稳定、不可控归因；孤独个体对负性社交事件的内部、稳定归因与其一年后孤独感的增加相关，而孤独感也与一年以后对负性社交事件更多的内部、稳定归因相关。[②] 抑郁症患者则倾向于将负性事件归因为自身整体和持久的因素，归因方式可以帮助预测哪些人在过去患过抑郁以及哪些人在面对应激时可能发生抑郁。[③]

在对自我和他人的评价方面，对孤独群体的研究发现[④]：孤独感与对自己在社交技巧、社会胜任能力、吸引力、幽默、可信度等方面的评价负相关，与自卑正相关；孤独感与对他人可信度、社交能力、吸引力、领导力、支持力等方面的评价负相关；此外，对他人可信度的评分与一年后的孤独感负相关，但孤独感与一年后对他人可信度的评分无关，这意味着对他人的低信任可能是孤独的风险因子而非结果变量。

---

① 李涛、冯菲：《社交焦虑解释偏差：研究范式、特征及矫正》，载《心理科学进展》，2013，21(12)。

② A. W. M. Spithoven, P. Bijttebier, and L. Goossens, "It is all in their mind: A review on information processing bias in lonely individuals," *Clinical Psychology Review*, 2017, 58, pp. 97-114.

③ 郭文斌、姚树桥：《认知偏差与抑郁症》，载《中国行为医学科学》，2003，12(1)。

④ A. W. M. Spithoven, P. Bijttebier, and L. Goossens, "It is all in their mind: A review on information processing bias in lonely individuals," *Clinical Psychology Review*, 2017, 58, pp. 97-114.

抑郁、焦虑与低自尊之间的高相关也在过去大量横断研究中得到证实，但低自尊与焦虑、抑郁关系的本质在研究者间一直存在争议。近年来越来越多的纵向研究表明，低自尊可能是抑郁和焦虑的认知易感因子而非结果变量。例如，一项跨度 23 年的纵向研究发现，12～16 岁青少年对自身外貌吸引力、学业能力或整体的低自尊可以预测成年后的抑郁。[①]

二、认知心理学对行为健康的研究

除了情绪问题之外，人类在日常生活中的行为模式也是影响心理健康的重要因素。规律作息、经常锻炼、合理饮食、定期体检、谨遵医嘱等行为能促进心理健康；而吸烟、酗酒、危险性行为、暴饮暴食、饮食作息不规律等则会损害心理健康。如何戒除健康危害行为和建立良好的行为习惯是公众关心的问题。研究者也意识到除了关注心理疾病、心理障碍、心理问题的临床心理健康之外，有必要在更广阔的群体中推进公共心理健康的研究。

(一) 执行功能与行为健康

冲动性和强迫性是成瘾行为的两大核心特征，很多成瘾行为理论[②]，如反应抑制受损和突出归因模型(Impaired Response Inhibition and Salience Attribution Frame-work)、决策缺陷模型(Vulnerabilities in Decision-making Model)、躯体标记理论(Somatic Marker Theory)，均认为成瘾与对行为自上而下的认知控制能力，即执行功能的减弱有关。

执行功能(executive functions，EFs)是与大脑前额皮层有关的一组通用的控制机制，属于高级认知功能，负责对思想和动作的动态过程进行调节，是自我

---

① A. E. Steiger, M. Allemand, R. W. Robins, et al., "Low and decreasing self-esteem during adolescence predict adult depression two decades later", *Journal of personality and social psychology*, 2014, 106(2), pp. 325-328.

② S. Dominguez-Salas, C. Díaz-Batanero, O. M. Lozano-Rojas, et al., "Impact of general cognition and executive function deficits on addiction treatment outcomes: Systematic review and discussion of neurocognitive pathways," *Neuroscience Biobehavior Review*, 2016, 71, pp. 772-801.

控制行为和目标追求行为的核心部件。① 执行功能涉及的认知成分非常广泛，不仅包括工作记忆、注意转换、反应抑制等，还包括一些元认知技能，如组织、计划、自我监控等。从发展过程来看，执行功能出现在个体发展早期；重要的变化发生在 2~5 岁；12 岁左右达到成人水平，部分指标会持续发展到成年期；在学前期及以后，执行功能的各方面存在系统性变化，相互促进，共同发展。② 在日常生活中，有的人能坚决抵抗香烟、垃圾食品、酒精等的诱惑，而有的人在冲动和欲望面前轻易缴械投降，个体在控制自身思想和行为方面的巨大能力差异就与执行功能密切相关。

研究发现，执行功能可以预测很多在临床或社会上具有重要意义的行为差异：行为去抑制性（behavioral disinhibition）被认为是注意力缺陷、新颖/风险寻求、品行障碍、物质滥用等外化行为问题的认知易感因素，而执行功能与行为去抑制性存在高相关③；在控制了父母的影响后，儿童期更差的执行功能可以预测青少年期的酗酒和非法药物使用④；烟瘾个体的执行功能可以预测其在延迟满足实验中的复发延迟⑤；在平均年龄为 9 岁的儿童中，执行功能与自我报告的物质使用、高卡路里摄入、久坐行为存在负相关，与水果、蔬菜摄入和身体锻炼存在正相关⑥；元分析发现，青少年的高身体质量指数（Body BMI）与执

---

① A. Miyake and N. P. Friedman, "The nature and organization of individual differences in executive functions: Four general conclusions," *Current Directions Psychology Science*, 2012, 21(1), pp. 8-14.

② 李红、王乃弋：《论执行功能及其发展研究》，载《心理科学》，2004，27(2)。

③ S. E. Young, N. P. Friedman, A. Miyake, et al., "Behavioral disinhibition: Liability for externalizing spectrum disorders and its genetic and environmental relation to response inhibition across adolescence," *Journal of Abnormal Psychology*, 2009, 118(1), pp. 117-130.

④ J. T. Nigg, M. M. Wong, M. M. Martel, et al., "Poor response inhibition as a predictor of problem drinking and illicit drug use in adolescents at risk for alcoholism and other substance use disorders," *Journal of the American Academy of Child & Adolescent Psychiatry*, 2006, 45(4), pp. 468-475.

⑤ B. Kowal, R. Landes, E. Mueller, et al., "Delay of smoking gratification as a laboratory model of relapse: Effects of incentives for not smoking, and relationship to measures of executive function," *Behavioural Pharmacology*, 2009, 20(5-6), pp. 461.

⑥ N. R. Riggs, D. Spruijt-Metz, Chih-Ping Chou, et al., "Relationships between executive cognitive function and lifetime substance use and obesity-related behaviors in fourth grade youth," *Child Neuropsychology*, 2012, 18(1), pp. 1-11.

行功能缺陷存在高相关。[1] 执行功能的个体差异还可以很好地预测个体的节食行为和锻炼行为，且在个体的行为意图和实际行为间起调节作用。[2]

(二) 自我效能感与行为健康

如果说执行功能依赖于神经生理机制，能较为客观地衡量个体对行为的控制能力，那么自我效能感 (self-efficacy) 反映的则是个体基于以往成败经验、替代经验和社会劝说形成的对自身行为能力、行为结果的主观信念与预期，在成瘾行为的戒断和健康行为的执行中同样发挥着重要作用。

成瘾行为和健康行为研究将自我效能感划分为三类[3]，以强调自我效能感在行为改变和保持过程中不同阶段的重要性与具体作用。①行动效能感 (action self-efficacy)，指个体对即将采取的行为有积极的信念和预期。行动效能感较高的人会预期成功，并对不同的行为策略进行评估，更愿意尝试新的点子。②应对效能感 (coping self-efficacy)，指个体在行为保持期间对自己应付困难的能力的信念。应对效能感较高的人在目标追求行为遇到阻碍时，能表现出更高的自信、更多的努力、更强的坚持和更灵活的策略。③恢复效能感 (recovery self-efficacy)，指个体在行为失去控制后对自己能重新掌控行为的信念。恢复效能感较高的人能很快从失败和挫折中恢复，积极寻求补救方法来减少损害，并重获希望。另外，在健康行为领域，研究者注意到"没有时间"是很多人缺乏锻炼的理由，因此提出时间管理效能感 (scheduling self-efficacy) 作为应对效能感的子概念，专指个体对自己在任务繁忙、时间紧迫的情况下坚持完成某种行为计划的信心。[4] 而在成瘾行为领域，研究者提出了抵制效能感 (refusal self-efficacy)，即

---

[1] K. R. S. Reinert, E. K. Póe, and S. L. Barkin, "The relationship between executive function and obesity in children and adolescents: A systematic literature review," *Journal of Obesity*, 2013.

[2] P. A. Hall, G. T. Fong, L. J. Epp, et al., "Executive function moderates the intention-behavior link for physical activity and dietary behavior," *Psychology & Health*, 2008, 23(3), pp. 309-326.

[3] A. Bandura, *Self-Efficacy in Changing Societies*, Cambridge university press, 1995.

[4] W. M. Rodgers and M. J. Sullivan, "Task, coping, and scheduling self-efficacy in relation to frequency of physical activity," *Journal of Applied Social Psychology*, 2001, 31(4), pp. 741-753.

个体在具体情境下抵制某种成瘾行为的信心。[1]

研究发现，学业压力和人际关系压力对台湾大学生手机成瘾的影响以社交效能感为中介[2]；抵制效能感是吸烟[3]、风险性酒精使用[4]、问题性赌博[5]等健康损害行为的近端预测因子，在效果期待、负性情绪、冲动性等对行为的影响中起中介作用。此外，自我效能感还是体育锻炼[6]、饮食控制[7]等健康有益行为的实施和坚持的重要预测因素，并在社会支持[8]、体育锻炼[9]等对心理健康的提升起中介作用。

三、认知心理学在心理健康领域的应用与展望

(一)研究结果在心理健康领域的应用

1. 通过认知偏向矫正改善情绪问题

为了能直接操纵孤独、焦虑和抑郁人群表现出的负性认知偏向，从而探究

---

① T. P. Oei and A. Morawska, "A cognitive model of binge drinking: The influence of alcohol expectancies and drinking refusal self-efficacy,"*Addictive Behaviors*, 2004, 29(1), pp. 159-179.

② S. -I. Chiu, "The relationship between life stress and smartphone addiction on Taiwanese university student: A mediation model of learning self-efficacy and social self-efficacy,"*Computers in human behavior*, 2014, 34, pp. 49-57.

③ S. Mee, "Self-efficacy: A mediator of smoking behavior and depression among college students,"*Pediatric Nursing*, 2014, 40(1), p. 9.

④ J. Morgenstern, A. Kuerbis, J. Houser, et al., "Within-person associations between daily motivation and self-efficacy and drinking among problem drinkers in treatment", *Psychology of Addictive Behaviors*, 2016, 30(6), p. 630-638.

⑤ S. K. Takamatsu, M. P. Martens, and B. J. Arterberry, "Depressive symptoms and gambling behavior: Mediating role of coping motivation and gambling refusal self-efficacy,"*Journal of gambling studies*, 2016, 32(2), pp. 535-546.

⑥ E. McAuley, S. P. Mullen, A. N. Szabo, et al., "Self-regulatory processes and exercise adherence in older adults: Executive function and self-efficacy effects,"*American journal of preventive medicine*, 2011, 41(3), pp. 284-290.

⑦ A. Luszczynska and R. Cieslak, "Mediated effects of social support for healthy nutrition: Fruit and vegetable intake across 8 months after myocardial infarction,"*Behavioral Medicine*, 2009, 35(1), pp. 30-38.

⑧ C. M. Khan, M. Lida, M. A. P. Stephens, et al., "Spousal support following knee surgery: Roles of self-efficacy and perceived emotional responsiveness,"*Rehabilitation Psychology*, 2009, 54(1), pp. 28-32.

⑨ 姜媛、张力为、毛志雄：《体育锻炼与心理健康：情绪调节自我效能感与情绪调节策略的作用》，载《心理与行为研究》，2018，16(4)。

认知偏向与情绪症状之间的因果关系，研究者开发了认知偏向矫正程序（Cognitive Bias Modification，CBM），其中①：注意偏向矫正程序（Cognitive Bias Modification of Attention，CBM-A）通过实验程序训练个体远离负性刺激或者关注正性刺激来改变其负性注意偏向，主要范式有修改版的点探测任务和视觉搜索训练任务；解释偏向矫正程序（Cognitive Bias Modification of Interpretation，CBM-I）则通过引导个体对模糊情境进行积极加工来改善个体的消极解释偏向，主要范式有词干补笔训练任务、模糊情境词干补笔任务和模糊情境评定任务。

认知偏向矫正很快被应用于临床领域，研究者意识到直接改变患者在较低层级的认知加工模式或许可以作为减少情绪症状和情绪障碍易感性的方法，从而对焦虑和抑郁症的治疗有益。传统对情绪障碍进行干预的认知行为疗法（Cognitive Behavioral Therapy，CBT）依赖个体外显的言语表达，针对的是个体有意识和有意图的自上而下的信息加工过程，而认知偏向矫正针对的是个体无意识和无意图的自下而上的信息加工过程。相对于依赖咨询师的认知行为疗法，直接基于网络进行干预的认知偏向矫正操作简单、经济方便、对患者的理解水平要求低，近十几年来引起了广泛的关注。越来越多的研究者运用认知偏向矫正对有不同情绪问题、不同年龄的临床和亚临床人群进行干预，但目前干预效果无论在个别研究，还是元分析间都存在不一致。②③④ 认知偏向矫正能否应用于临床实践及其作用机制仍是当下充满争议的问题。

2. 通过认知改变塑造健康行为

认知心理学经过几十年的研究积累，在理解人类行为的基础过程方面有了巨大的进展。研究者认识到不同的认知系统可以调节行为，不同类型的认知过

---

① 李松蔚、樊富珉：《焦虑障碍的认知偏向矫正：应用与争议》，载《心理科学进展》，2015，23(9)。
② 任志洪、赖丽足、余春莲等：《焦虑障碍的认知偏向矫正元分析：效果量、影响因素及中介检验》，载《心理科学进展》，2016，24(11)。
③ E. B. Jones and L. Sharpe, "Cognitive bias modification：A review of meta-analyses," *Journal of Affective Disorders*, 2017, 223, pp. 175-183.
④ 刘冰茜、李雪冰：《解释偏向矫正："自下而上"地改变社交焦虑个体的解释偏向?》，载《心理科学进展》，2018，26(5)。

程在塑造行为的同时也被行为塑造。行为与身心疾病的发病率和死亡率之间的重要关联也愈发清晰。因此，研究者尝试通过一些基于认知的行为改变技巧（Behavior Change Techniques，BCTs）对个体行为进行干预，希望能帮助其改变损害身心健康的行为，建立良好的行为习惯。这些行为改变技巧往往涉及比较复杂的认知功能，如自我效能感、意图形成、目标设定、自我监控、态度改变、社会比较等。

目前，如何切实有效地针对某一认知功能进行干预，并验证该认知干预在行为改变中的作用、明确认知干预的作用条件仍是研究者争议和探讨的问题。以自我效能感为例，尽管研究者已就自我效能感对行为的重要影响达成共识，但在改变个体这一认知功能的具体操作时，不同研究者采用的行为改变技巧多种多样，如帮助个体形成总目标、阶段性目标，设定分级任务，制订行为计划，引导个体检视目标达成情况，进行时间管理，识别行为障碍，关注过去取得的成就，对行为表现给予反馈，提供榜样，激发社会比较，等等。这些行为改变技巧哪些有效，哪些无效尚不清楚。[①] 此外，鉴于干预行为类型或群体特征的差异，对烟草、酒精、药物等物质成瘾行为有效的认知干预对其他行为，如饮食控制或锻炼等却不一定有效。

(二) 研究内容和方法的局限与展望

在研究内容方面，当下研究发现在注意、解释等基础认知过程的负性认知偏向是孤独、焦虑、抑郁这三大情绪问题的认知特征；而执行功能、自我效能感等高级认知功能则对行为的发起、控制和坚持有重要影响。但认知心理学与心理健康领域仍有一些问题亟待探讨。第一，认知偏向与情绪问题以及高级认知功能与行为问题之间的因果关系。第二，不同情绪问题之间的关联及其认知偏向的异同。第三，不同认知偏向之间的关系。当下研究往往孤立地操纵某一

---

① S. L. Williams and D. P. French, "What are the most effective intervention techniques for changing physical activity self-efficacy and physical activity behaviour—and are they the same?" *Health Education Research*, 2011, 26(2), pp. 308-322.

认知偏向，无法揭示信息加工过程的相互作用，如孤独个体在社交情境中的高被拒预期可能与负性归因方式有关。第四，影响行为的高级认知功能的实质和相互关系，如执行功能的本质、执行功能各成分的关系、自我效能感与执行功能的关系等。第五，目标追求行为或自我调控行为中情绪和动机对认知的影响，如不同情绪唤醒对个体执行功能和自我效能感的影响在行为中的作用。

在研究方法上，认知与心理健康领域应该更多地采用纵向设计，在不同时间对认知、情绪和行为变量进行测量，记录其发展变化轨迹，以便能揭示情绪和行为的变化与认知机制的因果关系。此外，在情绪和行为变量的收集上可采用多重信息源，如同伴的报告、家人的报告、可穿戴设备的记录等；结合自我报告和他人报告来研究情绪及行为问题，可以克服单一信息源带来的偏误，也有助于探讨情绪和行为问题的社会支持。此外，为了厘清高级认知功能之间的关系，研究者要对认知神经、发展和临床等心理学分支的相关证据进行整合。例如，某些高级认知功能激活的神经区域是否有重叠，某些高级认知功能在个体发展过程中是否存在因果关联，某些高级认知功能是否在临床患者中出现分离，等等。

(三)研究结果对心理健康教育的启示

综上，注意、解释、执行功能、自我效能感等认知过程与个体的心理素质息息相关。在心理健康教育过程中，教育者要密切关注学生的信息加工。一方面，教育者要意识到学生基于不同的生理素质、成长经历等形成的认知模式会影响他们对客观世界的建构和体验，进而影响其日常的情绪与行为。教育者应尊重学生之间的认知差异性；另一方面，教育者也要看到认知的可塑性，在心理健康教育过程中对学生的认知过程进行积极引导，通过活动设计、行为塑造等培养学生良好的认知品质，从而提高其心理素质，促进其心理健康。

第五章

————

生理心理学对心理健康问题的研究

随着我国社会的转型和主要矛盾的转变，人们的心理负担和心理压力越来越大，心理健康问题已成为全社会关注的热点和焦点。[①] 生理心理学对心理健康问题的研究主要从基因、分子、细胞、突触、神经元等微观层面和神经网络、全脑等宏观层面上揭示各种心理与行为活动异常的生理机制。目前，该学科与心理健康问题相关的主要研究成果，涉及身心交互作用的关联机制、应激行为与脑机制、重大心理疾患的遗传标记、成瘾行为及其机制等方面。

一、身心交互作用的关联机制研究

身心交互作用的观点认为，身心之间的关系既可以形成身与心的相互促进，也能够相互消耗，即心理健康问题的背后往往存在着神经生理基础，导致机体生理机能的运转失调，同理，机体的器质性病变和先天的生理缺陷也往往会引发心理健康问题的出现。有关人类疾病的统计发现，心身疾病所占比例接近三分之一。

首先，由心到身。心理健康在某种程度上，可视为身体健康的精神支柱。为了研究心理状态对健康的影响，早期生理学家从应激与健康的角度展开了诸多研究，结果发现重大生活事件越多，人们就越容易生病，心理应激会增加个体对感冒的易感性、增加患胃溃疡的概率、降低人们对疫苗的免疫反应等。例

---

① 俞国良：《学校心理健康教育研究的回顾与展望——基于我个人 20 年研究实践的梳理与再分析》，载《中国教育科学》，2018(1)。

如，应激事件催生的消极情绪状态会减少 A 型免疫球蛋白的分泌，降低个体的免疫水平，从而使得个体更容易被病毒感染，而且患病程度会更严重。[1] 近年来，一些研究更加重视各种社会心理因素以及个体的心理因素(如人格、生活方式、情绪等)对其身心健康的影响。例如，一些研究开始探讨利他行为对助人者自身健康的好处，研究发现，为他人花钱有利于促进老年人的心血管健康，愿意为他人花钱的老人收缩压和舒张压越低[2]；还有研究发现，为他人提供社会支持的个体，其收缩压和唾液淀粉酶的变化更加呈现良性，能够帮助个体更好地应对压力。[3] 这表明乐于助人者也会产生自助效应，在帮助他人的过程中，个体也提高了自身的情绪调节能力，在一定程度上为由心到身的发展路径提供了支持，说明心理健康水平会影响机体生理机能的有效发挥以及发挥的效率，而生理上的这种变化又决定了是否会产生心理上的增益效应。

其次，由身及心。身体健康是心理健康的物质基础，生理机能的异常会导致心理健康问题的出现。换言之，心理健康问题往往受生理因素的制约。例如，在基因方面，利用全基因组测序的研究发现，共有 61 个风险基因可能与孤独症有关，不同基因的变异使人脑中兴奋性(excitatory)与抑制性(inhibitory)神经传递间出现了失衡状态，最终导致自闭症谱系障碍[4]；在激素分泌方面，某些激素分泌腺体的功能异常也会导致激素分泌的失调，威胁心理健康，如肾上腺素分泌过多会引起狂躁症，而肾上腺素分泌不足则可能导致抑郁症等；在微量元素方面，研究发现血锌水平含量较低的个体，其脑组织 DNA、核酸及蛋白质的合成会减少，这将迟滞脑神经纤维髓鞘的形成，进而影响到神经信息的传递，

---

① A. A. Stone, J. M. Neale, D. S. Cox, et al., "Daily events are associated with a secretory immune response to an oral antigen in men," *Health Psychology*, 1994, 13(5), pp. 440-446.

② A. V. Whillans, E. W. Dunn, G. M. Sandstrom, et al., "Is spending money on others good for your heart?" *Health Psychology*, 2016, 35(6), pp. 574-583.

③ T. K. Inagaki and N. I. Eisenberger, "Giving support to others reduces sympathetic nervous system-related responses to stress," *Psychophysiology*, 2016, 53(4), pp. 427-435.

④ R. K. C. Yuen, D. Merico, M. Bookman, et al., "Whole genome sequencing resource identifies 18 new candidate genes for autism spectrum disorder," *Nature Neuroscience*, 2017, 20(4), pp. 602-612.

导致其心理和行为的控制能力出现异常，最终更容易出现成瘾行为①；在神经系统方面，研究发现，疼痛的敏感性与不公平体验共享报警系统。疼痛敏感性这一生理指标的个体差异能够预测个体心理上的不公平体验②；在脑网络功能连接方面，有研究显示，有过虐待经历的个体的"社会脑"网络功能的变化，使其更易出现愤怒等消极情绪，更不善于表达积极的情感。③ 可见，生理和心理因素是个体健康发展的两个"重镇"，任何心理健康问题的出现均有生理因素的参与，探究心理健康问题背后的生理因素，并基于此开展有效的心理健康改善和提升计划，至关重要。

二、应激行为及其脑机制研究

应激行为又称应激相关障碍，主要包括急性应激反应、创伤后应激障碍、适应障碍三类。近年来全球不稳定性和不确定性增加，自然灾害和突发事故频发，给人们的心理造成严重损害，带来一系列应激反应，严重威胁了个体的心理健康。生理心理学对应激障碍，尤其是创伤后应激障碍的研究发现，这与个体的多个脑区有关，如前额叶、杏仁核、海马、扣带回、后脑区、背缝核等，其中对前三个脑区的研究最引人关注。

首先，应激反应与前额叶功能降低有关。前额叶与个体心理调节机能密切相关，前额叶功能损伤的个体在面对应激环境时无法做出有效的应对，也无法对情绪反应做出有效的调节和表达。例如，童年阶段遭受过性虐待的创伤后应激障碍个体，在注视创伤性情景时，前额叶中心部位的激活程度降低，未能有

---

① J. H. Kwon, C. S. Chung, and J. Lee, "The effects of escape from self and interpersonal relationship on the pathological use of Internet games," *Community mental health journal*, 2011, 47(1), pp. 113-121.

② S. M. B. Thatcher, K. A. Jehn, and E. Zanutto, "Cracks in diversity research: The effects of diversity faultlines on conflict and performance," *Group Decision and Negotiation*, 2003, 12(3), pp. 217-241.

③ D. Cicchetti and W. J. Curtis, "An event-related potential study of the processing of affective facial expressions in young children who experienced maltreatment during the first year of life," *Development and Psychopathology*, 2005, 17 (3), pp. 641-677.

效抑制闯入性记忆；对我国汶川地震灾区幸存者的调查表明，在完成经典的 Stroop 任务时，右侧前额叶头皮区域的 ERP 并未出现显著的 Stroop 效应。[1] 这说明应激障碍患者可能存在冲突监控和认知控制功能减弱的现象。由此，研究者可以推测，灾难性应激源引发的恐惧性条件反射形成的记忆痕迹，将永久性地留在皮层上，只是在额叶的功能完好时会对该类记忆进行调节性抑制，但创伤性应激障碍患者额叶功能的损伤，将使创伤性记忆难以磨灭。

其次，应激行为与杏仁核的功能损害有关。杏仁核主管情绪和情绪性记忆，个体产生应激反应与杏仁核对灾难性应激源的意义评估有关。外界刺激经过杏仁核的标定赋予其情感意义，然后将该信息传导至下丘脑、海马等部位产生应激行为。强烈的灾难性应激源会影响杏仁核功能的正常发挥，导致其过度激活，甚至体积增大。例如，对战后创伤应激障碍被试呈现创伤性图片时，即使图片的清晰度低于可识别阈限，也可以观测到该组被试的杏仁核激活程度显著高于正常组被试。[2] 可见，杏仁核的过度激活可能会增加创伤后应激障碍患者的恐惧性条件反射的形成，以及重新暴露于灾难性情境时的惊恐体验和行为反应。

最后，应激行为与海马部位的损伤有关。海马与学习和记忆，尤其是陈述性记忆有关，其功能受杏仁核与前额叶皮层调控。创伤后应激障碍个体的海马体积要显著小于常人，这会抑制大脑对信息体验的归类和评估，导致个体对应激源的反应异常敏感。例如，对青少年 PTSD 患者的脑电研究表明，其在执行任务时 N2 波幅降低（反应抑制能力下降），MMN 波幅更大（对事物注意的敏感度增加），且 CNV 波幅也显著超过正常组被试（对来临的刺激更加期待和焦虑）。[3] 应激行为不仅仅涉及以上脑区的功能性损伤，还会影响各个脑区神经网络的连接程度。

---

[1] Li Wang, Yuqing Zhang, Wenzhong Wang, et al., "Symptoms of posttraumatic stress disorder among adult survivors three months after the Sichuan earthquake in China," *Journal of Traumatic Stress*, 2010, 22(5), pp. 444-450.

[2] 伍泽莲、何媛媛、李红：《灾难给我们的心理留下了什么？——创伤心理的根源及创伤后应激反应的脑机制》，载《心理科学进展》，2009，17(3)。

[3] 中国科学技术协会、中国心理学会：《2010—2011 心理学学科发展报告》，125~126 页，北京，中国科学技术出版社，2011。

三、重大心理疾患遗传标记的研究

近年来，生理心理学领域对影响心理健康的重大心理疾患的遗传标记进行了探索，以明确基因与心理行为问题之间的联系。

一是抑郁症。它主要表现为心境低落、思维迟缓等，其自发脑神经活动，默认网络背内侧前额叶与后扣带回、右顶下小叶功能连接程度，左顶下小叶与右侧海马结构功能连接的降低程度均低于常人。采用双生子设计的定量遗传学研究表明，抑郁的遗传率在 31%～42%；进一步的分子遗传学研究则发现，儿茶酚胺氧位甲基转移酶(COMT)基因、5-羟色胺转运体启动子区(5-HTTLPR)基因、单胺氧化酶 A(MAOA)基因、亚甲基四氢叶酸还原酶(MTHFR)基因、脑源性神经营养因子(BDNF)基因等均是罹患抑郁症的风险基因。其中 COMT 基因受到的关注较多。研究发现 COMT 基因 rs4680 位点有 Val/Val、Val/Met 和 Met/Met 三种基因型，这导致其对甲基转移酶编码活性存在差别，最终使得不同基因型的携带者表现出不同程度的抑郁水平[1]，其他风险基因对抑郁起作用的过程均与此类似。然而，携带特定基因型的个体是否真的会表现出更高的抑郁水平，目前得出的结论存在分歧。例如，有研究发现，COMT 基因 rs4680 位点 Val/Val 基因型患抑郁症的风险更高，而有的研究则恰恰与此相反。这可能与调查对象的种族、性别和年龄段有关，因此结论的推广还需谨慎。有研究还对基因作用于抑郁的具体机制进行了揭示，认为基因通过调控神经递质(如多巴胺)的分泌，从而影响相应脑区的激活程度(如额叶皮层、边缘系统)或影响脑区的连接程度(突触可塑性)，进而影响个体的负性情绪偏向、情绪复原力等最终催生抑郁。[2]

---

① 刘迪迪、王美萍、陈翩等：《COMT 基因 Val158Met 多态性与抑郁的关系》，载《心理科学进展》，2018，26(8)。

② 秦红宁、亓晓丽：《抑郁症糖皮质激素受体功能障碍机制：基因单核苷酸多态性及分子伴侣的作用》，载《心理科学进展》，2013，21(11)。

二是焦虑症。一般有广泛性焦虑、惊恐障碍、社交焦虑等多种表现类型。定量遗传学研究表明,广泛性焦虑的遗传度约为 32%,惊恐障碍的遗传度约为 48%。蒋田仔等人研究发现,在中国健康人群中,5-HTTLPR 位点的 L 等位基因携带者焦虑水平显著高于 S 等位基因携带者,且前额叶和杏仁核功能的连接水平更低,而该连接强度恰好与焦虑得分相关。[①] 刘嘉等人则进一步发现,性别能够在该基因类型对焦虑的作用过程中起到调节作用,在男性中 S 等位基因携带者的"杏仁核—脑岛"神经网络连接程度更低,因而焦虑水平显著高于 L 等位基因的携带者,在女性中则无此效应。[②] NR3C1 基因多个位点也与焦虑水平有显著关联,其中的机制是 NR3C1 启动子区甲基化导致整个基因的表达下降或不表达,进而使得 HPA 轴(负责调节和释放体内应激激素,与个体的心理健康密切相关)负反馈抑制变弱、长期过度激活,改变了个体对应激的反应模式。[③] 此外,对社交焦虑人群的研究发现,MAOA 基因启动子区的串联重复序列多态性、脑源性神经营养因子基因的一种常见单核苷酸多态性,以及和多巴胺 D2 受体基因均与社交焦虑存在一定的相关性。[④]

三是精神分裂症。家谱和双生子研究发现,其遗传率可达 81% 左右,由此可见遗传是导致精神分裂症的重要因素。目前的研究已经发现 43 个重要基因与精神分裂症有关,这些基因包括多巴胺系统神经递质的候选基因(如 DRD1、COMT 等)、在更精细的热点连锁中发现的基因(如 NRG1、DISC1 等)和全基因组关联研究中验明的基因(如 RELN、NRGN 等)。精神分裂症的基因缺陷,将会导致某种神经递质的活动失调。例如,研究发现 COMT 基因缺陷将会进一步

---

① Haixia Long, Bing Liu, Bing Hou, et al., "The long rather than the short allele of 5-HTTLPR predisposes Han Chinese to anxiety and reduced connectivity between prefrontal cortex and amygdala," *Neuroscience Bulletin*, 2013, 29(1), pp. 4-15.

② L. Zhang, L. Liu, X. Li, et al., "Serotonin transporter gene polymorphism(5-HTTLPR)influences trait anxiety by modulating the functional connectivity between the amygdala and insula in Han Chinese males," *Human Brain Mapping*, 2015, 36(7), pp. 2732-2742.

③ 周雅、范方、彭婷等:《NR3C1 基因多态性及单倍型、父母教养方式对青少年焦虑障碍的影响》,载《心理学报》,2017,49(10)。

④ 景雅芹、贺司琪、贺金波等:《社交焦虑的生物学基础:生理、遗传和进化的证据》,载《心理科学进展》,2015,23(8)。

导致多巴胺能神经递质的活动低下，最终导致病理性症状的出现。但对于精神分裂症易感基因的探究存在着不同的研究结果。例如，宿兵等人研究发现，在欧洲人群中报告的 ZNF804A 基因 rs359859 位点在中国汉族人群中并不与精神分裂症相关，而该基因的 rs359895 位点才与精神分裂症发病有关。[1] 由此可见，精神分裂症很可能是多种基因突变导致的神经递质和受体功能异常而产生的一种复杂疾病，并在一定程度上受环境的影响和干扰。近年来由于基因型与精神分裂症临床症状间频繁出现的匹配困难问题，研究人员开始探讨精神分裂症的遗传内表型即精神分裂症发病的危险因子的遗传机制。有研究对 60 个具有遗传背景的 53 名被试进行遗传内表型实验分析发现，失匹配负波、P50 波、P300 波和逆向眼动电位 4 项指标能够联合预测精神分裂症状，且精确度达 80% 以上。[2] 我国学者陈楚乔经过研究发现，精神分裂症个体的表现虽不尽相同，但共同表现出了一定的神经软体征，从而提出神经软体征是精神分裂症患者的内表型且存在遗传基础。[3]

四、成瘾行为及其机制的研究

成瘾行为是一种重复性的强迫行为，即使知道这些行为会造成不良后果，却仍然持续重复，主要包括毒瘾和行为成瘾，其中后者与心理健康的关系最为密切，有网络成瘾、手机成瘾、游戏成瘾等多种表现形式。这里从脑结构、分子化学递质及遗传机制的角度，对其内在生理机制进行讨论。

首先，行为成瘾与脑内奖赏强化系统有关。成瘾行为五花八门，但其脑机制只有一种，即脑腹侧被盖—前脑伏膈核主导的多巴胺神经系统，又被称为奖

---

① M. Li, X. Luo, X. Xiao, et al., "Allelic differences between Han Chinese and Europeans for functional variants in ZNF804A and their association with schizophrenia," *American Journal of Psychiatry*, 2011, 168(12), pp. 1318-1325.

② 沈政、林庶芝：《生理心理学》，200~201 页，北京，北京大学出版社，2014。

③ 中国科学技术协会、中国心理学会：《2014—2015 心理学学科发展报告》，55~65 页，北京，中国科学技术出版社，2016。

赏中枢。研究发现，基于此建立的动物模型，在成瘾行为的群体中也是适用的。有研究者将其整合成了精神运动刺激理论，该理论认为所有的致瘾源均有精神激动剂的作用，能够激活大脑中的奖赏系统，获得愉悦感。例如，就网络而言，人们之所以对其产生依赖，是由于其多种多样的功能可以增强个体的正向情绪体验，善于记忆的"海马"将大脑奖赏系统的这种体验产生的时间、地点等信息进行刻录，同时善于思辨的"杏仁核"对愉悦的体验进行评价，最终起着领导和组织作用的"大脑皮层"则对这些信息进行梳理，做出判断。当网络成瘾者产生上网的渴求时，大脑则会按照之前的积极体验记忆发送指令，通过上网行为缓解这种冲动引发的焦虑感。这种重复性的行为模式，将会使奖赏系统感觉神经元和运动神经元之间的联系不断强化，并保持终生不再消退，这也是成瘾行为难以戒断的重要原因。

其次，行为成瘾与多种神经递质的分泌有关。一是多巴胺。这是行为成瘾最关键的神经递质，在成瘾刺激物的作用下，多巴胺的分泌会增多，从而启动大脑的多巴胺奖赏系统神经回路，引起交感神经兴奋，为个体带来强烈的愉悦感，在心理和行为上得到满足感。二是去甲肾上腺素。行为成瘾通常被认为与自动唤醒有关，如上网或玩网络游戏抑或赌博均会导致个体的心率上升，去甲肾上腺素水平增加。这种激素的分泌催生了个体的焦虑感，需要通过成瘾行为进行缓解，同时，这种激素还影响了前额叶皮层和后注意网络的功能发挥，导致冲动控制水平下降。三是5-羟色胺。5-羟色胺分泌水平与行为的激活和控制有关，其投射区位于中缝核到黑质纹状体、边缘系统和皮层。研究发现，行为成瘾的个体常表现出较低水平的5-羟色胺，其主要通过调节多巴胺系统的兴奋性传导过程而起作用。① 四是阿片肽。阿片肽主要与愉悦和冲动有关，它也能够对多巴胺奖赏系统的运转产生调节作用，进而间接地对成瘾行为起作用。此外，成瘾行为还可能与神经传递素失衡有关，该物质对脑内控制行为及安定神

---

① 中国科学技术协会、中国心理学会：《2010—2011 心理学学科发展报告》，125~126 页，北京，中国科学技术出版社，2011。

经系统必不可少，一旦失衡，将更容易导致成瘾行为的出现。

最后，行为成瘾还存在着遗传基础。家庭研究和双生子研究发现，男性的病理性赌博和贪食障碍具有中度以上的遗传度。分子遗传学研究进一步确认，单胺类神经递质相关基因：5-羟色胺转运体基因、多巴胺受体基因和单胺氧化酶 A 基因等与行为成瘾存在密切关联。5-HTT 基因能够对脑内 5-羟色胺的水平起到重要的调节和控制作用。该基因上的 5-HTTLPR 位点对该基因的转录具有调控作用，S 等位基因的转录效率低，导致 5-羟色胺的重摄取较少，对行为的抑制性较差；多巴胺受体基因，多巴胺受体存在五个亚型（D1、D2、D3、D4 和 D5），其中 D1、D2 和 D4 受体被发现可能与行为成瘾有关；MAOA 基因，MAOA 是单胺类神经递质的一种重要代谢酶，能对单胺类神经递质产生降解作用，若某一位点存在缺点，则会导致基因转录效率的低下，无法有效降解单胺类神经递质，由于单胺类神经递质浓度的增加，使得个体成瘾的概率增加。[1]当然，行为成瘾背后的生理机制较为复杂，不仅涉及脑还涉及激素的分泌遗传基因的缺陷，尚需进一步研究。

五、生理心理学对心理健康问题研究的展望

生理心理学对心理健康问题的研究，进一步加深了人类对心理健康问题的理解和认识。对身心交互机制的研究说明生理系统和心理系统并不是完全独立存在与运行的，无论是身体上的病变与缺陷，还是心理上的问题与疾患，双方最终多会形成互相损耗的局面。对应激行为脑机制开展研究，在应激行为呈高发态的当下，能够帮助我们有效而快速地识别相关脑区的功能损害，也有利于研发相应设备在大脑功能上开展可逆性干预，使得受损脑区的相应功能得以恢复和正常运转，最终恢复健康心理状态。对重大心理疾患的遗传标记进行探讨

---

[1] 李梦姣、陈杰、李新影：《非药物成瘾的遗传学和神经生物学机制研究述评》，载《心理科学进展》，2012，20(10)。

和揭示，不仅有利于从先天遗传角度对影响心理健康的突出问题进行解释和预测，也为未来从微观的角度对重大心理疾患开展筛查、预防和阻断奠定了科学基础。对成瘾行为及其机制的研究则有利于从脑结构、分子化学递质及遗传机制的角度，对当下严重的网络成瘾、手机成瘾、游戏成瘾等多种成瘾行为进行把脉和控制。然而，由于人类心理与行为的复杂性，要清晰阐明某一心理健康问题的生理基础，从而精准有效地提升心理健康水平，未来还需从以下几方面进一步努力。

首先，心理健康问题的遗传基础仍是未来研究的热点。新一代测序技术的成熟为揭示心理健康重大疾患的遗传机制提供了重要契机，目前有关心理健康问题的探讨大都从不同程度上揭示了遗传机制，但仍存在不少问题，还有很长的路要走。由于单个基因无法单独地诱发个体的行为表现，目前大都采用基因+环境的设计模型，探讨在不同环境下不同基因型携带者心理与行为异常的个体差异。这给当下的研究罩上了一层神秘的面纱，基因的数量暂且不论，环境所涉及的范围十分广泛，如何选择、选择哪些、选择多少基因与环境指标进行组合成为这类研究面临的一大问题。另外，利用分子遗传学进行基因型分析（genotyping），考察某种激素受体的基因多态性，并与具体的心理健康症状建立联系的方法，本质上并不能揭示因果关系。某一基因引起的激素分泌异常，往往能够对个体的多项指标产生影响，起着牵一发动全身的作用，而且人类基因组本身也存在复杂的连锁现象，其观测到的某一基因位点与性状的关联，可能实际上反映的是其他连锁基因位点对行为的影响。

其次，研究结果的临床应用会是未来的主攻方向。目前对于心理健康问题的研究多侧重于对现象的描述和解释，基于研究结果的临床应用和控制涉及较少。当然，目前研究结果的不一致性，给研究结果的推广和临床应用带来些许难题。例如，针对同一基因的相同位点，我国学者王美萍等人未能在中国群体中发现 rs6295 多态性与青少年攻击行为存在关联的证据；进一步的遗传学研究发现，同一基因相同位点在不同种族间多态性频率分布存在差异，同样的研究设计有可能产生相反的研究结果。所以，基于生理心理学的研究想要得到跨文化一致性的结论，并非易事。未来研究可在相互借鉴的基础上，考虑加速开展基于某种族群体的重复性验证，并基于此考虑开展个性化的干预和治疗。同时，未来的临床应用可考虑利用基因剪切技术修复部分基因缺陷、研发激素类药物进行靶向治疗、开发电生理设备刺激相应脑区等方式，对心理健康问题展开全方位立体式干预。

最后，探讨心理健康问题的生理机制需要多手段、多学科相结合。尽管目前的研究从不同层次和角度，揭示了某种心理健康问题的遗传机制、生化机制或脑机制，但缺乏系统性，这使得基因—激素—脑—外部表征的中介过程尚未得以明确整合，尽管内表型概念的出现为微观的基因型和宏观的临床症状之间架起了一座桥梁，但未来研究仍有改进的空间。近年来，无损伤脑成像技术、脑网络连接组、脑活动图谱构建，以及全基因组关联研究等新技术的开发和升级，为研究者提供了更加丰富的研究手段，同时也为将来探究心理健康问题的生理机制提供了一条连贯路径，多种研究手段的联合选用对揭示心理健康问题的生理基础能够发挥巨大作用；当然，多手段实施研究的前提，需要跨学科人员乃至跨机构研究人员的高度合作。由于心理健康问题的复杂性和不确定性，从任何单一学科视角来窥探生理机制的观点均是片面和狭隘的。要想深入了解其中的生物学机制，需要心理学工作者与医学、遗传学、神经科学和计算科学的研究者进行更为广泛的跨学科合作与沟通。

第六章

————

临床心理学对心理健康问题的研究

当前中国正处于社会经济与科学技术快速发展与转型期，人们的生活节奏明显加快，心理应激与压力在加重。同时，使用数字媒体这一文化潮流的出现，也给人们的心理健康带来潜在的威胁，使心理行为异常和精神障碍人数逐年增多。心身疾病、生活方式疾病及危机干预需求成为重要的临床问题。临床心理学的工作就是运用心理评估工具和技术对此类心理健康问题及其后果进行筛查与诊断，并分析其中的性质和原因，进而通过各种心理治疗方法对心理健康问题进行精准而有效的干预。临床心理学对心理健康问题的研究主要包括：心理健康评估工具的开发、心理健康问题的基本估计、心理疾患解释理论的构建，以及心理健康问题的临床干预。

一、心理健康测评工具的开发

"工欲善其事，必先利其器"，想要了解一个人的心理是否健康必须借助标准化的测评工具和技术进行精准的度量。临床心理学在心理健康工具的制定上做出了重要贡献，随着时代的变迁，编制和修订了大量的临床心理测验。就自评量表来看，与心理健康关系较为密切的包括病理性人格测验和精神障碍评定量表。

病理性人格测验用于测量个体的病理性人格特点。其中较为经典且常用的主要有"明尼苏达多项人格测验"（MMPI）、"艾森克人格问卷"、"罗夏墨迹测验"、"主题统觉测验"等。以 MMPI 为例，它涵盖 10 个临床量表（疑病、抑郁、妄想、癔症、精神衰弱、精神分裂、精神病态、躁狂症、男子或女子气以及社会内向）和 4 个效度量表（疑问、掩饰、诈病和校正），包括 566 个项目，其中与临床心理健康有关的题目集中在前 399 题，用于施测 16 岁以上的人。我国于 1991 年由张建新和宋维真主持对该版本进行了中文版修订，并制定了我国一般人群的常模分数（60 分）。该类客观测验可以提供来访者意识到的行为层面的信息，却无法评估来访者可能意识不到的更深层次的行为信息。因此，临床心理学领域又开发出投射测验。以"罗夏墨迹测验"为例，它包括 10 张对称的、浓淡不均的墨迹图，可同时供孩子和成人使用。按照一套严格的程序来依次呈现墨迹图，每次呈现均要求来访者报告其想到的内容。最后，会产生一份结构化的总结报告并从七个方面进行解释：信息处理、认知调节、构思能力、自控与承压能力、情感、自我知觉和人际知觉。由于该类非结构性测验使得测验的任务和目的相对分离，获得的资料更加客观真实，在心理健康问题的诊断和描述中具有独特价值。

　　"精神障碍评定量表"主要用于评定精神症状，这类量表的数量很多、用途很广。且由于微型电子计算机的采用，使得量表在使用上更加简便，分析上迅速且准确。目前较为经典且常用的主要有"症状自评量表""焦虑自评量表""抑郁自评量表"等。以 SCL-90 为例，它包含 90 个反映心理健康状况的项目，涵盖十个方面：躯体化、强迫症状、人际关系敏感、抑郁、焦虑、敌对、恐怖、偏执、精神病性及其他症状。其中文版由王征宇在 1984 年修订，金华和吴文源于 1986 年主持建立了中国常模并广泛应用于心理健康疾患的评定中以及应激和心身疾病的相关研究中。除了这些经典的量表之外，临床心理学领域还根据近年来出现的心理健康新问题陆续研制了相应的诊断工具。例如，随着互联网时代的来临，技术成瘾问题也成了这个时代的"流行病"。为此，临床心理学领域编制了病理性网络使用、病理性手机使用、社交网站成瘾及游戏成瘾等量表，用来诊断该类问题的发生率和严重程度。又如，随着环境流动性的加强和生活节奏的加快，一些虐待与忽视问题、线上与线下的欺负问题、生命意义感低下的问题开始凸显。为此，临床心理学领域又积极开发了"心理虐待与忽视问卷""物质主义问卷""暗黑人格问卷""无聊综合征问卷"等一系列富有时代特征又有益于心理疾患预防和心理健康干预的有效工具。总之，在当今心理健康领域，临床心理测验的应用价值越来越受到人们的关注。心理疾患的发生、发展、诊断、治疗、康复和预防中的心理社会因素都需要予以明确的量化指标，都需要使用相应的测验或评定方法。因此，临床心理量表的制定对于心理健康工作的开展具有特殊的意义。

二、心理健康状况及特点的描述

临床心理学领域对影响人们身心健康重大心理疾患和行为问题的发生率、变化特点、演化路径以及亚群体间的差别做了详细研究，以便更好地认清心理健康问题的严重危害和转化规律。这些成果可主要归为内化问题和外化问题。

第一类是内化问题，主要包括焦虑症、抑郁症、精神分裂症等。首先是焦虑症，一项全国性的调查结果表明[①]，中国成人群体中焦虑障碍的患病率最高，年患病率为 5.0%，终生患病率为 7.6%。其中特异性恐惧症的患病率最高，年患病率达 2.0%，终生患病率达 2.6%。就年患病率性别差异而言，男性（4.8%）与女性（5.2%）没有显著差异，但在特异性恐惧症上，男性（1.4%）显著低于女性（2.6%）。从不同年龄段来看，18～34 岁、35～49 岁、50～64 岁、65岁及以上的人焦虑症的年患病率分别为 4.3%、4.8%、6.5%和 4.7%，且不存在显著差异，但特异性恐惧症的患病率却存在显著的年龄段差异，其中 50～64岁的人年患病率最高（3.0%），18～34 岁的人年患病率（1.3%）最低。就城乡年

① Yueqin Huang, Yu Wang, Hong Wang, et al., "Prevalence of mental disorders in China: A cross-sectional epidemiological study," *The Lancet Psychiatry*, 2019, 6(3), pp. 211-224.

患病率的差异而言，城镇(5.1%)与农村(4.9%)的差异不显著，但就特异性恐惧症而言，城市人群(1.7%)则显著低于农村人群(2.3%)。此外，美国的一项全国性调查(National Comorbidity Survey，NCS)显示，在美国18岁以上成年人中焦虑症的年患病率为19.1%，终生患病率为31.1%。具体而言，18~29岁、30~44岁、45~59岁、60岁及以上人的年患病率分别为22.3%、22.7%、20.6%和9.0%，成年女性(23.4%)的患病率高于男性(14.3%)；美国13~18岁的青少年焦虑障碍的终生患病率约为31.9%。具体而言，在所有年龄段中，焦虑症的患病率均相似，但女性的患病率(38.0%)高于男性(26.1%)。①②

其次是抑郁症，黄悦勤等人的调查结果显示③，在我国成人群体中抑郁症的年患病率为3.6%，终生患病率为6.8%。其中重度抑郁症的年患病率为2.1%，终生患病率为3.4%。就年患病率的性别差异而言，女性(4.2%)显著高于男性(3.0%)，在重度抑郁症上，女性(2.5%)也显著高于男性(1.7%)。从不同年龄段来看，18~34岁、35~49岁、50~64岁、65岁及以上人的抑郁症的年患病率分别为3.6%、3.2%、4.1%和3.8%，且不存在显著差异，重度抑郁症的患病率却存在显著的年龄段差异，其中50~64岁的人年患病率最高(3.2%)，18~34岁的人年患病率(1.4%)最低。就年患病率城乡差异而言，城镇(3.4%)与农村(3.7%)的差异不显著。无独有偶，美国的一项全国性调查显示④⑤，2017年在18岁以上的美国成年人中重度抑郁症的年患病率为7.1%，其中又有

① R. C. Kessler, W. T. Chiu, O. Demler, et al., "Prevalence, severity, and comorbidity of 12-month DSM-IV disorders in the National Comorbidity Survey Replication," *Archives of general psychiatry*, 2005, 62(6), pp. 617-627.

② K. R. Merikangas, J. He, M. Burstein, et al., "Lifetime prevalence of mental disorders in US adolescents: Results from the National Comorbidity Survey Replication-Adolescent Supplement(NCS-A)," *Journal of the American Academy of Child & Adolescent Psychiatry*, 2010, 49(10), pp. 980-989.

③ Y. Huang, Y. Wang, H. Wang, et al., "Prevalence of mental disorders in China: A cross-sectional epidemiological study," *The Lancet Psychiatry*, 2019, 6(3), pp. 211-224.

④ J. M. Twenge, A. B. Cooper, T. E. Joiner, et al., "Age, period, and cohort trends in mood disorder indicators and suicide-related outcomes in a nationally representative dataset, 2005-2017," *Journal of Abnormal Psychology*, 2019, 128(3), pp. 185-199.

⑤ J. M. Twenge, A. B. Cooper, T. E. Joiner, et al., "Age, period, and cohort trends in mood disorder indicators and suicide-related outcomes in a nationally representative dataset, 2005-2017," *Journal of Abnormal Psychology*, 2019, 128(3), pp. 185-199.

64%的人因此而受到严重损害。具体而言，18～25 岁的年患病率为 13.1%、26～49 岁为 7.7%、50 岁及以上为 4.7%，成年女性（8.7%）的患病率高于男性（5.3%）；2017 年美国 12～17 岁青少年重度抑郁症的年患病率为 13.3%，其中又有 71%的人因此而受到严重伤害。具体而言，12 岁青少年患病率最低（4.8%），17 岁青少年患病率最高（18.5%），女性的患病率（20.0%）高于男性（6.8%）。

第二类是外化问题，主要包括自杀行为、成瘾行为和攻击行为等。首先是自杀行为。自杀是主要的公共卫生问题，也是临床心理学领域重点关注的问题之一。2017 年美国的一项调查（National Survey on Drug Use and Health）显示，整体上看自杀是美国第十大死亡原因，夺走了 4.7 万多人的生命，是他杀死亡人数的两倍多，但在 10～34 岁，自杀成为第二大死亡原因，在 35～54 岁，自杀是第四大死亡原因。2017 年，男性的自杀率比女性高出近四倍。在女性中，自杀率最高的年龄是 45～54 岁。在男性中，自杀率最高的是 65 岁及 65 岁以上的人群。报告还显示，在过去一年中有 140 万名成年人进行了非致命的自杀尝试，且在所有年龄段的成年人中，过去一年内自杀未遂的发生率在 18～25 岁成年人中最高（1.9%）。此外，元分析显示中国青少年自杀未遂的检出率为 2.94%，中国大陆普通人群自杀未遂的检出率为 0.8%。[1][2] 就我国 2015 年公布的青年人自杀率数据来看[3]，它是随着年龄增长而提升的，且农村青年人的自杀率高于城市，男性的自杀率要高于女性。

其次是成瘾行为，其中行为成瘾与心理健康和卫生的关系更加密切。近年来，临床心理学家对网络成瘾、手机成瘾、网络游戏成瘾等展开了系统调查和

① J. Hu，Y. Dong，X. Chen，et al. "Prevalence of suicide attempts among Chinese adolescents：A meta-analysis of cross-sectional studies，"*Comprehensive Psychiatry*，2015，61，pp. 78-89.

② X. L. Cao，B. L. Zhong，Y. T. Xiang，et al.，"Prevalence of suicidal ideation and suicide attempts in the general population of China：A meta-analysis，"*The International Journal of Psychiatry in Medicine*，2015，49(4)，pp. 296-308.

③ 赵玉峰：《中国青年人的自杀现状和变动趋势（2003—2015）》，载《南方人口》，2018，33(4)。

研究。①②③④⑤ 以手机成瘾为例，调查结果发现，中国手机成瘾在年轻人群体中的检出率为 15%~33%，韩国和日本分别为 9.2% 与 18.8%，美国约为 25%，欧洲国家（如瑞士、西班牙和英国）为 10%~30%，伊朗为 36.7%。就性别差异而言，几乎所有的研究都表明女性的成瘾程度显著高于男性，而青少年则是受上瘾影响最严重的和风险最大的群体。

最后是攻击行为，常见的外显攻击形式包括身体攻击（如推搡、殴打），言语攻击（如说一些恶毒的谣言或伤人的话）和关系攻击（如为损害人际关系而取笑某人或当众让人感到难堪）等，甚至在网络盛行的当下还出现了网络攻击行为。一项对 40 个国家约 20 万名青少年进行的调查发现，攻击行为的发生率约为 10.7%。⑥ 美国 2017 年公布的报告也显示⑦，在九年级至十二年级的学生中有 23.6% 的人在过去一年中有过 1 次以上（含 1 次）的身体攻击，并且男性攻击行为的发生率（30.0%）比女性（17.2%）更高；九年级（28.3%）和十年级（26.2%）的学生攻击行为的发生率高于十一年级（20.4%）和十二年级（17.8%）。总之，对威胁身心健康的重大心理疾患和行为问题的基本估计，为心理健康服务体系的建构与心理健康服务政策的制定提供了科学的依据，也为临床心理健康问题的诊治探明了重点把握的方向。

---

① 刘勤学、杨燕、林悦等：《智能手机成瘾：概念、测量及影响因素》，《中国临床心理学杂志》，2017，25(1)。

② J. Billieux, M. Van der Linden, M. d'Acremont, et al., "Does impulsivity relate to perceived dependence on and actual use of the mobile phone?" *Applied Cognitive Psychology*, 2007, 21(4), pp. 527-537.

③ O. Lopez-Fernandez, L. Honrubia-Serrano, M. Freixa-Blanxart, et al., "Prevalence of problematic mobile phone use in British adolescents," *CyberPsychology, Behavior, and Social Networking*, 2014, 17(2), pp. 91-98.

④ M. Sánchez-Martínez and A. Otero, "Factors associated with cell phone use in adolescents in the community of Madrid(Spain)," *CyberPsychology & Behavior*, 2009, 12(2), pp. 131-137.

⑤ J. De-Sola Gutiérrez, F. Rodríguez de Fonseca, and G. Rubio, "Cell-phone addiction: A review," *Frontiers in psychiatry*, 2016, 7, p. 175.

⑥ W. Craig, Y. Harel-Fisch, H. Fogel-Grinvald, et al., "A cross-national profile of bullying and victimization among adolescents in 40 countries," *International journal of public health*, 2009, 54(2), pp. 216-224.

⑦ L. Kann, T. McManus, W. A. Harris, et al., "Youth risk behavior surveillance—United States, 2017," *MMWR Surveillance Summaries*, 2018, 67(8), pp. 1-114.

三、心理疾患解释理论的构建

建立解释心理病理问题发生发展的理论模式来解释这些问题是如何发展和为何发展的，是临床心理学家的主要任务之一。比较经典的主要有精神分析理论、人本主义理论、行为学习理论和认知理论等，较为新颖的主要有生理—心理—社会理论、拓展建构理论、环境系统理论等。

首先，以经典精神分析理论为例，其对于个体心理和行为的形成与发展机制的解释主要包括潜意识论、人格结构论和性心理发展说。潜意识论认为人的大部分心理活动是在潜意识里进行的，里面承载的是对意识构成威胁而被意识领域"拒之门外"的冲动、欲望，以及个体成长中的痛苦经历等，个体的心理障碍就是潜意识的矛盾冲突所致，而这些矛盾冲突源于内心的冲动和欲望没有满足。人格结构论认为人格由本我、自我和超我三个相互影响的成分构成，本我追求快乐，自我追求现实，超我追求完美。如果三者失调甚至破裂，就会危及人格的健康发展，产生病态行为和精神障碍。性心理发展说将人格的发展以性心理发展为主线分为口欲期至生殖器 5 个阶段，每个阶段都会通过相应的器官获得快乐的感觉。性的需求未被充分满足或被过度满足，那么人格的发展就会出现畸形，表现出一系列的内化问题与外化问题。该理论特别重视人格发展的前三个阶段，尤其是 5 岁以前的人格经验（早期经历、母子关系及生活环境等）对其成年后的健康人格发展起着重要作用。许多成人的心理冲突、变态心理都可追溯到其人生早期，并找到早年创伤性经历以及被压抑的情结。其次，随着临床心理学领域的工作目标由"治病救人"转向"维护和促进人们的健康"，新的指导理论——"生理—心理—社会理论"也随之诞生了。它明确地将心理和社会因素与健康联系起来，认为疾病是由许多因素在各个层面上相互作用而引起的，而非像生物医学模式所认为的"疾病因病原体所致"，为心理健康教育工作者提供了一种新的工作框架。例如，有研究基于此考察了负性生活事件、COMT 基因 Val158Met 多态性和父母教养行为对青少年早期抑郁的影响。结果表明，遗传风险与环境系统交互影响青少年抑郁。携带 Val/Val 基因型的男青少年中，当父亲积极教养行为水平较低时，青少年的抑郁水平随负性生活事件的增多而显著上升，当父亲积极教养行为水平较高时，负性生活事件对抑郁无显著预测作用。[①]

以生理—心理—社会理论框架为基础，从个体层面延伸出了拓展—建构理论，认为某些积极情绪能够拓延人们瞬间的知—行能力，并能构建人们的个人资源和增强健康，而且积极情绪有助于消除消极情绪，进而有益于提升健康水平。例如，有研究表明积极情绪能有效抑制条件性恐惧的泛化，增强被试对安全信号的学习，并对消退后的恐惧重建现象起到预防作用。[②] 这为心理健康工作通过诱发积极情绪来抑制条件性恐惧的泛化提供了重要启示。还有研究发现感恩能够有效提升个体的幸福感水平，增强生活满意度并减少消极情绪的积聚。[③] 这是因为感恩作为一种积极情绪：一方面可以拓展人们的思维模式，增加思维的灵活性和社会支持，建构积极的心理资源；另一方面可以激发个体的成长主动性，进而积极寻求满足自身需要的积极策略，从而提升幸福感。总之，该理论指导心理健康教育工作者更加关注如何促进健康，即提高生活质量和生活满意度，获得幸福和达到康乐。此外，以生理—心理—社会理论框架为基础，在社会系统层面还延伸出了环境系统理论，认为个体所表现出的症状，有可能是对其所在的大环境的不适应，亦有可能是环境系统(家庭、大家族、交际圈、社会潮流、文化等)中的问题的集中体现。例如，有研究基于此探讨了累积生态风险对青少年网络成瘾的作用机制[④]，结果表明累积生态风险不仅可以显著预

---

① 王美萍、郑晓洁、夏桂芝等：《负性生活事件与青少年早期抑郁的关系：COMT 基因 Val158Met 多态性与父母教养行为的调节作用》，载《心理学报》，2019，51(8)。

② 冯彪、徐亮、张蔚欣等：《积极情绪对条件性恐惧泛化的抑制作用》，载《心理学报》，2017，49(3)。

③ 丁凤琴、赵虎英：《感恩的个体主观幸福感更强？——一项元分析》，载《心理科学进展》，2018，26(10)。

④ 李董平、周月月、赵力燕等：《累积生态风险与青少年网络成瘾：心理需要满足和积极结果预期的中介作用》，载《心理学报》，2016，48(12)。

测青少年的网络成瘾水平，还可以通过降低基本心理需求满足、提升积极结果预期的双重中介作用，进而增加青少年的网络成瘾水平。还有研究关注了家庭功能与不良同伴交往对青少年冒险行为的影响，结果发现，如果家庭功能不良很可能会导致青少年结交更多的不良同伴，从而增加反社会行为和冲动行为出现的概率。① 因此，该理论指导心理健康教育工作者在评估个体的症状、促进健康时，应从多个层级去考虑其行为被其所处的家庭背景、社会文化和历史背景赋予了什么样的情感与意义。

四、心理健康问题的临床干预

临床心理学家为治疗和预防某些心理病理问题，增进人们的身心健康，开发并实施了一系列有效的干预技术和措施，有效改善了个体或群体的身心健康水平。主要的干预技术包括经典的心理动力学疗法、行为疗法、认知疗法、认知—行为疗法等，以及新近发展的系统式家庭疗法、正念疗法、接纳与承诺疗法等。

在经典疗法中，以认知行为疗法为例，它将思维模式的转变与通过实验改变相应的行为整合到一起，先矫正产生心理问题和行为的认知，再反过来通过行为矫正引发和强化正确认知，最后通过两个过程的交互作用来达到治疗效果。有研究采用该方法对未成年暴力犯的暴力风险水平进行了干预②，从监狱中随机筛选出未成年暴力犯 50 名，并随机分为干预组和对照组，对干预组进行每周一次共 10 次的认知—行为矫正训练，结果表明，认知行为团体矫正能够显著降低未成年暴力犯的暴力风险水平，提升共情能力。认知行为疗法通过帮助个体改变不合理的信念和歪曲的思维模式，修正个体认知中的偏差和扭曲，整合恰

---

① 田录梅、刘玲玲、袁竞驰等：《家庭功能对青少年冒险行为的影响：自我控制能力与不良同伴交往的序列中介效应》，载《心理发展与教育》，2018，34(3)。

② 肖玉琴、赵辉、文凤等：《认知行为团体矫正对未成年犯暴力风险水平的影响》，载《中国临床心理学杂志》，2019，27(1)。

当的信念体系，从而改变了未成年暴力犯的不良行为模式。另有研究基于此对网络游戏成瘾进行了为期三个阶段，共 12 期的干预。[1] 首先是行为矫正，通过制订计划和减少上网线索等措施强制减少网游行为，让成瘾者摆脱失控和恍惚的情绪状态。其次是认知重构，采用对峙技术等措施与成瘾者认知中的不合理信念，如"只有网游才能彰显我的价值"等进行辩驳，让成瘾者领悟这些想法的不合理性，意识到网游只能起到暂时性的心理安慰并不能解决现实问题，只有回归现实才能获得归属感和幸福感，而后采用得当的策略激发成瘾者的存在感和价值，防止戒断行为的出现。最后是支持和巩固，帮助成瘾者解决成瘾的并发症问题，如采用团体辅导的方式解决伴随的焦虑、抑郁情绪等。结果表明，在干预结束后有 95% 的参与者戒掉了网络游戏成瘾，而且 5 个月之后的随访结果发现仍有 78% 的参与者保持了戒断状态，可见疗效非常显著。

除经典的心理治疗和干预技术之外，近年来正兴起一股研究和应用东方佛道文化与修行技能的潮流，其中基于正念的疗法已经成为现在心理治疗的一种重要策略。有研究利用该技术对员工的幸福感进行了干预，随机招募 44 名员工，并将他们分为干预组与控制组。对干预组进行为期 8 周的正念训练。[2] 结果表明，训练结束一个月后，员工的幸福感水平得到显著提升。这可能是由于正念训练促进了个体自我觉察能力的提升、自我认知的加深，同时帮助个体更客观地看待并接纳自身或环境中的各种经验和信息，减少由自我或他人评价带来的担忧，进而促进员工真实性的提高，最终提升了他们的幸福感。厄利（Earley）等人的研究还发现[3]，正念干预对创伤后应激障碍也具有很好的效果。对儿童虐待幸存者进行正念干预训练后有效提升了他们的情绪调节能力，明显改善创伤后应激障碍症状，且这一效果在间隔 2.5 年后仍得到了良好的维持。除此

---

[1] K. S. Young, "Treatment outcomes using CBT-IA with Internet-addicted patients," *Journal of Behavioral Addictions*, 2013, 2(4), pp. 209-215.

[2] 叶素怡、宋莉莉、庞军等：《正念训练对员工真实性和工作幸福感的影响》，载《中国临床心理学杂志》，2019，27(4)。

[3] M. D. Earley, M. A. Chesney, J. Frye, et al., "Mindfulness intervention for child abuse survivors: A 2.5-year follow-up," *Journal of Clinical Psychology*, 2014, 70(10), pp. 933-941.

之外，近年来互联网和智能手机应用软件等新技术正越来越多地被用于提供心理健康护理，而且其有效性大有前景。例如，有研究使用一款被称为"移动治疗"的智能手机应用软件提醒用户在触摸屏的"情绪地图"上报告他们的幸福、悲伤、焦虑和愤怒水平。而后根据用户的报告进行基于认知行为技术的练习，帮助个体修复情绪。训练结果表明，用户对其情绪及负性情绪的诱因更有自我意识，而且他们应对负性情绪的技能也提高了。[①] 总之，临床心理学领域基于不同干预技术践行的一系列心理健康干预活动有效改善了不同群体的心理健康水平。

---

① M. E. Morris, Q. Kathawala, T. K. Leen, et al., "Mobile therapy: Case study evaluations of a cell phone application for emotional self-awareness," *Journal of Medical Internet Research*, 2010, 12(2), p. e10.

第七章

————

发展心理学对心理健康问题的研究

对心理健康问题的研究是发展心理学论题的应有之义。当前，我国正处于社会转型时期，个体承受着日益严峻的心理负担与压力，心理健康问题亟待解决。系统梳理发展心理学的理论基础与不同年龄阶段研究实践对心理健康问题的关注，对于正确认识和依照个体心理发展的特征与规律，有的放矢地开展心理健康理论研究、心理健康教育实践工作具有重要的理论意义和现实价值。[①]

一、发展心理学对心理健康问题的理论研究

自 1882 年德国心理学家普莱尔出版《儿童心理》至今，发展心理学已经走过了一百多年。在这一历程中，生物学、认知神经科学等领域得到突破性发展，许多发展心理学家纷纷建立各自的理论，希冀从自己倚重的视角，对解决个体心理发展过程中所面临的心理健康问题，给予理论层面上的观照。

生物学理论。自 1966 年唐氏综合征(Down's syndrone)被确认为先天性伴有精神发育迟滞的染色体畸变症状以来，研究者针对基因对个体生理与心理健康发展的影响进行了研究。近年来，生物学领域的突破性进展为发展心理学从基因和大脑神经的视角进行研究提供了可靠的支撑。基因图谱的研究表明，个体行为的差异早在基因上就已经打下了印记。了解胎儿父母基因性状与各自家族史和家庭背景，有利于有效预防和干预由先天缺陷造成的心理健康问题。神经

————

① 俞国良：《现代心理健康教育——心理卫生问题对社会的影响及解决对策》，32~37 页，北京，人民教育出版社，2007。

系统是心理活动重要的物质基础，人的一切身心活动均与神经系统的参与密不可分。有关大脑神经的研究发现，由神经缺陷引发的疾病有 2000 多种，其中有 2/3 是由神经系统异常引发的。表观遗传(epigenetics)是 DNA 序列不发生改变、可遗传且可逆性的基因表达。研究发现，若调控表观遗传修饰的基因产生突变，将会引起发育异常问题的出现。例如，由于 MeCP2 基因突变导致甲基化 DNA 识别异常，而引发雷特综合征，导致儿童出现精神发育迟滞、智力下降、伴发孤独症、出现刻板动作等一系列身心健康问题。①

从个体的终身发展来看，有的行为变化在整个发展期是稳定的，而多数行为则是变动的。此外，许多不同的行为变量是受共同基因型控制的。由于学科发展等条件的限制，发展心理学在过去的研究中极少关注基因和大脑对个体发展的作用，而随着科技进步与学科交叉融合，目前这一现象正积极地发生改变。对个体发展的生物学理论的探索，能够帮助我们从基因和脑等物质层面上更好地认识个体在发展过程中遇到的心理健康问题及其成因。

认知发展理论。智力正常是衡量个体心理健康的重要标准。皮亚杰认为，智力是机体有效适应环境，在客观条件下创造最佳生存条件的品质与能力，个体智力的发展是在生理成熟、物理环境、社会性经验与平衡化这四个因素共同支配下发生的。其中生理成熟是身心发展的必要不充分条件，成熟为个体发展提供了可能性，只有通过机能的练习与习得性经验才能使发展从可能变为现实。② 随着年龄增长，物理环境与社会性经验在个体发展中的重要性日益凸显，而平衡化则可视为心理发展中的关键因素。正确认识与把握皮亚杰的认知发展四阶段理论，有助于判断儿童的智力发展是否正常，从而及时采取教育干预措施，以有效地促进儿童心理健康发展。维果斯基与皮亚杰的不同在于，他特别强调环境和社会文化因素在个体发展中的重要意义。他认为，心理发展的实质是在环境与教育的影响下个体的心理由低级心理机能向高级心理机能转化的过

---

① 俞国良：《心理健康教育学：心理学与教育学的交叉融合研究》，载《教育研究》，2018(9)。
② 白学军、王敬欣等：《发展心理学》，20~29 页，天津，南开大学出版社，2013。

程。他还创造性地提出了最近发展区(zone of proximal development)这一概念，为适应学生当下的身心成熟水平，开展心理健康教学工作，积极引导学生身心健康发展提供了理论依据。

生态系统理论。诚如前述，人作为一种社会性动物，所处的社会与文化环境对其心理健康有重要影响。布朗芬布伦纳将生态系统描述为一组由微观系统、中间系统、外层系统和宏观系统四个部分交互作用、层层嵌套的巢状结构。微观系统(microsystem)位于最里层，是个体直接体验到的活动、角色和人际关系模式。自个体出生至婴儿期，其微观系统仅限于家庭。随着年龄的增长，幼儿园、学校及同伴关系等对个体提高问题解决能力和增进社会性知识有益的成分，逐渐进入其微观系统中来。中间系统(mesosystem)是两个或多个微系统间的互动与联系，如家庭与学校的互动、家庭与工作单位之间的联系等。外层系统(exosystem)是个体不直接参与，但却会对个体产生影响的系统。有关"父母职业环境对于子女心理健康的影响"逐渐成为研究者的关注点，其中一个重要研究方向是探究父母工作压力体验。近年的研究表明，父母工作压力状况会影响到家庭成员互动的质量，从而诱发儿童及青少年的心理行为问题。宏观系统(macrosystem)实质上是一种广阔的意识形态，它包括了位于前三个系统中的文化、亚文化或其他社会背景模式。实际上，心理健康是一个动态复杂的环境适应问题，它不仅是个体自身发展的问题，更是社会发展问题的一个缩影。当前，我国正处于社会转型时期，各个社会系统之间的联系日益密切，多元社会文化对于个体身心发展的冲击日益频仍。布朗芬布伦纳的生态系统理论能够指导研究者既能设身处地于一个具体的系统中对个体发展问题进行分析，又能不局限于某一个系统，采取普遍联系、动态发展的视角对个体的心理健康问题进行研究，并为建设良好的社会心理与心理健康服务体系提供理论指导。①

---

① 俞国良：《社会转型：社会心理服务与社会心理建设》，载《心理与行为研究》，2017，15(4)。

二、不同年龄阶段对心理健康问题的研究

近年来，发展心理学在儿童青少年认知发展、人格与社会性发展以及老年心理发展等方面取得了丰硕成果。这些成果对不同年龄阶段个体的心理健康教育具有重要借鉴价值。

(一)儿童期的心理健康问题研究

儿童期(childhood)与心理健康问题相关的研究主要集中在儿童攻击行为与利他行为、儿童气质与人格发展等研究领域。①

一是儿童的攻击行为与利他行为。攻击行为(aggressive behavior)是指以伤害或侮辱其他人或人群为目的的行为。洛伦兹(Lorenz)通过对人与动物攻击行为的一系列观察与研究，提出攻击行为是一种本能，攻击是由于内部能量达到一定水平后仪式性的爆发，这对于保存生命具有重要意义。道奇(Dodge)在其攻击行为产生机制的信息加工理论中认为，信息加工中任何一个环节出现偏差，都可能引发攻击行为的恶性循环。② 有研究者通过追踪研究发现，与异卵双生子相比，同卵双生子的攻击行为相关度更高，这给攻击行为受遗传因素影响提供了实证支持。还有研究发现，MAOA基因活性降低会导致攻击行为提高，脑区中的下丘脑和杏仁核也与攻击行为有密切关系。近年来，有关儿童攻击行为的研究主要集中于攻击行为和反社会行为的发展进程、攻击行为发展的稳定性与可变性、攻击行为的个体差异，以及如何对攻击行为进行预防和治疗等方面。③ 利他行为(altruistic behavior)是指助人者主动为他人提供援助、救济、安慰或同情，使他人产生愉悦体验的行为。近年来，多数研究结果证实利他行为对身体健康具有促进作用。胡天翊等人提出利他的"自激励效应"，尝试从身心

① 林崇德:《发展心理学》，486~519页，北京，人民教育出版社，2018。
② 俞国良、辛自强:《社会性发展心理学》，249~261页，北京，中国人民大学出版社，2013。
③ 李晓文:《人格发展心理学》，1~154页，杭州，浙江教育出版社，2008。

互动的角度阐述利他对助人者自身带来的影响，进而探讨利他行为在进化上可能存在的优势。谢晓非等人发现，助人者在提供帮助的过程中会获得某种生物性反馈，从而获得心理和生理的内部效用增益。谢晓非等人还从进化视角提出了身心互动的利他行为双路径模型，指出利他行为给助人者带来了更好的适应性与得到他人认可的机会。① 通过对近年来国内外有关利他行为研究进行总结我们发现，利他行为本身就是一种有奖赏的过程。利他者不仅更容易得到他人的悦纳与青睐，而且能够得到正性心理反馈，有利于心理健康品质的培育。积极引导儿童利他行为的发展，不仅有利于社会人际关系和谐，而且也有利于提高个体的心理健康水平。

二是儿童气质与人格发展。儿童气质与人格发展是发展心理学研究中历久弥新的问题。儿童气质(children's temperament)是指儿童进行心理活动时显现的稳定的人格动力特质。A. 托马斯和切斯依据儿童在活动水平、心理活动节律、趋避性等九个维度上的特征，将儿童气质分为难教养型、迟缓型和易教养型三个主要类别。姚凯南等人对儿童的气质、人格与心理健康的研究发现，儿童的气质与人格的维度有相关性，麻烦型及中间偏麻烦型气质的儿童行为障碍的发生率高。近两年来，研究者针对儿童行为抑制性、中小学生个性特点与学校适应、同伴之间的关系等问题进行了探讨。追踪研究和跨文化研究是近年来儿童社会性发展的研究重心。研究者通过较大规模的追踪设计，为探讨儿童气质的稳定性及对后期行为影响等问题提供了重要的证据。此外，还有研究者采用跨文化的比较，探讨了社会文化因素在儿童气质与人格发展中的作用。目前，研究者更多采用脑电图等新指标，来判定人的气质和人格差异，对人格结构、类型以及与利他行为的关系进行了大量研究，为健全人格培养与教育提供实证依据。研究者们在这一领域内的研究越来越注重时间的跨度和考察的广度。这些研究较少再去孤立地考察任一社会行为的表现，而是一方面在更大范围内考察

---

① 谢晓非、王逸璐、顾思义等：《利他仅仅利他吗？——进化视角的双路径模型》，载《心理科学进展》，2017，25(9)。

其与其他社会行为和人格特质的相关，另一方面更加关注其出现前的预示信号、可预测源，以及出现后的结果和对其他人格特质的影响等。不同跨度的追踪研究和交叉滞后设计等技术，为这些问题的研究提供了方法论基础。

(二)青春期的心理健康问题研究

青春期被霍尔(Stanley Hall)称为人生的"狂风暴雨期"。已有研究表明，青春期许多问题行为的高发是由该阶段对压力源敏感的激素水平显著提高、大脑的前额叶、边缘系统和多巴胺的输入系统等迅速发展引起的。[①] 随着社会转型与时代发展，个体所处的环境也日趋复杂多变，这也是导致该阶段成瘾、焦虑、抑郁等心理健康问题层出不穷的原因。

随着处于青春期的个体和社会有了更广泛的接触，也更容易受到不良社会风气的影响。同时，该阶段"情绪和感觉的操控台"脑岛和对压力源极为敏感的相关激素水平均得到了显著的发展，这也导致他们出现成瘾行为。已有大量的研究证据表明，成瘾行为会损害个体的身心健康。当前，关于青春期成瘾行为的研究主要集中于烟酒成瘾、游戏成瘾和网络成瘾等。据国家卫生健康委员会2019年的调查，初中生吸烟与尝试吸烟的比例分别为3.9%、12.9%；高中生吸烟与尝试吸烟的比例分别为8.6%、24.5%。其中职业学校学生高于普通高中学生，分别为14.7%与30.3%。网络成瘾(internet addiction disorder)也被称为网络依赖或网络性心理障碍，这将严重危及个体人际关系、生活、工作与学习等方面的质量。由于青春期个体的心理抵御能力较低，网络游戏本身具有很大的吸引力，这导致网络游戏成瘾成为一个不容忽视的问题。据佐斌等人在2010年的研究发现，在中国的青少年中有79.3%的人玩过网游，其中成瘾人数达3.2%。[②] 游戏成瘾者会表现出对网络游戏无节制的需求、对游戏耐受性强、矛盾自责等症状，且会导致较高的焦虑和抑郁水平。近年来的研究还

---

① 陈春萍、程大志、罗跃嘉：《雌激素对情绪的影响：心理、神经、内分泌研究》，载《中国科学：生命科学》，2011，41(11)。

② 佐斌、马红宇：《青少年网络游戏成瘾的现状研究——基于十省市的调查与分析》，载《华中师范大学学报(人文社会科学版)》，2010，49(4)。

发现，接触暴力网络游戏能够启动游戏者的攻击性认识，进而导致攻击行为的发生。雷雳等人研究发现，宜人型和谨慎型人格可以直接预测青少年网络游戏成瘾，其中网络游戏的体验与卷入具有重要的调节作用。① 研究者发现，青少年网络成瘾行为的诱因大致可包括三类：其一，网络本身具有匿名、便捷、自由等特征，这对青少年具有很大的吸引力；其二，那些具有高焦虑抑郁倾向、自控力差的人格特质的个体更易习得网瘾行为；其三，家庭和学校的环境给青少年带来压力，这也导致其企图通过网络来躲避现实困境。青春期会引发一系列生理和心理上的不适应，近几年研究发现青少年焦虑、抑郁情绪检出率有上升趋势。② 抑郁者表现出长期持续性情绪低落等特征，他们一般很难对事物提起兴趣，并表现出缺乏自信、情绪压抑、全身无力、懒散少动、记忆力和注意力下降、思考困难等身心状态。抑郁有"懒、呆、变、忧、虑"五个主要特征。③ 从已有研究结果可以发现，影响青少年出现焦虑、抑郁情绪的因素主要有家庭、社会和个人三个主要方面。当前，有关生活方式对青少年心理健康的影响也是国外研究者的关注点之一。

(三) 老年期的心理健康问题研究

人口老龄化已成为全球发展趋势，老年期个体在心理健康的很多方面很脆弱，需要更多的关注。老年期常见的心理健康问题主要有感知觉下降、记忆力和智力下降等，由此类问题导致的老年痴呆、老年抑郁和焦虑症等得到研究者的广泛关注。阿尔茨海默病 (Alzheimer Disease，AD)，俗称老年性痴呆，是目前在老年群体中较为常见且患病者数量逐渐增长的一种脑变性疾病。研究发现，具有较高教育水平的人相较教育水平较低的人罹患阿尔茨海默病的风险更低。近年来，研究者们不再局限于对认知"下降"的描述，进而将目光投向了补偿性功能，从大脑本身的适应性和问题解决策略变化等角度，解释老年个体如何补

---

① 张国华、雷雳：《人格与青少年网络游戏成瘾的关系：有调节的中介模型》，载《苏州大学学报 (教育科学版)》，2015 (3)。

② 崔丽霞、史光远、张玉静等：《青少年抑郁综合认知模型及其性别差异》，载《心理学报》，2012，44 (11)。

③ 俞国良：《现代心理健康教育——心理卫生问题对社会的影响及解决对策》，32~37 页，北京，人民教育出版社，2007。

偿由神经机能衰退而引发的问题。生命全过程发展变化理论中的"选择性优化补偿原理"可以对老年人认知功能的干预与训练具有指导作用。有研究者把生物、信息加工和行为三个水平上与认知老化有关的研究进行整合，提出了神经递质不足理论。根据神经网络模型参数，儿茶酚胺浓度的下降会降低信息加工中的信噪比。该模型解释了不同年龄群体的学习速率、对无关干扰项的抑制能力等认知老化现象。研究者通过分层回归技术对认识活动、教育水平和阿尔茨海默病之间的关系进行分析发现，认知活动更能直接预测罹患风险。到目前为止，可用来鉴别与预防阿尔茨海默病风险的变量并不多见。老年人主要的活动场所是家庭，家庭的结构与关系以及老年人在家庭中的地位等均会对其心理健康产生重大影响。当前中国正处于社会转型时期，由此带来的家庭结构变化和伦理道德观念的变异，都对老年人的健康带来很大影响。主观幸福感（subjective well-being）是指个体对其生活质量的整体性评价，它是衡量老年人心理健康的一项重要的心理指标。已有研究表明，社会支持能够有效降低老年人焦虑、抑郁及敌对情绪，并能够正向预测其主观幸福感。还有研究表明，老年人的物理环境控制感与主观幸福感呈正相关。如果老年人对生活中的重大事务或居住环境有控制感，那么可以让老年人保持更好的心理状态和更高的幸福感。萨拉森（Sarason）的研究表明，老年人接受的社会支持与他们在面对生活中的问题时的信心与自尊呈正相关；莱斯曼（Reissman）发现，老年人给子女提供信息支持能够获得被需要的感觉，从而提升了自尊感。还有研究发现，接受子女的社会支持时会比给子女社会支持体验到更多的主观幸福感。吴振云对"集中养老"和"居家养老"这两种养老方式下老年人的心理健康状况进行比较，结果表明"集中养老"的老年人的心理健康水平显著低于"家庭养老"的老年人。在"社会养老"的微观系统中，会导致老人难以与亲人及时进行感情交流而产生孤独、焦虑与抑郁等凡此种种负性情绪，从而影响了老年人的心理健康。①

---

① 吴振云、李娟、许淑莲：《不同养老方式下老年人心理健康状况的比较研究》，载《中国老年学杂志》，2003，23(11)。

三、发展心理学对心理健康问题研究的展望

我们拟从研究的问题、研究的方法与技术以及干预措施这三个方面对未来发展心理学可能对心理健康问题所做的研究进行展望。

第一，研究的问题。发展心理学将继续突出强调个体早期和中老年期的心理特点与心理健康关系的研究。研究者在关注儿童认知发展的年龄特点和发展趋势的基础上，重新开始重视对基础理论的探究。研究者还将从系统的观点角度对家庭在儿童心理健康发展中的作用进行研究，并把家庭对儿童心理健康发展的影响引入更宏观的社会文化背景中进行考察，研究社会文化背景或逆境的影响，即早年心理创伤、家庭养育环境、亲子关系及其社会化过程对个体心理健康的影响；同伴关系、同伴互动发展、变化的理论与统计建模、青少年早期的异性关系、同伴和友谊对个体心理健康的影响等也将是发展心理学领域有关心理健康问题的研究热点。同时，如何保持老年人健康的心态、保持相对良好的认知功能和社会功能，需要研究人类心理老化的认知特征与影响因素，如老年痴呆症引起的记忆力、计算力、语言和思维能力等认知障碍。对老年认知障碍评估属于心理健康评估范畴，是目前该领域的研究热点。

第二，研究的方法与技术。发展心理学对于心理健康问题的研究核心是揭示在个体发展过程中，基因、环境、脑和心理健康问题之间的联系。过去的发展心理学关于心理健康问题的研究，大多属于横断的研究，特别是实验研究过于看重个别心理过程的发展，难免造成对于发展问题全貌与历程的理解出现以偏概全的问题。在今后的研究方法选择中，一方面，发展心理学将继续从各个理论流派中吸收借鉴研究方法；另一方面，脑科学研究方法与技术逐渐显露出优势。随着发展心理学与脑科学交叉融合，以脑科学方法为工具的以解决发展问题的认知神经科学已然呼之欲出。心理能力发展的大脑定位、发展的关键期、发展的可塑性等都是研究的重点。在方法学上，认知神经科学包括两类互补的

研究途径：一是用电生理方法研究感觉信息如何在清醒动物大脑中表征，二是用无创性成像方法研究正常人的感知觉以及高级心理过程。脑成像技术的发展使研究者洞悉人脑认知活动"黑箱"成为现实可能。随着发展心理学对脑功能成像技术、行为遗传学、统计方法等方法与技术的吸收和借鉴，其对心理健康问题的研究正由过去对现象的描述或思辨跃升为真正的科学研究。当然，发展心理学还应从生理、心理与活动的交互作用中来探讨心理健康问题，这就不能仅仅依靠实验法，使用长期的自然观察法进行研究也是必不可少的。近年来，以互联网和移动通信终端为载体的心理测评软件（psychological evaluation software）得到了广泛使用，这为实时监控全民心理健康状况、建立个体的心理测评档案管理系统、建设心理健康的检测与预警机制打开了方便之门。

第三，干预措施。我们认为，一门学科能在多大程度上给人类和社会的发展提供服务，就能在多大程度上得到发展。发展心理学亦是如此。纵观近年来发展心理学的成长历程，我们发现，发展心理学正是在给人类和社会提供心理健康等问题的服务基础上得以迅速发展。除了研究各种心理行为问题发生的原因与机制之外，探讨各类心理健康问题的早期识别标志和有效干预方案也越来越受到研究者关注。目前，对于发展心理学领域针对心理健康问题的干预主要通过抽样调查，对不同年龄阶段的个体采用不同标准的心理发展测量工具（如"格塞尔发展顺序量表""贝利婴儿发展量表""Gesell 发育量表"等）对可能存在的心理健康问题进行识别与评估，进而采取诸如心理辅导与咨询、综合护理干预等措施。当前，采取认知行为治疗、人际关系心理治疗等技术对青少年学生负性情绪进行心理干预已经取得了良好的效果。为了进一步完善心理健康识别与干预工程，在今后的研究过程中积极采用心理测评系统的同时，还应该努力推进测评工具标准的统一化、进行大样本与纵向研究、综合考虑多方面的相关因素并及时采取多维度的心理干预措施。发展心理学研究视野的扩展和研究方法与技术的进步，将为建设生命全历程的心理健康服务体系提供可能。

第八章

——————

社会心理学对心理健康问题的研究

心理健康问题的研究，如果能融合心理科学、教育科学等其他学科的资源则势必如虎添翼。在我提出的交叉融合视角的心理健康教育学的理论框架下[①]，聚焦社会心理学如何作为理论、视角和方法的资源，指导心理健康问题的研究。这里选取了社会心理学理论最近几十年来在国际上颇具代表性的三个理论：探讨态度—行为关系的经典理论——计划行为理论，社会认知取向最有影响的理论——解释水平理论，以及最重要的动机—人格理论——自我决定理论。对于本土社会心理学，这里则选取了两个具有代表性的心理健康研究主题：一是躯体化现象，它反映着社会文化影响下心理健康问题的表达方式；二是道家人格，它体现了中国传统智慧中蕴含着的心理健康思想，并进一步探讨了它们如何运用于心理健康问题的研究。

一、社会心理学理论与心理健康问题的研究

（一）计划行为理论与心理健康问题的研究

态度与行为的关系是社会心理学的核心议题之一。行为意向与实际行为的产生对个体的健康行为及心理健康状况具有重要意义。许多心理健康问题以及与之相关的身体健康问题，实际上都源于个体自身的一些危险行为，如酗酒、吸烟、暴饮暴食、药物滥用等，因此也成了心理健康研究者们重点关注的问题。

———————

① 俞国良：《心理健康教育学：心理学与教育学的交叉融合研究》，载《教育研究》，2018（9）。

计划行为理论是社会心理学中最著名的态度—行为关系理论①，其理论框架中的主要变量包括：①行为态度，即个体拥有的对大量有关行为可能结果的行为信念，是个体对该项行为所持的正面或负面的感觉；②主观规范，即个体在决定是否采取某一行为时所感受到的社会压力，反映着重要他人或团体对个体行为决策的影响；③知觉行为控制，即个体对自己是否有能力控制并执行某一行为，以及控制该行为的难易程度的主观感知和预期；④行为意图，即个人想要采取某一特定行为的行动倾向。根据计划行为理论，态度和主观规范越积极，感知行为控制越强，个体考虑执行行为的意图就越强烈。

研究者基于计划行为理论的主要变量进行了许多心理健康与健康行为的研究。尤其是对于区分不同情境中影响健康行为的核心变量，据此对个体进行有计划的指导和干预，这有助于其恢复心理健康状况。例如，研究者发现，许多抑郁症患者往往不会主动寻求专业帮助，计划行为理论中的态度可以在很大程度上解释抑郁症患者寻求帮助的意愿，为了促使这些病人积极寻求心理健康专业咨询，可以通过改变患者的态度来影响其寻求帮助的行为。② 利用计划行为理论探究影响年轻人社交网络使用的心理社会变量，结果表明，态度和主观规范能够显著预测其社交网络的使用，对使用的成瘾倾向也具有重要影响，这对于制定旨在改变年轻人社交网络使用成瘾的策略具有重要的指导意义。③ 计划行为理论在我国的心理健康研究中也得到了广泛的应用。例如，利用计划行为理论对产妇进行干预，有助于预防产后抑郁。④ 因此，在计划行为理论的指导下，研究者能够进一步深入了解影响心理健康和健康行为的因素，并为干预研究提供理论支撑，对心理健康问题研究具有重要的指导作用。

---

① M. Fishbein and I. Ajzen, *Belief, Attitude, Intention, and Behavior: An Introduction to Theory and Research Reading*, MA, Addison-Wesley, 1975.

② G. Schomerus, H. Matschinger, and M. C. Angermeyer, "Attitudes that determine willingness to seek psychiatric help for depression: A representative population survey applying the theory of planned behavior," *Psychological Medicine*, 2009(11), pp. 1855-1865.

③ E. L. Pelling and K. M. White, "The theory of planned behavior applied to young people's use of social networking web sites," *CyberPsychology & Behavior*, 2009(6), pp. 755-759.

④ 李梅：《基于计划行为理论的产后抑郁健康教育模式效果评价》，载《西南国防医药》，2016，26(10)。

(二)解释水平理论与心理健康问题的研究

解释水平理论被称作"纯粹认知导向"的社会心理学理论[1]，是社会认知心理学的代表性理论之一。解释水平理论为心理健康和健康行为的研究提供了另一个独特的视角，即从理解个体认知加工水平、心理距离与行为改变的关系入手，理解健康行为的产生和心理健康状态的保持。根据该理论，同一事件会被个体以不同的抽象程度表征，即所谓解释水平。而影响解释水平的重要变量是心理距离，即个体以自身当前所处的状态或直接经验为参照点，对某一事件或行为在时空上的远近、发生的可能性大小的感知。心理距离增加时，解释水平会随之变得更为抽象；反之亦然。因此，通过影响心理距离就能改变个体的解释水平，从而影响个体的判断、决策等行为。

从这一思路出发，解释水平理论启发了大量的心理健康研究。例如，相关研究发现，解释水平较高的个体，对事件的表征更抽象，更关注事件的长远利益，减少立即偏好的满足，更关注长期利益而非短期利益，因此表现出更强的自制力和自控行为[2]，而个体的自我控制能力正是其心理健康状况、内在自我协调性的体现。又如，在健康行为研究中，饮食健康是研究者重点关注的问题之一。有研究者要求被试做出运动承诺，如一周运动四次，然后统计被试实际运动的时间，结果表明，高解释水平启动下的被试更有可能坚持健康的运动行为，其运动时间显著长于低解释水平启动组。[3] 解释水平理论认为，自己比他人的心理距离更近，表征更具体，因此也更难从全局出发考虑问题。在一项关于年轻女性进食障碍和寻求帮助的实验中，年轻女性被要求将自己（实验组）或他人（控制组）想象成进食障碍病患的主角。结果发现，实验组更多地将进食障

---

[1] Y. Trope and N. Liberman, "Construal-level theory of psychological distance," *Psychological Review*, 2010, 117(2), pp. 440-463.

[2] K. Fujita and J. J. Carnevale, "Transcending temptation through abstraction: The role of construal level in self-control," *Current Directions in Psychological Science*, 2012, 21(4), pp. 248-252.

[3] A. M. Sweeney and A. L. Freitas, "Relating action to abstract goals increases physical activity reported a week later," *Psychology of Sport and Exercise*, 2014, 15(4), pp. 364-373.

碍归因于普通的心理问题，也更倾向认为自己能够解决该问题，从而减少了求助意向。[1] 综上，解释水平理论在认知机制和原理方面对健康决策与行为的干预具有重要的指导意义。

(三) 自我决定理论与心理健康问题的研究

自我决定理论是当今最具影响力的动机—人格理论之一[2]，对于理解心理健康问题产生的心理动因有着重要的意义。其中，基本心理需要理论是自我决定理论体系中备受关注的子理论之一。该理论认为，基本心理需要是否能够得到满足，不仅影响着个体发展的可能性，也反映着个体的心理健康状况。自主感、能力感和归属感三种基本心理需要是与生俱来的，所有个体都为了满足这些需要而努力，趋向能够满足这些需要的环境。基本心理需要的满足能够使个体获得发展所必需的心理条件，推动个体朝着积极健康的方向发展；反之则会使个体朝向消极方向发展或产生功能性障碍。例如，研究发现，三种基本心理需要对中国海外留学生的幸福感、活力以及抑郁症状具有显著的预测作用[3]；在日常活动中基本心理需要满足程度较高的个体，幸福感水平更高。[4] 研究者在围绕自主感进行心理健康问题的研究时发现，动机的自我决定程度也影响着个体的心理健康状态。自主型动机由个体认可且与个体核心自我完全一致的外部动机构成；控制型动机则受外部奖惩调节和监督。[5] 自主型动机有利于个体积极情感、认知和行为的发展 (如积极性适应、学习改善、心理健康和幸福感、

① A. J. Mcandrew and R. Menna, "Perceptions of disordered eating and associated help seeking in young women," *Eating Disorders*, 2018(2), pp. 107-126.

② E. L. Deci and R. M. Ryan, *Intrinsic Motivation and Self-Determination in Human Behavior*, New York, Plenum Publishing Company, 1985, pp. 14-40.

③ M. Vansteenkiste, W. Lens, B. Soenens, et al., "Autonomy and relatedness among Chinese sojourners and applicants: Conflictual or independent predictors of well-being and adjustment?" *Motivation & Emotion*, 2006, 30(4), pp. 273-282.

④ H. T. Reis, K. M. Sheldon, S. L. Gable, et al., "Daily well-being: The role of autonomy, competence, and relatedness," *Personality and Social Psychology Bulletin*, 2000, 26(4), pp. 419-435.

⑤ E. L. Deci and R. M. Ryan, "Self-determination theory: A macrotheory of human motivation, development and health," *Canadian Psychology*, 2008, 49(3), pp. 182-185.

行为坚持、努力投入等）。心理治疗的相关研究表明，治疗动机越是自主的个体，在治疗中受到的干扰越少，紧张感较少，并且有较强的意愿坚持治疗，其自尊水平、生活满意度更高。①

心理健康问题的研究也推动着自我决定理论体系的完善。例如，研究者依据自我决定理论进行心理健康研究时发现，目标内容可以区分为内部目标和外部目标两种类型，且目标内容会对心理健康产生影响，由此提出了目标内容理论这一子理论。外部目标（如财富、外表、名气）与内部目标（如社群融入、亲密关系、个人成长）相比，会降低个体幸福感，损害个体心理健康。这是因为当个体追求外部目标时，会导致基本心理需要满足的匮乏。内部目标的追求与更高的心理健康水平相关，有助于增强个体的幸福感，而外在目标的获得对幸福感基本不产生作用。② 比如，一项在工作场所开展的研究发现，当员工追求物质主义的外部目标时，会被金钱目标驱使，阻碍其自主需要的满足，导致工作时无法全身心投入。③ 另一项针对中国与北美青少年的跨文化研究也发现，促进青少年内部人生目标的形成有利于其幸福感的产生。同时，父母的自主支持行为对其子女内部目标的形成具有积极作用，且具有跨文化一致性，因此，应鼓励父母为青少年提供更多的自主支持。④ 如今，自我决定理论已经形成了以基本心理需要理论为基础，包括认知评价理论、有机整合理论、因果定向理论、目标内容理论以及新近发展的关系动机理论六个子理论的庞大理论体系，为研究者进行心理健康研究、理解心理健康的影响因素和心理健康问题的产生提供了一个完整的理论框架。

① L. G. Pelletier, K. M. Tuson, and N. K. Haddad, "Client motivation for therapy scale: A measure of intrinsic motivation, extrinsic motivation, and amotivation for therapy," *Journal of Personality Assessment*, 1997, 68（2）, pp. 414-435.

② K. M. Sheldon, R. M. Ryan, E. L. Deci, et al., "The independent effects of goal contents and motives on well-being: It's both what you pursue and why you pursue it," *Personality and Social Psychology Bulletin*, 2004（4）, pp. 475-486.

③ Tian Xie, Ya-nan Shi, and Jing Zhou, "The adverse effect of materialism on employee engagement in China," *Journal of Chinese Human Resource Management*, 2016（2）, pp. 100-114.

④ N. Lekes, I. Gingras, F. L. Philippe, et al., "Parental autonomy-support, intrinsic life goals, and well-being among adolescents in China and north America," *Journal of Youth and Adolescence*, 2009, 39（8）, pp. 858-869.

二、社会文化与心理健康问题的研究

心理健康问题的产生受特定文化情境的影响。随着跨文化研究的发展，研究者们越来越关注本土文化影响下心理现象和心理健康问题的研究。除了对心理健康相关理论进行本土化应用、检验和发展外，也在不断拓展着新的研究主题和研究内容，关注着不同表现形式的心理健康问题，具有代表性的研究主题有中国文化影响下的躯体化现象研究、来自中国传统智慧的道家人格中的心理健康思想等。

（一）躯体化：中国文化如何形塑心理行为问题的表现

研究者在心理健康问题的研究中发现，除了能够主观意识到的心理健康问题外，个体感知到的身体不适，有时实际上是其心理行为问题的体现。研究者将这种通过躯体的病症表现心理问题或情绪问题的现象称为躯体化。躯体化让个体以躯体症状来代替心理痛苦表达，他们往往只能感到身体不适，却并不能意识到背后的心理原因，或拒绝承认存在心理问题或情绪问题。[①] 研究表明，许多躯体症状的发生并没有产生器质性病变，而患者却感受到了明显的躯体不适或痛苦。例如，在针对神经衰弱患者的一项调查中发现，在对100位神经衰弱患者进行重新评估和诊断时，其中87位患者可以被诊断为抑郁症，但在生活中是以神经衰弱（躯体症状）来进行治疗。[②] 患者由于躯体不适寻求医疗健康服务，往往得不到对症的治疗，这不仅浪费了社会心理健康服务资源，也会导致患者反复就医，对其社会适应功能产生损害。

躯体化现象虽然是跨文化成立的，但中国文化却让这种现象更加凸显。首先，中国文化下的社会规范注重人际和谐，在情绪表达方面显得更为内敛。比

---

① 陈子晨、汪新建：《躯体化的心身交互机制及其中的文化因素》，载《心理科学进展》，2015，23（5）。

② A. Kleinman，"Neurasthenia and depression：A study of somatization and culture in China," *Culture*，*Medicine Psychiatry*，1982，6（2），pp. 117-190.

如，最近一项研究发现，情绪表达矛盾导致心理行为问题症状增加和社会支持减少的结果仅出现在鼓励情绪表达的美国文化中，却没有出现在抑制情绪表达的中国文化中。[①] 对情绪表达的抑制和对心理疾病的"污名化"，让中国人认为心理疾病是"不被接受的"，从而让中国的躯体化现象更加普遍。有研究针对中国留学生和白人、黑人美国大学生的抑郁症状进行了调查，结果发现中国留学生心理不适的表现更多以躯体症状为主。[②] 患者正是通过躯体化的形式来表达心理行为问题，这样显得更能被社会规范所接受，以避免可能的道德谴责与名誉损害。其次，除文化规范外，躯体化在中国社会的普遍性还与中国人对身心关系的朴素认知密切相关。在中国文化情境下，人们总是将"身"与"心"看作一个整体，身体不仅是生理器官组合的生物躯体，也是社会与文化建构的产物，因此，中国人在表达不适时更有可能将身体感受与心理感受相结合，不会将二者严格区分开。因此，在中国文化情境中进行心理健康问题的研究时，应当重视躯体化现象的研究，全面了解个体的生活经历、生存环境、情绪状态、人际关系等，这对于有效识别躯体化现象背后潜在的心理问题，给予患者适当的心理治疗和疏导，缓解躯体化症状和心理健康问题具有重要的意义。

(二) 道家人格：中国传统智慧如何裨益心理健康问题的研究

随着跨文化研究的深入，许多研究者开始关注中国优秀传统思想文化中蕴含的心理健康思想及其与心理健康的关系。通过文化背景了解心理健康问题的发生机制，对于现代社会心理健康研究具有重要的参照和指导意义。有关道家人格的研究即一例。道家以"道"为核心，其宇宙论、哲学本体论等思想塑造着中国人的人格特征，中国人的许多典型人格特征都受道家文化的影响，如"清静无为""超然避世"等。在中国人的大七人格中，外向性之乐观、情绪性之耐性

---

① 常保瑞、谢天：《情绪表达矛盾一定会带来心理症状吗？文化规范的调节作用》，载《中国社会心理学评论》，2018(15)。

② W. C. Chang, "A cross-cultural study of depressive symptomology," *Culture，Medicine and Psychiatry*，1985，9(3)，pp. 295-317.

以及处世态度之淡泊等，也体现了道家思想文化的影响。① 研究者涂阳军和郭永玉基于文化影响人格的观点，综合对道家人性论思想的分析，将道家人格界定为：在道家思想文化的影响下，与道家人性论之"自然本真"的内涵一致，并表现在知—情—意—行层面的典型的人格特质。② 以道家文化为代表的中国传统智慧对中国人的心理和行为、世界观、人生观、价值观等方面都产生了深远影响。

研究者认为，道家人格源于道家思想，作为中国传统智慧的重要组成部分，对现代社会中个体心理健康状态的稳定和维持具有重要意义。中国人心理行为层面的许多典型特征，如辩证、不极端、谦退、节俭、坚忍、知足、平和、敛藏等，无一不深受道家思想文化的影响，也无一不是道家思想对中国人的"预设"和"塑造"。有研究者将道家人格运用于心理健康问题的研究时发现，道家人格具有缓冲负性情绪的作用，尽管在对抗焦虑与对抗抑郁的作用上有所差异，但仍然能够有助于人们缓解内心痛苦，因此可以作为老年人保持心理健康的一道保护屏障。③ 另外，在一项针对老年人死亡焦虑的研究中发现，与未启动组被试相比，在启动道家人格组中，道家人格的各维度与死亡焦虑的相关由显著变为不显著，结果表明道家人格具有对抗死亡焦虑的作用。④ 对此的解释是，道家思想认为"得道者"既不会漠视生命，也不会刻意关注和执着于生死，而是能够对生命有正确且坦然的认识，在死亡来临之际，个体能够平静地接受和面对，因此有助于个体理解生命的本质，维持心理健康，减少死亡焦虑。道家人格中强调的"静而不躁"与现代社会的"静修"具有内在一致性，在生理和心理方面都能带来许多益处，有助于人的成长⑤，对于提升大众心理健康水平也具有重要意义。

---

① 崔红、王登峰：《中国人人格形容词评定量表(QZPAS)的信度、效度与常模》，载《心理科学》，2004，27(1)。
② 涂阳军、郭永玉：《道家人格结构的构建》，载《西南大学学报(社会科学版)》，2011，37(1)。
③ 涂阳军：《道家人格在缓冲老年人负性情绪中的中介作用》，载《中国老年学杂志》，2015，35(9)。
④ 涂阳军、郭永玉：《道家人格在对抗死亡焦虑中的作用》，载《心理与行为研究》，2014，12(1)。
⑤ 涂阳军、郭永玉：《道家人格在对抗死亡焦虑中的作用》，载《心理与行为研究》，2014，12(1)。

三、社会心理学对心理健康问题研究的展望

人格与社会心理学作为研究人格、社会文化环境与心理状态关系的主要学科，形成了众多影响深远的理论，对于心理健康问题的研究及心理健康教育具有重要的借鉴和指导意义，我们通过分析三个在国际上颇具代表性的人格与社会心理学理论——计划行为理论、解释水平理论、自我决定理论，以及具有中国特色的社会文化心理现象——如躯体化现象与道家人格，以及在这些理论指导下的心理健康研究与心理健康教育——分析了典型的人格与社会心理学理论如何为心理健康问题的研究带来启发。

以人格与社会心理学理论为指导的心理健康研究，其基本思路与传统的心理咨询与治疗的主要区别在于，它的处理方式更加系统化，其关注点是人类社会心理与行为的普遍性规律，而不是具体的个案。因此，融合了人格与社会心理学的心理健康研究和干预的优势特色是系统性的。在这一点上，这种思路特别契合具有系统性的社会心理服务体系建设。[①] 需要指出的是，心理健康问题本身就属于人格与社会心理学的一个研究议题。为了突出跨学科的张力，我们所列举的理论和研究案例并没有包含那些原本就以心理健康问题为主题的人格与社会心理研究。在学科发展史上，有许多人格与社会心理学家都是以心理健康为切入口，发展出具有普遍性的人格与社会心理学理论，最后又将这种理论应用于心理健康研究中。例如，群体决策领域的专家詹尼斯将决策与心理健康结合起来，聚焦于健康决策研究。他在耶鲁大学设立减肥与戒烟诊所，将实验室控制与真实生活相结合，将他有关决策焦虑应对的理论和研究成果具体化为决策平衡表法与后果心理剧法，帮助个体克服健康决策引发的心理障碍。[②]

人格与社会心理学不仅可以在理论和研究主题上丰富现有关于心理健康的

---

① 俞国良、谢天：《社会转型：社会心理服务与社会心态培育》，载《河北学刊》，2018，38(2)。
② 谢天：《詹尼斯心理健康思想解析》，252~270页，杭州，浙江教育出版社，2015。

研究，最新的研究方法也能融入心理健康教育研究中。例如，随着社会内隐认知研究的推进，研究者通过无意识目标启动探索环境因素对个体心理及行为的影响，并利用这种方法对问题行为进行研究和干预。① 无意识目标内容能够被环境中的刺激自动激活，从而在个体意识不到的情况下影响他的心理和行为，其成功应用有助于我们进一步理解人类行为动机，并将其运用于心理和行为（如情绪、思维或学习）的无意识激励中，改善心理健康状况和问题行为。已有研究表明，无意识情绪启动能够有效唤起不同类型的情绪，能够激活个体的积极情绪，帮助人们增强动机等。人格与社会心理学研究方法的日趋多样化，也有助于推动心理健康研究深入更广泛的人群，探究更特殊的心理健康问题。

总之，人格与社会心理学能够为心理健康问题的研究提供独特的启发，其系统化的思路、独到的问题视野，以及先进的技术方法，都能在心理健康问题的研究中发挥重要作用。

① T. L. Chartrand and J. A. Bargh, "Automatic activation of impression formation and memorization goals: Nonconscious goal priming reproduces effects of explicit task instructions," *Journal of Personality and Social Psychology*, 1996, 71(3), pp. 464-478.

第九章

————

精神分析学派对心理健康问题的研究

谈及心理健康问题的研究，就无法绕开弗洛伊德及其所开创的精神分析学派所做出的贡献。精神分析学派的初衷就是为了解决人们所面对的心理健康问题。虽然研究者们对精神分析学派研究方法的科学性及有效性一直颇有微词，但它对心理健康问题研究的专注性及贡献，是其他学派所不可比拟的。精神分析学派的发展如同话剧一般跌宕起伏，剧中的每一位人物非但未曾忘记他们要表达的"心理健康问题的研究"这一主题，而且致力于将剧情推演得愈发精彩。精神分析学派在给心理健康事业做出了不可磨灭的贡献的同时，也为其在心理学领域取得了一席之地。随着精神分析学派的开枝散叶，其对心理健康问题的关注也日趋多元化与纵深化发展。神经科学和精神分析学的融合催生了神经精神分析学，这使得精神分析学派对心理健康问题研究的科学性得到了有效的解答。

一、弗洛伊德对心理健康问题的研究

弗洛伊德本是一名维也纳犹太籍的神经症医生，他曾和布洛伊尔一道从事治疗癔症患者的工作。在此过程中，弗洛伊德获取了大量的临床经验，并创立了精神分析学派。弗洛伊德的精神分析理论在使心理学这门学科取得长足进步的同时，亦使他本人集毁誉于一身。弗洛伊德的赞誉者称其以力比多（libido）和潜意识对人类的行为进行解释的创举，堪与哥白尼、达尔文相比；而他的批判者则指摘其精神分析法与相面术一样毫无科学依据，认为他提出的"俄狄浦斯情结"及泛性论更是荒谬至极。

通过对正反意见的权衡，我们认为弗洛伊德对心理健康思想与实践所做出的贡献可以概括为以下三个主要部分。一是潜意识和本能。弗洛伊德在对癔症患者临床治疗的过程中提出了"潜意识"和"本能"的概念。弗洛伊德认为，人类的一切行为均受潜意识或本能的驱使。[①] 凡举以告人的动机皆有粉饰之嫌，这种现象可以被称为"理由化作用"。他生动地把意识、潜意识比作冰山在水面上和水面下的两个部分。他指出，本能是人与生俱来的基本需求与原始内驱力，它包括了自我本能与性本能两个部分。性本能是可以被压制的，而自我本能则较为迫切。随后，他又将"潜意识"与"本能"进行了系统化、理论化，取而代之以"自我""本我""超我"。弗洛伊德认为，这三者应该是在"自我"的调节下保持动态平衡的，一旦失衡就会出现心理健康问题。二是人格的发展。弗洛伊德的人格发展理论主要是围绕着"性"的满足这一论点来展开的，人在出生后不久便有了性欲，性欲驱使着人格的发展。这里的"性"被代称为力比多，而不局限于生殖器带来的愉悦感。如果性本能因受到压制而未得到满足，在后期的发展过程中就会出现诸如癔症等心理健康问题。三是心理健康问题应对的方法。弗洛伊德以性本能驱力为核心的人格发展理论为心理健康问题的解释与应对打开了一个新缺口。弗洛伊德是自己理论的实践者，他依据人格发展理论对癔症患者进行了一系列的临床治疗尝试。在此过程中，他发明了自由联想法、释梦、自我防卫机制等精神分析的方法，这同时也是解决心理健康问题的方法。自由联想是为了让患者将自己潜意识中的本能冲突浮现在意识中，并提高自我的功能。然而，弗洛伊德发现患者往往为了避免痛苦的体验而拒不配合治疗，这就使得自由联想工作的展开受到了阻抗，为此他提出以"释梦"的方式来进行治疗。在弗洛伊德看来，梦都是试图通过无意识地解决某种冲突(无论是最近的还是过去的某个角落的冲突)来实现愿望的形式。有一种心理方法可以用于解释梦，在这种方法中每一个梦都会表现出一种具有重要意义的心理结构，一种可

① 罗晓路：《弗洛伊德心理健康思想解析》，85 页，杭州，浙江教育出版社，2013。

以在清醒时的心理活动中被指定到特定位置的结构。根据弗洛伊德的观点，梦中的图像往往不是它们看起来的样子，如果它们要告诉无意识的结构，就需要更深入的解释。弗洛伊德把焦虑依次分为现实焦虑（reality anxiety）、神经质焦虑（neurotic anxiety）和道德焦虑（moral anxiety），而自我防御机制理论的提出正是用于解释当个体面对无法应对的焦虑时所产生的行为。他指出，自我防御机制本身并无绝对好或绝对坏之分，它的出现是为了能够适应焦虑，并因此得以在演化的过程中被保留下来。①

弗洛伊德开辟了使用精神分析对心理健康问题进行治疗的方法，这对于以往的依靠药物、物理与躯体疗法起到了补偏救弊的作用。弗洛伊德的精神分析理论具有严重的生物学化倾向，其治疗方法过多地强调了"还原"（早期经历对个体的影响），这些缺陷是不可忽视的。他甚至认为人格的发展在出生后的五年内就基本定格了，这一结论未免有失偏颇。此外，他的理论还具有严重的"泛性论"，过分强调潜意识作用等缺陷，这也导致其弟子的不满而与他分道扬镳。②

二、荣格的"分析心理学"与"心理治疗理论"对心理健康问题的研究

瑞士心理学家荣格是分析心理学与心理治疗理论的创立者，他对个体心理健康、个性的形成与发展提出了重要的见解。荣格指出，心理治疗就是用心理学的方法对精神或心理进行治疗。心理治疗（或精神治疗）是一个与精神刺激相对应的概念，它将语言、表情、态度、动作等施加于患者，以求解决心理矛盾与困境，减少焦虑、抑郁、惶恐等精神状态，从而达到恢复心理健康的目的。荣格将潜意识分为个人潜意识和集体潜意识，其分析性心理治疗是通过对梦、联想等潜意识的分析来建立意识和个体潜意识、集体潜意识之间联系的方法。

① 罗晓路：《弗洛伊德心理健康思想解析》，106 页，杭州，浙江教育出版社，2013。
② 罗晓路：《弗洛伊德心理健康思想解析》，24 页，杭州，浙江教育出版社，2013。

与弗洛伊德观点相异，荣格分析心理学认为人格中具有健康的部分，这是值得保留与发展的。正常人的心理和人格中都存在着意识、无意识这两种动力源，且它们之间是相对平衡的，癔症患者则更多地受到了意识或者无意识的控制而造成了心理失衡。荣格认为，心理平衡在人的终生发展中是一个动态过程，在心理治疗时应依据病人的年龄与经历具体问题具体分析，对每位患者的早年全部经历与创伤进行还原是没有必要的。荣格认为，心理行为问题的出现是由于某一原型（或某种情结）发展受阻，精神系统作为自我调整而表现出神经症的问题。因此，心理治疗就要使受挫折的原型或情结得到发展，其中，个性的成熟与发展即自我实现是关键因素。荣格认为心理治疗的目标是发展人格，而不仅仅是为了治疗症状。心理治疗就是要使患者的无意识深处的情结内容得到充分表露，使之成为能够意识到的东西。在自觉意识的指导下，使意识与无意识达到完满的和谐状态，这也是发展人格的过程。

与弗洛伊德相类似的，荣格也使用释梦的技术来分析病症，但他认为梦和象征不仅指向过去同时也指向未来，这也是人格发展最终要实现的目标。荣格的心理治疗目标大致上可以分为三个阶段。一是消除患者心理或精神上的痛苦，努力设法解决其心理冲突并帮助他修复受损的原型与情结。二是为患者提供心理支持，帮助他提高自身的心理耐受性，从而更好地适应社会。正如荣格所说的："医生所选择的道路与其说是治理的问题。不如说是发展病人自身已有的创造潜力的问题。"三是人格系统的重塑及个性成熟发展，最终达到自我实现或个性化。与心理治疗目标相对应的，荣格将其心理治疗阶段理论划分为四个阶段：意识化、分析、社会意义教育和个性化治疗阶段。[①]

与弗洛伊德不同的是，荣格不拘泥于"还原论"和"等同论"，他通过临床治疗围绕其心理治疗阶段理论提出了"性格类型说"等分析心理学治疗方法。此外，荣格还开发和使用了大量的心理治疗技术，主要有危机干预、联想测试法、释梦、移情技术、积极联系、沙盘技术和绘画技术等。其中，联想测试法（asso-

---

① 叶浩生：《西方心理学的历史与体系》，320~334 页，北京，人民教育出版社，1998。

ciation test)是通过计算反应时（the reaction time）和对刺激字（stimulus words）的反应来发现情结的方法。释梦法是荣格采用较多的一种方法，通过对患者近期梦境的解析来判断病情，并针对梦境意向的因果进行推理从而达到治疗的目的。这些均在不同程度上在心理治疗领域中被运用和发展起来。①

三、安娜·弗洛伊德等人的自我心理学对心理健康问题的研究

自我心理学思想对心理健康问题研究的"绘本"是由弗洛伊德勾勒，并经过安娜·弗洛伊德、哈特曼和埃里克森等人的涂色而完成的。自 1923 年起，弗洛伊德将其理论研究的重心转向自我范式，这也是精神分析学派自我心理学的发端。弗洛伊德为自我心理学的发展搭建了框架并指明了方向，而真正使该思想得以延续，进而系统化、理论化并运用到心理治疗中去的是他的女儿安娜·弗洛伊德。安娜的自我心理学是在其父亲的自我见解基础之上，并结合自身所从事的儿童与青少年临床实践逐步发展起来的。安娜将分析自我当作解决一切精神分析问题的出发点，至此，自我作为精神分析中的合法研究对象得以确立下来。安娜指出，研究自我并非目的本身，而是达到矫正心理异常并最终实现自我恢复的手段。安娜对其父亲的自我防御机制进行了系统性的总结与研究，将其归纳为 10 种防御机制。随后她又补充了 5 种，总计 15 种防御机制。她认为，防御机制是自我的主要功能，自我的发展与防御机制的发展是互相联系的。安娜将分析自我运用到儿童心理治疗中，通过长期的儿童分析工作她提出了"发展线索"这一重要概念。②

尽管安娜为自我心理学的发展做出了巨大的贡献，但她仍未解决其父亲思想中关于狭义的防御与广义的适应之间的矛盾，而使弗洛伊德体系中的自我心理学得以澄清并真正建立起来是由哈特曼完成的。由于哈特曼对弗洛伊德理论

---

① 叶浩生：《西方心理学的历史与体系》，328 页，北京，人民教育出版社，1998。
② 马晓辉：《安娜·弗洛伊德心理健康思想解析》，82~92 页，杭州，浙江教育出版社，2013。

体系改造得不完备，其自我心理学体系并不能给予正常心理与病态心理以协调的解释。此后的几十年间，哈特曼的自我心理学理论表述被斯皮茨、勒玛及雅各布森等众多心理学家从不同的方面得以发展。斯皮茨等人的理论在心理性欲范畴内揭示幼儿早期人格形成与发展的历程，以先天的因素推测后天人格的发展，这就使得自我心理学的进一步发展受到了禁锢。埃里克森从生物基础、心理状态和社会环境三个方面对自我发展进行了解释，他对同一性的见解及人格发展渐成论的提出使自我心理学发展到了新阶段。埃里克森认为自我有诸如信任、希望、意志、同一性和创造等积极的特征，凡是具有这些特征的自我都是健康的自我。机能健康的自我应保持自我同一感，这种内部状态包含了个体性、整体性和整合性、一致性和连续性以及社会团结性这四个方面。同一性的对立面就是同一性混乱或同一性危机，处于该状态下的个体仅能获得少量的同一感。埃里克森将人格的发展划分为八个明显的阶段，在每个阶段中都存在着由于对立或冲突而产生的危机，这里的危机均是重要的转折点而并非灾难性的。危机的积极解决能够使人格得以健全发展，自我力量得到增强，从而有利于个体的环境适用性；而危机的消极解决则会导致人格的不健全，自我力量受到削弱，从而阻碍其社会适应性的发展。[①] 埃里克森将自我形成放置于心理与社会环境交互作用之下，并将以自我为中心的人格发展阶段扩充到生命的全历程。埃里克森有关自我同一性和同一性混乱的理论具有跨文化意义，能够较为令人信服地解释青少年社会适应性等心理健康问题的原因。[②]

自我心理学对于心理健康问题研究体系的形成并非一蹴而就的，它经过弗洛伊德、安娜、哈特曼、斯皮茨、雅各布森等研究者的努力，并最终由埃里克森发展和完善起来。自我心理学使精神分析的研究重心转向人更为本质的层面，使人类更好地认识自己并能够有效解释心理健康问题的成因。

---

① 叶浩生：《西方心理学的历史与体系》，377 页，北京，人民教育出版社，1998。
② 叶浩生：《西方心理学的历史与体系》，374 页，北京，人民教育出版社，1998。

四、霍妮等人为代表的社会文化学派对心理健康问题的研究

凯伦·霍妮以文化神经症的病理学为中心对心理健康问题进行研究，她对神经症形成的社会文化原因、神经症的理论及治疗进行了系统而全面的论述与实践。霍妮的努力使精神分析从弗洛伊德的本能论转向了对社会文化的关注。霍妮认为，弗洛伊德提出的力比多忽视了文化因素的影响。此外，她对弗洛伊德提出的童年经验决定论持否定态度，并对有关潜意识冲动对行为和性格起决定性作用的理论予以批判性发展。她认为潜意识冲动是安全与满足需求的冲动，儿童有在社会环境中寻求安全的需要，这种需要驱动着其人格的发展。这里的社会环境主要是指家庭环境，家庭中父母对儿童做出的行为与表现出来的态度是其基本焦虑的来源。霍妮认为神经症与基本焦虑紧密相连。霍妮指出，当儿童因受环境影响而心生焦虑时，往往需要采取一些行为策略来克服。如果某种策略因长期使用而固定下来，就会形成对焦虑的一种防御机制，霍妮将其称作神经症需要。霍妮将神经症区分为患者在特定的情境中表现出缺乏适应能力的神经症和由性格结构造成的神经症。其中，第二种神经症是霍妮关注的重点。霍妮声称，神经症的成因在于病态人格结构，而人格是由个体所处的生活环境和社会文化环境形成的。因此，为了能够有效地诊断与治疗病人的神经症，就必须从社会文化着手。神经症是现存社会文化的矛盾与困境引发内心冲突所致，正常人与神经症患者同样会面临此类困境与矛盾并产生冲突，所不同的是引发冲突程度的大小。当个体形成一种对付焦虑的行为模式，就相应地失去了灵活性而加重了个人困难，从而在循环往复中引起了更多的焦虑，最终导致了神经症的加剧。霍妮提出了"理想化的自我意识"，它是指个体在面对神经症冲突时所产生的一种假象。理想化的自我意识与真正自我之间的矛盾是神经症的主要冲突之一。相较于弗洛伊德的先天决定论，霍妮在神经症的治疗方面的态度是积极乐观的。霍妮认为，神经症患者的基本冲突并非天生存在的，而是由儿童

期的不安全家庭环境因素引起的。如果儿童成长于充满爱与安全感的家庭环境中，就能够避免神经症人格结构的产生与发展。霍妮对弗洛伊德的理论予以扬弃，强调社会文化因素及家庭教育在神经症人格形成中的意义。霍妮坚信个体生而具有自我实现的建设性力量，她对神经症患者的治疗持乐观态度，这对于推动精神分析学派在心理健康问题上的研究是一个重大的进步。[1]

　　沙利文是精神分析文化学派的另一位代表，他以人际关系作为精神医学的核心，将精神分析的研究重点转移到社会学方向，他将人格置于人际关系中进行研究，认为对人的研究不能只看个体内部，还要关照个体之间的关系。由此，沙利文提出了他的人格发展学说。与弗洛伊德理论的不同之处在于，沙利文的人格发展阶段理论突出了人际关系在人格发展中的意义，并强调了人格具有可塑性。沙利文认为，精神分裂是由人际关系不良造成的，因此，创设良好的人际情境是治疗的首要措施。他在治疗的过程中强调要建立良好的人际关系，通过梦的分析等技术帮助患者重塑健康人格。[2] 在沙利文的人格发展学说中，他积极看待患者，而非仅仅看到他们身上的问题，关照患者自尊心的脆弱性，通过治疗以重新发展患者的自尊心，让其建立安全的人际关系，引导患者形成对未来的正确认识，给其指明广阔的前景，从而帮助他们消除焦虑、重建信心等，具有非常积极的意义。此外，他还注重吸取其他学科的意见和研究成果，这些均是其理论的合理部分。然而，沙利文仅在弗洛伊德生物学基础上增加些许社会因素，他对人际关系的理解也较为浅显，并不能揭示更深层的基于生产关系的社会关系。此外，由于沙利文所采用的术语较偏于晦涩，因此对诸如人格和自我系统等概念关系的阐释均不甚明了。以上的种种不足导致其理论虽未饱受批评，但也没有产生太大的影响，也鲜有追随者。[3] 埃里克·弗洛姆站在经济、政治和文化的立场上，以更广阔的视角来考察心理现象，他所关注的研究对象不局限于少数神经症患者，而是社会中的大多数人。弗洛姆在以"病人最健康"

---

① 叶浩生：《西方心理学的历史与体系》，386 页，北京，人民教育出版社，1998。
② 叶浩生：《西方心理学的历史与体系》，392 页，北京，人民教育出版社，1998。
③ 高觉敷：《西方近代心理学史》，406~411 页，北京，人民教育出版社，2001。

为题的谈话中指出，真正心理健康的人能够表现出具有创生性性格、有理性与爱的能力，并能够用生命的存在以决定生活方式。① 弗洛姆关于心理健康的见解，不仅勾画出了心理健康的图景，同时也论述了心理健康与创造力之间的关系，这也为心理健康教育和创新型人才的培养提供了心理学视角。

精神分析的社会文化学派承认弗洛伊德有关潜意识和本能等在人格发展中的作用，但又不拘泥于此，而是将人的发展置于社会文化环境中予以考量，强调人际关系的重要性。同时，它对弗洛伊德的决定论持否定态度，认为人格的发展具有可塑性，矛盾与冲突是可以有效解决的。从这两点来看，精神分析的社会文化学派对心理健康问题的研究具有积极意义。

五、精神分析学派对心理健康问题研究的展望

精神分析学派的理论与实践在心理治疗领域中的作用与地位是有目共睹的，它不仅引发了对心理健康问题起因看法由生理病理向内在心理冲突认知的转变，而且为心理健康问题的解决提供了一系列理论解释及方法、技术的支持。自创立以来，精神分析学派就以对心理健康问题的研究为目标，弗洛伊德本人及其门徒、反对者不断地对精神分析进行着实践检验和理论思索。从一定意义上说，正是来自内外部的争鸣促使着精神分析学派在为心理健康问题的解决寻求答案的过程中不断地发展和完善起来。② 从最初强调儿童早期发展经验、本能论和力比多对成年期心理问题的影响，到后来对社会文化环境和人际关系的审视，精神分析学派对心理健康问题的研究无论是在角度、手段还是解释力度方面，均随着时间的推进而日渐广博和深远。精神分析学派的理论和技术非但是学术领域关注的焦点，而且日渐成为普通民众自觉地借以认知自我、分析他人并适应人际关系的有效工具。③ 精神分析学派的研究者们在理论和实践中不断探索，

---

① 叶浩生：《西方心理学的历史与体系》，416 页，北京，人民教育出版社，1998。
② 郭本禹：《精神分析运动的发展逻辑》，载《南京师范大学学报（社会科学版）》，2006(5)。
③ 谭雪晴：《精神分析学派的早期经验思想及在治疗中的体现》，载《山东精神医学》，2004，17(3)。

有力地论证了潜意识以及亲子关系、家庭环境、父母教养方式等在塑造健康人格中所起到的重要作用。精神分析学派的研究结果还直指幼年时期的创伤，这些被压抑的潜意识在成年后以心理行为问题的形式复现。精神分析学派有关发展阶段理论和人格发展理论的研究结果，在一定程度上引发了广大父母对儿童早期教育的高度重视与恐慌，而其随后的解释又使得大众得到了些许宽慰。虽然早期经验在健康人格塑造中的作用是极为重要的，但其产生的影响仍然可以通过后期的经验加以改变。精神分析学派的心理治疗正是基于人格的可塑性理论展开的。在采用心理分析治疗时，通过对患者早期经验的追溯以了解其生活经历，能够为治疗的开展打开便捷之门。

值得注意的是，心理分析疗法是有一定适用范围的，并非所有的心理障碍都与早期经验有关，不同类型的早期经验对个体心理障碍的影响也不尽一致。因此，在对早期经验采取心理分析疗法时要视具体情况而进行分析。精神分析学派不仅从理论上为心理健康问题的解答提供了参考，而且在心理健康问题的治疗与恢复方面提供了大量的技术支持。精神分析学派还创造了大量的诸如梦的分析、自由联想、对日常生活的分析、移情和阻抗等心理治疗技术，这些在对患者的临床治疗中发挥着卓有成效的作用。[1]

诚然，随着药物治疗的发展，精神分析学派治疗技术的科学性比以往任何时候都受到了更多的质疑，甚至出现让精神分析疗法退役的呼声。在此之际，神经科学的发展为精神分析科学化提供了可能，也为精神分析学派带来了新生。神经精神分析学（neuro psychoanalysis）是将传统的精神分析学派理论与方法与现代神经科学交叉整合的科学研究领域，它是精神分析研究的新范式。[2] 在未来，这种将现代神经科学与精神分析有机结合的研究范式，有望为心理健康问题的有效解决提供一条更加科学、有效的途径。

---

[1]　P. Fonagy and A. Lemma, "Does psychoanalysis have a valuable place in modern mental health services? Yes," *Bmj*, 2012, 344, e1211.

[2]　吕英军：《精神分析的新范式：神经精神分析学》，载《南京晓庄学院学报》，2012(1)。

第十章

————

行为主义学派对心理健康问题的研究

至今已有百年历史的行为主义心理学（behavioristic psychology），兴起于20世纪初叶的美国，在西方心理学界占支配地位长达半个多世纪，至今仍具有一定影响力。它以其客观的研究范式、严密的实验操作和科学的理论体系，对现代心理学的理论研究和实践应用产生了巨大的影响。行为主义的发展大致经历了两个时期：一是以华生等人为代表的早期行为主义，主要以刺激—反应的模式，探索和研究行为的发展规律，预测和控制人的行为；二是以赫尔等人为代表的新行为主义，在研究可观察行为的基础上，推测有机体内部过程（如认知、动机等）对行为的影响。众所周知，行为主义虽然一直具有心理健康研究的传统，但人类心理健康问题绝不仅仅是外部环境刺激单一作用的结果，更受到有机体内部认知过程的影响。而早期行为主义无视有机体的内部过程，只关注外界刺激对行为的作用，即忽视了心理健康问题的发源地，对心理健康问题的研究有其局限性。[①] 因此，这里重点阐述新行为主义学派代表人物沙赫特、沃尔普和塞利格曼等研究者对心理健康问题的研究与贡献。

一、沙赫特对心理健康问题的研究

美国心理学家斯坦利·沙赫特因其对社会问题的深入研究，获得美国心理学会杰出科学贡献奖（1969年），并于1983年入选美国国家科学院院士。他曾师从新行为主义重要代表人物克拉克·赫尔，在研究、共事期间，赫尔的行为

————

① 高申春、李瑾、王栋：《华生及其行为主义纲领的历史意义重估》，载《学术交流》，2013（10）。

主义思想及其不断钻研的研究精神，尤其是赫尔对刺激与反应的中介变量的重视，对沙赫特后来的研究产生了重要影响。沙赫特的研究跨越多个领域，如情绪、偏差行为、合群动机、成瘾问题（肥胖和烟瘾）、犯罪、股票心理等，最具影响的研究是情绪理论的提出。沙赫特对心理健康问题的研究，就是基于一系列的情绪研究，在此基础上逐渐扩展到现实生活领域，如肥胖、尼古丁成瘾等问题。

一是情绪研究。沙赫特对情绪的研究，源自他对行为主义学派客观严谨的研究风格的继承，以及对合群关系的研究。他用自己独特的研究思路，打破了詹姆斯-兰格情绪理论的二维情绪模型，通过实验证明了情绪的产生是外界环境刺激、有机体自身的生理变化，以及对外界刺激的认知过程共同作用的结果。其中，外界环境和生理的变化对情绪的产生起次要作用，而对情绪状态的认知性解释最终决定了情绪的体验，即解释性过程是情绪体验的基础。[1] 沙赫特受西班牙的一项经典研究（通过注射肾上腺素来操纵被试的情绪）的启发，巧妙地设计了自己的实验，把三组注射了肾上腺素的被试（分为知情组、假知情组、不知情组）分成两部分，诱发不同的情绪体验（愉快体验和愤怒体验），然后观察并记录被试的反应，结果发现不知情组和假知情组在愉快的情景下表现出愉快的情绪，在愤怒的情景下表现出愤怒的情绪，知情组既没有愉快的情绪体验也没有愤怒的情绪体验。根据实验结果，沙赫特认为情绪源于个体对于情景的认知性解释，额外线索的获得有助于个体对情景的认知，这个过程决定了个体产生什么情绪。这一发现可以说是情绪研究领域的一个重要突破，也为临床心理学和心理咨询领域的应用提供了重要的理论依据。

二是尼古丁成瘾研究。关注并研究个体的行为，是行为主义学派浑然天成的使命。吸烟是烟民在日常生活中非常普遍的行为，而且容易被模仿。1959年，美国开始进行禁烟运动，这一社会背景为沙赫特的成瘾问题研究提供了天

---

[1] S. Schachter and J. Singer, "Cognitive, social and physiological determinants of emotional state," *Psychological Review*, 1962, 69(5), pp. 379-399.

然的实验条件。沙赫特结合自己的经历，开始关注尼古丁对人的影响。作为一名资深烟民，沙赫特对吸烟有着深切的体认，他认为吸烟行为不仅是一种社会现象，更是一个科学问题，加之吸烟行为的各项指标(数量、习惯、尼古丁含量等)容易测量，进行吸烟行为问题的研究完全可能。因此，他设计实验研究烟瘾问题，考察吸烟者对尼古丁的调节能力。在实验中，沙赫特将被试划分为成瘾组和未成瘾组，然后让其交替吸高、低尼古丁含量的香烟，记录被试吸烟的数量及其日常表现。结果发现，成瘾组在吸低尼古丁含量的香烟时数量更多。相对于相同数量的高尼古丁含量的香烟，由于低尼古丁含量的香烟无法满足成瘾者对尼古丁的正常需求，他们通过增加吸烟的频率来保证尼古丁的摄入量。沙赫特还发现，人们在聚会或压力状态下吸烟数量会增加，尼古丁摄入量更多。为了探清原因，沙赫特设计实验，考察尿样 pH 值变化在压力和吸烟行为之间的作用。结果发现，尿样 pH 值在压力和吸烟行为之间起中介作用，这是因为压力或应激状态会使尿液的酸性增加($pH<7$)，而尼古丁是一种生物碱，摄入一定量的尼古丁，能使尿液的酸碱度维持稳定($pH\approx7$)。因此，在压力状态下，人们更倾向于吸烟以保持尿液的酸碱平衡。当然，有研究发现，通过苏打水或水果汁增大尿样的 pH 值，减少吸烟者尿样的酸性时，也会减少压力条件下的抽烟行为。[①] 因此，调节吸烟者的身心状态，是控烟或戒烟干预的有效途径之一。

三是肥胖研究。20 世纪 60 年代，美国兴起减肥浪潮，使得人们开始关注肥胖问题。一直以来关注社会现实问题的沙赫特，也把注意力转向了肥胖问题，开始研究食物剥夺和恐惧情绪对人们进食行为的影响。遵循常规，沙赫特对于这一问题的研究，依然沿用行为主义客观的研究方法，注重刺激和线索，通过实验得出可靠结果。他将前来参加实验的被试(实验前不进餐，保证空腹状态)分为两组：饱腹组(给予足量三明治)和空腹组(无任何食物)，然后让被试品尝

---

① S. Schachter, L. T. Kozlo-ski, and B. Silverstein, "Effects of urinary pH on cigarette smoking," *Journal of Experimental Psychology General*, 1977(1), pp. 13-19.

5 份饼干并对其进行评价。在被试品尝之前，给予电击刺激，营造不同程度的恐惧情绪，记录被试食用饼干的数量。结果发现，正常体重被试在空腹状态下比饱腹状态下食用更多量的饼干，而肥胖被试在饱腹状态下比空腹状态下食用饼干的数量略多（交互作用显著，$p<0.05$），说明身体实际的饥饱状态并不会影响肥胖者的进食行为。此外，恐惧状态对两组被试的影响也不同，恐惧能够有效减少正常体重的被试食用饼干的数量，而对肥胖被试则没有影响（交互作用显著，$p<0.01$）。[①] 实验结果表明，肥胖个体与正常体重个体的进食行为是由不同刺激诱发的，肥胖者更依赖于外部线索的刺激，如食物的色、香、味甚至其他人的行为，都会在一定程度上影响肥胖者的进食。[②] 费思等人（Faith et al.）的研究发现，获取食物的难易程度通过影响食物购买行为和摄入量，进而影响个体的体重。[③] 这与沙赫特的肥胖研究结果一致。因此，对于肥胖个体而言，刺激的凸显性和被试对刺激的反应性是理解其饮食行为的关键变量，这一结论不仅有助于我们理解肥胖成因及其机制，也对减肥干预具有指导作用。

纵观沙赫特的各类研究成果，几乎所有的研究都是基于实验得出的结果。行为主义强调，一切科学知识都必须建立在观察和实验事实的基础上，人们都必须观察事实和现象，并通过形成定律来协调事实和现象。[④] 沙赫特通过观察不同实验条件中被试的真实行为反应，发现并证实了情绪的发生机制（认知是关键变量）和成瘾机制（生理变化与外部刺激的交互作用），为心理健康问题的研究提供了实证依据和方法论指导。毫无疑问，沙赫特追求科学研究的客观性，重视观察和实验在心理学研究中的作用，大大提升了心理学研究的科学性，尤其是在心理健康、心理治疗领域深入而广泛的应用。

---

① 刘聪慧：《沙赫特心理健康思想解析》，64 页，杭州，浙江教育出版社，2013。

② S. Schachter, "Obesity and eating," *Science*, 1968, 161, pp. 751-756.

③ M. S. Faith, K. R. Fontaine, M. L. Baskin, et al., "Toward the reduction of population obesity: Macrolevel environmental approaches to the problems of food, eating, and obesity," *Psychological Bulletin*, 2007, 133 (2), pp. 205-226.

④ 刘聪慧：《沙赫特心理健康思想解析》，5 页，杭州，浙江教育出版社，2013。

二、沃尔普对心理健康问题的研究

约瑟夫·沃尔普(Joseph Wolpe，1915—1997)是美国享有盛誉的行为治疗心理学家，因在行为治疗领域的突出贡献，而获得美国心理学会杰出科学奖(1979年)和终身成就奖(1995年)。受苏联生理学家巴甫洛夫(Ivan Pavlov)的影响，沃尔普将经典性条件作用理论与临床实践相结合，设计了大量的实验研究行为治疗领域的问题。特别是，他将对动物进行的精神疾病的研究成果转化为治疗人类神经症的临床实践技术，其方法客观严谨，其结果成效显著，使得这一治疗技术得到快速传播和迅速普及。沃尔普认为，人类行为是学习的结果，因此也能用同样的方法消退这些习得的行为。他通过对猫进行神经症实验研究，提出了著称于世的交互抑制理论，并在此基础上创立了系统脱敏技术。自此，行为治疗以其独立的治疗体系与卓有成效的治疗方法，逐渐在心理治疗领域中占据了优势地位，被誉为继精神分析之后的第二势力。[①]

第一，关于行为治疗与交互抑制。行为治疗以行为主义理论为基础，借助一定的方法技术，诱发与适应不良行为互不相容的更"强大"的竞争性行为，就能有效抑制或消除原有适应不良的行为。临床实验表明，食物的竞争可以减轻儿童的恐惧[②]，深度的肌肉放松产生的平静可以抑制成人的恐惧，表达合理的愤怒可以抑制对公共场所的恐惧。[③] 沃尔普通过神经症实验，让猫产生了惊恐行为。他先对铁笼内的猫施以电击，使其形成神经性过敏反应，然后改变猫所处的环境，并提供食物，观察猫的反应。结果发现猫一旦形成恐惧反应，即使不施加电击，在相似情景中的进食行为也受到了抑制。如果改变环境，逐渐缓解猫的恐惧情绪，将其对食物的积极反应与实验室里的笼子产生联结，使猫克

---

① 赵军燕：《沃尔普心理健康思想解析》，115 页，杭州，浙江教育出版社，2013。

② M. C. Jones，"The elimination of children's fears," *Journal of Experimental Psychology*，1924，7，pp. 382-390.

③ J. Wolpe，*The practice of behavior therapy*(2nd ed.)，New York，Pergamon Press，1973.

服了在实验室内产生的恐惧，猫的进食行为替代了惊恐行为。后来，沃尔普又发现，对冲突或拒绝的恐惧和自信是一对互不相容的情绪反应，通过诱发自信情绪，就能抑制人们对冲突或拒绝的恐惧，因为人类的神经系统不能同时完成这两种相排斥或相冲突的神经传递。因此，沃尔普认为，实验性神经症是个体在特定情境中通过条件反射形成的强烈恐惧反应，如果利用一定的策略，使患者对同一刺激产生新的对抗性条件反射，形成交互抑制，患者最初的症状就会得以缓解。随着研究的深入，从该实验范式出发，沃尔普发展出了系统脱敏技术。

第二，关于系统脱敏疗法。早在美国行为主义心理学家琼斯（Mary Cover Jones）利用行为主义条件反射的原理，成功治愈了害怕兔子的小男孩彼得，这其中就已经蕴含了系统脱敏疗法（systematic desensitization）的基本思想。而真正提出并发展系统脱敏疗法的是沃尔普，他通过对神经症患者进行大量深层肌肉放松的训练，改变了患者自动化的焦虑反应。[1] 系统脱敏疗法利用深层肌肉放松技术实现对神经性焦虑的去条件化，大致分为三个阶段：第一阶段，让来访者掌握放松技巧，训练肌肉进入完全放松的状态，使其达到焦虑情绪的自我抑制状态；第二阶段，确定来访者行为异常的原因，即确定引起异常反应的靶刺激，按照焦虑水平划分并排列刺激等级；第三阶段，采用联想或现实系统脱敏，使患者在完全放松的状态下，由弱到强逐步实现脱敏。在实际治疗的过程中，治疗师需要根据来访者的反应不断调整刺激的强弱，循序渐进式地消除焦虑反应（靶行为）。由于治疗疗程较短且效果显著，在实践干预中系统脱敏疗法得到了广泛应用。值得注意的是，系统脱敏疗法除了用于对焦虑、恐惧等神经症的治疗以外，还被广泛应用于对各年龄阶段人群，尤其是儿童不良行为或习惯的矫正（吸烟、吸毒、酗酒和各种反社会行为）。[2] 更有学者为了检验系统脱敏疗法的疗效，让倾向于精神分析疗法的治疗师，分别使用精神分析短期领悟疗法、

---

[1] J. Wolpe and A. A. Lazarus, *Behavior Therapy Techniques*, Oxford and New York, Pergamon Press, 1966.

[2] 俞国良、李森：《心理科学对心理健康问题的研究：基础研究视角》，载《黑龙江高教研究》，2018，36（12）。

系统脱敏疗法和"注射安慰剂"疗法，治疗患有重度当众讲话恐惧症的个体。研究结果发现，与其他两种方法相比，系统脱敏疗法有更显著的疗效，且治疗时间更短。① 近年来，随着认知学派的兴起，无论是行为治疗的理论发展还是其具体方法的应用，都受到了一定的阻碍。行为治疗师逐渐放弃了极端的行为主义理论和方法，看到了认知在治疗异常行为问题中的重要性——认知的改变可导致行为的改变，改变行为也可导致认知的改变，开始吸收和消化认知学派的理论和方法，重视在刺激和反应之间中介因素的作用，如人类的认知、意志、动机等，形成了新的行为疗法——认知行为治疗。显然，认知行为治疗是对行为治疗的进一步发展和深化。

不言而喻，沃尔普为他热爱的行为治疗事业奋斗了一生，尤其是交互抑制理论和系统脱敏技术的提出，打破了传统的精神分析在西方一统天下的格局，为心理治疗领域找到了新的治疗路径，也使得心理健康问题的解决有了更加系统、科学的方法。心理治疗能在今天呈现出如此生机勃勃的态势，沃尔普功不可没。尽管临床研究证明，和精神分析相比，行为疗法治疗时间更短、更有效，有着其他方法所不可比拟的优势，但随着研究的不断发展，行为疗法遭遇了与行为主义学派同样的命运，歪曲和质疑声此起彼伏。一提起行为治疗，大家本能的反应是其残忍的、令人厌恶的电击，感觉剥夺，电休克。正是由于这种消极的刻板认知，使得心理治疗的发展、心理健康问题的解决受到了一定阻碍。

三、塞利格曼对心理健康问题的研究

马丁·塞利格曼因在抑郁症治疗和积极心理学领域做出的巨大贡献，被评为 20 世纪杰出的心理学家之一（排名第 31 位）。塞利格曼对抑郁和悲观的持续关注与研究，使他意识到心理学已变成了"类医学"的病理心理学，这无疑限制

---

① G. L. Paul, *Insight versus desensitization in psychotherapy: A comparative study*, Stanford, Calif., Stanford University Press, 1966.

了心理学应有的三大使命。他认为心理学的任务并不仅仅是治愈小部分群体的心理创伤和心理疾患，帮助普通人获得更加健康、幸福的生活也是其题中应有之义。显然，心理健康并不仅仅只是没有心理疾病。塞利格曼将关注力从消极心理学转向了积极心理学，在研究习得性无助的基础上，提出有机体的品质决定了无助的表达方式。在他的大力推动下，积极心理学（positive psychology）应运而生。积极心理学的诞生，犹如塞利格曼送给心理学这个正在茁壮成长的孩子的一份奖赏，不仅让他的世界减少了痛苦，还填充了一份欢喜和快乐。塞利格曼通过自然情境中的课堂干预，惊喜地发现积极心理干预改变了学生对生活的原有认知，建立了积极的生活应对（学生的自我报告）。这与他四十多年变态心理学的教学有着截然不同的效果，极大地促进了他对积极心理治疗研究的兴趣，于是他决定开始研究更加科学系统的积极心理治疗方法。

毫无疑问，人类为了生存，习惯性地最先注意紧急应激境况，倾向于注意和记忆消极的结果，而消极记忆是消极情感最直接的驱动力。塞利格曼指出，为了找出问题的根源，一味地让患者沉浸在消极情绪中，并不利于心理治疗，很可能会产生相反的效果，使患者对治疗失去信任，甚至提前退出治疗。[1] 他提出用积极心理疗法（positive psychotherapy）代替传统心理疗法，目的是促进患者从消极与悲观转向积极与希望。积极心理治疗通过直接和优先建立积极情感、性格力量和意义阻抗消极症状，从而达到治愈抑郁症的目的。这一疗法与沃尔普的交互抑制理论有异曲同工之处，即通过诱发一种作用机制对抗或阻止另一种机制。塞利格曼还发现，痛苦情绪总是被优先体验到，就是所谓"坏比好、痛比乐更强大"。但即使处于痛苦之中，人们仍然葆有对快乐幸福的渴望，而且幸福感是抵御痛苦情绪的有力武器。[2] 诱发积极的情绪状态能够改善抑郁症患者的身心状态，缩短治疗周期。[3] 一项元分析研究发现，情绪在压力与疾病之间

---

① J. B. Persons, D. D. Burns, and J. M. Perloff, "Predictors of dropout and outcome in cognitive therapy for depression in a private practice setting," *Cognitive Therapy and Research*, 1988, 12, pp. 557-575.

② M. E. P. Seligman, "Positive health," *Applied Psychology: An International Review*, 2008, 57, pp. 3-18.

③ S. Sandra, "In search of realistic optimism: Meaning, knowledge, and warm fuzziness," *American Psychologist*, 2001, 56(3), pp. 250-263.

起中介作用，积极的情绪有利于提高个体的免疫力，使个体更好地抵抗疾病。[1]这与生理心理学的研究结果一致，认为积极情绪和消极情绪都可能引起体内特定抗体分泌的改变，进而影响免疫系统活动的强度，最终影响身心健康。[2] 更有研究者根据多维幸福感模型，发现情感失调者在接受了积极心理治疗后，成功地完成了戒毒治疗。[3] 可见，在个体心理或行为问题中积极心理治疗的效果显著。更为重要的是，积极心理治疗不仅在个体心理治疗上取得了显著成效，更在团体心理治疗上做出了巨大贡献，尤其是对于轻度到中度抑郁症患者的团体心理治疗。在团体积极心理治疗中，所有被试接受一套固定顺序的家庭作业式的六周训练(包括运用标志性性格力量、思考三件好事情、撰写积极的讣告、进行一次感恩探访、对他人的积极反馈和尽情享受一件事)，然后分三阶段进行干预效果的追踪评估(三个月后、六个月后和一年后)。结果发现所有指数都具有临床上的显著性($\chi^2 = 10.48$，$p < 0.005$)，并且在后续追踪期间消极症状显著减轻[4]，彰显了积极心理治疗疗法无可替代的优越性。

值得注意的是，积极心理治疗并没有忽视患者对自己的"缺陷"的关心，不能使患者误以为治疗师对自己的困难表现出冷漠或不同情，要依然对患者的问题、消极心理进行探讨和解决(共情治疗)，强调患者发掘、记忆和使用他们已有的核心积极特质。这是因为患者习惯于相信心理治疗包含讨论他们自己遇到的问题，任何可能让他们感到他人不关注其问题的做法将严重影响他们对心理咨询的期望，以致破坏治疗过程中的融洽氛围甚至使治疗无效。[5]

---

① T. F. Denson, M. Spanovic, and N. Miller, "Cognitive appraisals and emotions predict cortisol and immune responses: A meta-analysis of acute laboratory social stressors and emotion inductions,"*Psychological Bulletin*, 2009, 135(6), pp. 823-853.

② S. M. Labott and M. K. Teleha, "Weeping propensity and the effects of laboratory expression or inhibition,"*Motivation and Emotion*, 1996, 20(3), pp. 273-284.

③ G. A. Fava and C. Ruini, "Development and characteristics of a well-being enhancing psychotherapeutic strategy: Well-being therapy,"*Journal of Behavior Therapy and Experimental Psychiatry*, 2003(34), pp. 45-63.

④ 邢采:《塞利格曼心理健康思想解析》，32 页，杭州，浙江教育出版社，2013。

⑤ 俞国良:《20 世纪最具影响的心理健康大师》，77~85 页，北京，商务印书馆，2017。

四、行为主义学派对心理健康问题研究的展望

综上所述，新行为主义学派的理论与方法技术在心理治疗领域中的作用与地位有目共睹，它对心理健康问题的研究有其独特的一套体系，并随时代变迁进行着实践检验和理论探索。从一定意义上讲，正是来自新旧学派内部和与其他学派的争鸣，促使新行为主义学派在更好地解决心理健康问题的持续探寻和突破中不断地发展壮大起来，成为解决心理健康问题、推动心理治疗发展的第二势力。特别是近些年，随着人工智能蓬勃兴起，出现了行为主义人工智能技术，它将行为主义与控制论（自控理论、统计信息论和生物学）相结合，摒弃了内省的思维过程，把智能行为建立在可观测的具体的行为活动基础上，研究主体与环境交互的过程，实现了机器的自适应、自组织和自学习功能。

转型中的中国社会心理健康问题凸显，人们在享受科技便利的同时也在惊呼"信息大爆炸"时代的到来，知识经济和网络时代的到来冲击着人们的情绪，更新着人们的社交行为；全球经济一体化的同时，国际关系、种族冲突、科技竞争、贫富差距等社会问题依然严峻。这些问题或显著或潜移默化地影响着人们的身心健康和美好生活，回答和解决时代问题的任务，也同样摆在心理学工作者的面前。反观沙赫特的群体研究、情绪研究、肥胖、成瘾、犯罪甚至股票研究，非但没有过时，反而具有非凡的前瞻性，在当代社会依然是人们关切的主题。可见，他的研究为后来的健康心理学、临床心理学等邻近学科的发展与研究，提供了重要的理论指导和方法借鉴。例如，有研究者在沙赫特研究的基础上，提出情绪是认知构建产生的，认知是一种特殊的内隐的具体行动，会直接影响外显行为。[1] 沙赫特始终坚信，任何偏见和派系纷争都远远没有科学本身重要。我们认为，沙赫特当年设计的研究范式及借鉴研究方法，都具有时代的进步性，在当代心理健康问题研究上依然值得提倡。而沃尔普交互抑制理论

---

[1] 叶浩生、曾红、杨文登：《生成认知：理论基础与实践走向》，载《心理学报》，2019，51(11)。

和系统脱敏技术的提出，不仅使行为主义心理学的理论和技术实现了又一次飞跃，也为行为主义在心理学中的地位迎来了新的春天。系统脱敏技术在临床上效果显著，仍广泛应用于心理治疗中，也是心理咨询师们必备的"绝学高技"，至今扮演着其他疗法不可替代的重要角色。可见，无论是沙赫特还是沃尔普，他们的研究都是从问题角度出发，改善人们消极的心理(如创伤、损害、抑郁、焦虑等)和适应不良行为，从而提高心理健康水平。

诚然，在减轻心理失调、解决消极心理问题方面他们取得了巨大的成就，但几乎不关注心理积极方面对心理健康的影响，而且心理疗法都是针对个体的心理治疗。我们知道，对人的深刻认知与理解是研究与治疗的前提。塞利格曼在研究抑郁和变态心理的四十多年间，除了解决患者的消极心理问题之外，还认识到诱发人们的积极心理可以抵御消极心理，并且可以采用团体治疗的形式整体提高人们的心理健康水平。这一方法的诞生对于心理学的发展来说无疑是锦上添花、如虎添翼。心理学研究的根本问题在于对行为原因的解释，在行为主义学派看来，无论采用何种心理疗法提高个体的心理健康水平，最终都要落实到每个人的行动中，改变个体适应不良的行为，就能改变心理健康问题。随着时代变迁和和平时代的到来，人们主要的心理健康已不再是由战争或饥饿造成的创伤性心理疾病和行为问题，但每个时代都有每个时代特有的问题和困扰。诚如塞利格曼所言：当一个国家或民族被饥饿和战争所困扰时，社会科学和心理学的主要任务就是抵御和治疗创伤；但在没有社会混乱的和平时代，致力于使人们生活得更美好则成为它们的主要使命。①

---

① 邢采：《塞利格曼心理健康思想解析》，162 页，杭州，浙江教育出版社，2013。

第十一章

————

人本主义学派对心理健康问题的研究

人本主义心理学兴起于 20 世纪 50 年代的美国，发展至今已有约 70 年的历史。作为心理学的"第三势力"，人本主义心理学是当代心理学的主要研究取向之一，对心理学的理论研究、实践应用，乃至社会教育、文化的发展都产生了深远的影响。人本主义心理学的研究强调人类独有的特性，尊重人的价值，关注个体体验、意义性、自我选择及其影响因素。以往对人本主义心理学的研究多聚焦于介绍、分析某位人本主义心理学家的某个重要理论，或是以人本主义心理学本身为研究对象，就其哲学理念、方法论等问题展开讨论①②③，但系统总结人本主义心理学针对某一观点的研究较为缺乏。人本主义心理学的特点决定了其始终对心理健康问题的研究抱以极大热情，并取得了丰硕成果，但以往研究对这些成果的介绍是分散的，缺少心理健康角度的分析，也不够深入。人本主义心理学兴起于人们普遍感到孤独、缺乏生活意义的时代④，而这种生活状态对于当代中国人来说并不陌生。转型中的中国社会心理健康问题凸显⑤，心理健康教育、社会心理服务的开展需要专业理论的指导。基于此，我们认为非常有必要对人本主义心理学在心理健康问题上的研究加以总结，并从心理健康的角度加以分析。本章所回顾的主要是人本主义心理学经典理论对心理健康

---

① 高申春：《布根塔尔存在—分析心理学述评》，载《心理科学》，1997，20(1)。
② 叶浩生：《人本主义心理学：后现代主义的挑战》，载《华东师范大学学报(教育科学版)》，2008，26(4)。
③ 孟娟、彭运石、刘帮春：《走向完善：人本主义心理学研究方案》，载《心理学探新》，2011，31(5)。
④ 车文博：《人本主义心理学大师论评》，北京，首都师范大学出版社，2010。
⑤ 俞国良：《学校心理健康教育研究的回顾与展望——基于我个人 20 年研究实践的梳理与再分析》，载《中国教育科学》，2018(1)。

的研究，如马斯洛、罗杰斯、罗洛·梅、欧文·亚隆等人的观点。其中，罗洛·梅与欧文·亚隆亦是存在主义心理学的代表人物。存在主义心理学属于人本主义心理学的范畴之内，并非另一个"主义"。

一、人本主义心理学对心理健康标准的研究

心理健康标准是科学地开展心理健康研究、心理健康教育、心理咨询等所有心理健康相关工作的核心与前提。当代研究者普遍同意对个体心理健康水平的衡量应结合消极、积极两类指标。例如，凯斯（Keyes）提出的心理健康双因素模型认为个体的心理健康可以大致分为：完全健康、无心理疾病且主观幸福感高；部分健康、无心理疾病但主观幸福感不高；部分病态、有心理疾病但主观幸福感高；完全病态、有心理疾病且主观幸福感低四种状态。① 实际上，人本主义心理学者正是从整体健康的视角定义个体心理健康标准的先驱：心理健康的个体能够接纳自我，明知可能是痛苦的，也愿意不断探索、应对生活中的问题，实现自我成长，追求自我实现。

马斯洛认为，只研究动物心理和病态心理无法全面地描述心理健康。因此，他以社会精英为主要研究对象，将自我实现这一概念心理学化，创建了自我实现心理学。② 他认为自我实现的标准有两条：①将自己的潜能充分地发挥出来，成为最好的自己；②极少出现不健康、各类心理行为问题、个人能力的丧失。③④ 我们认为，马斯洛对自我实现标准的阐述同样适用于心理健康，即心理完全健康的个体能够充分发挥自己的功能，且没有心理疾病。此外，马斯洛从自我认知、自我接纳、环境适应、人际适应、社会适应、思维能力等方面，进

① C. L. M. Keyes, "Promoting and protecting mental health as flourishing: A complementary strategy for improving national mental health," *American Psychologist*, 2007, 62(2), pp. 95-108.

② 叶浩生：《人本主义心理学：后现代主义的挑战》，载《华东师范大学学报（教育科学版）》，2008，26(4)。

③ ［美］马斯洛：《存在心理学探索》，李文湉译，昆明，云南人民出版社，1987。

④ ［美］马斯洛·亚伯拉罕：《动机与人格》第3版，许金声等译，北京，中国人民大学出版社，2007。

一步总结了自我实现者的人格特征。例如，悦纳自己、自然地表达自己的情绪、亲社会、具有创造力、幽默感等。① 根据马斯洛的理论我们可以推导出自我实现者一定是心理健康的。因此，马斯洛对于自我实现者人格特征的总结，进一步丰富了他对心理健康标准的看法。

罗杰斯认为人天生具有自我实现的倾向，能够充分发挥功能的人往往心理健康水平高，他们通常具有以下特点：对自我的看法是接纳、开放而富有弹性的，愿意在意识层面深入地探索新的生活经验对自我的积极、消极影响，不夸大也不歪曲；能够无条件地积极关注自我的感受，并将其作为自我评价的核心；能够针对不同情境发展出独特的、创造性的适应行为。②

罗洛·梅发现，现代人心理问题的根源不是本能受到了压抑，而是缺乏存在感。③ 他认为，心理健康的人与心理疾病患者的区别就在于是否能体验到自己的存在，并自由地生活。因此，心理治疗的任务就是帮助来访者找到存在感。④ 罗洛·梅认为对"存在"下定义是非常困难的，国内研究者对存在的本质特征已有很多论述。⑤ 在此，我们尝试对存在的内涵与心理健康相关的方面进行总结：①存在是抽象的，但却是个体对于"我"最强烈的体验；②个体可以意识到自己的存在，但这种存在不依赖于任何社会角色、身份或与他人的关系；③存在着的人具有强烈的自我意识，这种意识是自我概念的核心与源泉，是自尊的基础；④存在是一个动态的过程，能够整合自我的变化，知道自己未来的方向并指导当下，这一点与同一性类似；⑤存在总是处于自我超越的过程中，不断挑战个体的价值，因而存在本身是焦虑的；⑥存在不是孤立的，个体存在

---

① 叶浩生：《人本主义心理学：后现代主义的挑战》，载《华东师范大学学报（教育科学版）》，2008，26(4)。

② C. R. Rogers, "A theory of therapy, personality, and interpersonal relationships, as developed in the client-centered framework," in S. Koch, *Psychology: A study of a science*, Vol. 3, *Formulation of the Person and the Social Context*, New York, McGraw-Hill, 1959, pp. 184-256.

③ 杨韶刚：《罗洛·梅的存在分析观阐释》，载《吉林大学社会科学学报》，1995，35(1)。

④ ［美］罗洛·梅：《存在心理治疗的贡献》，见［美］罗洛·梅、［加］恩斯特·安杰尔、［美］亨利·F. 艾伦伯格：《存在：精神病学和心理学的新方向》，郭本禹等译，北京，中国人民大学出版社，2012。

⑤ 叶浩生：《人本主义心理学：后现代主义的挑战》，载《华东师范大学学报（教育科学版）》，2008，26(4)。

于自我的世界、人际的世界、周围的环境中。①

存在感强的个体心理健康水平高，有勇气接纳自我，是一种独特的存在，能够自由地发展自己的潜能，并持之以恒，始终以良心为标准做出生活选择并承担相应的责任，应对无法避免的负面情绪。② 以罗洛·梅为代表的存在心理学家们，特别强调从个体的主观感受出发，结合个体的存在发展历程看待负面情绪和症状的意义：它们并不总是坏的。例如，正常的焦虑体验是存在的必然；神经症不是适应不良的结果，而是个体在非存在状态下的一种不良适应方式。甚至在布根塔尔看来，个体面对存在焦虑的方式决定了其心理健康水平：心理健康的个体敢于面对焦虑，心理不健康的个体总是倾向于回避。③

无论是"自我实现者""充分发挥功能的人"，抑或"存在着的人"，人本主义心理学的研究总是试图描绘出心理健康者的人格特征，也就是健康人格。乔拉德和兰兹曼对健康人格做了总结和定义："健康人格是人行动的方式，这种方式由理智所导引并尊重生活，因此人的需要得以满足，而且人的意识、才智以及热爱自我、自然环境和他人的能力都将得以发展。"④健康的人是开放的，他们关心自我、他人和环境，对人宽容，不回避负面体验，在生活和工作中富有创造力。

在人本主义心理学兴起之前，行为主义、精神分析学派的学者主要从病理角度来定义心理健康的标准：前者聚焦于问题行为及消退的方式，后者以患者为主要研究对象构建相关理论。然而，在人本主义心理学家看来，他们对于人类心理的看法是不完整的，因为他们的研究对象都不是"完整的人"：行为主义者的研究脱离了现实环境，仅仅关注可测量的行为，而不去研究人的意识；精

---

① [美]罗洛·梅：《存在心理治疗的贡献》，见[美]罗洛·梅、[加]恩斯特·安杰尔、[美]亨利·F.艾伦伯格：《存在：精神病学和心理学的新方向》，郭本禹等译，北京，中国人民大学出版社，2012。

② [美]罗洛·梅：《人的自我寻求》，郭本禹、方红译，北京，中国人民大学出版社，2013。

③ J. F. T. Bugental, *The search for authenticity*: *An Existential-Analytic Approach to Psychotherapy*, New York, Holt, Rinehart & Winston, 1965.

④ [美]悉尼·乔拉德、特德·兰兹曼：《健康人格——人本主义心理学观》，刘劲等译，1~64页，北京，华夏出版社，1990。

神分析学派虽然创建了潜意识理论，探索人类行为的动机，肯定自我的作用，但他们的理论"使病态的人代表了全人类"。① 基于此，人本主义心理学对心理健康标准的研究：①除病人外，重视健康人的心理特点，试图描述心理健康标准的全貌；②更强调人的主观能动性在保持心理健康中的核心地位，相信人类能够通过有意识地自我选择决定自己的生活；③认为一些负面情绪有其存在的合理性，症状可能是一种不良的适应方式而非结果；④特别注重总结健康人格的特点，而不仅仅把心理健康视为一种即时状态。

二、人本主义心理学对心理行为问题的研究

心理行为问题几乎是所有心理健康研究的起点。对心理行为问题的研究，能够帮助我们探究心理健康水平的影响因素及机制，并最终指导心理健康实践。我们认为，人本主义心理学家对心理行为问题研究的独到之处主要体现在他们对现代人的心理困境以及心理行为问题成因的看法两方面。

(一) 现代人的心理困境

布勒等人描述了人本主义心理学兴起时美国社会的状况：对战争的恐惧，贫富差距、种族歧视导致的社会撕裂等问题使"处理生活问题的老方法失去作用，旧的价值被质疑"。② 在这样的背景下，罗洛·梅认为现代人的心理困境主要有内在的空虚、对孤独的恐惧和焦虑。③

内在空虚的人不知道自己想要什么，也不清楚自己的感受，总是感觉对自己的生活无能为力，并为这种无力感到痛苦。他们并非没有目标，只不过这些目标都是外在的，反映了别人对他们的期望。因此，他们的生活完全是外部导

---

① [美]夏洛特·布勒、麦琳·埃伦：《人本主义心理学导论》，陈宝铠译，1~27 页，北京，华夏出版社，1990。
② [美]夏洛特·布勒、麦琳·埃伦：《人本主义心理学导论》，陈宝铠译，1~27 页，北京，华夏出版社，1990。
③ [美]罗洛·梅：《人的自我寻求》，郭本禹、方红译，北京，中国人民大学出版社，2013。

向的。罗洛·梅认为内在的空虚源于个体坚信自己无法主导个人的生活，无法改变自己、他人对自己的态度，不能影响周围的世界。① 抱着这样的信念，个体会产生深刻的绝望感，会很快放弃探索自己的感受，用冷淡的情感、回避的态度"适应"社会。在这里，"适应"变成了一种对存在感的防御，而不是心理健康的表现。

内在的空虚与对孤独的恐惧存在密切的联系：当个体意识到内在的空虚无法帮助他应对不断变化的外在时，他的自然反应是环顾四周寻找他人。② 对孤独的恐惧源于人类天生是需要他人的：自出生起的很长一段时间内，个体无法独立生存；他人的看法也始终是自我意识的重要来源，而许多人甚至到了完全依赖他人构建自我认知的程度。内在空虚的人需要通过他人来定义自我边界，他们害怕一旦陷入孤独，将没有任何东西来定位自己。此外，社会文化通过各种方式赞许外向性格、鼓励社交，如把"受到大家的喜欢"作为成功的标志等，也在不断加强人们对于孤独的恐惧。③ 亚隆区分了三种形式的孤独：①人际孤独指人们通常感受到的寂寞；②心理孤独指人把自己内心分割成不同部分的过程，也就是非存在状态下人与自我的隔离；③存在孤独指个体和任何其他生命之间都存在着无法跨越的鸿沟。④ 存在状态下，个体会意识到在这个世界上他唯一可依赖的只有自己，这种孤独是追求独特性所必须付出的代价。

在罗洛·梅看来，焦虑是现代人处于困境中的最根本特征，空虚和孤独迟早会引发焦虑体验。焦虑可以分为正常焦虑与神经症性焦虑，前者来源于真实的危险，是不可避免的，也是罗洛·梅研究的重点；后者与真实的危险是不相称的。在《人的自我寻求》一书中，他把焦虑定义为自我的存在受到威胁时的体验，是与生存同等重要的某种价值观遭遇危险时的基本反应。⑤ 在《存在之发现》一书中，

① ［美］罗洛·梅：《人的自我寻求》，郭本禹、方红译，北京，中国人民大学出版社，2013。
② ［美］罗洛·梅：《人的自我寻求》，郭本禹、方红译，北京，中国人民大学出版社，2013。
③ ［美］罗洛·梅：《人的自我寻求》，郭本禹、方红译，北京，中国人民大学出版社，2013。
④ ［美］欧文·D. 亚隆：《存在主义心理治疗》，黄峥、张怡玲、沈东郁译，371~414 页，北京，商务印书馆，2015。
⑤ ［美］罗洛·梅：《人的自我寻求》，郭本禹、方红译，北京，中国人民大学出版社，2013。

他更强调焦虑体现了存在与非存在之间的冲突，以人的存在为根源。焦虑浮现于个体意识到某种通往他存在的可能性之时。这一论述更强调了正常焦虑的积极意义，即焦虑代表了某种潜能是存在的。[①] 进而，罗洛·梅从焦虑中分化出了内疚：当个体意识到自己没能实现潜能时的状态。新的可能性总会不断地出现，因而个体的存在始终是焦虑与内疚的。存在着的人通过不断发现潜能来应对正常的焦虑与内疚，丰富自我的存在体验。亚隆区分了焦虑的主题，除上文提到的孤独外，引起人们焦虑的对象还有死亡、自由和无意义感。[②]

亚隆认为死亡会引起焦虑，但意识到"死亡无法避免"这件事可以唤醒个体的自我意识；追求自我实现必然导致存在孤独，而完全依赖他人却无法避免心理孤独；自由是有代价的，自主选择生活方式意味着承担责任，改变自己需要意志，放弃自由同样不好受。[③] 罗洛·梅认为适应良好并不是心理健康的状态，只是一种对空虚、内心冲突的暂时掩饰，而那些由于传统防御方式失效后走进咨询室的人，恰恰是更敏感地意识到了存在与非存在之间的冲突。[④] 人生没有完美的解决方案，寻找存在感或待在非存在的防御中各有各的问题。一些负面体验无法避免，但应对这些体验的过程也是在兑现个体的潜能。辩证地看待负面情绪、症状对个体的影响是人本主义心理学对心理行为问题研究的重要贡献。

(二) 心理行为问题的成因

对心理行为问题成因的研究包含两个层面：①心理健康水平的影响因素；②这些因素的作用机制。

俞国良等研究者认为，在以往研究中对心理健康水平影响因素的分类主要有2种方式：根据其与心理健康的关系可以分为风险性因素和保护性因素；根据其

---

① [美]罗洛·梅：《存在之发现》，方红、郭本禹译，北京，中国人民大学出版社，2008。

② [美]欧文·D.亚隆：《存在主义心理治疗》，黄峥、张怡玲、沈东郁译，371~414 页，北京，商务印书馆，2015。

③ [美]欧文·D.亚隆：《存在主义心理治疗》，黄峥、张怡玲、沈东郁译，371~414 页，北京，商务印书馆，2015。

④ [美]罗洛·梅：《人的自我寻求》，郭本禹、方红译，北京，中国人民大学出版社，2013。

来源可以分为个体因素和社会因素，后者也是人本主义心理学家概括心理健康影响因素的主要方式。① 罗洛·梅在描述了现代人的心理困境之后，又分析了造成这种混乱的根源，分别是"我们社会中价值观核心的丧失""自我感的丧失""我们用于个人交流的语言的丧失""我们在自然中所看到的几乎没有什么是我们的"，以及"悲剧感的丧失"。② 这些因素既有个人的，也有社会的、环境的，但它们的关系并不是并列的。我们认为，社会价值观核心的丧失是其中最重要的因素，它导致了自我感、语言和悲剧感的丧失。重视社会文化对心理健康的影响是人本主义心理学心理健康研究的重要特点之一。基于人本主义心理学的研究取向，存在主义心理学家们更倾向于构建一个心理健康影响因素的框架，他们用"既定"（given）来形容人类生活中无法摆脱的限制。③ 罗洛·梅认为这些限制可以分为4类：天宇定数，指自然的限制，如自然灾害；基因定数，指生理倾向，如寿命长短；文化定数，指先验的社会模式，如语言系统；随机定数，指突发情况。④

基于心理治疗的实践经验，罗杰斯构建了他的人格发展理论。该理论聚焦于人格发展的动态过程，阐述了各种因素对个体心理健康水平的影响机制，集中体现了他对心理行为问题成因的看法。⑤ 罗杰斯认为，人天生有自我实现的倾向。婴儿期的个体能够以自我体验为标准评价生活经验，并倾向于做出那些能够带来积极体验的行为。个体对生活经验的评价过程和趋近于积极体验的倾向将贯穿他的毕生发展，但评价的标准会发生变化。随着自我意识的萌芽，个体产生了一种获得来自他人积极关注的需要，获得关注的方式是满足他人对自己的需要。这种需要对于个体来说如此迫切，以至于个体愿意把满足重要他人的需求置于自我实现之上。然而，他人需要与自我体验对生活经验的评价并不

---

① 俞国良、李建良、王勍：《生态系统理论与青少年心理健康教育》，载《教育研究》，2018(3)。

② ［美］罗洛·梅：《人的自我寻求》，郭本禹、方红译，北京，中国人民大学出版社，2013。

③ ［美］柯克·施奈德、奥拉·克鲁格：《存在—人本主义治疗》，郭本禹、余言、马明伟译，合肥，安徽人民出版社，2012。

④ R. May, *Freedom and destiny*, New York, Norton, 1981.

⑤ C. R. Rogers, "A theory of therapy, personality, and interpersonal relationships, as developed in the client-centered framework," in S. Koch, *Psychology: A study of a science*, *Vol. 3*, *Formulation of the Person and the Social Context*, New York, McGraw-Hill, 1959, pp. 184-256.

总是一致的，他人的积极关注往往是有条件的。个体可能为了获得他人关注而忽略自己的感受，以他人的评价为标准，主动从事或回避某些行为，这就是价值条件过程。① 价值条件过程最大的问题是人们可能为了避免被重要他人抛弃而自我疏离：做出自己不喜欢的行为，或放弃做那些自己喜欢但别人不喜欢的事。② 然而，这种"违心"的行为会威胁自我同一性。因此，个体可能否认、歪曲那些与价值条件不一致的感受，出现心理失调的状态。③ 换句话说，个体会否认、回避那些"我不喜欢"的感受，不断内化他人的标准，放弃自我的独特体验。当这种防御失效时，个体就会出现心理适应不良，甚至出现人格的崩溃与解体。罗杰斯对心理健康问题成因的看法简洁而深刻，与他心理咨询实践的理论相结合，构成了系统的心理健康理论体系。

三、人本主义心理学对心理健康实践的研究

心理咨询与治疗是人本主义心理学心理健康研究最重要的实践领域。"存在—人本主义治疗"和"以人为中心的心理治疗"是人本主义心理学在该领域的代表性成果，深刻地影响了心理咨询、心理治疗、心理健康教育的发展。

总体来说，存在—人本主义心理治疗的目标是帮助来访者激活在生命的自然与自我限制之下自主选择生活方式的能力。要想做到这一点，存在—人本主义心理治疗的实践者需要：①帮助来访者变得更"在场"；②帮助来访者探索他们如何既调动又阻碍了自己更丰富地"在场"；③帮助来访者承担起对自己当下

---

① C. R. Rogers, "A theory of therapy, personality, and interpersonal relationships, as developed in the client-centered framework," in S. Koch, *Psychology: A study of a science*, *Vol. 3*, *Formulation of the Person and the Social Context*, New York, McGraw-Hill, 1959, pp. 184-256.

② ［美］大卫·凯恩：《以人为中心心理治疗》，高剑婷、郭本禹译，15～49页，合肥，安徽人民出版社，2012。

③ C. R. Rogers, "A theory of therapy, personality, and interpersonal relationships, as developed in the client-centered framework," in S. Koch, *Psychology: A study of a science*, *Vol. 3*, *Formulation of the Person and the Social Context*, New York, McGraw-Hill, 1959, pp. 184-256.

生活的责任；④帮助来访者进入存在的状态。① 其中，"在场"可以理解为陪伴自己或他人的能力，或者说觉察自己或他人此时此刻体验的能力。存在—人本主义心理学家相信，来访者会把生活中对待自己、他人的模式带入治疗环境中，因此"在场"就变得至关重要。在治疗中，咨询师必须首先是"在场"的，他是以一个人而非专家的身份在陪伴来访者，试图全面地理解来访者，关注来访者此时此刻的感受，而不是寻找将来访者的问题简化为某个类型的证据。咨询师可以通过倾听、引导等方式帮助来访者看清他们的生活，看清那些曾经有效的防御如何阻碍了他们的存在，以及他们当下所拥有的解决问题的资源和实现潜能的能力，并最终做出改变的决定。② 同时，咨询师的"在场"也是向来访者展示"存在"的模板，来访者可以通过看到咨询师的状态来体验"存在"的感觉。在治疗过程中，"在场"能够起作用的关键是咨询师与来访者建立起一种帮助关系。建立这种关系也是罗杰斯提出的"以人为中心心理治疗"的核心任务。

罗杰斯始终相信个体内部蕴含着巨大的成长潜力，只要向其提供具有促进作用的氛围，这种潜力就能被开发出来。③ 高质量的咨访关系是这种氛围的核心，是以人为中心心理治疗起作用的关键。甚至可以说，建立高质量的咨访关系就是以人为中心心理治疗的目标。罗杰斯认为：首先，为了建立这种关系，咨询师首先应该是真诚的，毫不隐瞒地表达出自己对来访者的情感和态度；其次，咨询师应使来访者感到自己被无条件积极关注，感到他人对自己全部的接纳和非评价的态度；最后，咨询师应使来访者体验到自己对他的共情式理解，即准确地感受到来访者正在体验的情感和个人意义，并与他沟通自己的理解。除心理治疗外，罗杰斯还将这种理念应用在教育实践中，即真正促进学生成长的是师生关系。因此，教师应通过自己的真诚、对学生的珍视、接纳、信任及

---

① ［美］柯克·施奈德、奥拉·克鲁格：《存在—人本主义治疗》，郭本禹、余言、马明伟译，合肥，安徽人民出版社，2012。

② ［美］柯克·施奈德、奥拉·克鲁格：《存在—人本主义治疗》，郭本禹、余言、马明伟译，合肥，安徽人民出版社，2012。

③ C. R. Rogers and R. C. Sanford, "Client-centered psychotherapy," in H. I. Kaplan and B. J. Sadock, *Comprehensive Handbook of Psychiatry*, Baltimore, MD, Williams Wilkins, 1989, pp. 1482-1501.

共情式理解，创造促进学习的师生关系，激发学生内在的学习动力。①

阿尼（Ahn）和瓦姆·波尔德（Wampold）的元分析发现：特定技术对心理咨询效果的影响近乎为 0；心理咨询之所以有效果，是因为那些不同疗法之间所包含的共同因素。② 这些因素包括：①与来访者建立一种由情感主导的帮助关系；②一种使来访者相信专业助人者能够帮助他/她的治疗设置；③为来访者的症状，以及来访者具备解决问题的能力这一论断提供一个有说服力，但不必正确的解释框架；④基于疗法的基本原理设计咨询师与来访者共同参与的治疗程序。③ 我们不难发现，这些共同因素与人本主义心理学家提出的心理咨询与治疗理论非常契合。与其他流派相比，人本主义心理学家们最先揭示了咨访关系、治疗氛围是影响心理咨询与治疗效果的关键，并对心理咨询与治疗的发展产生了深远的影响。

四、人本主义学派对心理健康问题研究的展望

人本主义心理学经典理论关于心理健康问题的研究大多年代久远，但无论是两因素的心理健康标准，还是存在—人本主义取向心理咨询和治疗的不断发展，都证明了这些理论并未过时，仍对该领域的研究有着很大的影响力。基于人本主义心理学对心理健康问题的研究，我们认为在该领域未来的研究实践中应特别注意以下两方面。

第一，量化研究是当前心理学研究的主流方法，也确实促进了心理学科研究水平的提高。然而，我们也不能忽视个案研究的价值。在心理学史上，人本主义心理学家们非常重视个案研究。基于对个体心理的深入分析与反思，他们

---

① ［美］卡尔·R. 罗杰斯、杰罗姆·J. 弗赖伯格：《自由学习》，王烨晖译，北京，人民邮电出版社，2015。

② H. Ahn and B. E. Wampold, "Where oh where are the specific ingredients? A meta-analysis of component studies in counseling and psychotherapy," *Journal of Counseling Psychology*, 2001, 48, pp.251-257.

③ J. D. Frank and J. B. Frank, *Persuasion and healing: A comparative study of psychotherapy*, Baltimore, Johns Hopkins University Press, 1991.

发展出了许多重要理论，丰富了人类对自身心理的认识，推动了心理学研究的发展。实验法可能会损害效度，问卷法本质上考察的是变量间的相关关系。在一定程度上，个案研究能够弥补这两种主流方法的不足。因此，综合使用不同的研究方法或许更有助于提升研究的信、效度，得出可靠的因果关系。在未来研究中，研究者应结合具体研究问题有针对性地选择研究方法，提升研究质量。

第二，人本主义心理学家对心理健康问题的研究始终透露对社会问题的兴趣，对社会心态而非症状的关注，以及从社会文化的角度探索心理行为问题成因的倾向。例如，罗洛·梅认为对竞争与理性的过分推崇是现代人心理困境的推手①；布勒等研究者提出贫富差距过大、教育的工具化等问题是人本主义心理学兴起的社会基础。② 而社会矛盾的变化、社会文化的变迁与人类心理的关系，恰恰也是当代中国心理学研究者应特别关注的问题。社会转型是当代中国社会的大背景，它必然影响着每一个生活在其中的中国人。对此，我们已经做了一系列有益的尝试。③ 未来的研究仍需要更多研究者共同参与，深入探索社会转型对当代中国人社会心理、心理健康的影响。

---

① ［美］罗洛·梅：《人的自我寻求》，郭本禹、方红译，第 1 版，北京，中国人民大学出版社，2013。

② ［美］夏洛特·布勒、麦琳·埃伦：《人本主义心理学导论》，陈宝铠译，1～27 页，北京，华夏出版社，1990。

③ 俞国良：《社会转型：社会心理学的立场》，北京，中国社会科学出版社，2016。

第三篇

教育科学的研究视角

教育科学是研究教育规律的各门学科的总称。它既包括研究教育一般规律的教育学，也包括研究教育领域某一方面规律的各门教育学科，这里讨论的重点是后者。德育论不仅与心理学有着一种本质的、天然的联系，而且与心理健康教育的关系更加紧密。我们以"品德"为核心，认真梳理了德育论框架下的心理健康问题研究，同时深入阐述了德育与心理健康教育的相互关系及相互促进，两者既有共性又具个性，且互惠共生。教育心理学对心理健康问题的研究，包括以证据为基础的研究方法，积极整体健康的研究取向，以促进学习为核心的指导—学习—评价研究体系，以及基于学校和课堂等教育现场的心理健康促进研究与实践。比较教育学对心理健康问题的研究，则主要集中在心理健康教育的教育理念、教育目标、教育内容和教育方式等方面，以及心理健康问题的影响因素及教育对策。比较教育学的这些研究成果，为进一步推进和深化心理健康教育提供了深厚的理论基础和可持续发展的路径图。教育社会学对心理健康问题的研究，既包括影响心理健康的教育社会学因素、学生亚文化群体和教师职业心理问题等相关教育社会心理问题研究，也包括学校气氛和社会情感学习等促进心理健康的对策。相应地，基于相关研究，我们提出了个体心理健康发展的教育社会生态系统模型，梳理了个体心理健康的教育社会影响规律和教育干预路径，为今后的相关研究提供了研究方向。学校卫生学则关注学生的健康素养及精神卫生，具有增进学生心理健康的功能，它可以从适应学生心理健康需求、改善作息制度、合理营养膳食等多个方面提高学生心理健康水平，并借助社会支持、树立正确价值观等途径，实现重塑儿童青少年心理健康的主旨。心理健康问题也是课程与教学论研究的重要领域。为促进心理健康教育在课程与教学上的科学发展，我们详细梳理了课程与教学论对心理健康课程在教学目标与内容、原则与方法、过程与评价方面的研究，同时评述了相关研究成果，并展望了未来相关研究的要点和方向。课程与教学论对心理健康问题的应用研究，首当其冲的是相关课程标准和教材的编制。首先，我们以中等职业学校"心理健康与职业生涯"课程标准为例，分析了在心理健康框架下生涯教育与心理健康教育两者的关系，建议在实施该课标过程中，应准确把握课程定位，坚持育人为本，结合时代特征，在遵循教育规律和学生心理发展规律的基础上，充分利用体验式学习，培养学生的健康人格和职业生涯规划能力，促进学生德、智、体、美、劳全面发展；其次，进一步阐述了该课程标准的研制思路，即从"我的成长"破题，按照"社会我""个体我""职业我""人际我""现实我""理想我"的逻辑思路进行整体设计，并针对该课程模块六个单元的具体教学内容标准，从设计思路、重点内容、主要议题和教学目标等方面进行了较为详尽的解读、解析；再次，从课程标准的宣传、解读和师资培训等角度，提出了建议；最后，以美国中小学教科书《健康与幸福》为例，阐述了我们对该套教材的认知与评价，认为在我国新一轮深化教育改革、全面推进素质教育的今天，应该给学校教育有所涉及的"健康""安全""社交""成长""幸福"等进行破题，把涉及"健康与幸福"话题的内容串联起来，正式进入课堂教学中，这将是前所未有的一种教育创新与突破，并在此基础上提出了建设我国本土化中小学"健康与幸福"课程的原则、理念、目标和教育内容的初步设想，以及对此的进一步思考与展望。

第十二章

德育论对心理健康问题的研究

　　德育通过向受教育者传递一定的社会思想和道德影响，来促进其思想品德的发展。教育本身是一种外铄的过程，而品德的形成实际上是一种内发的结果，因为任何一种思想品德的形成，都需要以人的心理活动为基础。因此，德育论作为一门专门探讨人的思想品德发展与培养的学科，其中不可避免地涉及心理健康的相关内容。本文主要从德育论框架下的心理健康问题研究、德育与心理健康教育的相互关系、德育与心理健康教育的相互促进三方面展开，旨在系统梳理德育论与心理健康密切相关的研究成果，深入阐述两者的相互关系与相互促进，以期为德育与心理健康教育领域的研究者和实践者提供参考。

一、德育论框架下的心理健康问题研究

　　心理健康教育是德育不可或缺的重要组成部分，这是我国教育政策顶层设计者的一种制度安排。实际上，在我国的教育实践中，心理健康教育工作很大程度上也是在德育的大框架下展开的。因此，在德育论框架下探讨心理健康问题，符合现阶段我国德育与心理健康教育的整体思路，也与当前学校教育实践中德育与心理健康教育的开展路径殊途同归。简单地说，德育是培养人品德的活动。在心理学中，品德是个性心理的一种特殊表现，反映的是个性中具有道德价值的核心成分。[①] 也就是说，品德本质上反映的是人的性格或人格，而人格健全是个体心理健康的主要标志。可见，品德不仅是德育论研究领域的核心

---

① 俞国良：《品德与社会性》，载《教育科学研究》，2003(5)。

话题，也是心理健康教育关注的重要内容。

(一) 德育论对品德心理结构的研究

从改革开放至今，德育研究领域中关于品德的结构出现了很多有代表性的观点，但研究者对品德结构的探讨，大多没有脱离心理学的基本概念和基本原理。国内关于品德的结构较有影响力的观点有班华的"三维结构说"和林崇德的"三子系统说"。"三维结构说"认为，品德的心理结构包括三个维度，即心理形式维、心理内容维和心理能力维。心理形式维包含人们经常提到的知、情、意、行等心理要素；心理内容维包括人们的世界观、政治态度、道德立场等具体内容；心理能力维即有关思想品德方面的智能结构，包括完成一定品德活动所需要的心理特征和实现一定品德活动的方式①，这些都是心理健康个体应具备的基本心理品质。"三子系统说"认为，品德结构主要包括三个子系统：一是品德的深层结构和表层结构的关系系统，即道德动机系统和道德行为方式系统；二是品德的心理过程和行为活动的关系系统，即道德认识、道德情感、道德意志和道德行为的品德心理特征系统；三是品德的心理活动和外部活动的关系及其组织形式系统，即品德的定向、操作和反馈系统。② 正是由于动机、态度、情感、意志等心理因素和心理特征是品德结构中的重要组成部分，心理健康对于人的品德的形成与发展才举足轻重。品德如若缺乏心理健康做支撑，便会丧失其发端，更不要说为品德的发展提供源源不断的动力。

国外研究者们不仅单纯地关注品德的心理结构，产生了一些诸如皮亚杰与科尔伯格的道德价值结构、伯科威茨的道德人格模式等经典的研究成果，还将对品德心理结构的研究置于整个教育大系统中，使品德结构的研究成果更加具有实践价值。例如，为响应美国的新品格教育，美国不少州、研究机构、学校等提出了品格教育的具体内容，暗含了对品格构成要素的看法。新泽西州就提

---

① 班华：《思想品德结构与新时期德育任务》，载《华东师范大学学报(教育科学版)》，1986(2)。

② 林崇德：《论品德的结构》，载《北京师范大学学报(社会科学版)》，1988(1)。

出，向学生传递的基本价值应该包括自尊、自律、同情、诚实、正直、谦恭、宽容和责任心等。① 由此可见，在国外研究者的视野中，一些品格构成要素本身就是心理健康结构的重要组成部分。总的来说，国内外对于品德结构的深入探讨，帮助人们更加清楚地认识到了心理健康在品德发展中的重要地位与作用。

(二) 德育论对品德发展与品德不良问题的研究

个体品德的发展过程是德育论长期以来关注的重点。其中，认知学派的道德发展阶段理论以及新行为主义的社会学习理论是比较有影响力的研究成果。前者认为，人的道德发展与认知发展过程息息相关，存在着一个固定的发展顺序。并且，从本质上来看，人的道德发展就是一个从他律到自律的过程。因此，认知发展学说将个体自身的道德判断、自我调节与自我控制等因素置于至关重要的地位，并且强调道德教育要根据人的认知水平与身心发展规律进行。后者吸收了行为主义和认知主义的部分内容，不仅重视道德形成过程中个体与外界环境的相互作用，以及个体对于榜样的模仿和学习，还强调自我效能感、自我调节能力及自我反省能力在道德判断和道德行为中的作用。可见，不论是认知学派还是新行为主义学派，都认识到了个体心理的能动性在道德发展中扮演的重要角色。缺乏"自我"的作用，个体便无法进行正确的道德判断，无法做出正确的道德行为，也就无法将外在的道德要求最终内化为自身的品德修养。因此，品德的形成和发展必须以个体的积极心理活动为基础，必须以心理健康为依托与支撑。

同时，个体品德发展过程中出现的问题，其根源往往在心理行为问题上，品德问题只是心理行为问题的外在表现。品德不良个体出现的心理行为问题往往是多方面的，不仅涉及个体的发展性问题，如学业问题、情绪与压力问题、适应问题等，还包含了障碍性问题，如心境障碍、人格障碍等。相关研究表明，

---

① 郑富兴、高潇怡：《道德共识的追寻——美国新品格教育的内容浅析》，载《外国教育研究》，2004，31 (11)。

不具备良好道德品质的学生会经常出现学习能力障碍以及情绪与性格障碍等心理行为问题。并且，有研究者对小学生的品德不良行为与心理行为问题之间进行了相关分析，发现儿童的品德不良水平与学习焦虑、对人焦虑、孤独倾向、过敏倾向和冲动倾向等心理行为问题之间存在显著正相关。[1] 此外，有研究表明，在校园欺凌中，攻击者与受害者的各项自我概念水平均低于其他学生，身心问题的发生多于其他学生，说明道德行为问题与身心疾病的发病之间存在着正向联系。[2] 这些都反映了品德问题与心理健康问题之间密不可分的关系，也表明个体心理健康状态对于培养良好品德产生的巨大作用。

二、德育与心理健康教育的相互关系

虽然在教育实践中心理健康教育被纳入德育范畴来推进，但在理论界，德育与心理健康教育的关系却引起了热烈讨论，成为德育论对心理健康问题研究的重要组成部分。目前，对这一问题的认识主要有三种观点：第一，德育与心理健康教育有各自的学科背景，存在着诸多不同，不应将二者加以整合；第二，心理健康教育本质上属于德育范畴，是德育的组成部分；第三，德育与心理健康教育既有共性又具个性，二者是一种交叉、互补、融合的关系，需要在教育实践中优势互补、互惠共生。

(一) 德育与心理健康教育的共性

首先，德育与心理健康教育的根本目标高度一致，二者的基本出发点和落脚点都是"育人"。从本质上讲，德育是塑造个体社会人格和道德人格的过程，而使人格的生理、心理、道德、社会各要素完美地统一、平衡、协调，也是心

---

① 陈文辉、陈传锋、贺豪振等：《小学生的品德不良行为及其心理与行为适应问题研究》，载《心理学探新》，2006，26(2)。

② B. Houbre, C. Tarquinio, I. Thuillier, et al., "Bullying among students and its consequences on health," *European Journal of Psychology Education*, 2006, 21, pp. 183-208.

理健康教育的价值诉求。具体来说，德育一方面要推动人的自由个性的发展，促进个体自我价值的实现，实现人的自主自我教育；另一方面要关注人的社会化过程，培养人的社会人格。而对心理健康而言，2001 年世界卫生组织就明确提出，它是指一种健康或幸福的状态，在这种状态下，个体可以实现自我、应对正常的生活压力、富有成效和成果地工作，以及有能力对所在社会做出贡献。[①] 这表明，心理健康教育同样服务于个体的认知发展和社会性发展。

其次，根本目标的一致性使得德育与心理健康教育的内容有部分重叠。现代德育内容主要包括文明习惯、基本道德(美德)、公民道德和信仰道德四个方面。[②] 在一些基本的文明习惯和道德规范上，如合作、理解、尊重、奉献等，德育与心理健康教育的关注点是一致的。同时，由于德育的目的之一即提高个体生存价值，提升个人生活质量，其中就不可避免地涉及开拓人生、享受生活等相关内容，这与心理健康教育致力于帮助学生认识自我、发现自我、实现自我殊途同归。

最后，德育与心理健康教育遵循相同的教育原则。德育与心理健康教育的共同之处就在于它们都是对人的精神世界进行塑造，这就要求教育者在开展德育与心理健康教育时，要特别注重"以人为本"。教育者要在了解不同年龄阶段学生身心发展特征的基础上，结合每一位学生的个性特点，提供满足学生需要的德育与心理健康教育。同时，在教育过程中，教育者应该充分地尊重学生、理解学生、平等地对待每一位学生。除此之外，德育与心理健康教育潜移默化的特点，决定了"以身作则"是德育和心理健康教育的另一项重要原则。不论是德育还是心理健康教育工作者，都应该用自身的"心理资本"去影响学生，否则德育就很容易变成一种居高临下的说教，心理健康教育也容易走上"开方治病"的老路。

[①] 俞国良、董妍：《我国心理健康研究的现状、热点与发展趋势》，载《教育研究》，2012，33(6)。
[②] 檀传宝：《学校道德教育原理》，99 页，北京，教育科学出版社，2015。

(二) 德育与心理健康教育的差异

通过对德育与心理健康教育学科脉络的梳理以及对相关研究的总结，我们可以发现二者主要在理论体系、教育切入点以及教育途径与方法上存在差异。

第一，现代科学意义上的心理健康教育起源于心理辅导。[①] 心理辅导所依托的主要是心理学和医学的理论基础。随着时代的发展及社会需要的转变，我们倡导心理健康教育要将心理学和教育学结合起来，心理健康教育又多了一重教育学的背景；而德育则主要以哲学、伦理学、社会学和政治学为理论体系，其中绝大部分内容带有鲜明的政治色彩，反映了一定的价值导向，属于社会意识形态的范畴。这是二者在理论基础与理论体系上的差异。

第二，德育与心理健康教育的切入点不同。德育探讨的基本问题是"培养什么人"，它是以道德教育为主线，通过培养人良好的道德品质，使人成为"人"，进而实现个体的全面发展，成为国家和社会的有用之才。心理健康教育的切入点则在于人的各种心理过程以及人的个性心理，重点关注人是否具有健康的心理状态，通过调节人的心理因素，激发人的心理潜能，帮助人实现自我，服务社会。

第三，德育与心理健康教育在教育途径和方法上也存在差异。德育与心理健康教育都将学校作为教育的主阵地，重视学校课程所带来的巨大作用。除显性课程外，德育还需要借助隐性课程的强大力量，包括班级环境、学校氛围、校园文化等。心理健康教育除依靠学校显性课程和隐性课程对全体学生进行教育、提高全体学生的心理素质外，还通过学校社团、学校心理健康中心对部分学生的心理行为问题进行预防，通过医院对个别学生进行干预和心理矫正、心理治疗。[②] 此外，仅就课堂教学而言，德育经常运用的是讲授法、讨论法、提问法、情感熏陶法等；心理健康教育运用较多的则是活动法、体验法等。

---

① 俞国良、琚运婷：《我国心理健康教育政策的历史进程分析与启示》，载《中国教育学刊》，2018(10)。
② 俞国良、谢天：《大心理健康教育观：背景、内涵和路径》，载《教育科学研究》，2019(1)。

三、德育与心理健康教育的相互促进

德育与心理健康教育之间的差异，以及二者之间的诸多内在联系，决定了它们之间不可相互替代，应该在教育实践中互惠共利。德育对学生进行道德观、人生观、价值观、世界观等方面的教育，为心理健康教育指明了方向，成为心理健康教育背后强大的思想支撑；心理健康教育对学生个性、情感和意志品质等方面的培养，则赋予了德育新的时代内涵，并且决定了德育工作的质量。因此，如何加强德育与心理健康教育的相互促进，是当前教育研究与实践的重点。

(一)德育领域中的心理健康促进

不同时期的教育家、思想家所提出的道德教育思想，汇成了德育领域不可或缺的一部分。毫无疑问，儒家道德教育思想对当前乃至今后整个德育系统影响力最大。探析儒家道德教育思想，可以发现其中不乏对心理健康的促进。"仁"是儒家思想的核心，"仁"的最基本含义即"爱人"，简单来说就是从心里关心他人、体恤他人，在行动上帮助他人、奉献他人。"仁者爱人"(《孟子·离娄下》)，"泛爱众，而亲仁"(《论语·学而》)，就深刻地反映了仁德与关爱大众之间的密切关系，也体现了儒家对于个体的恻隐之心，以及个体与他人之间和谐关系的强调与培养。以孔子、孟子、曾子为代表的儒学思想家深信坚持反躬内省，即可提升道德修养。对此，他们提出了"诚意""正心"等促进内心和谐的方法。在推动个体形成健全的人格方面，孔子不仅重视知识的作用，还非常强调自我意志的培养与锻炼。孟子提出"故天将降大任于斯人也，必先苦其心志，劳其筋骨，饿其体肤，空乏其身，行拂乱其所为，所以动心忍性，曾益其所不能"(《孟子·告子下》)。这些都与当前心理健康教育所关注的提高个体心理弹性，使个体在挫折、困难中形成坚忍的意志，并形成应对挫折和困难的积极心理策略，有异曲同工之妙。

德育中对心理环境建设的倡导，也为推动个体心理健康起到了重要作用。人的品德的形成主要经历了内化与外化两个过程，不管是任何过程，德育始终要重视个体的心理发展过程，帮助个体构建良好的心理环境，从而推动个体形成积极稳定的心理品质和良好的道德品质。简而言之，个体所有的心理环境作为一种刺激条件，是影响人心理状态的支配因素。因此，学校心理健康教育需要以环境为载体，形成一种优化的教育生态环境并作用于个体，使个体能够建构出一种良好的心理环境，从而提高其心理健康水平。举例来说，学生所感知到的学校氛围就是一种心理环境，它对学生的心理健康会产生不可忽视的影响。研究表明，校长的变革型领导方式有助于形成创新、公正的学校氛围，这种良好的学校氛围可以促进学生的现代性和社会化，使学生能够更加有效地与他人沟通，不断提高和反思自己的能力等。[①] 因此，提高学生的心理健康水平，离不开学校管理改革及校风培育等校园生态环境的建设。

(二) 心理健康教育对德育的贡献

对于学生而言，心理健康主要包括了学习、自我、人际关系和社会适应等几个方面，学校心理健康教育也因此围绕这些内容展开，这对个体道德的形成与发展同样起到了积极作用。

在学习方面，班杜拉的社会学习理论为学校德育提供了良好的借鉴。现代德育过程中不仅广泛运用以其为理论依据的榜样学习法、行为训练法，还出现了一些根据榜样力量、观察学习等提出的新型教学模式。比如，有研究者就提出了以榜样力及感染力为支撑的故事型德育模式。这种德育模式在实践操作层面上将道德认知、道德情感、道德意志、道德行为四个因素融为一体，通过故事中榜样人物的示范作用，以故事的独特感染力、吸引力为外在形式，把社会道德价值自然而然地转化为对象自身愿意接受的个体德行价值，从而提升了德

[①] S. Wang, "School heads' transformational leadership and students' modernity: The multiple mediating effects of school climates," *Asia Pacific Education Review*, 2019, 20, pp. 329-341.

育的效果。① 此外，心理健康教育通过优化学生的学习策略，帮助学生掌握正确的学习方法，使学生形成较强的学习自信心和满足感，同样可以促进学生的道德发展。有研究表明，深度学习方法与道德推理之间存在一定的积极关系，特别是当学生参与旨在整合来自各种来源和不同观点的信息的活动时，其道德推理会得到有效的发展。②

在自我方面，德育或道德教育的起点来源于自我，并最终走向自我教育及自我实现。因此，个体自我意识的发展水平、自我接纳的程度、自我能动性的发挥等，都会对道德教育的效果产生不可忽视的影响。研究表明，在控制了社会出身和智商之后，儿童时期的自我调节情况可以预测他们在 32 岁时犯罪的可能性③，足以见得个体的自我调节能力对德育或道德发展持续且重要的影响。在德育策略上，埃里克森的自我发展理论可以作为学校道德教育开展的另一个重要理论依据。例如，中学生的核心任务就是建立自我"同一性"，这就涉及道德教育中的道德自我认知以及社会道德价值观。结合该阶段自我意识的发展加强思想品德教育，应该激发学生的道德需要，提高道德价值心理认同，提高学生的自我教育能力和道德意志等。④

在人际关系上，师生关系、同伴关系、亲子关系等均会作用于个体的道德或品德的形成。在学校中，学生感知到的教师积极的人际行为是道德学习成果的良好预测指标，会对其诚实、勇敢、宽容等良好品德的发展产生深远的影响。⑤ 需要注意的是，并非所有亲密的同伴关系都有助于个体品德的发展。研究表明，早期青少年的道德推脱水平与朋友的道德推脱水平非常相似，从儿童

---

① 李西顺：《试论故事型德育模式建构》，载《中国教育学刊》，2012(9)。

② M. J. Mayhew, T. A. Seifert, E. T. Pascarella, et al., "Going deep into mechanisms for moral reasoning growth: How deep learning approaches affect moral reasoning development for first-year students," *Research in Higher Education*, 2012, 53, pp. 26-46.

③ T. E. Moffitt, L. Arseneault, D. Belsky, et al., "A gradient of childhood self-control predicts health, wealth, and public safety," *Proceedings of the National Academy of Science*, 2011, 108(7), pp. 2693-2698.

④ 魏会茹、吴宝瑞：《基于中学生自我意识发展特点的思想品德教育策略》，载《学校党建与思想教育》，2011(30)。

⑤ A. Sivan and D. W. K. Chan, "Teacher interpersonal behaviour and secondary students' cognitive, affective and moral outcomes in Hong Kong," *Learning Environments Research*, 2013(16), pp. 23-36.

晚期到青少年早期一年的时间里，青少年道德失衡的变化取决于朋友的道德失衡。[①] 因此，心理健康教育帮助学生正确看待、处理各种人际关系，扩大人际交往的积极影响，避免人际交往可能带来的负面作用，有助于减少学生心理行为问题的发生，使学生道德或品德的发展走向正轨。

在社会适应上，个体所表现出的良好的社会性行为方式，如能够与人开展合作；能够理解他人，对他人的情绪和行为做出恰当的反应；能够明辨是非，做出正确的选择等本身就是社会道德的集中反映，展现了一个人良好的道德或品德。因此，心理健康教育在提高个体社会适应能力方面做出的努力，为道德教育带来了锦上添花的效果。此外，学生的社会情感学习过程和社会情感能力与他们的欺凌行为呈显著的负相关[②]，说明心理健康教育从情绪情感、同理心、价值判断等各个方面入手，帮助学生获得社会情感能力，可以直接有效地降低学生的非道德行为，提升学校德育的针对性与实效性。

(三)德育与心理健康教育的互惠共生

毫无疑问，德育对心理健康教育有着促进作用。德育培养人良好的政治素养、道德品质、法治意识、行为习惯等，有助于个体建构积极、稳定的心理品质。反言之，学生良好的心理健康水平是开展德育工作的基础。在学生道德形成的内化过程中，起决定性作用的就是个体的个性、情感、意志等心理要素。所以，将外在的社会道德内化为个人的品德和行为，不仅需要道德教育的努力，还必须依靠个体心理素质的作用。除此之外，心理健康教育对不同学生个性心理特征的把握，可以成为开展德育的依据，使德育工作更具科学性和针对性。

此外，教育者不能把学生的品德问题和心理行为问题混为一谈。在教育实践中，仅靠德育的实施，学校面临着许多无法解决的实际问题，如近年在青少

---

① S. C. S. Caravita, J. J. Sijtsema, J. A. Rambaran, et al., "Peer influences on moral disengagement in late childhood and early adolescence," *Journal of Youth and Adolescence*, 2014(34), pp. 193-207.

② 杜媛、毛亚庆、杨传利:《社会情感学习对学生欺凌行为的预防机制研究:社会情感能力的中介作用》，载《教育科学研究》，2018(12)。

年群体中高发的抑郁症、焦虑症等，这些都需要心理健康教育的介入。但缺乏科学性的教育有时甚至起到了反作用，引发了更为严重的道德事件及心理行为问题。因此，在新时代新形势下，仍然坚持固有的德育与心理健康教育模式，无法与当前的社会发展及人们的需求相适应。德育与心理健康教育要摆脱困境，需要二者相互补充、相互促进，建立起德育与心理健康教育的基础互动机制、导向互动机制和调节互动机制。[1] 德育工作者应主动更新德育观念，在充分关注学生个别差异、尊重学生主体作用的基础上，借鉴心理辅导、心理援助、心理咨询等模式，通过学生心理素质的培养来提高德育工作的实效性。心理健康教育工作者则应以正确的世界观、人生观、价值观为导向，借助丰富的德育实践活动培养学生良好的心理素质。[2]

四、德育论对心理健康问题研究的展望

综上所述，我们可以发现，无论是在基础研究还是应用研究上，目前研究者对德育论中的心理健康问题已经有了较好的认识和了解。随着国家和政府对德育及心理健康教育的日益重视，德育中的心理健康问题必然会成为日后教育研究领域的热点话题。在未来的研究中，还应注意以下两个问题。

第一，在研究方法上，应加强教育学与心理学相结合的跨学科研究视角，注重定量与定性方法的结合，全面、深入、科学地探索德育领域中的心理健康教育问题。目前，德育论学科中对心理健康问题的研究，更多地沿用了教育学的研究范式，运用逻辑思辨的方法对相关问题进行探讨。不可否认，这种思辨的方法为我们揭示了很多深层次的本体性内容，为其他相关研究的开展打下了坚实的基础，在该领域的研究中起着无法替代的作用。但是，我们同样应该认识到，心理健康问题大多属于心理学的范畴，而基于证据的科学研究历来是心

---

[1] 黄定华：《大学生心理健康教育与德育互动机制研究》，载《湖南社会科学》，2008(2)。
[2] 韩媛媛、陈家麟：《浅析德育与心理健康教育的整合》，载《教育科学研究》，2005(4)。

理学研究所坚持的。因此，实证方法对研究德育领域中的心理健康教育问题是不可或缺的。德育论对心理健康教育问题的研究应该以教育学为导向，在真实的教育场景中收集证据，基于证据本身分析问题、解决问题，并借此进一步推动理论的创新与发展。同时，研究者在开展实证研究的过程中，既要重视调查问卷法、量表法、实验法等心理学研究中常用的定量方法，也要积极采用行动研究法、访谈法、个案研究法等教育学研究中广泛使用的定性方法，做到不同研究方法之间的优势互补，使心理健康教育问题的研究能够真正打破藩篱，走向更加规范、全面与深入的阶段。

第二，在研究内容上应立足于中国国情，有针对性地研究现阶段的心理健康问题，切实提高全体学生的心理健康水平，同时推动我国德育与心理健康教育的共同发展。我国当前社会正处于快速转型期，巨大的社会竞争、快节奏的生活等使得学生的心理健康状况面临着日益严峻的挑战，一些心理行为问题甚至引发了严重的校园霸凌、网络暴力等社会恶性事件。研究者对这些现象不能熟视无睹，要综合各方面情况深入分析问题发生的心理机制，并根据学生的身心发展规律提出相应的举措。例如，针对当前多发的青少年网络暴力事件，研究者应运用系统思维，综合考虑手机成瘾、社会舆论等对当代学生的影响，深入研究事件发生的心理成因，从而建构起防治网络暴力事件的长效机制。此外，当前各级各类学校如何落实心理健康教育，在心理健康课程中如何进行课程目标的设置、课程内容的安排、教材的选择等，仍然需要开展系统性、有针对性和实效性的研究。同时，对于心理健康问题的探讨，不仅要关注个体层面的健康与幸福，还应该从更加宏观的视角去关注社会心态的培育，这也是该领域今后的研究方向。

第十三章

———————

教育心理学对心理健康问题的研究

作为一门连接心理学与教育学的桥梁科学，教育心理学的研究对象包括学生和教师在学习与教学过程中的心理现象与心理规律及其交互作用关系。心理健康问题则是个体发展的一个侧面，具体到学校教育背景下，则主要涉及个体对教师和学生两个角色的良好适应状态，相应地，心理健康教育则是心理学与教育学在基础研究和应用研究上交叉融合的产物①，其本质目的则在于促进受教育者身心和谐可持续发展。这里，基于教育心理学的跨学科性质，系统梳理以往教育心理学家们对心理健康问题的研究，从碎片化的研究成果中，整合该领域对于心理健康教育的共识，以期为教育学、心理学和教育心理学的理论研究者与教育实践者提供研究和应用参考。

一、教育心理学对心理健康问题的研究概况

教育心理学自诞生伊始即对心理健康问题有所关注。20 世纪初，在这门科学的奠基之作《教育心理学》中，桑代克集中探讨了特殊儿童的心理健康问题，内容上包括特殊儿童的心理缺陷、道德缺陷等，在研究方法上则极为强调客观的精确测量。② 之后，在其三卷本的《教育心理学》及其简编中，桑代克进一步对心理疲劳等心理卫生问题进行了专门论述，且视角更为积极全面，认为"心理

———————

① 俞国良：《心理健康教育学：心理学与教育学的交叉融合研究》，载《教育研究》，2018，50(9)。
② E. L. Thorndike, *Educational Psychology*, Press of the new era printing company, 1903.

卫生的实质是：提高效率靠兴趣，维护健康靠睡眠"①。我国学者廖世承于 1924
年出版的我国第一本自编《教育心理学》教科书，即对桑代克等人的著作有所借
鉴。起初，国内教育心理学对于心理健康问题的关注点除疲劳、休息、睡眠等
精神作业之外，也包括妄想等一些心理病态和意识障碍②，集中于特殊学生的
教育和教师的心理疲劳等病理取向，对于研究方法则未见专门强调。

　　随着改革开放之后我国心理健康教育起步，教育心理学对心理健康问题的关
注更加多元化。根据我们对 2000 年来国内外 16 本教育心理学相关著作统计，如
表 13-1 所示，21 世纪以来教育心理学对心理健康问题的研究在主题上总体呈现三
大特点：一是比重较低，在各种教育心理学研究主题中，心理健康教育相关内容
所占比重约为 16.3%，涉及学生的个体差异、道德发展、群体差异、学习的生态
环境、特殊学生、学习中态度与品德的学习、学习障碍和品德不良的矫正、教学
中的职业倦怠和教师的心理卫生与健康，以及学生心理健康教育等；二是以病理
取向为主，更多关注存在于各类主题中的心理健康风险因素；三是国内外研究主
题略有差异，主要体现在品德学习和教师心理健康两大主题上，国内学者倾向于
单独命题，而国外更倾向于将这两点融于教育心理学总体中，如将道德相关问题
统一放入道德发展中来讨论，教师心理健康问题则融会贯通于各主题中。一方面，
这应归因于中西方对心理健康教育的定位存在差别，在我国心理健康教育归属于
德育范畴之下；另一方面，国外教材更注重教师体验，从学生、学习和教学等方
面来解读对教师心理健康产生影响的各种保护和风险因素及其应对策略，且注重
教师在期望、归因、决策等方面对学生学习的积极心理作用。

表 13-1　2000 年来国内外教育心理学相关教材研究主题

类别	主题	国内	国外	总数	类别	主题	国内	国外	总数
学习	动机	8	4	12	学习	程序性知识的学习	3		3

---

① E. L. Thorndike, *Educational Psychology*：*Brief Course*, Teacher's College, Columbia University, 1922,
p. 330.
② 朱兆萃：《教育心理学 ABC》，201～220 页，北京，知识产权出版社，2017。

续表

类别	主题	国内	国外	总数	类别	主题	国内	国外	总数
学习	认知主义理论	7	4	11	学习	陈述性知识的学习	3		3
学习	高级认知过程	7	4	11	学习	学习与脑	2	1	3
学生	个体差异	6	4	10	学生	心理发展	2	1	3
学生	认知发展	5	4	9	学生	语言发展	1	2	3
学习	行为主义理论	6	3	9	教学	职业倦怠	2		2
学习	学习策略	5	2	7	教学	教师威信与师爱	2		2
学生	个人发展	3	4	7	教学	教师教育的心理学研究	2		2
学生	道德发展	3	4	7	学习	技能的学习	2		2
学习	测量与评价	3	4	7	学生	自我概念和同一性	1	1	2
教学	教学设计	7		7	学习	认知与脑	1	1	2
学习	建构主义理论	5	2	7	学习	社会认知理论		2	2
学习	知识的学习	6		6	学生	性别发展		2	2
学习	学习的分类	6		6	教师	教师心理卫生与健康	2		2
学生	社会性发展	2	4	6	教师	教师心理学		1	1
教师	教师角色	6		6	学习	自我调节学习	1		1
教师	职业发展	4	2	6	教师	专业品质	1		1
学习	学习的定义	5		5	学习	学习障碍	1		1
教学	课堂管理	4	1	5	学习	社会学习理论	1		1
教学	教学策略	3	2	5	教师	教师人际关系	1		1
教学	教学与课堂环境	2	2	4	学习	品德不良的矫正	1		1
学生	发展的生态环境	2	2	4	其他	开放的学习与教育	1		1
教师	职业素质	4		4	其他	概念学习与教学	1		1
学习	态度与品德学习	4		4	其他	班级管理	1		1
教学	教学论	2	2	4	学习	学习科学：神经科学		1	1
学生	特殊学生		3	3	教学	思维教学		1	1
学生	群体差异		3	3	学生	生理发展		1	1
教师	职业心理	3		3	教学	课堂教学		1	1

续表

类别	主题	国内	国外	总数	类别	主题	国内	国外	总数
学习	知识的定义	3		3	教师	教师期望与归因		1	1
学习	人本主义理论	3		3	教师	教师决策		1	1
学习	联结主义	3		3	教师	高效教师的特征		1	1
其他	学生心理健康教育	3		3	学生	发展需求		1	1
学习	动作技能的学习	3		3	学生	发展的社会环境		1	1

对国内外学术期刊上发表的论文主题进行统计，与上述教材中体现病理取向的特点相一致，但逐渐呈现出新趋势，这表明教育心理学家们看待心理健康教育问题的视角更为积极、整体化。近20年来，教育心理学对心理健康问题的研究主题涉及学生的生理、心理和社会性发展等方面的失常与障碍，以及在相关教学过程中教师面临的心理疲劳问题。然而，随着积极心理学的兴起，研究者关注的视角开始转向师生的"幸福"，根据学者道奇（Dodge）等人的观点，个体的心理发展是其在生理、心理和社会挑战与资源之间的动态平衡①，如果我们以一种动态发展的状态来理解教育活动中个体的心理健康，那么，教育活动中的每个个体的心理健康则始终处于生理、心理和社会资源等积极保护因素与失常、压力等消极风险因素的角力之中，幸福可以被看作个体资源超越挑战的积极完好状态，而心理障碍则是个体所面临的健康风险大于资源保护时所处的消极问题状态。如表13-2所示，教育心理学研究对于心理健康教育的根本作用在于通过对教育活动中所存在的保护因素与风险因素的研究，使教育者和受教育者了解其中的规律，掌握平衡的方法，从而促进教育活动中各主体的积极健康发展。

---

① R. Dodge, A. P. Daly, J. Huyton, et al., "The challenge of defining wellbeing," *International journal of wellbeing*, 2012, 2(3), pp. 222-235.

表 13-2　教育心理学中心理健康问题研究的常见主题

教育\心理健康		学生		
		生理	心理	社会
学生	风险因素	家庭遗传：生理与心理疾病		特殊群体
		个体差异：身体残疾、年龄阶段、超常和天才儿童	心理危机：自杀	攻击和回避行为
		负性生活事件	情绪失常：痛苦、抑郁、焦虑、害怕、羞怯、自卑、孤独感	网络欺负
		药物滥用	品德不良	网络成瘾
	保护因素	良好行为习惯	个体性格优势、积极乐观心态、心理弹性/心理韧性/抗逆力、共情	积极教养方式
			安全感、信任感、幸福感	积极社会支持
学习	风险因素	学习困难与智力障碍		歧视、偏见、刻板印象威胁
		/	学习压力与学业拖延	双语与跨文化环境
			学业倦怠、学习焦虑、习得性无助	/
	保护因素	/	日常性学业弹性	学业求助
			元认知：问题解决，自我效能感	积极的师生关系
			动机：成就目标定向	差异化教学
			情感：情绪自我调节	全纳课堂
教师	风险因素	/	职业倦怠	职业压力
	保护因素	/	职业发展：职业素养、胜任力、工作满意度、幸福感、教学效能感、职业心理弹性	合作伙伴关系

二、学习活动中的心理健康问题研究：现状、表现及成因分析

学习是一百多年来教育心理学理论与实证研究始终关注的核心[①]，而指导—学习—评价的循环则是教育心理学研究的核心体系[②]，即从对学习者的教导到学习的发生，再到对学习发生的认知过程和学习结果的评价，并进一步以评价来优化对学习的指导，循环发展。在本质上，学习是一种因经验发生的改变，促进学习者在这一循环发展过程中发生潜在的积极改变，是相关心理健康问题研究的核心。以往学习中的心理健康问题主要表现为学习者个体差异及其教学的问题、学习过程中的障碍问题，以及学习评价带来的焦虑、刻板印象威胁等问题。这些问题的成因既包括先天性遗传因素，也包括后天经验环境因素，如个体在认知、元认知、动机和情感等方面的可塑性，以及家庭、学校和社会环境。

学习者个体差异造成的心理问题。身心障碍所造成的个体学习差异最为显著且普遍，我国 2006 年大陆地区残疾人占全国总人口的比例为 6.34%[③]，而 2013 年度全国 6~14 岁残疾儿童接受义务教育的比例为 72.7%[④]，在 6~17 岁残疾儿童就读学校类型中，普通小学比重为 59.6%，普通中学为 24.7%，普通高中为 4.1%，普通中等职业学校为 2.3%，其他特殊学校和特教班级为 9.3%。相比之下，2008—2009 年美国具有特殊学习障碍的学生在普通班级中接受教学占 40% 以上的学生比例为 90%，有其他各类语言、智力、情绪等障碍的学生所

---

① P. A. Alexander, "Past as prologue: Educational psychology's legacy and progeny," *Journal of Educational Psychology*, 2018, 110(2), pp. 147-162.

② R. E. Mayer, "Educational psychology's past and future contributions to the science of learning, science of instruction, and science of assessment," *Journal of Educational Psychology*, 2018, 110(2), pp. 174-179.

③ 第二次全国残疾人抽样调查领导小组、中华人民共和国国家统计局：《2006 年第二次全国残疾人抽样调查主要数据公报》，http://www.gov.cn/ztzl/gacjr/content_ 459223. htm, 2020-05-26。

④ 中国残联：《2013 年度中国残疾人状况及小康进程监测报告》，http://www.cdpf.org.cn/sjzx/jcbg/201408/t20140812_ 411000. shtml, 2014-08-20。

占比例也在 47%~92%。① 存在严重身心障碍的学生给教师的教学带来极大的挑战，对这部分学习者心理健康特点的了解有助于教育者为其提供更好的发展条件。

由学习者的身心障碍所造成的学习问题主要表现为发展性障碍，即在发育期间，由生理或心理原因所造成的显著的、长期的发展迟缓，并导致智力、学习、语言和情绪行为等功能受限。国际上对于特定科目中学习心理问题的关注始于 20 世纪中后期，包括阅读、写作、数学、科学、历史和第二外语等科目学习中存在的心理问题及其规律，如发展性阅读障碍、深层失读症、失语症、失写症、数学困难等。儿童青少年阶段高发性发展障碍包括发展性阅读障碍（developmental dyslexia）、发展性计算障碍（developmental dyscalculia）、注意缺陷多动障碍（attention deficit hyperactivity disorder，ADHD）及孤独症谱系障碍（autism spectrum disorders，ASD）。据统计，我国前三种障碍的学龄儿童患者均上千万，而保守估计，我国有孤独症儿童 150 万。② 其中，注意缺陷多动障碍和孤独症谱系障碍则是两类有着脑神经基础的广泛性发育障碍，前者症状通常出现在 12 岁左右，在学习行为上的核心特征是持续性地缺乏专注力，容易分心；后者常起病于婴幼儿时期，包括社会交往障碍和行为活动的刻板重复两大核心症状。

学习障碍的学生在学习上的消极外在表现包括低学业成就和学业行为问题，以及由此产生的内在心理健康问题，如自卑、刻板印象威胁、考试焦虑等。在成因上，认知神经科学，如脑成像技术的发展，使教育者及研究者了解到学习障碍学生在脑结构发育特点、脑激活、脑网络连接异常，发展缺陷与脑功能损伤的关系，以及年龄、性别、障碍程度及教育方式等因素对其学习能力的调节作用，为通过教育手段进行障碍干预和脑功能改善机制等奠定了基础。以发展性阅读障碍为例，作为一种多基因遗传认知功能缺陷，它对学习者的消极影响

---

① ［美］安妮塔·伍尔福克：《伍尔福克教育心理学》第 12 版，伍新春、张军、季娇译，122 页，北京，中国人民大学出版社，2015。

② 丁颖、李燕芳、邹雨晨：《发展性障碍儿童的脑发育特点及干预》，载《心理科学进展》，2015，23（8）。

主要表现为在精确的、流畅的单词识别上存在典型的困难，也表现出较差的拼读技能和解码能力。在类型上，主要分为字母和非字母文字类发展性阅读障碍，如汉语发展性阅读障碍和英语发展性阅读障碍。发展性阅读障碍的成因包括语言因素，如语言缺陷及其相关认知能力发展，以及基因和脑功能机制等非语言因素，如阅读障碍者的遗传关联、脑区连接及视觉空间注意加工能力等。[1]

发展性计算障碍亦被称为非语言学习障碍综合征（nonverbal learning disability syndrome），指个体有着正常的智力、教育机会和社会背景，但在数概念理解、计算事实提取及计算程序执行等方面存在严重困难。这一障碍会给学习者带来数学学习困难，影响着 3.5% ~ 13.8% 的正常智力的学龄儿童。[2] 教育心理学对发展性计算障碍儿童的研究多集中在数认知研究方面。与普通儿童相比，发展性计算障碍儿童存在三大特点：一是数字加工速度慢，即提取数字语音及理解数量意义的速度较慢，所需投入的努力更多；二是数数执行速度慢、对数数原则的无关特征理解差；三是简单计算事实提取困难与计算程序执行困难。产生计算性发展障碍的原因包括一般认知加工障碍，如工作记忆缺陷、语言困难，以及数字加工模块障碍。[3]

发展性障碍不仅直接造成学习者的认知问题，也会带来情绪问题，对认知活动产生交互影响。这种影响表现在教学或学习过程中即为学业情绪，包括学生在课堂学习活动中和完成作业过程中以及考试期间的情绪体验，且与学生的成就动机、归因、自我效能感有着密切的联系，影响其身心健康发展。[4] 以焦虑为例，作为一种日常性情绪体验，焦虑在进化上对个体适应环境具有重要意义，适度的焦虑可以增强个体的生理唤醒水平，增强个体在简单问题解决任务中的表现，但也会带来一些身心不适，如肌肉紧张、失眠、耐心减退、兴奋易怒等问题，高焦虑者则会出现强烈的不确定感和不可控制感，对环境中的威胁

---

[1]　王正科、孙乐勇、简洁等：《英语发展性阅读障碍的训练程序》，载《心理科学进展》，2007，15(5)。
[2]　杨伟星、张堂正、李红霞等：《数学困难儿童估算策略运用的中央执行负荷效应》，载《心理学报》，2018，50(5)。
[3]　刘颂：《发展性计算障碍儿童的数认知》，载《心理科学进展》，2008，16(3)。
[4]　俞国良、董妍：《学业情绪研究及其对学生发展的意义》，载《教育研究》，2005，26(10)。

相关信息投入更多的注意资源，同时倾向于将模糊信息解释为危险信息；在外在行为表现上，焦虑会促使个体回避潜在的威胁相关刺激，或者选择拖延而不采取能引发焦虑的行动。① 这些生理、心理与外在行为表现影响着学习者的注意、记忆和执行等认知功能，甚至进而削弱其在学习中的决策能力和学习活动的执行能力。大脑中控制情绪和情绪记忆的杏仁核与前额叶回路被认为是调节焦虑水平的生理基础，广泛性焦虑症则有着约 32% 的遗传率。

三、学校和课堂中的心理健康教育促进

发展性障碍所造成的学业挫折、挑战和困难，甚至附加的歧视、偏见和刻板印象威胁对于学生来说是日常性的，甚至是长期的，易给学生造成极大压力，产生学业拖延、倦怠、焦虑、习得性无助甚至辍学等一系列消极的心理与行为问题。虽然部分学者曾以个案或班级短期教育干预的形式对学习困难儿童进行过研究，但大规模地将教育心理学应用于心理健康教育的实证研究和干预实验还很少，干预的内容、方式都比较单一，所得结论的适用性还有待进一步验证。伴随着教育心理学对心理健康教育问题研究的积极、整体化趋势，学校和课堂中的心理健康教育促进研究也表现出积极整体取向的特点。

在个体的应对策略上，学业弹性(academic resilience)研究从积极视角出发，关注存在障碍的学生对于学习挫折的积极适应能力。该研究方向基于二十世纪七八十年代兴起的心理弹性研究。心理弹性亦被称为心理韧性、抗逆力，最初用以解释有些个体长期处于高风险环境中，却未被打击压垮，依然茁壮成长，心理功能未受到所经历的逆境损伤，甚至表现出愈挫弥坚的心理发展现象。日常性学业弹性则在此基础上，扩展至对全体学生面对学业压力和挫折时的应对特点与机制研究，如有学者提出日常性动机弹性和易感性的作用模型，以学生面对日常性学业困难和挑战时的学习投入为起点，将学生面对日常性学业困难

---

① 古若雷、徐鹏飞、徐蕊等：《焦虑情绪对奖赏学习的影响》，载《心理科学进展》，2016，24(4)。

和挑战时的适应性应对方式作为关键路径，以学生经历日常性学业困难和挑战后的学习再投入（表现为坚持性）为终点，形成了一个学习投入—应对—再投入的整合系统。日常性学业弹性高的学生往往学习投入水平较高，倾向于采取适应性的应对策略，并表现出较高的学习坚持性。外在环境因素，如温暖的、卷入的和支持性的师生、亲子与同伴等社会关系则有助于提升学生的日常性学业弹性。[①]

在学校和社会性的应对策略上，以往学者大多关注差异化教学和全纳课堂等有针对性的解决方案，除此之外，基于学校和课堂整体的实证研究模式正在兴起。这一研究模式的特征是以学校和课堂的心理健康促进项目为基础，构建合作伙伴关系，学校全体成员和大学里的研究者共同合作解决双方所关切的学生学习及相关幸福与健康问题。它不同于最初桑代克对于有控制的实验室研究的偏好，而把实验的场地直接搬到动态发生的校园和课堂中，采用教育试点与干预的形式，这样的方式更具生态效度。全校性体系架构提供的目标干预策略则通过创建有利于学习的支持性的校园环境来促进所有青少年心理健康和幸福，有助于学校建立一种关怀和支持性的环境，以培养教师对于学生提升心理健康的自我效能感和胜任力的方式，帮助学生发展出与同伴和社区的积极关系，且有针对性地满足学生因个体差异造成的特殊心理健康需求。

例如，针对学习中的心理发展能力的改善，美国于 1982 年开始实施"自我管理策略发展项目"（Self-Regulated Strategy Development，SRSD）学习干预项目[②]，适用于从 2 年级到 12 年级个别、小组或者整个班级场景的学生。该项目通过一个包含 6 个步骤的程序来教授学生特定的专业学习策略和自我管理技能来提升学生的学业技能，包括教师提供背景知识，与学生讨论这些策略，示范这些策略，帮助学生记忆这些策略，为学生运用策略提供支持，然后在学生独

---

① 赵凤青、俞国良：《日常性学业弹性：日常学业压力下的积极适应机制》，载《心理科学进展》，2018，26（6）。

② K. R. Harris，S. Graham，L. H. Mason，"Improving the writing, knowledge, and motivation of struggling young writers：Effects of self-regulated strategy development with and without peer support，" *American educational research journal*，2006，43（2），pp. 295-340.

立执行这些策略时对他们进行观察。这些步骤可以根据学生的需要加以合并、更改、重新排序或者重复，其关键在于培养学生独立运用自我管理技能，如目标设置和自我监控。

在情绪健康促进方面，澳大利亚于1997年开始设计实施国家性的心理健康促进项目（MindMatters），以促进社会情绪能力学习及健康。该项目为澳大利亚学校的心理健康提升提供了一个框架、指导和支持来帮助学校建立自己的心理健康策略以适应自身独特的环境，并为学校员工提供混合专业学习环境。其目标是促进全校性手段的提升以促进心理健康的实践典范，开发心理健康教育资源、课程和专业发展项目，以广泛适用于学校、学生和学习领域；试行心理健康指导纲要和自杀预防，以鼓励学校、家长和社区支持机构之间的合作发展，来提升青少年的精神幸福。在方法上，由学者和健康教育专家团队与心理健康专业咨询团队合作，从澳大利亚各州和地区的教育系统抽取24个中学作为试点，之后在全国推广。[①] 在此基础上，澳大利亚政府又发起了分别针对幼儿、小学生社会情绪能力发展和心理健康的项目（KidsMatter系列）、针对职前教育者的项目（Response Ability），以及自杀防御与安抚的学校联盟项目（Headspace School Support）。2017年，以Be You倡议取代MindMatters系列，整合最新的幸福和心理健康内容、资源和工具来将学习化为行动，以促进最新的以证据为基础的在线专业学习。这些基于教育心理学研究成果的学校和课堂心理健康促进项目集合教育心理学家、学校领导者、一线教师和学生，使理论研究与教学实践在实证研究中相互促进。

四、教育心理学对心理健康问题研究的展望

心理学与教育学在基础研究和应用研究上的交叉融合研究应时代的需要而

---

① J. Wyn, H. Cahill, R. Holdsworth, et al., "MindMatters, a whole-school approach promoting mental health and wellbeing,"*Australian & New Zealand Journal of Psychiatry*, 2000, 34(4), pp. 594-601.

生，时代不同，心理健康问题不同，教育心理学对其研究的方法和内容也在相应变化。在研究方法上，实证研究既是数百年来教育心理学研究的信念，也是其对心理健康教育问题研究的发展趋势和核心价值，即通过研究解决问题，通过问题的解决促进理论的进步；既要开展以证据为基础的研究，也要开展以证据为基础的教育政策制定与教学实践。这必然要求在未来的教育干预上，各利益相关者共同努力，整合相关研究与实践资源，使研究者从实验室走向教育现场，使研究成果应用于校园和课堂，落实到学生的健康和幸福发展上，推进国内教育心理学的实证研究。同时，伴随着虚拟世界及虚拟现实世界对学生学习过程和内容的影响，以及智能终端和可穿戴设备的发展，研究的应用离不开高科技工具设备的开发，以促进学生个性化的学习和评价。

关于教育心理学对心理健康问题的研究，未来的研究趋势表现为以下几方面。一是研究的对象和内容从问题儿童转向全体学生，包括处于多元民族、文化、语言学习背景之下的学生；从教师的心理疲劳、倦怠转向心理健康的促进；由个体的障碍研究转向优势研究。二是形成指导—学习—评价的正向循环，既关注学习的过程和结果，也关注相应的指导和评价。这要求教育心理学的研究者和实践者们树立为心理健康而教的理念，将教育心理学的相关成果落实到教师职前和在职教育中，加强对教师心理健康教育胜任信心和能力的培养，并为其工作的胜任提供实证研究基础及社会资源。归根结底，学生的心理健康教育需求得到满足的前提，是一线教育工作者们能够看见这些需求，并具备满足这些需求的能力和资源。

第十四章

———

比较教育学对心理健康问题的研究

比较教育学采用比较的方法，以国内外教育思想、教育制度和教育实践为研究对象，展开对教育理念、教育目标、教育内容、教育方式、教育对策等内容的比较研究。这些内容为心理健康问题的研究提供了重要的理论基础和现实价值，同时，心理健康问题的研究也促进了比较教育学教育理论和实践的科学化发展。

一、比较教育学对心理健康教育理念、教育目标的研究

比较教育学在教育理念上注重对人潜在的自然本性和力量的开发，以人的健康发展为价值诉求，形成了自然主义、进步主义、人本主义等经典教育理念和"素养导向""创新导向""跨学科导向"等现代教育理念。在经典教育理念中秉承自然主义的教育家们认为，只有遵循自然法则和自然本性的教育，才能唤起学生快乐和积极的情绪，进而有效地促进学生的心理健康水平。进步教育运动则强调"儿童中心""活动中心""经验中心"，在尊重儿童的前提下，更注重通过开展活动促进儿童直接经验的发展。在此理论引导下，众多教育实验活动得以开展，如帕克的"昆西教学法"、杜威的"芝加哥实验学校"等，这些教育实践为心理健康教育奠定了实证基础。人本主义则以意识经验为出发点，主要研究人格发展与社会生活的关系，重视人的目的性、创造性和自身价值，主张促进人的健康成长和潜能的实现，强调个体的情感对学习的重要性以及思维、行为和情感三者之间的联系。

时至今日，国内外研究者在教育理念上仍将心理健康视为人才培养的重要组成部分，除关注学生自然本性和力量的发挥外，更是结合时代对人才的需求，提出了"素养导向""创新导向""跨学科导向""全球胜任力"等现代化教育理念。20世纪80年代以来，我国大力倡导素质教育，在教育过程中关注学生的身心健康，努力提升学生的综合素质，促进学生全面发展，以实现"以育人为本"的教育愿景。① 美国、英国、德国等西方发达国家在20世纪中叶就明确提出"创新人才"的教育理念，意在强调对个体潜能的开发，培养具有创新意识、创新精神、创新思维和创新能力的人才。进一步地，澳大利亚、芬兰等国家以STEM教育、创客教育为契机，提出"跨学科"人才培养理念，作为培养学生发散思维、聚合思维和问题解决能力、社会适应能力的重要手段。

教育理念是教育目标的指引和方向，教育目标是教育理念的具体化内容。基于上述教育理念，比较教育学秉持身心和谐发展、个性全面发展、健全发展的教育目标。其中，身心和谐发展是古今中外教育价值的终极诉求，意谓身体和精神的和谐发展，心理潜能充分开发，心理素质全面提升。这种教育目标确定了身体健康和心理健康在人才培养中同等重要的地位。例如，杨贤江把"完成的人"作为目标，主张对青年进行"全人生指导"；蔡元培则提倡实施"五育并举"，养成"健全人格"的教育方针。个性全面发展的教育目标强调教育要尊重儿童青少年的个性、兴趣，突显个体潜能和人格价值。文艺复兴、新人文主义、现代人文主义分别从"快乐教育""人格陶冶""人的价值和尊严"等角度，全面论述了个性全面发展的心理功能和价值。杜威的"教育无目的论"也是个性全面发展教育目标的佐证之一，他反对成人将外在的道德标准灌输给儿童，主张教育的过程就是儿童能力的自然生长，反对体罚和灌输，提倡尊重儿童的自然天性，强调"教育即生长"。

无论是身心和谐还是个性全面发展，都体现了将人的心理健康与教育目标相结合的价值诉求，这种价值诉求一直延续至今。21世纪以来，素养导向下的

①　杨兆山、时益之：《素质教育的政策演变与理论探索》，载《教育研究》，2018，39(12)。

"健全发展的人"成为全球教育目标发展的重要趋势。有研究对经济合作发展组织(OECD)、欧盟等国际组织和美国、新加坡、俄罗斯等国家的教育目标进行了分析，结果表明，各个国家和组织都高度重视 21 世纪人才培养的七大目标，即"具备沟通与合作能力、信息素养、创造性与问题解决能力、自我认识与自我控制能力、批判性思维、学会学习与终身学习技能、具备公民责任与社会责任"。这体现了对个体成长、人的幸福感受和健康的重视。①

毫无疑问，比较教育学对教育理念和教育目标的研究不仅注重学生的自然本性与潜能的发展，强调学生自身价值的实现，还与新时代对人才培养提出的"综合素养""问题解决能力""社会适应能力"等新要求相结合，这与心理健康教育所秉承的开发个体的心理潜能，提高个体的自我意识和社会适应能力的理念与目标不谋而合。因此，心理健康教育也应以了解学生的个性和天赋发展为前提，尊重学生的身心发展规律和个体差异性，有针对性地对学生实施心理健康教育。并且，还应在教育理念上兼顾学生的身体和心理综合素质提升，注重学生当下的生活和未来社会技能的发展，以提升学生未来生活的幸福感。

二、比较教育学对心理健康教育内容、教育方式的研究

比较教育学对心理健康教育内容的关注包括道德教育和主题教育等方面。关于道德教育，中外教育家普遍认为，道德健康对个体心理健康具有重要促进作用，良好的道德行为能够增进个体的积极情绪体验及与他人和社会的自觉融合，使学生实现态度、情感和行为的一致性变化，而良好的道德品质促进了个体的生命成长和个体幸福感，进而提升了心理健康水平。

在道德教育的内容方面，我国古代教育家坚持将"六艺"作为道德教育的主要内容。"六艺"是孔子道德教育思想的重要内容，其中，"礼"是六艺教育的核

---

① 师曼、刘晟、刘霞等：《21世纪核心素养的框架及要素研究》，载《华东师范大学学报(教育科学版)》，2016，34(3)。

心，主要包括道德、礼仪规范等；"乐"是作为陶冶人的情感、促使人获得精神的满足以养成内心优秀品质的一种手段；"射"与舞蹈、诗歌相配合，使人产生一种美感；"御"旨在培养学生谦让的美德。"六艺"囊括了品德、审美、情操、文化知识等多方面的内容，以培养德才兼备、文质彬彬的全人。相较于中国古代教育家而言，西方教育家则将"内心自由、完善、仁慈、公平、正义"五种品质作为道德教育的主要内容，突出强调通过对真善美的认识和自我意志力的提升，来培养符合社会道德规范的个体。这与心理健康教育的内容有重叠之处。

同时，国外学校教育中专门设置了提升学生心理健康水平的主题教育内容。例如，美国开设"品格教育"（character education，CE）和"社会情绪学习"（social-emotional learning，SEL）课程，将"关怀、人际关系和社会情感"等主题融入学校教育内容中，以促进学生良好品格和价值观的形成。[①] 20 世纪 80 年代兴起于英国的 PSHE（personal，social，health and economic，PSHE）教育形成了"基于健康与幸福""人际关系""更广阔世界生活"三个核心主题的教育内容，旨在培养学生的责任心、自信心和社会适应能力，帮助学生形成良好的生活方式，与他人建立良好的人际关系，促进学生心理健康发展。[②] PSHE 教育对学生的重要价值体现在两个方面：一是帮助学生更好地管理自己现在和未来的生活；二是培养学生作为个体、家庭和社会成员健康成长所需要的素养与品质。

可见，比较教育学对心理健康教育内容的研究，既兼顾经典道德教育中的精髓，又结合当今社会发展的需求，在课程中设置促进学生心理健康的品格教育和社会情感等内容，为心理健康教育从学科教学入手，渗透式地进行心理健康教育奠定了基础。心理健康教育还应从贴近学生生活的主题教育入手，宣传和普及正确的心理健康知识，营造良好的心理健康教育氛围，使学生在校园内潜移默化地接受心理健康教育。

毫无疑问，教育方式是贯彻教育理念、落实教育内容的重要手段，良好的

---

① C. Jonathan, "Social, emotional, ethical, and academic education: Creating a climate for learning, participation in democracy, and well-being," *Harvard Educational Review*, 2006, 76(2), pp. 201-237.

② T. Brown, "Taking the PSHE out of the national curriculum," *Health Education*, 94(5), pp. 19-21.

教育方式有利于提高学生的心理健康水平。比较教育学对心理健康教育的贡献集中在对"非指导性教学""发现教学法"等教育方式的探讨上。罗杰斯的"非指导性教学",重视以学生为中心,以情感为基调,以个体自我实现为目的的"意义教学";强调通过有意义的而非机械的学习,使学生在学习过程中达到态度、行为和情感的变化;而布鲁纳的"发现教学法"则强调利用学生的好奇心(内在动机),激发学生在学习过程中的主动性,以促进学生对知识的理解和创造性思维的发展。以上两种教育方式对心理健康教育更加直接的贡献在于,提倡"活动、体验、探索、合作"的教学形式。

首先,"活动"教学作为儿童获取直接经验的一种方式,对促进儿童的主动性、认同感和人际关系的发展较为有效。研究者大卫(David)等人对高中生的活动效果进行了评估,发现"信仰和服务"活动(faith-based and service activities)、"学术和领导力"活动(academic and leadership activities)、"行为和艺术"活动(performance activities)、"社区组织和职业俱乐部"(community organizations and vocational clubs)活动以及"运动"五种学校活动类型在促进学生的自我概念、认知、情感、身体机能、人际关系等方面卓有成效。[①] 另有研究表明,参加不同的艺术活动有利于增强学生的归属感与身份认同,提高自信和自尊水平,从而促进良好关系的建立。例如,戏剧表演教学活动通过为学生设立"相互尊重""信任""宽容"的环境,来缓解学生紧张和痛苦等心理状况,提高了学生的心理健康水平。[②]

其次,"体验"教学注重在教学过程中引入或创设与教学内容相适应的具体场景和氛围,使学生通过积极体验,达到认知过程、情感过程和行为过程三者之间的有机统一。经典的教育理论较为重视儿童在学习过程中的直接经验,如杜威的"儿童活动中心",克伯屈的"设计教学法",陈鹤琴的"做中学、做中教、

---

① C. Nan and X. Guo, "Analysis of the application of a happy leaning method in, college English classroom teaching," *International Journal of Technology Management*, 2014, (4), pp.11-13.

② D. M. Hansen, R. W. Larson, and J. B. Dworkin, "What adolescents learn in organized youth activities: A survey of self-reported developmental and experiences," *Journal of Research on Adolescence*, 2003, 13(1), pp.25-55.

做中求进步"，陶行知的"教学做合一"，等等。"体验"教学在促进学生心理健康方面的有效性也受到普遍关注。有研究表明，"自然浸泡式"教学方式（immerse nature-experience）将教学场所转移至自然情景中，设置了诸如"户外拓展训练"（outdoor bound）、"探险娱乐"（adventure recreation）、"森林学校"（forest school）等课外活动，使学生在与大自然的直接接触中达成教育目标，有利于提升学生的自尊和自我效能感、提升心理弹性和问题解决能力。①

最后，"探究"和"合作"教学通过"提出问题、做出假设、收集数据、解释数据、交流和改进"等步骤激发学生的学习动机，是提升学生成长主动性和人际交往能力的重要手段。在探究过程中，教师设置情境并提出问题，学生通过观察、对话、讨论、合作等方式，实现自身观察能力、逻辑推理能力、想象力、问题解决能力和创新思维能力的提升，在这个过程中，学生的主动性、积极性得到了很好的发挥。② 学生通过与同伴交流和相互帮助，获得人际交往能力的提升。同时，合作学习可以促进学生的自我理解、团队合作和人际交往、积极互动等能力的发展，对学生的社会生活十分重要。研究表明，合作学习通过学生之间的相互帮助和支持，有利于帮助学生提高自信、自尊和减少羞怯，培养沟通技能，提高角色能力，从而获得更好的自我认知。③

综上所述，比较教育学领域中各种教学方式运用的共性，都在于通过设置具体情境、唤起学生的心理体验来促成同伴间的交流与合作，促进学生学习的迁移，有效提高了学生学习的主动性和积极性，有利于促进学生个体成长和社会交往能力的发展。心理健康教育则是强调人的内在价值，涉足三观体系的心灵深处高层次的情感交流过程，心理健康教育在课堂上的开展和实施可以以"非

---

① C. Rousseau, C. Beauregard, K. Daignault, et al., "A cluster randomized-controlled trial of a classroom-based drama workshop program to improve mental health outcomes among immigrant and refugee youth in special classes," *PLoS ONE*, 2014, 9(8), pp. 1-9.

② L. Mygind, E. Kjeldsted, R. Hartmeyer, et al., "Mental, physical and social health benefits of immersive nature-experience for children and adolescents: A systematic review and quality assessment of the evidence," *Health & place*, 2019, 58, pp. 1-19.

③ L. S. Ibler, "Improving higher order thinking in special education students through cooperative learning and social skills development," *Cognitive Development*, 1997, 5, pp. 1-103.

指导性教学""发现教学"为核心，以"活动、体验、探究、合作"等形式为载体，通过心灵对接、思想碰撞、观念置换等心理技术，将心理健康知识体系内化为学生的内在经验，以促进学生"知、情、意、行"等心理素质的全面发展。

三、比较教育学对心理健康影响因素、教育对策的研究

人的发展受多种因素的影响，这是心理健康问题研究的重要视角。早在古希腊时期，亚里士多德首次完整论述了"天性""习惯""理性"三因素理论对人身心发展的影响。在此基础上，卢梭则把教育分为"自然、事物和人为"的教育，这些都成为后世关于"遗传、环境和教育"三因素理论的雏形。除了经典教育理论对学生的心理健康因素具有影响外，在当今社会中，学业和学校等因素也对儿童青少年的心理健康产生影响。

学业因素是影响儿童青少年心理健康的首要因素。研究表明，学业压力、付出—回报失衡、社会不良情绪等会增加学生心理问题发生的概率，从而影响学生的心理健康。[①] 美国300所大学的咨询中心和英国里丁大学的调查显示：中学生的心理问题大多数都来自与学习相关的压力，如能力缺陷、学习困难、适应困难和失学等。[②] 此外，学校氛围、教师和学校管理体制也是影响学生心理健康的重要因素。其中，学校氛围作为校园生活质量和特性的集中体现，反映了学校的目标、规范、价值观、人际关系以及组织管理框架，是影响儿童青少年心理健康的另一重要因素。研究结果表明：在学校气氛中，社会关系(包括师生关系、同伴关系)，学校安全(包括校园安全政策、校规执行力度、校园环境安全)，学校支持(包括寻求帮助过程、学校归属感)等因素对学生的心理幸福感、预防性行为和亲社会行为都会产生重要影响。

教师是学校中与学生进行直接接触的人员，教师对学生心理健康的影响也

---

① H. M. Baumberger, "Cooperative learning and case study: Does the combination improve students' perception of problem-solving and decision making skills," *Nurse Education Today*, 2005, 25(3), pp.238-246.

② 俞国良、琚运婷:《教育社会学对心理健康问题的研究》,载《黑龙江高教研究》,2019(9)。

深受国外学者的重视。研究者指出，教师的情绪影响学生上课的精力和纪律的遵守，温暖的师生关系能促进学生深度学习和积极社会情感发展。[①] 教师的幸福感、教学动机、工作满意度等心理认知也会影响教学质量、学生的学习动机和学习成就。[②] 此外，学校的管理及运作体制的缺位，也会间接对学生心理健康产生影响，具体表现在学校对教学质量和教学任务的要求，增加了学校规则制定和管理的严苛，间接导致学生缺勤，态度善变，教师与学生、家长及学校关系紧张等，从而加剧了青少年学生心理行为问题的频发。

对影响学生身心健康的各种因素进行分析和考察，是开展心理健康教育的前提，也是提升心理健康教育针对性和有效性的重要基础。针对儿童青少年心理健康的影响因素，比较教育从教育环境的创设、构建民主的学校管理和决策机制、提高学生心理弹性等教育对策上进行了探讨。

此外，比较教育学在课堂环境创设上强调"愉快教学"和"暗示教学"，二者皆注重营造一种愉快和轻松的课堂环境以促进学生在学习过程中心理健康的发展。具体来说，愉快教学强调学生在教学过程中的积极学习动机[③]，关注学生快乐的情感体验和积极的情绪。基于此，国外教育家诺扎洛夫提出"暗示教学理论"，即以音乐为背景，通过创设一个有利于学生心情放松的课堂环境，对学生的认知和情感、有意识活动和无意识活动，产生较强的"熏陶"作用，进而使学生形成全脑学习的心理倾向，使学生的自我潜能得到最大限度的发挥。

显然，比较教育学创设了提升学生情感体验的课堂环境，这有助于在学校内形成一种尊重学生的育人氛围，提升学生的自尊感和幸福感。研究表明，建设关心、尊重、平等、民主的校园环境，体现了尊重学生主体地位和"以人为

① R. J. Collie, J. D. Shapka, N. E. Perry, et al., "Teachers'psychological functioning in the workplace: Exploring the roles of contextual beliefs, need satisfaction, and personal characteristics," *Journal of Educational Psychology*, 2016, 108, pp. 788-799.

② A. Sivan and D. W. K. Chan, "Teacher interpersonal behavior and secondary students' cognitive, affective and moral outcomes in Hong Kong," *Learning Environments Research*, 2013, 16(1), pp. 23-36.

③ J. A. Ciarlo, D. L. Shern, D. L. Tweed, et al., "The Colorado social health survey of mental health service needs: sampling, instrumentation, and major findings," *Evaluation and Program Planning*, 1992, 15(2), pp. 133-147.

本"的育人氛围，有利于他们幸福感的发展①；而在学校决策、管理和运行中拥有话语权是学生行使主体权利，提升主体意识，参与学校事务管理的一种象征，直接反映出学校管理和决策机制的特点。学生行使话语权能够提升学生的权利意识、沟通能力、自尊心、自信心以及对学校的归属感，对于增强学生在校的幸福体验有重要意义。例如，澳大利亚初中学生对"幸福感"一词进行了要素描述，将"幸福"定义为快乐、安全、被爱、被尊重、健康、帮助别人、隐私受到尊重和拥有发言权（have a say）。可见，学生的话语权对于学生的心理健康有重要意义。英国和斯堪的纳维亚半岛两个地区也重视学生话语权的重要作用，鼓励学生参与学校活动，并尊重其言论自由，使学生获得了较强的幸福感。② 此外，提高学生的心理弹性（educational resilience），也会对学生的社会情感能力产生积极影响，有利于学生保持一系列积极的社会行为，提升其对学习的兴趣、专注度和努力程度，增强其对学校的喜爱和归属感。③ 有研究表明，在课堂上提升学生的心理弹性对学生的情感和认知技能的发展有一定的促进作用，培养学生的心理弹性可以降低其问题行为的发生率。④

可见，比较教育学对校园和课堂环境的创设，为心理健康教育提供了良好的干预对策。学校在进行心理健康教育时，也应优先考虑建设"民主、平等"的育人环境和育人氛围，在学校管理人员、教师、学生三者之间形成良性互动的关系，进而促进学生参与学校事务管理的积极性，促成学生对意见和权益的充分表达，使学生真正成为心理健康教育的积极参与者、推动者。另外，在心理健康教育课堂环境设置上，"愉快的课堂氛围"有利于消除学生参加心理健康教育的"病耻感"，使学生在心理健康教育过程中获得积极的情感体验。总之，尽

---

① L. Coombes, J. V. Appleton, A. Debby, et al., "Emotional health and well-being in schools: Involving young people," *Children & Society*, 2013, 27(3), pp. 220-232.

② D. L. Anderson and A. P. Graham, "Improving student wellbeing: Having a say at school," *School Effectiveness and School Improvement*, 2015, 27(3), pp. 1-19.

③ C. Carmel, "Pupil resilience in the classroom," *Emotional and Behavioral Difficulties*, 2004, 9(3), pp. 149-170.

④ 俞国良、琚运婷：《教育科学对心理健康问题的研究：应用研究视角》，载《黑龙江高教研究》，2018，36(11)。

管比较教育学对学校中提升心理健康水平的教育对策有所涉及，但更深入、更全面的教育对策研究仍需进一步梳理。

四、比较教育学对心理健康问题研究的展望

一直以来，比较教育学以其对国内外教育的有效借鉴，受到众多学者的关注。比较教育学对心理健康问题的研究，主要集中在教育理念、教育目标、教育内容、教育方式、影响因素和教育对策上。未来，为促进比较教育学对心理健康问题的进一步研究，可从以下三个方面进行深入探索。

第一，在研究对象上，比较教育学较多关注学生的心理健康问题，对教育系统内部的其他构成群体，如学校管理人员、教师等群体的相关心理健康问题研究较少。当今社会，由于校际竞争和学生升学等压力，学校管理人员、教师等群体的心理健康问题日益凸显，而他们的心理状态与学生的心理健康密切相关。学校管理人员参与学校规章制度的制定和学校的管理，这些隐性的学校机制会间接影响学校育人理念的确立。学校管理人员对学生的态度都会对学生的心理健康产生重要影响。教师与学生直接接触，教师的情绪、职业认同感、教育理想、专业发展以及与学生之间的关系等诸多因素会影响学生的健康福祉。因此，今后应适当扩大比较教育学对心理健康问题的研究群体范围，以提高比较教育学对心理健康问题研究的全面性。

第二，在研究内容上，比较教育学对心理健康的教育内容、影响机制和教育对策研究较少。在教育内容上，今后应加强对具有时代特点的心理健康教育内容的研究。新时代、新时期，社会和教育的发展对育人提出了新的要求，在创新性、跨学科性、素养导向性等人才培养理念下，如何根据我国教育目标创新教育内容，以促进学生的身心健康发展，仍有待进一步发掘和研究。在心理健康影响机制方面，比较教育学关注学校氛围、学校管理机制、学业压力等因素对心理健康的影响，但在学校系统中，除了这三种影响因素之外，社会对学

校的育人期待、学校选址、硬件设施、学校规章制度等众多因素也会对学生的心理健康产生影响。今后应拓宽比较教育学对心理产生健康影响机制的研究范围，深入挖掘潜在的学校生态系统对学生心理健康影响的因素。在教育对策上，今后应着力从学生内在主体性和外部环境两方面来深入探讨提升学生心理健康水平的教育对策。前者从学生内在主体性出发，探讨学生学习主动性、学生对教育目标认可的程度、学生对学校育人理念的认同等对学生心理健康的提升作用；后者从外部环境，如创设公平的校园氛围、培养良好的师生关系、加强家校沟通等措施对学生心理健康的促进作用等。从这两个角度对提升学生心理健康的教育对策展开讨论，可增强比较教育学对心理健康问题研究的深度。

第三，在研究方法上，比较教育学对心理健康问题的研究应坚持"循证导向"和"比较导向"。从已有研究成果看，多数结论的得出采用的是逻辑思辨的方式，多从宏观和理论的角度对研究结果进行解释。今后比较教育学对心理健康问题的研究，应根据具体问题，坚持"循证导向"，基于数据和其他实证手段，证明单个变量或多个变量对心理健康的影响。例如，影响心理健康的教育因素以学校气氛为主，但学校气氛由社会关系、学校安全、学校联系等众多因素构成，应着手从社会、学校、家庭和个体因素等方面开展专项心理健康教育议题研究，为促进学生身心健康发展提供有效实施路径。此外，应发挥"比较"作为比较教育学方法论的优势，运用比较的方法对不同地域、国家等促进心理健康教育的理论和实践进行研究，有利于发现不足，借鉴经验，更好地促进心理健康相关研究的深化，这应成为现有研究不可或缺的重要方法。

第十五章

────────

教育社会学对心理健康问题的研究

　　教育社会学是介于教育学与社会学之间的一门交叉科学，其相关研究主题贴近人类生活与教育本质，对于促进个体心理健康与心理社会性发展具有重要价值。早在 1806 年，赫尔巴特的《普通教育学》出版，标志着教育学作为一门科学得以建立，此后社会学家斯宾塞、华德、韦伯和教育家杜威等人均对教育与社会的关系有所探讨，而社会学也和哲学、心理学一起成为教育的基础科学。现代教育社会学则发端于社会学奠基人之一迪尔凯姆（又译涂尔干）的功能主义社会学理念，其 1922 年出版的《教育与社会学》一书将教育看作一种社会机制，儿童通过这一机制实现社会化，融入成人世界。[①] 之后，经过近百年的发展，教育社会学的学科性质和研究方法仍在蜕变演化中，学科观点纷繁多样，但个体社会化始终是其中最重要的主旨。这里，我们仅从个体社会化的视角，探讨教育社会学这门学科对于心理健康及其教育问题的研究。

一、教育社会学对心理健康影响因素的研究

　　影响个体心理健康的教育社会学因素属于生态系统范畴。早在公元前 328 年，亚里士多德就明确指出，人在本质上是社会性动物。社会化作为人类进入群体生活的必要途径，促使自然状态的个体发展为社会人，并通过正式和非正式的教育加以实现。然而，决定个体发展的教育社会因素众多。对此，许多学

────────────

　　① ［瑞典］T. 胡森、［德］T. N. 波斯尔斯韦特：《国际教育百科全书》第二卷，318~319 页，贵阳，贵州教育出版社，1990。

者借鉴生态系统理论来描述个体发展的系统性因素。该理论由心理学家布朗芬布伦纳提出①，根源于 19 世纪末生物学家提出的生态理论，认为人们与环境的关系反映了彼此之间的相互影响。布朗芬布伦纳将个体生活于其中并与之相互作用的不断变化的环境称为生态系统，并将该系统分为 5 个层次，即微系统、中系统、外系统、宏系统和时间系统。根据这一理论，个体直接或间接交往和生活的环境，小到朋友、家庭、学校，中至父母或他人的工作环境，大至文化习俗及社会环境的变迁，都会影响个体的心理健康发展。

以往教育社会学研究集中于微系统、中系统和外系统等因素对个体心理健康的影响，如立足于促进教育公平，基于经济、文化和社会资本理论，考察家庭的社会阶层及其流动、家庭结构与规模和家庭互动过程对个体身心发展的影响，如严重贫困家庭经济状况所造成的儿童教育差距和心理健康问题，家庭状况的变化对儿童认知发展和学业成就的影响，以及不同家庭结构，如大家庭、核心家庭、单亲家庭、独生子女、留守儿童、父位缺失等因素及相应的父母教养方式对个体心理健康的影响，等等，其相关研究结果存在共性和差异。共性在于肯定了这些经济社会因素对于个体心理健康发展的重要性，差异在于这些因素所产生的具体影响不同。例如，家庭贫困被研究者普遍认为是儿童青少年心理健康中的高风险因素，但它同时也能增强他们的抗挫折能力或心理弹性，成为心理健康的保护性因素。独生子女作为一种较为极端的家庭结构，我们的研究对其心理健康问题发生率存疑，以往研究却存在该群体是"问题人群"的偏见。相关研究在我们的系列文章中已有详细论述，不再赘述。一言以蔽之，以往研究一致肯定了教育社会学因素对于个体心理健康的影响，但其作用机制有待更深入的探讨。

对于宏系统和时间系统中的教育社会影响因素，研究进展表现在三个方面。首先是科学技术的时代背景所带来的教育环境因素变化与学习者心理健康的关系。相关研究处于蓬勃发展之中，进展包括沉浸式虚拟现实世界对个体心理健

---

① U. Brofenbrenner and P. A. Morris, "The bioecological model of human development", in R. M. Lerner and W. Damon(Eds.), *Handbook of child psychology*: *Theoretical models of human development*, Hoboken, New Jersey, US, John Wiley & Sons Inc., 2006, pp. 793-628.

康的影响研究①、应对网络欺凌的"网络友好校"教育干预研究和在线心理健康服务建设研究等②。其次是经济全球化导致的教育社会环境变化对个体心理健康的影响。不同教育社会环境之间的转换造成的社会适应压力，给国际学生群体的心理健康带来巨大挑战，主要表现为文化适应问题突出，除去一般性的发展问题，国际学生的主要压力源包括语言障碍、学业、人际关系、经济和内在心理行为问题，积极的社会支持能够显著改善国际学生的不良心理健康症状。③同时，移民群体的心理健康问题也引人关注，如移民后裔的"抱负挤压"现象，即父母在教育资源配置中的相对位置导致孩子在教育全球扩展的重大潮流中苦苦挣扎。最后是区域性教育社会特征对个体心理健康的影响。为考察我国社会背景对学生心理健康的影响，我们基于横断历史元分析方法，研究分析了我国1987—2013 年 9 万多名初中生④和 1990—2012 年 11.8 万高中生（含中职生）的心理健康状态的历史变迁。⑤ 研究发现，得益于国家教育政策等因素的保护，近 10 年来初高中生心理健康整体水平有所改善，但是，社会变革仍然给不同地区带来了不同的经济社会影响，造成了不同地区学生群体在心理健康水平上的差异，体现了社会转型对心理健康的深刻影响。

因此，根据以往研究，从个体社会化的视角来看，教育社会生态系统中影响个体心理健康水平各因素的互动关系如图 15-1 所示。时间系统，即社会历史进程，直接形成了个体生活的宏系统（科学技术、社会文化、教育社会结构）和外系统（家庭经济社会结构、社区环境和教师专业发展状况），并通过中系统（家校互动、学校—社区关系）和微系统（亲子关系、同伴关系、师生关系）的中

① J. Parong and R. E. Mayer, "Learning science in immersive virtual reality," *Journal of Educational Psychology*, 2018, 110(6), pp. 785-797.

② J. M. Burns, T. A. Davenport, L. A. Durkin, et al., "The internet as a setting for mental health service utilisation by young people," *Medical Journal of Australia*, 2010, 192, pp. S22-S26.

③ J. S. Lee, G. F. Koeske and E. Sales, "Social support buffering of acculturative stress: A study of mental health symptoms among Korean international student," *International Journal of Intercultural Relations*, 2004, 28(5), pp. 399-414.

④ 王勍、俞国良：《初中生心理健康的横断历史研究》，载《中国特殊教育》，2017(11)。

⑤ 俞国良、李天然、王勍：《高中生心理健康的横断历史研究》，载《教育研究》，2016(10)。

介，作用于个体在认知和社会情感等方面的心理健康发展。必须注意的是，每个个体既是自身教育社会生态系统中的核心，又构成了他人教育社会生态系统中的环境变量，因此，心理健康同时也会反作用于微系统和中系统，并间接影响更为宏观的系统。虽然社会对人的发展具有不可抗拒的影响力，但是个体在社会化的进程中依然存在主观能动性。以往的心理健康研究更多将个体当作环境的被动接受者，忽视了其对环境的反作用，然而，越来越多的研究证据表明，在心理层面上，环境与人之间的影响是相互的。

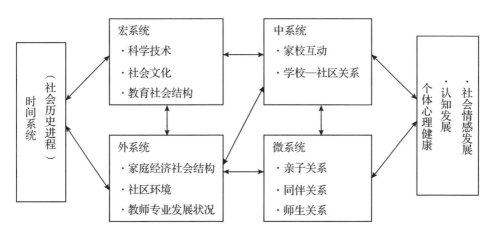

图 15-1　个体心理健康发展的教育社会生态系统模型

二、教育社会学对心理健康相关主题的研究

在教育社会学中个体心理健康相关研究主题，包括学生亚文化群体研究和教师群体职业倦怠研究。学生亚文化即指学生群体在长时间的共同生活中形成稳定且有别于主流文化和大众文化的价值观念与行为方式，通常处于次级社会文化地位。不同的身心发展特点，使得学生在不同的亚文化群体中得到认同，这种同伴关系对个体的社会化至关重要，而友谊与欺负则是同伴关系中的常见现象。同伴友谊为个体的幸福生活提供重要的社会支持，相反，欺负则会给个体心理健康发展造成阻碍，这已然成为一种在各国广泛存在的严重社会心理行为问题，表现为

言语、行为或情绪上的攻击性，以及攻击者和被攻击者之间力量的悬殊和时间上的多次重复等，处理不当会严重阻碍相关个体的心理健康和社会性发展。

在欺负产生的心理健康影响上，研究表明，欺负者和被欺负者在情感智力与共情能力上有待改善：被欺负者对情感关注度高，但对情感的理解和管理能力较差，情感共情能力差；欺负者则在情绪管理能力上表现较差，共情能力不足，包括无法理解（认知共情）和体会（情感共情）他人的感受。① 当然，欺负行为对旁观者的心理健康也会产生消极影响。在成因上，以往研究者多关注产生欺负行为的个体人格特征，但英国学者则将个体和学校的人口学特征进行综合研究，发现个体的性别、种族、贫困和特殊教育需求状况等因素皆可预测欺负行为，而学校层面的总体贫困状况和校园心理气氛则对欺负行为具有预测作用。而这两个层面的特性对欺负行为具有高度相关的预测作用：极度贫困的学校对未经历贫困生活的儿童而言是风险性因素，后者更可能产生欺负行为。②

同时，网络欺负行为也得到研究者的广泛关注。例如，澳大利亚学者整合了在理论和实践上能够潜在调节青少年网络欺负犯罪行为的风险性与保护性因素，如参与线下欺负犯罪行为、共情响应能力和道德推脱，提出一个社会生态概念框架，该框架将个体、家庭、同龄人和社区各层面的相关影响因素的相互作用考虑进来，并与青少年使用网络的行为相关联。相应地，在教育干预上，通过一个被称为"网络友好校"的全校性干预项目，该项目已经过了为期三年的大型随机群体干预试点的测试。虽然该项目研究表明针对网络欺负行为的中介因素的全校性联合应对行为多少是有效的，但是未能确定减少网络欺负的各个层面的影响因素的相对贡献。③

毫无疑问，应对欺负所产生的心理健康问题，国家法律政策层面的保护必

---

① E. Estévez, T. Jiménez and L. Segura, "Emotional intelligence and empathy in aggressors and victims of school violence," *Journal of Educational Psychology*, 2019, 111(3), pp. 488-496.

② E. Fink, P. Patalay, H. Sharpe, et al., "Child-and school-level predictors of children's bullying behavior: A multilevel analysis in 648 primary schools," *Journal of educational psychology*, 2018, 110(1), pp. 17-26.

③ D. Cross, A. Barnes, A. Papageorgiou, et al., "A social-ecological framework for understanding and reducing cyberbullying behaviours," *Aggression and Violent Behavior*, 2015, 23, pp. 109-117.

不可少，而在学校层面，通过政策与实践来促进家校关于校园欺负行为的沟通，则能够潜在改善被欺负学生受到的心理影响，解决欺负的系统性本质问题。①例如，美国研究者将生态系统理论应用于儿童青少年校园欺负行为的影响因素分析中，认为微系统，如同伴群体（青少年时期的社会化）、家庭（暴力和缺乏父母监护）、社会（接触到暴力）及学校（教师的态度和气氛），对青少年时期所参与或经历的欺负率产生影响。微系统因素之间的相互作用被看作中系统，可解释环境因素如何能激化或缓解卷入欺负行为中的青少年的经历（例如，家庭支持可以缓解同伴侵害的影响）；青少年对欺负行为的清晰认知有助于对心理健康问题的预防和干预；合作学习也有助于减少相关问题因素的产生，且可作为同时促生积极学业、社会和行为结果的低风险、高回报的教育社会性支持手段。②

职业倦怠是教师在社会化过程中面临的主要心理健康课题。教师是压力最大的职业群体之一，面临着诸多危害心理健康的风险性因素，教师职业倦怠则指教师的专业服务处于筋疲力尽的状态。职业倦怠具有严重的教育社会后果，它使教师丧失教学工作热情、效率和意义感，产生情感疏离、旷课，甚至放弃工作，造成教师职业发展障碍。同时，课堂中的压力具有传染性，焦虑不安的老师也容易有焦虑不安的学生，从而恶化学校教育生态。在消极影响因素上，导致教师职业倦怠的外在因素包括超负荷的工作压力和社会支持的缺乏，它们使大量教师持续焦虑、疲惫不堪；内在因素则存在于个体心理特征中，如具有神经质、内向、顺从、民主或外控型性格倾向的人格使得一些教师更容易产生倦怠。

对于教师心理健康的积极影响因素，研究表明，情感智力的培养有助于提

---

① S. Lindstrom Johnson, T. E. Waasdorp, L. M. Gaias, et al., "Parental responses to bullying: Understanding the role of school policies and practices," *Journal of Educational Psychology*, 2019, 111(3), pp. 475-487.

② M. J. Van Ryzin and C. J. Roseth, "Cooperative learning in middle school: A means to improve peer relations and reduce victimization, bullying, and related outcomes," *Journal of educational psychology*, 2018, 110(8), pp. 1192-1201.

升教师的教学效能感和工作满意度，减轻工作压力。[①] 教师的情绪与学生是否集中精力、遵守纪律相关，温暖的师生关系气氛能促进深度学习和学生的积极社会情感发展。[②] 此外，教师的心理弹性是延迟职业寿命的积极因素；社会支持则被认为是从外界层面降低教师职业倦怠水平的有利因素，其中，支持性的校长，即能够让教师感受到自身工作价值和意义的学校领导者，对于缓解因压力导致的教师职业倦怠效果显著。[③] 教师在工作中的心理功能在此过程中起着中介作用：教师主观感知到的自主支持能够正向预测其需求的满足感，相应地，需求满足尤其是基本心理需求的满足能够预测与工作相关的感知，教师的性格特征在影响教师的工作信念及其感知之间所起的调节作用较小。[④] 换言之，解决教师职业倦怠这一心理健康问题，一方面要从个体的源头做起，在教育人才的选拔和培养中应当注重教育者的心理功能，如情感智力和对需求满足的主观感知；另一方面要提供支持性的社会环境，培养一位校长的管理风格和领导力比培养受其影响的大量教师的心理问题解决技能效率更高。

三、教育社会学对心理健康问题的教育干预研究

近年来在教育社会学领域，心理健康的教育干预研究呈现两方面的发展趋势。首先是在研究方法上，注重积极整体取向的实证研究。这类研究基于积极心理学视角，整合了教育社会的系统性因素，并依托校园的干预项目来促进青少年的心理健康和幸福，在提升学校心理健康水平上的效果得到诸多研究证实。

---

① A. K. Vesely, D. H. Saklofske, and A. D. W. Leschied, "Teachers-The vital resource: The contribution of emotional intelligence to teacher efficacy and well-being," *Canadian Journal of School Psychology*, 2013, 28(1), pp. 71-89.

② K. A. Schonert-Reichl, "Social and emotional learning and teachers," *The Future of Children*, 2017, pp. 137-155.

③ [瑞典]T. 胡森、[德]T. N. 波斯尔斯韦特：《国际教育百科全书》第二卷，389～393 页，贵阳，贵州教育出版社，1990。

④ R. J. Collie, J. D. Shapka, N. E. Perry, et al., "Teachers' psychological functioning in the workplace: Exploring the roles of contextual beliefs, need satisfaction, and personal characteristics," *Journal of Educational Psychology*, 2016, 108(6), p. 788.

例如，美国以校园为基础，开展青少年参与式行动研究①，澳大利亚则提出了全校性心理健康促进、预防和早期干预倡议②，这些干预方案整合了诸多传统的、零散的心理健康教育方法，如心理健康教育课程、校园心理咨询、家校合作和学校—社区伙伴关系，在心理健康干预上达成了教育社会系统层面的一致性。相比之下，我国由病理取向向积极健康取向转变的心理健康教育干预模式刚刚起步，其理论路径有待实证研究的进一步确认，以探索符合我国教育社会实情的心理健康教育干预方案。

其次是在研究内容上，注重校园心理层面的文化、队伍和课程建设，相关研究成果包括学校气氛研究和社会情感学习研究等。作为管理气氛研究和学校影响研究的产物，学校气氛研究已有上百年历史。研究者主要在生态性、环境性、社会系统性和文化性四种维度上考察学校教育对学生心理健康的影响。③气氛指一定环境中给人某种强烈感觉的精神表现或景象，学校气氛则是以人们的校园生活经历为基础并超越了个体经验的一种群体生活现象，具体指校园生活的质量和特性，反映了学校的规范、目标、价值观、人际关系、教学和学习实践以及组织管理框架。大量研究表明，积极的学校气氛能够预测学业成就、学校的成功、有效的暴力预防、学生的健康发展和教师留任情况，因此成为教育社会学中学校心理健康提升研究的关注焦点。在学校气氛的感知上，课堂层面的因素，如糟糕的课堂管理、有违纪行为的学生的比率等与教师的感知相关度更高，而学校层面的因素，如学生流动、师生关系和校长流动率与学生的感知相关度更高，这表明尽管有着在客观上相同的校园经历，师生对这些经历的主观感知却大不相同。④

---

① L. Smith, K. Beck, E. Bernstein, et al., "Youth participatory action research and school counseling practice: A school-wide framework for student well-being," *Journal of School Counseling*, 2014, 12(21), pp. 174-182.

② P. T. Slee, K. L. Dix, and H. Askell-Williams, "Whole-school mental health promotion in Australia," *The International Journal of Emotional Education*, 2012, 3(2), pp. 37-49.

③ C. S. Anderson, "The search for school climate: A review of the research," *Review of educational research*, 1982, 52(3), pp. 368-420.

④ M. M. Mitchell, C. P. Bradshaw, and P. J. Leaf, "Student and teacher perceptions of school climate: A multi-level exploration of patterns of discrepancy," *Journal of school health*, 2010, 80(6), pp. 271-279.

在学校气氛对心理健康的影响上，以自我决定论为基础的学校气氛研究者强调以校园为基础的自主性和归属感，对于学业成就和心理调适的重要性，相关研究表明学生与同伴相关的归属感（如同伴支持）和积极适应直接相关；学业自主性、教师相关的归属感（如教师支持）和学习参与度之间相互关联。[①] 我国研究者也通过实证研究，证实学校气氛对初中生学习倦怠有一定的影响，初中生感知的学校气氛对学校适应具有显著预测作用。具体来说，青少年第一年感知到的学校气氛能预测其第二年、第三年的适应问题和适应能力，第二年感知到的学校气氛能预测其第三年的适应能力和学业成绩。[②]

社会情感学习则是通过提升个体心理能力来应对心理健康问题的有力手段。它是 20 世纪 90 年代兴起于美国的一项教育改革运动，最初旨在将促进儿童青少年社会情感发展的相关课程列为中小学必修课程，以促进学生在学校及未来社会生活中获得成功，后经由联合国教科文组织推广至全球一百多个国家，在欧美国家积累了丰富的研究成果。2009 年，我国教育部与联合国儿童基金会共同合作，成立社会情感学习项目组，主要帮助西部不发达地区的处境不利儿童在学业成绩和社会情感能力上有更好的发展。当前，该项目仍待完善：一是主要关注特殊群体，研究取向偏于病理，而非积极整体；二是研究方法偏于宏观，学校内部社会情感能力提升对学生认知和社会化发展等方面的微观科学机制探索不足。

总之，学校气氛和社会情感学习研究分别从外在微观教育社会环境、个体内在心理环境两个方向出发，形成了个体心理发展与教育社会系统性因素之间的良性互动。相关教育干预对于个体在社会化过程中的心理健康有着积极的促进效果。例如，针对社会情感学习和学校气氛感知对教师工作与学生行为压力感、教学效能感及工作满意度的影响及其相互之间的关系的研究表明，教师执

---

① M. J. Van Ryzin, A. A. Gravely, and C. J. Roseth, "Autonomy, belongingness, and engagement in school as contributors to adolescent psychological well-being," *Journal of youth and adolescence*, 2009, 38(1), pp. 1-12.

② 张光珍、梁宗保、邓慧华等：《学校氛围与青少年学校适应：一项追踪研究》，载《心理发展与教育》，2014，30(4)。

行社会情感学习项目的舒适度对其社会情感学习指标的感知有强有力的影响；教师对学生动机和行为的感知对其学校气氛的感知有强有力的影响。同时，它们也能够显著预测教师的压力感、教学效能感和工作满意度。与学生行为相关的压力感与教学效能感负相关，与工作相关的压力感和教学效能感则与工作满意度直接相关。[①]

四、教育社会学对心理健康问题研究的展望

综上所述，教育社会学对心理健康问题的研究表明，个体社会化过程中的心理健康影响因素是社会生态系统性的，相关心理健康问题研究和问题解决为教育干预提供了一条理论与实践路径，即可从培养学校师生的社会情感学习能力为切入点，营造可持续的、积极的学校气氛，注重校园社会环境和个体心理感知的互动，使身处其中的个体感到安全，学生、家庭和教育工作者为共同的教育愿景而协作，达成一致的规范、价值和期望，全情投入，创造富有成效的学校教育。然而，当前这些心理健康研究发现与教育部门的政策、实践指导和教师教育实践之间存在鸿沟，未来的研究需要为教育政策制定者、一线领导者和教育工作者等利益相关群体提供更为细致的实践指导，以弥合这一鸿沟，系统性的疏通心理健康的教育社会干预路径，为个体的心理健康发展提供足够的支持。一方面，需要研究者从教育社会系统入手，关注宏观系统和时间系统对教育社会产生的影响，重点探索教育社会因素与个体心理健康的微观作用机制研究，发挥心理健康研究对教育社会发展的积极价值；另一方面，引领各利益相关者在相关议题上达成共识，包括对问题的定义、目标、影响因素及其因果或相关关系和问题解决方案形成一致性看法，并做出一致性的行动，共同促进个体在社会中的积极终身发展。

---

① R. J. Collie, J. D. Shapka, and N. E. Perry, "School climate and social-emotional learning: Predicting teacher stress, job satisfaction, and teaching efficacy," *Journal of Educational Psychology*, 2012, 104(4), pp. 1189-1204.

第十六章

───────

学校卫生学对心理健康问题的研究

学校卫生学旨在运用卫生学、医学、教育学、心理学等多学科交叉的优势，探讨儿童青少年身心健康与生活环境、保健知识、卫生习惯之间的关系。近年来，学校卫生学在预防和控制传染病、增强学生身心素质方面取得了显著发展，然而，对学生心理健康及其作用却缺乏应有的重视。毫无疑问，学校卫生系统作为学校教育系统的一个子系统，在改善学生心理健康状况时，需要人力、物力、文化、制度等多种要素的整合，这与帕森斯 AGIL 系统模型功能相契合。该模型运用系统论，探讨多种资源之间相互适应、相互渗透以发挥社会系统运行的整体效能。有鉴于此，我们以该模型为理论支撑，从适应功能(adaptation)、目标达成功能(goal attainment)、整合功能(integration)和潜在模式维持功能(latency)(简称 AGIL 模式)入手①，深入分析学校卫生学对心理健康问题的研究，为提高全体学生的心理素质和心理健康水平，创新和拓展学校卫生学的理论、研究视野与研究内容提供借鉴意义。

一、从适应功能角度对心理健康问题的研究

帕森斯 AGIL 系统模型的适应功能，指系统自身与外界进行能量、资源交换的过程中，满足且适应外界环境的变化与需求，以不断促进系统的自我完善与发展。学校卫生工作顺利开展不仅需要适应社会转型新时代对心理健康的新

─────────

① 孙健、褚艾晶：《基于 AGIL 模型的研究生教育发展战略分析》，载《中国高教研究》，2011(10)。

要求①，更需要适应学生心理健康状况与特点，包括心理适应、应对方式、心理弹性等多个方面。

心理适应是个体应对生存环境时表现出来的心理状态，通常以抑郁、焦虑、孤独、生活满意度等情绪指标进行衡量。对心理适应的研究多集中在对亚群体心理适应特点与影响因素的探讨，尤其是对留守儿童和流动儿童——外出务工父母对儿童的安置产生了两种不同处境下的儿童——心理健康状况成为研究重点。总体上，与普通儿童（1.72±0.32）比较，留守儿童心理适应问题更加明显，且不同留守类型儿童的抑郁得分存在显著差异，单留守儿童抑郁得分为 1.92±0.42，双留守儿童得分为 1.98±0.46，$F=7.10$，$p<0.001$。② 首先，不同年级的留守儿童心理适应特点与状况亦不同，处于低年级的留守儿童的生活满意度与积极情感得分显著低于高年级学生。其次，流动儿童人际情感、自我评价同城市儿童相比更加消极，心理行为问题检出率较高，五年级、六年级儿童内化问题的检出率为 31.0%，外化问题检出率为 20.1%。究其原因，留守儿童与流动儿童心理适应问题主要与家庭有关，与普通儿童相比，这两种处境下的儿童，他们的家庭关系淡薄、父母关爱缺乏、家庭资本匮乏、家庭处境相对不利，家庭中的种种因素使得这两种儿童遭受了更多的社会歧视，因此，会变得格外自卑、敏感、孤独，积极情绪体验也相应减少。

应对方式是个体面对生活压力事件时采用的解决问题的策略，有积极应对方式和消极应对方式之分，且应对方式与心理健康水平紧密相关。目前，对应对方式的研究多使用"应对方式问卷"。例如，孙淑荣等人采用该问卷对大学生心理健康状况进行评估，结果显示，采用消极应对方式的大学生增强了负性生活事件的影响，这不利于其心理健康的成长。该结论在不同年龄阶段研究中具有一致性。我国研究者邸妙词、刘儒德等人对北京市 1174 名小学生应对方式中

---

① 俞国良：《社会转型：心理健康服务与社会心理服务》，载《黑龙江社会科学》，2018(4)。
② 范兴华、简晶萍、陈锋菊等：《家庭处境不利与留守儿童心理适应：心理资本的中介》，载《中国临床心理学杂志》，2018，26(2)。

介效应的研究发现，预防定向与生活满意度之间的路径系数 $r=-0.13$，$p<0.001$，对消极应对方式($r=0.28$，$p<0.001$)具有显著正向影响，对积极应对方式($r=-0.13$，$p<0.001$)具有显著负向影响，这表明，应对方式在预防定向和生活满意度之间起着中介效应。[1] 有研究者对伊朗 570 名女中学生的青春期知识、态度和应对方式进行问卷调查，近 54.2% 的受访者使用了逃避导向的应对方式，这对她们的生活与学习产生了消极影响。[2] 另外，心理弹性作为一种应对方式，能够帮助个体在遭受困境后积极地适应社会生活。还有研究者认为，心理弹性作为一种应对方式，对青春期女性的心理健康具有重要意义。[3]

学校卫生学为增强儿童青少年的心理适应、心理弹性，形成积极应对方式，减少危害学生心理健康的影响因素，采取了一系列干预措施。有研究者(Akio Tada)提出，锻炼作为一种积极的应对方式，能够改变个体心理压力程度，运动与"积极应对"显著正相关($r=0.20$，$p<0.001$)，与"回避应对"显著负相关($r=-0.13$，$p=0.079$)，而那些采用"逃避应对方式"的人则不太可能有锻炼的习惯。[4] 团体辅导作为促进个体产生亲社会行为和互助行为的一种有益途径，能够在团体互动中解决一些发展性心理问题，培养学生积极情绪，改变消极应对方式，增强其对心理弹性的建设作用，从而有效减少心理健康问题。董镕通过合唱、音乐讨论等团体音乐辅导形式[5]，对地震灾区的初中生进行了为期 7 周的干预，通过回访与前测发现，该群体的心理弹性($Z=-2.944$)、应对方式中问题解决($Z=-2.805$)与寻求社会支持($Z=-2.806$)得分存在显著差异，这表明

① 邸妙词、刘儒德、高钦等：《小学生调节聚焦对生活满意度的影响：压力应对方式的中介作用》，载《心理发展与教育》，2015，31(3)。

② Farid Malihe, Barandouzi Zahra Amirkhanzadeh, Valipour Nasimeh Setayesh, "Knowledge, attitudes, and coping strategies regarding pubertal changes among adolescent girls: Risks and compliances for health promotion in puberty," *Journal of education and health promotion*, 2019, 8.

③ Latzer Yael, Weinberger-Litman Sarah L, Spivak-Lavi Zohar, et al., "Disordered eating pathology and body image among adolescent girls in Israel: The role of sense of coherence," *Community mental health journal*, 2019, 55(7).

④ Tada Akio, "The Associations among psychological distress, Coping Style, and health habits in japanese nursing students: A cross-sectional Study," *International Journal of Environmental Research and Public Health*, 2017, 14(11).

⑤ 董镕、杨一帆、耿文秀：《团体音乐辅导提高地震灾区初中生心理弹性的研究》，载《心理科学》，2013，36(6)。

团体音乐辅导能够对震区初中生的心理健康产生持续性的影响。有研究者从整个学校层面实施干预实验，对干预组 20 所学校开展心智课程、同伴支持、反欺凌、儿童青少年精神卫生服务、家校沟通等一系列项目来提高青少年心理健康水平，与对照组相比，干预组在不太可能存在心理健康风险这一项上，得分要高出约 11.6%，心理弹性得分也显著高于对照组[1]，这为增强青少年心理适应力的教育干预措施提供了借鉴价值。

二、从目标达成功能角度对心理健康问题的研究

帕森斯 AGIL 系统模型的目标达成功能，主要体现为通过设定目标的优先顺序、筛选目标实现策略、调动多方资源以促进系统目标的实现。学校卫生学在预防和解决儿童青少年心理健康问题方面，发挥着不可或缺的作用，能够通过加强体育锻炼、改善作息制度、合理营养膳食等多种形式，改善与提高学生的心理健康品质。

体育锻炼是有效促进学生身心健康的重要途径，对儿童青少年的消极心理具有改善作用。国内一项调查结果表明[2]，大学生体育锻炼与人格变量[包括行为态度（$r=0.783$）、目标态度（$r=0.735$）、行为认知（$r=0.648$）、行为习惯（$r=0.878$）等变量]之间呈显著正相关，体育锻炼是促进大学生人格健康发展的重要因素。有研究者对不同年龄组青少年心理健康状况进行横断历史研究，结果显示，热爱运动的青少年拥有更高水平的自尊感和生活满意度，且参加团体运动能够降低高中女学生的心理压力。[3]

---

[1] Julia Dray, Jenny Bowman, Megan Freund, et al., "Improving adolescent mental health and resilience through a resilience-based intervention in schools: Study protocol for a randomised controlled trial," *Trials*, 2014, 15 (1), p. 289.

[2] 杨剑、崔红霞、陈福亮：《大学生心理资本、体育锻炼行为与人格发展关系研究》，载《天津体育学院学报》，2013，28（2）。

[3] Maren Hjelle Guddal, Synne Øien Stensland, Milada Cvancarova Småstuen, et al., "Physical activity and sport participation among adolescents: Associations with mental health in different age groups. Results from the Young-HUNT study: A cross-sectional survey," *BMJ open*, 2019, 9(9).

　　睡眠质量不仅是心理健康的重要指标，而且扮演着因果关系的角色，能够影响心理健康水平。王道阳对 580 名大学生睡眠质量与抑郁、焦虑的关系进行多重线性回归分析发现，大学生睡眠质量对抑郁（40.2%）和焦虑（26.4%）具有较高解释率，这表明，睡眠质量越差的大学生，心理健康水平越低。相关研究发现，大学生睡眠质量的好坏受网络成瘾的影响，网络成瘾在大学生睡眠质量与心理健康之间起中介效应。一方面，沉迷网络影响大学生睡眠质量；另一方面，睡眠质量差的大学生在晚上更容易选择通过上网来打发时间，这降低了心理健康质量。良好饮食习惯作为一种高质量生活方式，有助于改善人的心理状态，进而产生积极健康的行为。研究者（Jane Pei-Chen Chang）用临床实验证明，将饮食调整和营养处方纳入综合治疗体系中，对心理疾病起到了良好的治疗效果，心理健康水平也变得更高，该实验结果与其他研究者（Antonopoulou Marina et al.）的研究结果具有一致性，较低的水果和蔬菜摄入量与较高水平的感知压力紧密相关，大学生尤其是离家的大学生坚持健康饮食、健康生活方式，能够提高大学生身体和心理健康的状况[1]；伊朗针对大学生饮食模式与心理健康水平开展评估发现，采用预防高血压饮食方法的大学生拥有更高的心理健康品质。[2]

　　基于上述分析，探讨相应的问题解决措施是学校卫生学提升学生心理健康水平的工作之一。首先，体育锻炼能够通过利用神经系统的可塑性和适应性，减少精神疾病发生的可能性，有研究者（Campos Cezenário Gonçalves）提出，认知作为一种符号信息加工活动，能够影响个人的心理和行为，而知识作为加工活动的符号，客观科学的知识对青少年的心理发展起到保护作用，青少年关于体育锻炼与心理健康益处的知识掌握得越多，越能够改善青少年的生活质量和

　　[1]　Antonopoulou Marina, Mantzorou Maria, Serdari Aspasia et al., "Evaluating Mediterranean diet adherence in university student populations: Does this dietary pattern affect students' academic performance and mental health?" *The International journal of health planning and management*, 2019.

　　[2]　Faghih Shiva, Babajafari Siavash, Mirzaei Afsaneh et al., "Adherence to the dietary approaches to stop hypertension(DASH) dietary pattern and mental health in Iranian university students," *European journal of nutrition*, 2019.

心理品质。[①] 因此，学校任课教师尤其是体育老师应当为学生提供最新的专业知识，将体育锻炼知识与心理卫生知识融入课堂教学和体育实训中，并鼓励心理素质较弱、态度消极的学生参加多种形式的体育活动，以改善他们的心理状况，提高学生的身心健康水平。体育运动干预项目是实现学生心理健康目标的重要举措。殷恒婵、张磊等人以 2463 名学生为研究对象，通过跑步、田径游戏、手球、踢毽游戏、武术项目 5 套运动方案开展干预实验。实验结果显示，虽然 5 套干预方案对他们心理健康的影响存在差异，但是 5 套干预方案均能够提高其积极心理的水平。[②] 改善睡眠质量能够减少青少年情绪障碍。有研究者开展对照实验研究发现，缓解睡眠障碍干预措施，可以影响心理健康结果。[③] 因此，学校医护人员应联合家长积极开展健康睡眠教育，缓解普通学生尤其是患有精神障碍学生的失眠状况，进而降低精神疾病的发生率。加强营养补充尤其是蛋白质和能量，也有助于减少心理卫生问题，一项回顾性研究显示，患精神疾病人群中 80.6% 的人缺乏维生素 D[④]，因此，在临床环境中，对患有抑郁症的青少年补充维生素 D，对于增进心理健康具有较好的效果。[⑤] 很显然，在上述诸方面，学校卫生学能发挥其应有的作用与功能。

三、从整合功能角度对心理健康问题的研究

帕森斯 AGIL 系统模型的整合功能，主要指协调系统各部分关系、内外资

① C. G. Campos, L. A. Muniz, V. S. Belo, et al., "Adolescents' knowledge about the benefits of physical exercises to mental health," *Cien Saude Colet*, 2019, 24(8), pp. 2951-2958.

② 殷恒婵、陈雁飞、张磊等：《运动干预对小学生身心健康影响的实验研究》，载《体育科学》，2012，32(2)。

③ A. J. Scott, T. L. Webb and G. Rowse, "Does improving sleep lead to better mental health? A protocol for a meta-analytic review of randomised controlled trials," *BMJ open*, 2017, 7(9).

④ S. Faivre, N. Roche, F. Lacerre, et al., "Vitamin D deficiency in a psychiatric population and correlation between vitamin D and CRP," *Encephal*, 2019, 45(5), pp. 376-383.

⑤ Föcker Manuel, Antel Jochen, Grasemann Corinna, et al., "Effect of an vitamin D deficiency on depressive symptoms in child and adolescent psychiatric patients-a randomized controlled trial: Study protocol," *BMC psychiatry*, 2018, 18(1), p. 57.

源，使之成为统一、和谐、高效的有机整体，加强优势互补，确保系统运行的科学性、畅通性、高效性。学校卫生学服务于儿童青少年心理健康的发展，必须整合协调系统的多方力量，形成巨大合力。具体而言，一方面，学校卫生系统与社会的经济、制度、文化、观念等系统相联系，另一方面，离不开学校教师、学生、学校医护人员之间的协调，系统之间联系的不断增强，有利于构建起维护学生心理健康的全方位、多层次、立体化的支持体系，缓解儿童青少年的心理健康问题，培育学生积极健康的心理。

社会支持不仅是嵌入社会关系网络中的社会资源，也作为个体与支持者之间的一种交往活动，在整合过程中扮演了重要的角色。社会支持对心理健康发展的促进作用，在城市大学生、农村贫困大学生、青少年、流动儿童、留守儿童、学优生、学困生等不同群体中都得以证实，社会支持与青少年心理健康呈显著相关，即个体获得社会支持越多，心理行为问题就会越少。

首先，就社会支持来源和类型而言，不同支持主体提供的不同类型的支持，对青少年心理健康的预测效力亦不同。在同伴支持方面，同伴支持对个体自尊、生活满意度具有显著的正向预测作用。国内一项追踪研究结果显示[1]，在初中三年的时间，同伴支持对自尊水平均呈显著正相关，r 值（$r<0.05$）分别为 0.69、0.76、0.71，对生活满意度具有显著促进作用，r 值（$r<0.05$）分别为 0.70、0.55、0.54，这是因为初中生主要的生活场所由家庭转移到学校，逐渐摆脱了对父母的情感依赖，同伴关系显得格外重要，良好的同伴支持不仅能够帮助他们缓解学习上的学业压力，而且能够分享青春期的秘密与困惑，这种在同伴中获得的接纳感，提高了他们的自尊水平，增加了生活满意度。在父母支持方面，父母支持是提高青少年社会适应能力的重要支柱。谭千保等人以流动儿童为研究对象，对其父母支持与社会文化适应之间的关系进行研究[2]，结果发现，在

---

① 李白璐、边玉芳：《初中生生活满意度的发展趋势及社会支持、自尊的影响：一项 3 年追踪研究》，载《中国临床心理学杂志》，2016，24（5）。

② 谭千保、龚琳涵：《流动儿童父母支持与社会文化适应的关系：积极心理品质的中介作用》，载《中国特殊教育》，2017（6）。

性别上，父亲支持和年级对流动男生的主效应影响显著($r=3.05$，$r<0.05$），母亲支持和年级对流动女生的主效应影响显著($r=8.11$，$r<0.01$）；在年级上，随着年级的升高，父母支持对流动儿童社会性发展影响降低。从整体上讲，父母支持对流动儿童的积极心理品质($r=0.37$，$r<0.05$）、社会文化适应($r=0.27$，$r<0.05$）的作用显著，父母支持不仅有利于培育其积极心理品质，而且能够提高他们的社会文化适应能力。教师作为学生学习生涯中的重要他人，对学生学业成就、人格塑造、情绪情感等方面的作用不容忽视。尤其是对处于青春期的初中生而言，教师的情感支持、信息支持、评价支持能够正向预测学生的学业成绩。当然，学生领悟支持的能力也至关重要，学生感受到来自教师的关注和期望，学生的学习动机则会更强，学业成就也会更好。张光珍、梁宗保等人对学校氛围与青少年学校适应的追踪研究进一步证明①，教师支持与学生第一年和第二年的外显问题、学习问题、害羞焦虑具有负向预测作用，教师支持对第一年学生的适应能力($r=0.19$，$r<0.001$）、学习成绩($r=0.12$，$r<0.001$）均起到积极促进作用，且教师支持随年级增高而提高，这可能是因为学生获得的教师支持促使其以积极的心态投入学习。对于留守儿童而言，父母支持的缺失，使得教师支持的保护作用格外重要，教师不仅能够减少留守儿童的孤独感和焦虑感，而且有助于他们自主学习能力、学业适应能力的增强，因此，我们呼吁学校教师对留守儿童要给予足够的关怀与爱护。

其次，从社会支持对心理健康的作用机制来看，有主效应模型和缓冲效应模型两种。前者是指社会支持对心理健康具有普遍的增益效应，且在多变量中只有社会支持变量对个体身心健康产生影响，未出现与其他变量的交互影响。例如，大学生社会支持对抑郁情绪关系的研究、开放教育学生心理健康服务需求与社会支持的相关研究、大学生心理健康与社会支持的关系、青海藏区寄宿制学生心理健康状况及社会支持的研究等。目前，社会支持主效应的相关研究

---

① 张光珍、梁宗保、邓慧华等：《学校氛围与青少年学校适应：一项追踪研究》，载《心理发展与教育》，2014，30(4)。

比较少，更多是探讨"互构"式的缓冲效应模型，通过缓冲作用降低压力生活事件对个体的消极影响。有研究者提出社会支持的缓冲作用具有普遍性，不论是多数学生还是少数学生，社会支持都能够减轻社会逆境对他们心理健康的负面影响。① 学业压力是学生面临的重要压力事件，学习压力过大且难以排遣，极大地危害学生的身心健康，但是学生拥有的同伴、朋友支持能够发挥缓冲作用，通过同伴、朋友提供的情感、物质、信息等支持，建立起友伴之间的信任与友谊，并通过信任共享机制，化解他们的学业压力，进而降低焦虑、抑郁、倦怠等心理行为问题。

四、从潜在模式维持功能角度对心理健康问题的研究

帕森斯 AGIL 系统模型的潜在模式维持功能，意谓通过确立文化、规范、制度及共同价值观念等方式，确保系统内部行动者表现出具有一致性行为，有效处理系统内部紧张关系，保障系统运行的稳定性、功能的持久性以及方向的可靠性。学校卫生学作为改善学生心理健康状况的微系统，与青少年心理健康具有相互嵌入性。学校卫生学的教学理念、条例、精神等对青少年的心理健康起到促进作用，尤其是价值观的确立。帕森斯指出价值观是社会成员共享的符号系统，它有利于实现系统可持续发展的功能，且积极正确的价值观不仅是塑造青少年健康心理的最高目标，也是实现该目标的重要手段。

价值观的概念内涵、心理结构、心理过程、功能及测量等方面是当前研究的重点。弗洛姆指出：价值观是对事物价值的一种判断，人们能够根据价值判断确定自身行为，且价值判断的正确性对个体的精神健康和幸福具有重要作用。姜永志、白晓丽通过对不同文化背景下价值观发展轨迹细致梳理提出②，价值

---

① J. Dray, J. Bowman, M. Freund, et al., "Improving adolescent mental health and resilience through a resilience-based intervention in schools: Study protocol for a randomised controlled trial," *Trials*, 2014, 15(1), p. 289-294.

② 姜永志、白晓丽:《文化变迁中的价值观发展：概念、结构与方法》，载《心理科学进展》，2015，23(5)。

观作为个体有关什么是"值得的"认识，它不仅是一种心理成分，而且是涉及知情意行的一种心理过程，与社会文化因素密切相关，不同历史阶段的价值观存在差异性，但也具有普遍性。目前，研究者针对不同类型的价值观开发了具有针对性的问卷和量表，如奥普雷（Opree）等人编制的"青少年物质主义价值观量表"、李昊修订的"大学生物质主义价值观量表"、宁维卫修订的"大学生职业价值观问卷"、刘世雄等人编制的"文化价值观量表"、侯煊方等人开发的"新生代价值观量表"。在国际上，最为经典且通用的价值观量表是"施瓦茨的价值观量表"（Schwartz Values Survey），该量表用自我超越、自我提高、保守、对变化的开放程度 4 个维度，普遍性、慈善、权力、成就、传统、遵从、安全、自我定向、刺激、享乐主义 10 个动机类型，包含了 57 种价值观，描绘出了一个世界范围的价值观地形图，这对心理健康的测评具有普遍意义。

在价值观结构方面，陈欣银、李丹、王晓峰等人对 780 名青少年的价值观开展调查研究①，结果发现，青少年价值观包含了社会平等、集体取向、家庭亲情、超越进取等 8 个维度的结构特征，且集体取向与社会能力（$r=0.13$，$r<0.01$）、社会能力与家庭亲情（$r=0.14$，$r<0.01$）、超越进取与学业能力（$r=0.13$，$r<0.01$）具有显著正相关，此外，同西方青少年相比，中国青少年价值观表现得更加"积极进取"，这种价值观结构离不开中国独立自强的传统文化影响。同年，陈欣银团队（2018）对价值观形成的心理机制开展纵向追踪研究，调查证明，同伴之间的交往互动、互相学习促进了青少年价值观的形成，当然，不良同伴关系对错误价值观的形成起到了推动作用，这与国内的研究结果具有一致性。例如，蒋奖等人的研究发现，同伴压力文化与物质主义价值观的相关系数为 0.45。另外，家庭作为青少年最基本的生活单位，蒋奖等人对家庭与青少年物质主义价值观的关系也进行了探讨，家庭经济状况、家庭结构、家庭沟通模式与教养方式等影响了青少年物质主义价值观的形成。

---

① 王晓峰、李丹、陈欣银等：《新时代青少年的价值观的构成特征与适应功能研究》，载《心理科学》，2018，41（6）。

价值观的形成除了受到家庭、学校的影响外，刘金平、任洁对大学生价值观形成的机制进行了更为全面深入的探讨①，结果发现，社会榜样能够直接影响大学生价值观中的家庭本位、品格自律、守法从众、才能务实、公共利益、名望成就、人伦情感七个方面。显然，这些研究成果为青少年心理健康教育奠定了坚实的基础。

---

① 刘金平、任洁：《学生价值观形成机制的研究——基于 1400 名大学生的调查与分析》，载《教育研究与实验》，2019(1)。

第十七章

————

课程与教学论对心理健康问题的研究

作为教育科学的核心与重要分支，课程与教学论以课程和教学的基本原理、问题为研究对象，在研究内容上包括课程目标、课程内容、课程实施、课程评价、教学设计、教学原则、教学方法等。从学科发展史上看，课程与教学论研究源远流长。例如，劳顿指出课程研究的基础学科应该包括心理学、哲学和社会学；泰勒则认为课程目标来源于对学生的研究、对当代社会生活的研究；也有学者认为，心理健康问题跟教学紧密相连，有时甚至很难区分出哪些现象属于心理学范围，哪些现象属于教学论范围。① 可以说，心理健康问题从多角度和多方面对课程与教学论产生影响，相关心理健康理论和方法成为课程与教学论发展的重要基础，也给心理健康教育带来巨大挑战。② 课程与教学论对心理健康问题的研究主要涉及心理健康课程教学的目标与内容、原则与方法、过程与评价三方面，它们构成了心理健康教育课程与教学论的基础。学生的身心健康、全面可持续发展是学校课程教育的主要目标，心理健康教育则是促进学生心理发展的重要手段③，并被有机融入课程与教学论中④，这既丰富了课程与教学论的内容，也促进了课程与教学论研究的科学化。⑤

————————

① 施良方：《课程理论——课程的基础、原理与问题》，23 页，北京，教育科学出版社，1996。

② P. Y. Collins, V. Patel, S. S. Joestl, et al., "Walport M. Grand challenges in global mental health," *Nature*, 2011, 475(7354), pp. 27-30.

③ 俞国良：《心理健康教育学：心理学与教育学的交叉融合研究》，载《教育研究》，2018(9)。

④ M. Atkins, K. Hoagwood, K. Kutash, et al., "Toward the integration of education and mental health in schools," *Adm Policy Ment Health*, 2010, 37(1-2), pp. 40-47.

⑤ S. Kutcher, H. Gilberds, C. Morgan, et al., "Improving Malawian teachers' mental health knowledge and attitudes: An integrated school mental health literacy approach," *Global Mental Health*, 2015, 2(e1), pp. 1-10.

一、课程与教学论对心理健康教学目标与内容的研究

在宏观上，课程与教学论的理论前提是通过课程来实现育人的目标。它把教学目标分为三个领域，分别为：认知领域（cognitive domain），主要指学习知识，包括记忆、理解、应用、分析、评价和创造；动作与技能领域（psychomotor domain），主要指运用知识完成一些任务，并能解决问题，包括模仿、操作和迁移；情感领域（affective domain），主要指学习过程中的心理活动和感受，包括经历感受、反应认同和领悟内化。[①] 在课程与教学过程中，无论教师是否意识到，学生在接受知识的同时，其心理也发生着变化。这种心理的变化，不仅有积极方面的变化，也有消极方面的变化。心理学家和教育学家对学生行为变化的研究，也促进了课程与教学的科学发展。行为主义心理学家强调由简至繁的积累，他们把刺激与反应作为行为的基本单元，学习就要加强刺激与反应之间的联系。根据这一原则，课程目标的设计就要符合特定的要求，并引入学生的心理健康问题。根据课程目标，把课程内容按由简单到复杂的顺序进行设计。[②]

具体就心理健康课程与教学而言，在教学目标上，课程与教学论秉持整体论的观点，认为当今的心理健康教育目标应包括在有效的学校教育目标内，即推进教育教学和心理健康的整合。为了对这个互惠议程奠定坚实的基础，最近的教育改革特别强调学校需要改变心理健康教育的基本框架。这一变化涉及承认一系列新的优先事项，其中包括：利用学校内的自然资源来实施和维持对学生学习、情感、行为健康的有效支持；纳入综合教育模式中，以加强学习和促进健康；注意改善所有学生的教育成果，包括那些有严重情感、行为需求的学生；并加强父母的积极参与。[③]因此，以学生心理健康为核心的家校、社区整体

---

① L. W. Anderson, D. R. Krathwohl, P. W. Airasian, et al., *A Taxonomy for Learning, Teaching, and Assessing: A Revision of Bloom's Taxonomy of Educational Objectives*, New York, Longman, 2001.

② 陈旭远：《课程与教学论》，54 页，长春，东北师范大学出版社，2007。

③ S. Kutcher and Y. Wei, "School mental health literacy: A national curriculum guide shows promising results," *Ed Can*, 2014, 54, pp. 22-26.

积极健康发展是心理健康课程和教学的主要目标。

在教学内容上，课程与教学论对心理健康问题的讨论由来已久，各学派观点各异，但基本与其教学目标一致。例如，夸美纽斯、卢梭等人将课程与教学跟心理健康真正地建立联系，他们主张按儿童的心理发展来安排教学；亚里士多德划分的教育阶段不仅以儿童的年龄为基础，还结合心理学，强调课程与教学要适应儿童的年龄特征，在知识安排上要由近及远，由易到难，由具体到抽象；裴斯泰洛齐首次明确提出心理发展作为课程与教学的基础；赫尔巴特从心理学的角度探索了课程和教学的问题，他认为课程与教学论的目的是形成"统觉"，以丰富的知识充实心智；布鲁纳强调在课程内容设计上，让学生掌握学科的基本结构，要求在设计教学内容时，要设计与不同年龄儿童相适应的课程，即学科基本结构。[1] 人本主义学派则认为课程与教学既不是要教学生学会知识技能，也不是要教学生学会认知，而是要为学生提供一个促进学生学习的情境。课程不仅应该关注怎样确定课程的目标，怎样选择课程的内容，如何采取实施方式，而且应该更多地关注哪些课程内容对学生有意义，学生如何能最有效地投入学习中。所以，教学目标不仅在于促进知识的积累和技能水平的提高，还要培养学生健全的人格和人性。

毫无疑问，在教学目标与教学内容上，心理健康课程与教学要有目的和有计划地应用心理学和教育学的基本原理、方法、技能，并根据学生在各个阶段身心发展的特点，预防其在学习过程中的心理障碍问题，提升心理健康水平，同时优化学生的心理素质，开发学生的心理潜能，进而促进学生实现自身价值。首先，统筹合理安排课程、教材、教法、考试等方面的内容。课程、教材、教法等方面的内容，都是课程与教学论的重要组成部分，对学生的心理健康状况，会产生直接或间接的影响。学生的诸多不良问题，如厌学、逃学、批判性思维缺乏、考试焦虑等心理健康问题与当今的课程与教学问题密不可分，如课程与教学的课程繁杂、教材较难、教法单一等，并且与只关注学习成绩的选拔性考

---

[1]　陈旭远：《课程与教学论》，54 页，长春，东北师范大学出版社，2007。

试都有直接关系。其次，在教学内容上，关注心理健康素养的培养。一方面，推进心理健康课程和教学建设是预防、减少耻辱感和自卑感的基础；成功应用学校心理健康教育课程资源可能是提升教师心理健康素养的有效方法，并有助于改善学生的心理健康问题。① 另一方面，在课堂中促进嵌入式心理健康教育资源，可促进师生在心理健康知识上得到持续改善，并减少学生学习态度方面带来的消极影响。②

二、课程与教学论对心理健康教学原则与方法的研究

课程与教学论关注心理健康问题的目的在于消除教学设计、评价和管理中不利于学生心理健康的因素，预防由此而导致的学生心理失常，使学生能在更加宽松、愉快、和谐的氛围中，在减少心理压力的状态下学习。对此，中外传统教育思想中的教育原则，为实现这一目标提供了丰富的"养料"，指导着前人和当代的心理健康课程与教学实践，如孔子"因材施教"的教学原则突出关注学生学习过程中的心理差异；赫尔巴特则从心理学的角度指出课程设置、教材安排和教学方法必须要遵循"新旧观念相类"的原则；夸美纽斯强调"循序渐进"的教学原则。具体而言，根据课程与教学论的基本原理，心理健康课程与教学要遵循以下原则③：①民主自治原则。在课堂教学中渗透心理健康教育，主要体现在民主自治原则上。教师要实行对课堂教学的民主化管理。培养学生积极参与和合作的意识，以积极的指导取代消极的限制。一旦学生在课堂教学过程中发生了错误的行为，应坚持正面的教育，切忌体罚。正面教育的目的是培养学生自动、自发、自强、自律的能力，维护和增进学生的心理健康。②积极情绪原则。学生在课堂上的情绪问题，是学生参与课程与教学的重要指标，对学生

---

① S. Kutcher and Y. Wei, "School mental health literacy: A national curriculum guide shows promising results," *Ed Can*, 2014, 54, pp. 22-26.

② K. Hoagwood and H. D. Erwin, "Effectiveness of school-based mental health services for children: A 10-year research review," *Journal of Child and Family Studies*, 1997, 6, pp. 435-451.

③ 刘视湘、郑日昌：《中学生心理健康教育》，北京，开明出版社，2012。

的学习成绩有显著的影响。学生以积极饱满的热情参与课堂教学，会主动动脑思考，提高课堂知识的吸收率。教师可以通过创设积极环境营造良好的课堂氛围，创设安全的教学环境，接纳学生，并使学生在相互认识的基础上互相接纳，形成一种师生间、学生间彼此接纳的课堂心理氛围，促进每个学生形成积极的自我认知，调动学生的成就动机，促使学生积极参与学习。③成功体验原则。教学不仅要让学生掌握知识，同时，更要让学生在学习和掌握知识的过程中获得成功的喜悦，使学生变得自信，达到促进学生心理健康的目的，这也是课程与教学的重要目标，也是增强学生心理健康的重要途径。这就要求教师设计合理的教学目标，帮助学生确定适合自己的个人目标，发现每个学生的兴趣、特长、爱好、禀性等，了解每个学生个性的发展情况，给予正确的引导。适中的目标至关重要，因为如果目标过低、缺乏挑战性，就会失去对学生的激励作用；如果目标过高，学生会因为过多的失败而却步，感觉伤到自尊而自暴自弃、消极对待，不利于心理健康的发展。[1] ④个别辅导原则。在课程与教学过程中，要注意观察学生的心理状态，这样能更好地发现学生的心理健康问题，并进行有的放矢的个别辅导。学生在学习过程中，随时都会出现在学习态度、方法、情绪、人际关系等方面的各种心理健康问题。这就要求教师善于发现学生的行为，找到和捕捉学生行为背后的心理健康问题，做出判断，并积极采取相应的方案，进行有针对性的辅导，从根本上帮助学生解决心理健康问题。[2]

教学方法是教师为了实现学生心理健康的教学目标，组织和引导学生进行以专门科目为主的学习活动所采用的方式、方法、程序的总和。不同的教学方法都有独特的教学功能，并且贯穿于学生学习和活动的整个过程。适用于解决心理健康问题的主要教学方法包括以下几种：①以语言传递知识为主的教学方法。教师通过言语向学生传授知识，是当今主要的教学活动方法。这类方法包

---

① J. L. Brown, S. M. Jones, M. LaRusso, et al., "Improving classroom quality: Teacher influences and experimental impacts of the 4Rs Program," *Journal of Educational Psychology*, 2010, 102, pp. 153-167.

② M. Atkins, S. Frazier, S. Leathers, et al., "Teacher key opinion leaders and mental health consultation in urban low-income schools," *Journal of Consulting and Clinical Psychology*, 2008, 76, pp. 905-908.

含以下 3 种：讲授法，即教师通过语言系统向学生传授知识、促进学生心理健康发展的方法；谈话法，即教师和学生的心灵会更近，是一种心灵感化心灵、智慧点燃智慧的方法；讨论法，即讨论在课堂上无处不在，师生之间、生生之间的对话、交流、问答都会对学生心理健康教育起到至关重要的作用。②以感知为主的教学方法。① 教师演示实际物体和组织专门的参观，通过形象、具体、真实的物体，激发学生在学习过程中的学习兴趣。这类方法包括以下两种。一是演示法。教师通过示范，增强学生的感性认识，加强学生对教学过程的印象，激发学生学习探索新知识的欲望。二是参观法。教师根据教学要求，组织学生到博物馆、工厂等实际场所进行参观。③以实际训练为主的教学方法。在教师的指导下，学生通过练习，巩固和完善所学的知识、技能和方法，并向更高层次发展的一种最常用的教学方法。这类方法包括以下 3 种：练习法，是学生在教师指导下运用知识反复进行练习，在练习过程中要注重多样性，调动学生的积极性；实验法，是指教师指导学生运用仪器和设备辅助作业，以获得知识的方法，有助于培养学生探索创造的精神和严谨的科学态度；社会实践法，学生参加社会实践活动，来培养学生解决实际问题的能力的教学方法。④以情境为主的教学方法。教师根据教学目标和教学内容营造学习氛围，对学生进行情感熏陶，激发学生学习情绪，使学生能够全身心地投入学习过程中。这类方法包括以下两种欣赏教学，是指创设一定的教学情境，使学生通过体验陶冶情操养成良好的学习态度和学习兴趣的方法。对道德品质的欣赏，对科学真理的追求，培养知、情、才兼备的教育方法。情景教学法，是指在教学过程中，教师有目的地引入或创设一定的场景，以引导学生对情感态度的体验，进而帮助学生理解教材，并使学生的心理健康得到发展的教学方法。教育研究者和实践者李吉林将此方法归纳为暗示诱导法、情感驱动法、心理场整合和角色转换。②

---

① M. Wagner, M. Friend, W. D. Bursuck, et al., "Educating students with emotional disturbances: A national perspective on school programs and services," *Journal of Emotional and Behavioral Disorders*, 2006, 14, pp. 12-30.

② 李吉林：《情境教育三部曲》，209 页，北京，人民教育出版社，2006。

三、课程与教学论对心理健康教学过程与评价的研究

教学过程是心理健康课程与教学实现的关键环节，而教育评价则既是课程与教学的终点，也是其起点，是整体提升心理健康课程与教学过程有效性的关键环节。其中，就教学过程而言，课程与教学论的经典研究为心理健康课程与教学过程提供了参考。例如，赫尔巴特把教学过程划分为四个阶段，分别是：①"明了"，即教师向学生明确地教授新知识；②"联想"，即把新知识与旧知识联系起来；③"系统"，即教师对课程进行概括和结论；④"方法"，即让学生把所学的知识应用在实际问题、作业中等。赫尔巴特指出，这四个阶段对应的心理要求分别是"注意""期待""探究""行动"。亚里士多德强调在学习过程中要考虑学生的特点，首先从感官活动开始进行观察，其次在理解的基础上进行记忆，最后进行实际的应用。人本主义学派则认为，教学过程就是一种社会的互动过程，教师与学生、学生与学生之间应为一种平等、民主、互利的关系，并且这种关系相互认同、相互尊重、相互理解，强调情感对学习的重要性，以及思维、行为和情感三者之间整合的必要性。

基于上述不同理论观点，在具体的教育实践过程中，维护学生心理健康的教学过程是一个以学生活动为主、促进学生身心发展的过程。具体表现为以下两方面。首先，关注学生的课堂表现。[1] 课程与教学是学校的主要任务，学生的大部分时间都是在课堂中度过的。因此，在课堂教学中，学生会表现出他们心理的状态、心理的品质、人际关系、适应能力。并且，学生的不适应行为、心理健康问题也容易在教学和课堂中表现出来，教师可以在第一时间内更清晰、真实地发现学生的心理健康状况，进而及时有效地采取预防和补救办法。其次，

---

[1] A. McLuckie, S. Kutcher, Y. Wei, et al., "Sustained improvements in students' mental health literacy with use of a mental health curriculum in Canadian schools," *BMC Psychiatry*, 2014, 14(1), p. 379.

关注课程与教学过程对学生心理健康的影响。[1] 在课程与教学中，不同程度地存在着一些引发学生心理障碍或者已经造成轻微的心理障碍、征候行为，对学生的心理健康问题起到了负强化的作用。所以，教师在课程与教学中要积极采取措施，净化课程环境，对个别学生进行心理辅导或心理咨询，削弱危害学生心理健康的因素，从而促进学生心理健康。

在教育评价上，课程与教学论的评价包括了教学评价和课程评价两个主要部分。教学评价是指教师的教学过程与学生的学习过程是否相统一，通过教学活动收取有效的信息，给出有价值的判断。课程评价指根据心理健康课程的标准，通过收集有关信息并运用定性、定量等方法，对课程的教学目标和内容、实施过程和方法给出有价值的判断。对此，不同课程与教学论流派有着不同的评价尺度。以布鲁纳的教学目标分类法为例，该方法强调要用学生外显的行为来陈述教学目标。教学目标的制定是为了客观的评价，只有外显的教学目标才可以客观地测量学生的表现[2][3]，该评价方法以行为主义心理学思想为指导，注重教学目标的外显，以及在教学过程中学生行为与外化目标的监督。强调对教学结果的反馈，并适时给予强化，着重行为目标和基本技能的训练。同时，教学评价的主要内容是对教师教学工作的评价。在对教师教学进行评价时，主要考察：教学设计的评价，包括教学目标、教学内容、教学策略、教学环境的评价等；教学实施的评价，包括教师备课、上课、课后辅导、作业批改指导的评价等。同时还要对学生的学习进行评价，不仅要关注学生对知识的掌握程度，还要关注通过评价，是否促进了学生学习的健康发展。当代心理健康教育强调以人本主义思想为指导，从积极的人性观出发，强调自我完善与自我实现。因

---

[1] S. Foat, I. Risk, H. Masters, et al., "Mental health service user involvement in education. Exploring the issues," *Journal of Psychiatric and Mental Health Nursing*, 2000, 7, pp. 51- 57.

[2] S. Kutcher, Y. Wei, A. McLuckie, et al., "Educator mental health literacy: A programme evaluation of the teacher training education on the mental health & high school curriculum guide," *Adv Sch Ment Health Promot*, 2013, 6 (2), pp. 83-93.

[3] M. Weist, N. Lever, S. Stephan, et al., "Formative evaluation for high quality, evidence-based services in school mental health," *School Mental Health*, 2009, 1, pp. 196-211.

此，课程评价重视学生心理问题的调适与解决，以及在此过程中心理素质的发展和心理潜能的开发。

四、课程与教学论对心理健康问题研究的展望

综上所述，课程与教学论对心理健康问题的相关研究，促进了心理健康课程与教学理论与实践的科学发展。心理健康课程有别于其他学科课程，以应用心理健康理论与方法解决学生现实生活中的心理困扰与行为问题、发挥其潜能为目标，以尊重个体心理发展规律与特点为原则，以学生学习生活经验而非心理学科知识为中心与主要内容，强调教学的过程性和对该过程的评价。未来，为促进心理健康课程与教学研究的进一步发展，实现相关目标与内容、原则与方法、过程与评价的统一，我们的研究与教育建议如下。

首先，应明确心理健康课程与教学原则，实现目标与评价标准的统一。现代心理健康课程与教学原则基于以人为本的原则，具体体现为主体性的学生观和知识观、发展性的课程与教学目标观；学生是课程与教学的主体，教师起调动学生积极参与学习的作用；教学目标是把知识、技能融为一体，培养学生在掌握心理健康知识和技能的同时，能够运用知识和技能解决实际问题，为未来终身学习打下良好的基础。[①]

其次，丰富心理健康课程与教学内容，注重内容实施过程的研究。在课程与教学中，教师不仅要掌握心理学科专业知识和教学知识，更需要了解学生的心理发展动态，学习和掌握心理辅导技能等。现代心理健康课程与教学发展目标是，教育要促进学生的各种心理品质的发展：一方面，要求教师了解自己所教的学科知识，要让学生在掌握知识的同时，促进学生的人格发展。教师必须挖掘教材的知识价值和精神价值，使教学内容有意义，激发学生学习的兴趣，

---

① J. M. Caccamo, "Sharing the vision: Healthy achieving students. What can schools do?" *Journal of School Health*, 2000, 70(5), pp. 216-218.

吸引学生的注意力，还要能够增强学生的自信心；另一方面，教师还要了解学生各种心理品质的发展规律，观察学生，更好地评估学生的发展水平并能进行有效的心理干预，这是现代教师在课程与教学中更加需要具备的能力，也是在课程与教学中渗透心理健康教育的根本基础。① 在实施过程中，教师要注意教学的形式，提倡民主，以学生主动学习为主。教师尊重学生，理解学生，站在学生的角度，让学生真正成为学习的主人，在平等、民主、协助、竞争的环境下，让学生主动参与到课程与教学过程中，发展学生的主动性，才能更好地促进学生良好的心理素质和良好的人际关系。②

最后，改进心理健康课程与教学方法，注重教师自身的心理健康发展对学生的示范性作用。优良的课程与教学，必须渗透心理健康的思想，心理健康辅导课程与教学是分不开的。对于大部分课程与教学来讲，不必把心理健康课程单独分离出来，而应把心理健康理念渗透于日常学校教育教学方法研究中。教师需要在课程与教学中创设相应的教学环节和活动，吸引学生参与课堂活动，使学生和教师消除冲突、矫正心理健康问题行为，努力在授予学生知识技能、发展学生能力和创造力的同时，维护和增进学生的心理健康，健全学生的人格。同时，优秀教师自身就是一门课，通过建立现代化的合作、互动、和谐的师生关系对学生产生影响力，教师不以教育者自居、不训斥、不向家长告状等方式使学生服从课程与教学③，尊重学生的个性差异和特长发展，根据学生多方面的能力，在一种相互尊重、理解、帮助、关怀、信任、谅解的和谐氛围中，促进学生心理健康发展。

---

① K. J. Weston, D. AndersonButcher, and R. W. Burke, "Developing a comprehensive curriculum framework for teacher preparation in expanded school mental health," *Advances in School Mental Health Promotion*, 2008, 1 (4), pp. 25-41.

② J. Wyn, H. Cahill, R. Holdsworth, et al., "MindMatters, a whole-school approach promoting mental health and wellbeing", *Australian and New Zealand Journal of Psychiatry*, 2000, 34, pp. 594-601.

③ S. Kutcher, Y. Wei, and M. D. Weist, "Global school mental health," in *School Mental Health: Global Challenges and Opportunities*, Cambridge, Cambridge University Press, 2015, p. 299.

第十八章

────────

心理健康框架下的生涯教育：以课程标准为例

中等职业教育是我国国民教育体系的重要组成部分，培养具有高水平高素质的中职学生是促进我国社会主义现代化建设事业蓬勃发展，提升国民择业、就业、创业能力的必然要求。为了对中职学生适应未来社会的核心素养、关键能力打下坚实的思想政治素质基础，教育部启动了《中等职业学校思想政治课程标准》的研制工作。这次中等职业学校思想政治课程标准编制的一个特色，是将原来的"心理健康"从选修课程变为必修课程，并与"职业生涯规划"课程合并，作为中等职业学校思想政治课程的一个组成部分，即"心理健康与职业生涯"课程。本文将在心理健康框架下诠释职业生涯教育，通过对"心理健康与职业生涯"新课程标准文本的定量和定性分析，深入解读与诠释新课程标准的新特点，并对"心理健康与职业生涯"新课程的实施提出相关建议。

一、心理健康框架下的生涯规划与生涯教育

目前研究者普遍认为，生涯规划是个体在统筹考虑自我的智力、能力、职业偏向、价值观，以及面临的外界困难和机遇基础上，规划未来生涯发展历程，做好充分准备，调整和摆正位置，在社会和人生中正确定位自我，以实现社会适应和个人发展。① 而在各级各类学校开展的以"生涯规划"为核心的教育活动与课程，就是生涯教育。毫无疑问，生涯规划是一种主动的、不断调整的、具有创造性的动态过程，是实现价值感、成就感和获得感的有效行动计划；而心

──────────

① 黄天中：《生涯规划——理论与实践》，7 页，北京，高等教育出版社，2007。

理健康是一种相对稳定的心理状态和良好的适应状态，是个体进行合理生涯规划，获得职业发展的前提和保证。① 生涯规划与心理健康是相互联系、相互促进和互为因果的动态关系。

(一) 心理健康是生涯规划的基础

从人的毕生发展看，生涯是个体心理与外部社会环境发生相互作用的产物，生涯交织在个体发展的生命广度和生活空间，处于动态而复杂的状态中。② 个体设计与实施生涯规划，心理正常或心理健康是基础。

从生命的广度分析，个体从儿童、青少年、中年到老年，在生理和心理方面经历着从不成熟到成熟再到衰老的过程。职业生涯面临从学校到职场的转变，从一个岗位到另一个岗位的转变，从一个职业到另一个职业的转变。每每进入新的阶段、新的环境，个体都面临着从不适应到适应、从不平衡到平衡的变迁中。正常而稳定的心理健康状态是开展生涯规划的必要准备，通过对自我形成稳定的认识，做好自我管理和调适，才能为未来复杂多变的生涯做好规划。从生活空间的角度考察，个体不仅在不同生涯阶段扮演不同的社会角色，而且在同一阶段扮演不同角色，并经历着角色的变化和转换。例如，个体在青少年时期扮演了学生、子女，成年后，扮演了职员、父母、子女、配偶等多个角色。在成长过程中面临不断变化，生活空间不断拓展，个体需要对扮演的各种角色进行有机的协调与整合。② 只有在心理健康状态下，个体才能形成完整的自我概念，正确认识成长的自我、自我与他人、自我与社会、自我与世界的关系及其关系的变化，在此基础上才能辩证地看待职业变化，做好生涯规划。

(二) 心理健康决定生涯规划的质量与效率、方法与路径

现代社会信息量极大丰富，环境不确定性增强，社会变迁速度加快，个体

---

① Robert G. L. Pryor and Jim E. H. Bright, "Applying chaos theory to careers: Attraction and attractors," *Journal of Vocational Behavior*, 2007, 71(3), pp. 375-400.

② 俞国良、曾盼盼:《心理健康与生涯规划》, 载《教育研究》, 2008(10)。

的学习、生活、成长、职业等社会环境的变化更加频繁。而生涯规划只能由自己来完成，具有不可替代性，心理健康状态决定了生涯规划的主动性与积极性，即生涯规划的质量和效率。因为每个个体的生涯都是充满变化与稳定、成长与危机、适应和冲突、有序和无序，心理健康状态下的生涯规划是一个主动、积极探索的动态过程，而不是被动接受的结果。在探索过程中，个体能辩证地看待成长中的矛盾和冲突，并以此为契机，解决个人经验与环境的冲突，通过有目的的计划和调整，才能达到平衡和适应。

生涯规划的方法需要通过探究学习和体验学习来掌握，而不能仅通过传统的知识学习来获得。生涯规划不是一次性完成的，也不是不能调整的、一成不变的。个体的心理健康决定了生涯规划的方法和路径，个体在生涯规划过程中，是否具有完好的人格结构、自我认知、社会认知、情绪调适、心理弹性、克服挫折的能力，在很大程度上会影响并决定个体能否积极探索生涯人生。因此，教师在开展生涯教育过程中，需要通过鼓励学生身体力行，在探索中不断感悟、反思、领会，才能培养他们利用内部和外部资源发掘个人潜力，培养个人兴趣，内化价值观和人生观，实现生涯目标。这也是心理健康教育的主要任务。

(三) 心理健康与职业生涯规划互为因果、相互促进

个体的职业生涯规划与心理健康是互为因果、相互促进的。个体的心理适应与职业适应相互关联，不能割裂。[1] 职业是个体与社会联结的重要纽带，个体正确认识自我、培养健全人格、养成成熟心智的健康心理状态是从事某种职业、做好生涯规划的前提；面向中职学生实施生涯教育，帮助学生做好职业规划，使他们在职业生涯中不断成长，达到心理健康的目标。有研究发现，青少年期的生涯认知、生涯探索、职业准备有助于提高社会适应性，提

---

[1] A. R. Spokane, "Are there psychological and mental health consequences of difficult career decisions?" *Journal of Career Development*, 1989, 16(1), pp. 19-23.

升个体幸福感。① 一句话，心理正常或心理健康是做好职业生涯规划的前提，也是实施生涯规划，实现个人发展的心理结果，同时也是下一个阶段生涯的心理准备。

二、中职"心理健康与职业生涯"新课程标准文本分析

在上述心理健康的框架下，认真分析与解读"心理健康与职业生涯"新课程标准，能为下一步课程标准的实施提供有效建议。我们采用量化研究和质性研究相结合的方式，通过对比分析"心理健康与职业生涯"新课程标准和教育部有关职业生涯和心理健康的政策文本，深入剖析"心理健康与职业生涯"新课程标准的特点。

(一)"心理健康"与"职业生涯规划"教学大纲文本的分析

我们使用在线词频统计软件"图悦"作为研究工具，对 2004 年教育部印发的《中等职业学校学生心理健康教育指导纲要》，以及 2008 年教育部颁布的中等职业学校"职业生涯规划"和"心理健康"课程教学大纲等相关文件进行了文本分析。

在文本分析框架上，按照两个教学大纲的基本内容，将关键词分为职业生涯、心理健康、教育教学指导三大类。职业生涯包括职业观念、职业理想、生涯规划、就业与创业 4 个二级指标。心理健康包括学会学习、认识自我、情绪调节和人际关系 4 个二级指标。根据词频分析软件分析结果，按照词频从高到低，筛选出关于职业生涯、心理健康、教育教学指导的前 50 个关键词。关键词分析见表 18-1。

---

① L. McKenna, L. McCall, and N. Wray, "Clinical placements and nursing students' career planning: A qualitative exploration," *International Journal of Nursing Practice*, 2010, 16(2), pp. 176-182.

表 18-1 "心理健康与职业生涯规划"教学大纲的文本分析

关键词类别		关键词（词频）
职业生涯规划(72)	职业观念	树立(16)观念、认知(14)择业观(5)
	职业理想	职业理想(19)发展目标(15)
	生涯规划	规划(49)素质(27)实践(18)专业(17)科学、兴趣(16)
	就业与创业	就业(27)创业(26)创新(9)从业者(4)
心理健康(94)	学会学习	学习(78)知识(21)学会(17)
	认识自我	认知(14)自信、性格、生理(4)
	情绪调节	调适(21)压力(15)情感(12)情绪(10)挫折(8)焦虑(6)
	人际关系	交往(9)师生(6)环境(5)同伴(4)人际(4)
教育教学指导		教学(115)教育(87)评价(50)培养(34)体验(13)角色(11)引导、辅导、开发(8)培训(7)训练、激励(5)传授、实训(4)

表 18-1 中的文本分析结果表明，2008 年教育部颁布的"心理健康"与"职业生涯规划"两个教学大纲既相互区别，又相互联系。主要表现在以下几个方面。

第一，从课程性质看，"心理健康"和"职业生涯规划"是相对独立的两门课程。"心理健康"课程聚焦于提高学生心理素质，帮助学生了解心理健康知识，掌握心理调节方法，学会处理学习与生活中的心理行为问题，实现心理健康发展。"职业生涯规划"课程聚焦于帮助学生结合自己的兴趣和社会需要，树立正确的职业观念和远大职业理想，顺利实现择业、就业、创业。

第二，从课程内容看，"职业生涯规划"是德育与心理健康的中介和桥梁。在改革开放的时代背景下，德育工作需要培养学生的品格修养，帮助他们树立正确的价值观，为社会主义建设事业贡献力量。[①] "心理健康"课程旨在培养学生良好心理素质，促进身心和谐发展。"职业生涯规划"课程将学生个体的特点与社会需要联结起来，是德育与心理健康教育的中介和桥梁。在心理健康框架下，培养学生职业生涯规划的能力，可以更好地实现德育的目标，有利于培养

---

① 陶陶、付欣：《习近平新时代中国特色社会主义德育思想的精神实质与时代意义》，载《教育理论与实践》，2019，39(6)。

身心健康发展、有责任有担当的社会主义建设者和接班人。

第三，从课程目标看，职业生涯规划与心理健康殊途同归。马斯洛的需要层次理论指出最高层次的需要是自我实现的需要。自我实现是心理健康的最高追求，个体能够最大程度地发掘自我潜能，达到个人最理想的状态，体现最大限度的个人价值和社会价值。自我实现也是生涯规划的目标，生涯规划不是单纯地"挑个好专业"或者"找个好工作"，不仅是满足个人的低层次需要，更重要的是个体通过不断探索自我，发现自己的优势与不足，结合自身特点，追求更高的目标，从事有创造性的工作，实现更高的人生品质。

(二)"心理健康与职业生涯"新课程标准文本分析

"心理健康与职业生涯"新课程标准的编制，在内容上将心理健康与生涯规划有机整合，在编制思路上，从自我成长的角度，按照"社会我""个体我""人际我""现实我""职业我"和"理想我"的逻辑思路进行系统设计。因此，在文本分析框架上，我们从自我的六个角度出发，按照词义将关键词筛选分类，筛选出词频最高的 50 个关键词进行分析，并与前述"心理健康"和"职业生涯规划"两个教学大纲的文本进行对比分析。"心理健康与职业生涯"新课程标准的文本分析见表 18-2。

表 18-2 "心理健康与职业生涯"新课程标准文本的对比分析

分析结构		关键词(词频)	两个大纲对应关系
心理健康与职业生涯	社会我	职业生涯规划(21)	生涯规划
		社会发展(7)精神(6)新时代(3)树立(3)	职业观念
	个体我	心理(20)评价(10)生理(2)自信(2)	认识自我
		情绪(12)挫折(5)调节(4)	情绪调节
	人际我	交往(6)同伴(5)校园、师生关系(4)父母、同学(3)亲子(2)	人际交往
	现实我	学会(8)冲突(6)学习能力、困难(4)	学会学习
	职业我	职业生涯发展(8)素养(7)专业(6)劳动(4)创新(3)从业者、就业(2)	职业素养
	理想我	规划(23)理想(8)梦想(4)	职业理想

分析结构	关键词（词频）	两个大纲对应关系
教育教学指导	探讨、议题（20）角色扮演（8）策略（8）小组（6）体验（5）访谈（5）情景剧（4）案例（4）头脑风暴、劳模、表演、座谈、训练、实践、演讲、引导（3）	教育教学指导

根据表 18-2 中的结果发现，"心理健康与职业生涯"新课程标准中自我的关键词结构，对应"心理健康"与"职业生涯规划"两个教学大纲的 8 个二级指标，并在词义上与"心理健康"与"职业生涯规划"两个教学大纲的文本整体表现出高度一致性，同时也表现出新的特点。"心理健康与职业生涯"新课程标准覆盖了国家和政府关于中等职业学生职业生涯、心理健康的有关要求，有机结合了中职学生心理成长和职业发展的元素，给出了多元、生动、可操作的教育教学指导，具有继承性、发展性和时代性。具体表现在以下几个方面。

1. 有机整合了"心理健康"与"职业生涯规划"两个教学大纲

心理健康教育与职业生涯教育相辅相成、相互联系。此次新课程标准的编制，在内容上将个体心理健康与职业生涯规划有机整合起来，表现在将个人发展与职业理想、自我心理特点与职业发展、人际交往与健康生活、学会学习与职业素养、个人理想与职业规划结合起来，帮助学生在心理成长过程中做好职业生涯规划，在职业生涯规划中实现自我成长。

2. 其核心内容与"心理健康"与"职业生涯规划"两个教学大纲保持一致性、稳定性

词频对比发现，"心理健康与职业生涯"新课程标准的核心概念，与以往关于中职生"心理健康""职业生涯规划"两门课程核心内容保持一致性和稳定性，表现为一半以上核心概念词义重合。在"心理健康"方面表现在：引导学生学会从自我评价和他人评价中，客观认识自我；引导学生学会情绪调节，正确面对挫折、压力；引导学生与教师、同伴、父母和谐相处，建立积极健康的人际关系；掌握科学的学习方法，培养学习兴趣，激发学习动机。在"职业生涯"方面表现在：引导学生结合自身特点、专业和兴趣，根据社会发展的需要，树立职业观念，做好生涯规划，培养职业素养，打造理想自我，实现人生梦想。

3. 新课程标准体现了从"小我"到"大我"的逻辑思路

"心理健康与职业生涯"新课程标准的编制，按照从"小我"到"大我"的内在逻辑，系统设计了"时代导航　生涯筑梦""认识自我　健康成长""立足专业谋划发展""和谐交往　快乐生活""学会学习　终身受益""规划生涯　放飞理想"六个单元。由"个体我"到"人际我"，培养学生从正确认识自己到与同伴、父母、老师和谐相处；由"现实我"到"理想我"，培养学生辩证地认识挫折、冲突，不断成长，实现理想自我；由"职业我"到"社会我"，学生结合个人特点选择职业，为国家富强、社会发展贡献力量。

4. 积极融入了中国特色社会主义新时代的元素

我国进入中国特色社会主义新时代，在经济全球化、信息技术飞速发展、社会变迁加快的背景下，国家对人才培养提出更高的要求。实现"两个一百年"的奋斗目标和中华民族伟大复兴的"中国梦"需要一支知识型、技能型、创新型劳动者大军。"心理健康与职业生涯"新课程标准，作为指导中等职业学校教师教学和学生学习的基本遵循，体现了时代性。

一是融入了"新时代"元素。"心理健康与职业生涯"新课程作为中等职业学校思想政治课程的重要组成部分，具有鲜明的政治性和导向性，关系到培养什么人和怎样培养人的问题。新时代的背景和特征，要求中等职业学校在教育教学中，必须将学生的职业理想与新时代的社会理想结合起来，将个人发展与国家发展结合起来。除了新时代的特征之外，"大国工匠""工匠精神"等时代名词多次出现，体现了新时代背景下对职业教育的新要求、新目标，引导新时代的中等职业学校学生践行精益求精、专注创新、持之以恒的敬业精神。

二是更多使用"素养"。中等职业学校思想政治课程标准中将"职业精神"和"健全人格"作为中等职业学生的核心素养之一。核心素养是学生应具备的，能够适应终身发展与社会发展需要的必备品格和关键能力。① 素质更强调个体先天的条件，而素养强调通过后天的学习和训练可以培养的品质。此次新课标中使用"素养"，融合了最新的课程理念，引导中等职业学校培养学生适应时代发展与终身发展的必备品格和关键能力。

三是加强对"劳动教育"的重视程度。词频分析发现，此次"心理健康与职业生涯"新课标中多次出现"劳动""劳模"等概念，充分体现了新课标对劳动教育的重视。在 2018 年全国教育大会上，习近平总书记明确指出，要培养德智体美劳全面发展的社会主义建设者和接班人；要引导学生崇尚劳动、尊重劳动，能辛勤劳动、诚实劳动、创造性劳动。

5. 进一步丰富了"心理健康与职业生涯"新课程的教育教学方法

在教育教学指导方面，以往关键词体现出宏观指导性，如"评价""培养""传授""训练""引导""体验"等，此次新课程标准给出了更多元化、具体可操作的教学指导建议。例如，在新课程标准中，要求根据课程内容设计关于职业发展、职业理想、师生关系、同伴关系等议题，组织学生开展头脑风暴、社会调查、主题演讲、人物访谈、角色扮演、案例分析、小组讨论、情景剧等丰富的课程活动，为下一步课程标准的实施提供具体可操作的教学活动建议。

三、对中职"心理健康与职业生涯"新课程标准的实施建议

(一)把握课程定位

"心理健康与职业生涯"新课程是中等职业学校思想政治课的重要组成部分。把该课程定位为思想政治课程必修课的一部分，不仅具有强制性，并且发挥着其他思想政治课程不可替代的作用。这不仅是培养中等职业学生健康心理品质和良好职业素养的需要，也是我国社会主义现代化建设事业的需要。

---

① 核心素养研究课题组：《中国学生发展核心素养》，载《中国教育学刊》，2016(10)。

　　中等职业教育属于高中阶段教育的一部分，中等职业学校学生不同于普通高中生，也不同于即将就业创业的大学生。中职学生处于青春期这个特殊阶段，心理发展过程中面临的各种心理问题和心理冲突尤为突出，而毕业之后又面临职业选择和职业适应。因此，在中等职业教育阶段开展心理健康与职业生涯教育尤为必要。研究指出，职业选择结果受到个人特点、心理能力和职业行为等几个方面的相互作用，在高中阶段尤其是中等职业教育阶段开展心理健康与职业生涯指导，有利于加强职业适应性和增加心理资源。① 我们在教育教学中，要充分了解中职学生身心发展特点，把握"心理健康与职业生涯"的课程定位，对于培养具有健康人格、掌握生涯规划能力的中职学生具有重要的现实意义。

(二) 坚持育人为本

　　中等职业学校"心理健康与职业生涯"新课程，要坚持以人为本、以育人为本，尊重中等职业学校学生心理发展特点和教育基本规律。

　　一是要根据中等职业学校学生发展需求和身心发展特点，尊重个体差异。中职学生正处于"疾风骤雨"的青春期，根据埃里克森心理发展的阶段理论，青春期学生面临角色认同危机，因此在这一阶段，需要充分尊重他们的态度和兴趣选择职业方向，创建身份认同。② 在教育教学中充分提供学习素材，设计多元的实践活动，使中职学生能根据自身发展需要，主动探究、挖掘个人的潜能。

　　二是教育教学中贴近生活现实，结合学生实际生活经验选择和设计学习主题。例如，选择学生熟知并具有榜样作用的时代人物案例进行主题设计，结合中职学生的专业背景开展参观学习、实践体验等。

---

① I. Šverko and T. Babarovic, "Applying career construction model of adaptation to career transition in adolescence: A two-study paper," *Journal of Vocational Behavior*, 2019, 111, pp. 59-73.

② S. T. Janetius and A. V. H. Ahammed, "Adolescent identity struggles, vocational guidance and career counselling: A case study," *The International Journal of Indian Psychology*, 2017, 5(1), pp. 2348-5596.

（三）体现时代特征

"心理健康与职业生涯"新课程，在实施过程中要根据我国社会主义现代化建设的新形式、新要求，指导学生将个人的职业理想与社会需求联结起来，将个人职业发展与国家发展联系起来，引导学生学好本领，培养职业素质，为服务国家建设，实现个人理想做好准备。研究发现，在开展职业生涯教育过程中，对未来职业的设想越具体、越真实、认同感越强，越能有效获得职业生涯规划的态度、能力和心理资源，能够指导学生做出恰当的职业决策。[①] 在"心理健康与职业生涯"新课程的教育教学中，可以把中国特色社会主义新时代发展的有关主题与个人职业愿景相结合，如"中国制造 2025""大国工匠""一带一路"等，引导学生树立远大的职业理想和职业目标，将个人成长、职业发展与时代发展、国家发展的现实相结合，拓宽视野、提高站位，实现对自己的成长和人生规划的宏观设计。

（四）重视实践体验

"心理健康与职业生涯"新课程，在教育教学过程中要充分开展体验学习，心理成长和生涯规划需要结合个人自身心理特点、性向、价值观进行探索和实践。而且，心理成长和生涯规划的设计不是一蹴而就的，需要通过观察、学习、探索、试错，在这个过程中需要不断地调整、反思。研究发现，职业生涯规划有四个阶段：一是明确职业自我概念，包括对自己的特点有清晰的认识，了解自己的兴趣和能力，确定自己的价值观，明确自己想成为什么样的人等；二是收集关于职业的信息，包括了解不同的职业，探索适合自己的职业；三是做出职业决定，包括思考我想以什么为生，选择能让自己满意的职业，计划如何进入职业，坚定自己做出了正确的职业选择；四是准备进入职业，包括寻找机会

[①] S. Santilli, L. Nota, and P. J. Hartung, "Efficacy of a group career construction intervention with early adolescent youth," *Journal of Vocational Behavior*, 2019, 111, pp. 49-58.

训练自己所需要的能力，开始进行体验和实践，尽最大能力做到胜任工作，获得工作。[①] 每一个阶段和环节离不开学生的积极探索，因此，建议在该课程实施中，不能单纯采用传统的知识灌输，而要设计多元的活动方式，让学生在活动中提出问题、分析问题、解决问题。例如，设计访谈座谈、小组讨论、角色扮演、情景剧、社会调查、研究性学习、情境学习等，通过体验、感悟、反思，培养学生的探究能力，发现问题，并通过探究解决问题，掌握规划人生的能力。

[①] M. L. H. Savickas, E. J. Porfeli, T. L. Hilton, et al., "The student career construction inventory," *Journal of Vocational Behavior*, 2018, 106, pp. 138-152.

第十九章

———————

"心理健康与职业生涯"课程标准的解析与建议

　　随着职业教育改革不断深化，心理健康与职业生涯的教育理念已深入人心。[①] 毫无疑问，中等职业学校心理健康与生涯教育是德育工作的重要组成部分，是落实立德树人根本任务，增强思想政治工作针对性、实效性和吸引力的重要举措，更是促进学生德智体美劳全面发展、提高核心素养和职业能力、促进人人成才和人生出彩的必然要求。因此，在习近平新时代中国特色社会主义思想指导下，根据经济社会发展新变化新形势、教育教学改革新特点新成果，系统梳理 10 年来中等职业学校德育课程改革经验与问题，及时调整中等职业学校思想政治课程教学内容，显得尤为重要。这里值得一提的是教育部自 2014 年 7 月启动《中等职业学校思想政治课程标准》研制工作，以及颁布的该课程标准中的"心理健康与职业生涯"课程模块。[②] 这是在 2008 年《教育部关于中等职业学校德育课课程设置与教学安排的意见》的基础上，通过分析、总结并继承已有"心理健康"选修课和"职业生涯规划"必修课的成功经验[③]，有的放矢地对中等职业学校思想政治课程进行调整，务求在继承中前行，在实施中创新，在改革中完善。

[①] 教育部：《中等职业学校学生心理健康教育指导纲要》，http：//www.moe.gov.cn/srcsite/A07/moe_950/200407/t20040705_79153.html，2019-08-28。

[②] 教育部：《中等职业学校思想政治、语文、历史课程标准（2020 年版）》，http：//www.moe.gov.cn/srcsite/A26/s8001/202002/t20200226_424148.html，2021-01-11。

[③] 教育部：《关于中等职业学校德育课课程设置与教学安排的意见》，http：//www.moe.gov.cn/s78/A07/s7055/tnull_8951.html，2020-05-30。

一、中职"心理健康与职业生涯"课程标准的研制思路

"心理健康与职业生涯"是中等职业学校思想政治课程的必修课程模块。该模块是基于社会发展对中职学校学生心理素质、职业生涯发展提出的新要求，以及心理和谐、职业成才的培养目标，阐释心理健康知识，引导学生树立心理健康意识，掌握心理调适和职业生涯规划方法，帮助学生正确处理生活、学习、成长和求职就业中遇到的问题，培育自尊自信、理性平和、积极向上的良好心态，根据社会发展需要和自身心理特点进行职业生涯指导，为职业生涯发展奠定基础的核心课程。

首先，"心理健康与职业生涯"课程模块是中等职业学校思想政治课程的重要组成部分，其宗旨是为中职学生适应未来社会的核心素养、关键能力打下坚实的思想政治素质基础。这次中等职业学校思想政治课程标准制定的一个特色或亮点，是将原来的"心理健康"从选修课程变为必修课程，并与"职业生涯规划"课程合并成为"心理健康与职业生涯"新课程。其具体研制原则是"以人为本，立德树人"，坚持正确的政治方向，从立德树人的根本目标出发，育人为本、育德为根、以文化人；"与时俱进乘势而上"，准确把握新时代特征，与新时代同步前行，培养正确的世界观、人生观和价值观；"继承创新立足未来"，坚持继承导向、创新导向、发展导向，立足未来需要的健康观、生涯观、职业观、人才观；"人文关怀理性诠释"，反映先进的教育思想和理念，关注"心理健康"和"职业生涯"本身的知识性、科学性和综合性，使各个相关学科交叉融合但不留痕迹；"有所为而有所不为"，遵循职业教育教学规律和学生身心发展规律，贴近学生的心理、生涯和学习生活、职业生活实际，充分反映他们的成长需要，而不是按照"心理健康"和"职业生涯"的学科逻辑，包罗万象。

该课程模块要求在心理健康框架下积极开展职业生涯规划与生涯教育，其理由是职业生涯仅仅是人生的一个重要阶段，而心理健康作为职业生涯的基础，

横贯人的一生，并决定职业生涯规划的质量与效率、方法与路径，两者是相互联系、相互促进和互为因果的动态关系，即职业生涯规划是一种主动的、不断调整的、具有创造性的动态过程，是实现价值感、成就感和获得感的有效行动计划；而心理健康是一种相对稳定的心理状态和良好的适应状态，是个体进行合理生涯规划、获得职业发展的前提和保证。一句话，心理正常或心理健康是成功职业生涯的前提，也是实施职业生涯规划、实现个人正常发展的心理结果，同时也是下一个阶段生涯的积极准备。

该课程模块在内容上将心理健康与职业生涯有机整合，在研制思路上，从"我的成长"破题，按照"社会我""个体我""职业我""人际我""现实我""理想我"的逻辑思路进行系统设计。其主要特点表现为：

一是系统整合了 2008 年教育部颁布的"心理健康"与"职业生涯规划"两个教学大纲。①② 心理健康与职业生涯规划相辅相成、相互联系，此次课程模块标准的研制，在内容上将个体心理健康与职业生涯规划有机整合起来，表现在将社会发展与个人发展，自我心理特点与职业生涯发展特点，人际交往与职业生活，学会学习与职业素养，社会理想与职业理想有机结合起来，帮助学生在心理成长过程中做好职业生涯规划，在职业生涯规划中实现自我心理成长。

二是核心内容与原来的"心理健康"与"职业生涯规划"两个教学大纲保持相对一致性、稳定性。在"心理健康"方面表现在：引导学生学会从自我评价和他人评价中客观认识自我，并引导学生学会情绪调节，正确面对挫折、压力；引导学生与老师、同伴、父母和谐相处，建立积极、健康的人际关系；掌握科学的学习方法，培养学习兴趣，激发学习动机。在"职业生涯规划"方面表现在：引导学生在新时代背景下，结合自身特点、专业和兴趣，根据社会发展的需要，树立正确的职业理想，做好职业生涯规划，培养职业素养，增强职业适应能力，

① 教育部：《关于印发〈中等职业学校德育课课程教学大纲〉的通知》，http：//www.moe.gov.cn/srcsite/A07/moe_ 950/200812/t20081210_ 79005. html，2020-10-20。
② 教育部：《关于印发〈中等职业学校德育课课程教学大纲〉的通知》，http：//www.moe.gov.cn/srcsite/A07/moe_ 950/200812/t20081210_ 79005. html，2020-10-20。

打造理想自我，实现人生梦想。

三是体现了从"大我"到"小我"的制定逻辑思路。该课程模块标准的制定，按照从"大我"到"小我"的内在逻辑，精心设计了"时代导航　生涯筑梦—认识自我　健康成长—立足专业　谋划发展—和谐交往　快乐生活—学会学习　终身受益—规划生涯　放飞理想"六个单元。由"社会我"到"个体我"，培养学生结合个人特点选择职业，为国家富强、社会发展贡献力量；由"职业我"到"人际我"，培养学生从正确认识职业到与同伴、父母、老师和谐相处；由"现实我"到"理想我"，引导学生客观评价自己，辩证地看待职场挫折、冲突，在职业生涯规划和调适评价中不断成长，实现从"现实我"到"理想我"的飞跃。

四是积极融入了中国特色社会主义新时代的元素。该课程模块作为指导中等职业学校教师教学和学生学习的基本遵循，体现了时代性。第一，融入了"新时代"元素。"新时代"的背景和特征，要求教师在教育教学中，必须将学生的职业理想与新时代的社会理想结合起来，将个人发展与国家发展结合起来。第二，更多使用"素养"概念。将"职业精神"和"健全人格"作为中职学生的核心素养之一，有的放矢地积极培养学生适应时代发展与终身发展的必备品格和关键能力。第三，加强对"劳动教育"的重视程度。该课程模块中多次出现"劳动""劳模""工匠"等概念，充分体现了对劳动意识、劳动教育的重视，引导学生崇尚劳动、尊重劳动，能辛勤劳动、诚实劳动、创造性劳动。

五是更加突出了职业教育特色。[①] 新时代对中职学生心理素质、职业生涯发展提出了新要求，特别是在实现中华民族伟大复兴"中国梦"的征程中，认真规划、努力实现自己人生出彩的"个人梦"，帮助他们正确认识和解决在专业学习、班级活动、实训实习、求职就业和日常生活中遇到的各种心理行为问题，树立自尊自信、理性平和、积极向上的良好心态，为职业生涯发展和终身幸福奠定基础，这更契合中职学校培养技术技能型人才的育人目标。

---

① 教育部：《关于印发〈中等职业学校德育大纲（2014年修订）〉的通知》，http：//www.moe.gov.cn/srcsite/A07/moe_950/201501/t20150107_183069.html，2021-01-22。

六是进一步丰富了该课程模块的教育教学方法。例如，要求根据课程内容设计关于职业发展、职业理想、师生关系、同伴关系等议题，组织学生开展头脑风暴、社会调查、主题演讲、人物访谈、角色扮演、案例分析、小组讨论、心理情景剧等丰富的课程活动，提供了更加多元、具体可操作的教学指导建议。

二、中职"心理健康与职业生涯"课程标准的内容解析

"心理健康与职业生涯"课程模块包括六个单元的内容，即"时代导航 生涯筑梦""认识自我 健康成长""立足专业 谋划发展""和谐交往 快乐生活""学会学习 终身受益""规划生涯 放飞理想"。①

第一单元以"时代导航 生涯筑梦"为题，从"我的成长"中的"社会我"出发，明确提出新时代社会发展为个人理想的实现提供了良好的客观条件，同时也对个人的职业素养与职业生涯理想提出了新的要求，即在新时代背景下，通过职业生涯规划筑梦，把国家的"中国梦"和个人的"职业梦想"有机统一起来，并实现从"职业梦想"到"中国梦"的飞跃。该单元主要议题包括两个方面。第一，为什么说社会发展是实现个人梦想的舞台？新时代正面临哪些机遇与挑战？为什么说个人理想是时代发展的助推器与催产剂？如何让个人梦想支流融入时代发展的洪流中？探究这些问题，帮助中职学生自觉树立符合时代要求的理想，让个人理想与时代发展同行；让他们了解新时代的社会发展，为个体成长、成才与人生梦想的实现提供了良好的平台，知道个人职业理想应该与时代发展的要求相吻合。第二，为什么说职业生涯规划具有重要意义？什么样的职业生涯规划是科学而有价值的？如何进行正确的职业生涯规划？探究这些问题，帮助学生自觉地站在新时代要求的立场上，充分认识自己的理想、兴趣、爱好、特

---

① 教育部：《关于印发〈中等职业学校思想政治、语文、历史课程标准（2020年版）〉的通知》，http://www.moe.gov.cn/srcsite/A26/s8001/202002/t20200226_424148.html，2021-02-01。

长等主客观因素，从而做出正确、合理的职业生涯规划，并自觉地将个人的职业生涯规划与国家经济发展、社会进步的宏伟目标统一起来。

第二单元以"认识自我 健康成长"为题，从"我的成长"中的"个体我"出发，正确认识自己和评价自己，理性对待理想和现实的差距，提高抗挫能力，增进对青春期心理，尤其是对性心理的认识，以及提高情绪觉察和情绪调节能力等方面，阐释了认识自己对个体身心健康发展和获得人生成功的重要意义。该单元主要议题包括四个方面。第一，如何认识自我，弄清楚"自己想成为什么样的人"与"自己能成为什么样的人"？如何理性对待他人的评价？如何避免骄傲自大或妄自菲薄，做到自我接纳、自我完善与自我超越？探究这些问题，帮助中职学生拓展自我认识的广度与深度，在自我认识中，发现自己的潜能和职业价值，树立正确的人生目标，找准自己的职业位置，明确自己的职业使命，在此基础上立足于社会发展和自身特点进行职业生涯规划。第二，如何正确认识职业理想和现实的关系？如何看待在实现理想的道路上所遭遇的困难和挫折？如何更好地应对和战胜挫折，并以此为契机，促进自我成长和人格完善？探究这些问题，帮助中职学生认识理想和现实的对立统一性，理解"自古英雄多磨难，从来纨绔少伟男"的道理，引导他们树立应对挫折的勇气和信心，锻炼坚强的品质与意志，树立自强不息、攻坚克难、珍惜生命、热爱生活的积极人生观。第三，青春期会有怎样的生理或心理的烦恼？如何看待与异性同学的交往、相处？如何看待性意识、性冲动和性行为？探究这些问题，帮助中职学生认识及适应自己在成长过程中的生理与心理变化，悦纳自我，建立自信；培养其解决青春期困扰、疑惑及问题的实际技能；指导和训练他们抵御种种错误的性观念，形成健康的群体交往和异性交往的态度；特别是帮助中职学生正确认识青春期的心理波动，形成正确的性态度和性观念，引导他们自尊自爱、尊重异性并爱护他人，培养自我保护能力，消除由错误的性认知带来的焦虑与恐惧。第四，情绪的基本特征和成因有哪些？负性情绪是如何影响个体身心健康的？有哪些合理的情绪调节方法？怎样成为情绪的主人？探究这些问题，帮助中职学生觉察自己的情绪状态，学习并掌握合理的情绪调节和情绪管理方法，提高情绪的自我觉察能力和自我调适能力，帮助他们及时缓解紧张的心理状态，保持乐观的生活态度，提升自身情绪智力，使身心在生活和学习中均处于良好积极的有序状态。特别是勇于直面自己的负性情绪，理智地分析情绪问题产生的困扰，采用合理的方式宣泄和疏导不良情绪，真正成为情绪的主人。

第三单元以"立足专业 谋划发展"为题，从"我的成长"中的"职业我"出发，引导中职学生立足于所学专业，了解所面对的职业群体，以及该职业岗位对从业者知识技能与心理素质的要求，努力提高自身素质，培养专注认真、精益求精的职业品质，自觉成为工匠精神的传承者和弘扬者，在为社会做贡献的过程中实现个人的生存与发展。该单元主要议题包括两个方面。第一，自己所学的专业经历了哪些发展？该专业有什么社会价值？新时代对该专业的从业者提出了什么要求？探究这些问题，帮助中职学生了解所学专业在社会生产中的地位，把握该专业的发展历程与趋势，并依据职业发展需要及该职业岗位应具备的素养要求，做好职业生涯规划并努力提升个人职业素养，积极打造过硬的专业本领，并自觉地将个人价值与对他人的贡献及促进社会发展的要求统一起来，努力在更好地为社会服务的过程中实现自身的生命价值。第二，工匠精神是什么，它有何意义？如何在日常学习与实践中锤炼工匠精神？探究这些问题，引导中职学生正确理解工匠精神的含义，认真领悟工匠精神在职业发展和实现人生价值中的重要意义，帮助他们正确理解与践行工匠精神，增进他们对工匠精神的认同感，从求职就业时开始准备，从职业生活的点点滴滴做起。在日常生活中以精益求精的工匠精神为指引，以身边优秀人物为榜样，争做工匠精神的实践者。

第四单元以"和谐交往 快乐生活"为题，从"我的成长"中的"人际我"出发，倡导建立社会主义的新型人际关系，特别是在人与人的和谐交往过程中，建立良好的同伴关系、师生关系和亲子关系，正确认识和处理人际关系中的矛盾与冲突，拒绝校园欺凌、暴力和各种不良诱惑，积极地适应生活环境，提升人生意义和生命价值，为快乐的职业生活和社会生活固本强基。该单元的主要议题包括四个方面。第一，同伴交往过程中有哪些常见的心理困惑与心理障碍？同伴交往受阻的原因是什么？同学或同伴交往中有哪些实用方法和技巧？团队合作对群体和自我发展有什么重要性？探究这些问题，帮助中职学生掌握与同伴交往的技巧，学会沟通、合作和竞争，理解团队协作对职业生涯发展和问题解决的重要意义，为今后的职业发展打下良好的团队基础。第二，建立良好的师生关系有什么重要意义？师生关系常见的冲突类型和表现有哪些？如何正确处理师生、师徒关系？探究这些问题，帮助中职学生树立与老师积极交往的信念，正确对待和处理师生师徒关系中存在的矛盾与冲突，学会剖析师生、师徒间发生矛盾的原因，并掌握正确的矛盾应对策略和冲突解决技巧。第三，良好亲子关系对个人成长和生涯发展有什么意义？父母"唠叨"背后的良苦用心是什么？在亲子冲突中如何与父母进行有效沟通及和谐相处？探究这些问题，有助于中职学生树立尊重家长、感恩父母、加强与父母沟通的意识，强化对父母和长辈心怀感激、感恩之情；同时，掌握与家长和谐交往的技巧，也有助于他们获得安全感、幸福感等基本心理需要，培养其自信、乐观的生活态度，以更好地应对生活的磨难和挫折，助力职业生涯的成长和发展。第四，生活中的不良诱惑有哪些？不良行为习惯的形成规律和发展特点是什么？沾染不良行为习惯的危害有哪些？抵制不良诱惑，保持良好习惯的方法有哪些？探究这些问题，有助于中职学生防微杜渐，不仅远离各种不良诱惑，而且能够自觉抵制各种不良诱惑，并掌握战胜不良诱惑的常用方法和技巧，搭建起心灵的"防火墙"。

第五单元以"学会学习　终身受益"为题，从"我的成长"中的"现实我"出发，强调"学会学习"的重要性，充分发挥中职学生自身学习动机、兴趣和信心对学习的重要作用，体验学习过程中的积极感受。同时，掌握科学的学习方法，正确应对学习中的压力、挫折和考试焦虑；在学校学习、实习实训和职业实践中，不断培养、提高自己的数字化学习能力和信息素养，强化终身学习意识。该单元的主要议题包括三个方面。第一，如何发挥时间管理和学习兴趣对职业技能掌握与学习的重要作用？学习浮躁、动机不强的内在原因是什么？有效时间管理的策略和培养学习兴趣的方法有哪些？探究这些问题，帮助中职学生端正学习态度，激发学习动机与学习兴趣；制定科学的时间管理策略，学会任务分解、区分轻重缓急、避免追求完美，挖掘自身优势、树立职业目标、增强学习效能。第二，学习方法不当的表现和原因有哪些？什么是科学的学习方法与学习策略？如何调整和不断完善科学的学习方法？探究这些问题，帮助中职学生认识科学学习方法与策略对专业学习和职业发展的重要意义，探索适合自己的学习方法与策略；帮助他们分析和判断自身学习方法的优劣，并结合自身情况合理调整学习策略，为知识学习和职业发展奠定坚实的基础，促使他们积极、主动地去摄取知识和更新知识，在两个百年"中国梦"的发展宏图中做出自己应有的贡献。第三，如何理解终身学习的内涵？终身学习的必要性和重要性是什么？现代社会给终身学习带来哪些新变化？终身学习的新方法新途径是什么？探究这些问题，帮助中职学生了解社会经济的进步、发展，给学习的方式、学习的时间和空间以及学习的内容带来了革命性的变化，感悟终身学习对职业发展和社会适应的必要性与重要性，使他们牢固树立终身学习的意识，包括学校学习、社会学习、一切场合(职业场所和社会生活)的正规学习与非正规学习。

第六单元以"规划生涯 放飞理想"为题，从"我的成长"中的"理想我"出发，在正确认识职业与生活、现实与理想的基础上，勇于面对职业压力与职业倦怠等心理冲突，认同职业角色规范，不断提高职业适应能力；同时，进一步明确生涯规划、生涯评价和调整职业生涯的方法、步骤，并持续完善职业生涯规划，为成功求职就业与创新创业奠定基础，为实现"放飞理想，人人出彩"的生涯目标而努力奋斗。该单元主要议题包括三个方面。第一，如何实现由"学校人"到"职业人"的角色转换准备？怎样做好适应社会、融入社会的准备，以及求职就业的基本方法准备？探究这些问题，帮助中职学生了解职业发展过程中的心理冲突，理解角色转变的重要性，掌握相关心理调适和职业适应方法；树立正确的就业观、择业观、创业观及成才观，提高适应社会、融入社会及职业生涯规划的能力，掌握从规划到求职、就职和职业发展的基本方法与主要途径，增强提高职业素质和职业能力的自觉性，初步形成与自己终身发展相适应的就业意识与择业观，做好就业准备。第二，什么是职业生涯发展评价要素，以及职业生涯规划的评价标准？探究这些问题，有助于中职学生了解经济社会发展、科技进步对职业演变的影响，认识职业生涯规划管理、调整、评价的必要性，形成科学管理、适时调整职业生涯规划的观念；培养正确的职业心态，学会科学评价自己的职业生涯发展状态及规划，努力追求职业理想的实现。第三，如何进行职业生涯规划管理与调整？探究这些问题，帮助中职学生了解职业生涯规划管理和调整对实现职业理想的重要性，明确在校学习与终身学习、职业生涯发展的关系，积极引导他们根据经济社会发展和自身条件变化，对职业生涯规划进行科学管理与适时调整。同时，掌握管理、调整职业生涯规划的方式方法，认真践行职业发展的具体措施，在职业生活中不断追求自我价值与社会价值的统一，实现从"个体我""职业我""现实我"到"社会我""人际我""理想我"的落地、开花、结果。

三、中职"心理健康与职业生涯"课程标准的实施建议

毫无疑问，中等职业学校"心理健康与职业生涯"教育工作取得了一定成效，但作为一门专门的新课程，其课程教学与教师队伍的现状却令人担忧。以师资队伍为例，如该课程多数任课教师的继续教育缺乏正规渠道，他们对参加专业培训的要求强烈，但缺少培训机会，其专业知识和技能水平也有待进一步提高。因此，要推进中等职业学校"心理健康与职业生涯"课程标准的实施，必须加强课标的宣传解读、理论学习和实践训练，必须实施高质量的师资培训，以及有相应的管理制度、措施的保证。

第一，加大"心理健康与职业生涯"课程标准的宣传、解读力度。各级教育行政部门应加大"心理健康与职业生涯"课程标准的官方宣传力度，组织有关专

家学者和职教教研员编写高质量的解读读本，普及该课程标准的教育教学内容；任课教师则要进一步提高认识，认真学习、正确理解、深刻把握课程标准，增强提高立德树人、教学育人的使命感和紧迫感，创新课程的教学内容和模式，丰富课程的教学途径和方法。

第二，加强"心理健康与职业生涯"专兼职教师的系统培训。各级教育行政部门要加强对课程标准的培训，帮助"心理健康与职业生涯"专兼职教师提高思想业务水平，增强课程的教育教学能力，进一步夯实政治理论与专业基础。通过科学系统的培训，使他们的个人素质、理论修养、教学能力、实践操作和科研能力等方面都得到显著的提高与促进。为此，我们建议有关部门：①确定"心理健康与职业生涯"课程专兼职教师的职责，以及从事该课程的基本条件和资质；②确定"心理健康与职业生涯"课程专兼职教师的能力标准，包括心理健康的标准和教育教学能力的标准；③对"心理健康与职业生涯"课程专兼职教师的资格认证进行试点工作，确定认证标准、认证机构和认证方式；④研制"心理健康与职业生涯"课程专兼职教师基础培训和提高培训方案，对非专业背景的教师进行基础培训，对有专业背景的教师进行提高培训；⑤编写统一的"心理健康与职业生涯"课程专兼职教师培训大纲和培训教材；⑥定期对上述培训效果进行第三方的质量评估，定期开展师资队伍建设的调查研究。

第三，从政策措施上体现对"心理健康与职业生涯"课程的重视。作为一门新课程，在具体实施过程中一定会遇到许多新问题、新困难，尤其对师资培训与培养有较高要求，这就需要国家、地方政府和学校在不同层面出台相应的政策，采取有力的保障措施，狠抓落实，确保该课程标准能够学习理解到位、教学实践到位、评价考核到位。例如，各级教育行政部门要加强组织协调和领导，各级学校要将该课程纳入学校的师资培养培训计划中，特别是列入中等职业学校教师素质提高计划，列入继续教育培训计划，列入国培计划和教育硕士培养计划。

在综合考虑"心理健康与职业生涯"课程标准的实施对策时，以"学业要求"

为例，建议要特别重视和关注以下三点。①

一是把握课程定位。该课程模块定位为思想政治课程必修课的一部分，不仅具有强制性，体现了国家和政府的意志，并且发挥着其他思想政治课程模块不可替代的作用。中职学生处于青春期这个特殊阶段，心理发展过程中面临的各种心理问题和心理冲突尤为突出，而毕业之后又面临职业选择和职业适应。因此，在充分了解中职学生身心发展特点的基础上，该课程模块的学业要求定位包括两个方面：一是具有健全人格与心理健康或心理正常的中职学生；二是具有职业精神与职业生涯规划能力的中职学生。

二是坚持育人为本。要坚持以人为本、育人为本，尊重中职学生心理发展特点和教育基本规律。一是尊重个体差异，尊重职业发展需要。在确定学业要求时，需要充分尊重中职学生的态度和兴趣，选择多元的实践活动，充分反映中职学生完善人格、培育职业精神的需求。二是贴近社会现实，贴近职业生活现实。在确定学业要求时，应结合中职学生实际生活经验确定测评主题。例如，要求选择他们熟知并具有榜样作用的时代人物递交案例报告；结合自己的专业背景开展参观学习、实践体验形成的调查报告等。

三是重视实践体验。心理健康的实现和职业生涯的规划不是一蹴而就的，更不是一次考试就能确定的，需要观察、学习、探索、试错，在这个过程中需要不断地调整、反思。因此，在确定学业要求时，不能单纯采用传统的考试形式，而是重视实践体验，设计多元的活动方式，通过在活动中提出问题、分析问题、解决问题的表现，来确定其学习效果。例如，设计访谈提纲、小组讨论、角色扮演、情境学习、社会调查、实地体验、心理情景剧、研究性学习、探索性学习等活动，通过体验、感悟、反思等方式，来综合考查其心理健康水平和职业生涯规划能力。

我们相信，中等职业学校思想政治课程标准"心理健康与职业生涯"课程模

---

① 俞国良、李天然：《试论心理健康框架下的生涯教育——以中职"心理健康与职业生涯"课程标准编制为例》，载《中国教育科学》，2019，2(4)。

块的实施，经过思想政治教育工作者特别是该课程专兼职教师的共同努力和实践，在继承的基础上不断改革创新，在丰富而生动的教育教学实践中，不断提高课程实施水平，将会给思想政治课程带来又一抹亮色和新意，并进一步促进中等职业学校思想政治课程改革不断深化，为推动教育现代化、建设教育强国和实现中华民族伟大复兴的中国梦，再添新枝、再立新功。

第二十章

————

教育创新的重要主题:《健康与幸福》教材评价

目前我国正处在经济转轨、社会转型的特殊历史时期,成长于这个新时代大变革时期的青少年,其身心健康与生活质量都面临史无前例的挑战,诸如体质下降、近视增加、玻璃心态、道德滑坡、信仰缺失、人格扭曲、心理危机……根据国家卫生健康委员会的数据,2018 年我国儿童青少年总体近视率为53.6%;2020 年我国儿童青少年超重率和肥胖率分别为 11.1% 和 7.9%。在心理健康方面,世界卫生组织报告,我国 17 岁以下未成年人有各类学习、情绪、行为障碍者 3000 多万人。同时,事故、意外伤害、传染病、环境健康和烟草使用也成为威胁青少年健康与幸福的严重问题。2016 年 8 月 26 日中共中央政治局审议通过《"健康中国 2030"规划纲要》,党的十九大明确提出推进健康中国建设。健康从娃娃抓起,将是履行我国对联合国"2030 年可持续发展议程"承诺的重要举措。习近平总书记在全国卫生与健康大会上强调:健康是促进人的全面发展的必然要求,是经济社会发展的基础条件,是民族昌盛和国家富强的重要标志,也是广大人民群众的共同追求。对此,每个教育工作者需要扪心自问:为了健康与幸福,可以做些什么,怎么做?如何珍爱生命、关心自己和家人?如何培养生活技能,养成良好的生活习惯?如何加强安全意识,提高适应能力和生存能力?如何激活生涯意识,树立远大的目标和坚定的信念?正是出于解决上述问题的责任感和使命感,我们"众里寻他千百度,蓦然回首"发现了这套美国中小学教材《健康与幸福》(*Health & Wellness*),希望通过引进国外科学性和知识性兼备、可读性和操作性统一的中小学教科书,为我国青少年提供一套幸福课程的参考宝典,为他们的健康成长与可持续发展保驾护航。

一、美国中小学教科书《健康与幸福》的认知

毫无疑问，学生的主要任务是学会学习，但问题在于"怎么学"？很多老师、家长认为孩子必须"苦学"，必须能"攀书山，跨学海"，认同所谓"书山有路勤为径，学海无涯苦作舟"。但是，如果我们在传授学生知识的同时，使他们失去了进一步学习知识的兴趣，岂不悲哉！况且我们要求学生学习好，也不一定非得把学生逼往"苦海""题海"。这就需要倡导快乐学习、愉快学习，把学习和学生的日常生活结合起来，把学习与他们的可持续发展结合起来；强调向生活大课堂、社会大课堂学习，在学习中发现成功、成长的乐趣。要实现上述目标，重要的是秉持"健康第一"的理念，学会生存、学会生活。

《健康与幸福》作为美国中小学教材，除美国外，目前世界上一些不同体制、不同宗教的国家都在使用，如加拿大、日本、墨西哥、英国、埃及、约旦、沙特阿拉伯等。该教材构建了一个学生需要了解的健康知识和生活技能的体系，教给学生为了幸福生活必须具备的基本的生理、心理、情感和社会生活技能。该教材各册书的主题相似，均包括心理、情绪、家庭和社交健康、成长和营养、个人健康和安全、药物和疾病预防、社区和环境健康等模块，但具体内容则根据不同年龄阶段青少年的心理特征循序渐进，逐步深化。通览之下，该教材主要有以下特点。一是科学性与严谨性。各册书都保持了原汁原味的美国教材风格，强调知识的准确性、叙述的严谨性、内容的科学性，做到言之有据、言之有理；内容深入浅出、图文并茂、生动活泼。二是趣味性和操作性。各册书中不仅包括很多解决具体问题的详细操作步骤，还包括许多丰富多彩的活动建议，如绘画、讲故事、角色扮演、课堂讨论、海报设计、社会实践、体验职业等；让学生在实际操作活动中学习和体验，培养创新精神和实践能力，并从中收获成长的喜悦。三是综合性与完整性。每册书的内容都融合了生理学、医学、心理学、社会学、教育学、伦理学和环境科学等多学科知识，囊括了身体健康、

心理健康、社区和环境健康、疾病预防、预防暴力与伤害等不同主题，详细介绍了青少年学生在成长过程中可能会遇到的各种问题及应对策略，同时也体现了世界教育改革中综合性课程的价值取向。

生存、生活技能是健康和幸福生活的物质基础。对此，《健康与幸福》教材给出了一个基本的思路与操作模式，即 10 项生活技能。它包括：制定健康目标，运用沟通技能，做负责任的决定，分析影响健康的因素，管理压力，解决冲突，实践健康行为，获取有效的健康信息、产品，获取优质的健康服务，以及做健康的倡导者。如此完整地提出健康生活的技能，应当说对青少年的可持续发展具有特别重要的意义。教材各册书全部围绕这 10 项生活技能展开，并且从小学三年级开始至高中阶段，由浅入深、由窄到宽、螺旋上升、逐步深化。应用这 10 项生活技能，可以为解决中小学生生存、发展、交往等方面的诸多问题奠定基础。同时，在介绍这些生活技能的应用时，各册教材有的放矢地根据不同年龄阶段的学生，提出了一些最基本的生活概念与处事原则：

对小学三年级学生来说，学会礼貌交流和道歉艺术，这是生活的常识；

对小学四年级学生来说，扩大交往范围、结交朋友和管理情绪至关重要；

对小学五年级学生来说，尊重他人和学会拒绝，这是尊重自己的基础；

对小学六年级学生来说，做负责任的决定和科学饮食，旨在促进身心健康；

对七年级学生来说，知道约会准则和坚持锻炼身体应该两全其美；

对八年级学生来说，解决人际冲突和管理各种压力，这是心理和谐的保证；

对高中一年级学生来说，重点培育健康素养，每个人都能通过学习实现这个目标；

对高中二年级学生来说，建立良好的家庭关系，特别是青春期后受损的亲子关系；

对高中三年级学生来说，为就业或深造做准备，努力使自己成为一个志愿者、服务者。

应当强调的是，孩子开始是一张白纸，长大后之所以会成为形形色色的人，都是环境塑造的作用。因此，对于孩子来说，学校、家庭与社会必须共同努力，将他们塑造成为合格的人。其中学校教育的任务首当其冲，特别是生活技能的训练，这些技能是拥有幸福生活所必备的。例如，如何获取健康的信息，如何做出明智的决定，如何解决冲突，如何设定健康目标，如何帮助他人健康生活以及如何管理压力，等等。学校教育应该提供给学生全面的、正确的观念与知识；必须提供给学生基本的、普遍的符合人类共同价值标准的行为规范。还要指出的是，教材中提出的 10 项生活技能，具有很强的可操作性。因为它遵循一个基本的思路，即人的所有思想与行为都围绕健康展开。通过个人的健康，达到人格的完善，最终成为一个幸福的人。正如原作者在致中国读者所引用的卡内基基金会的倡导：没有什么知识会比健康的知识更重要了，因为如果没有健康的知识，那么任何的人生目标都将无法顺利实现。

必须说明的是，尽管美国文化及美国人的行为方式和我国存在着一定差异，但是，从青少年成长与发展的共性来看，该教材的内容有许多地方值得我们借鉴。在身体方面，青少年应通过合理饮食，持之以恒地进行体育锻炼，避免不良习惯和嗜好的诱惑，积极参加预防疾病活动，自觉寻求医疗保健方面的帮助，以及具有身体健康的广博知识和高度责任感；在情绪方面，青少年要具有理解、宽容和团队合作精神，能够妥善处理日常学习生活中出现的情绪困扰，保持情绪的稳定，尤其是乐观和知足者常乐的心态；在智力方面，青少年应具备接受新事物的开放式思维，乐于寻求新的体验和活动，勇于接受新挑战，最大限度地开发自己的智力潜能；在职业方面，青少年要从小进行生涯规划和自我设计，树立"三百六十行，行行出状元"的职业理想，为日后求职就业应具备的判断性思维、解决问题的能力以及与他人交流和沟通的能力做好准备；在精神方面，青少年应学会合理平衡自身需要和社会需求的矛盾，正确进行自我评价与自我提高，与他人和谐相处，不断充实自己的精神世界；在社会方面，强调青少年应具有顺利承担其社会角色的能力，加速其社会化的进程。一言以蔽之，现代青少年应该健康、阳光、幸福、达观，即以负责任的态度养成健康的合理生活方式，过一种积极的、有尊严的、高质量的生活。

当然，这并不是说我们对该教材要选择"拿来主义"或全盘接受，而恰恰强调要根据我国的文化背景和中小学教育的实际需要，选择性地学习、汲取。由此看来，在我国新一轮深化教育改革全面推进素质教育的今天，应该给学校教育涉及的"健康""安全""社交""成长""幸福"等与生活息息相关的抽象概念进行破题，这便是开设与"健康与幸福"相关的地方课程或选修课程，让他们时刻为"幸福"准备着！

二、美国中小学教科书《健康与幸福》的评价与启示

健康与幸福是教育的两大主题。然而很多人认为，教育就是学学学，练练练，考考考，其最终目标就是学习、身体好、工作好。实际上，这是对教育的误解！按照《说文解字》的解释，教，"上所施下所效也"；育，"养子使作善也"。显然，教育乃是感化、引导和培养人的一种社会活动；学校教育则是对学生进行一种有目的、有计划、有组织地传授知识技能，培养思想品德，发展智力和体力的活动，其最终目标是把他们培养成为懂生活、会生活、爱生活，并能建设国家、服务社会的人。在这个意义上，教育即生活。对学生来说，便是"快乐学习，健康成长，幸福生活"，这应该是对学校教育最终目标的大众化诠释。其中，"健康"与"幸福"则是两个关键词。

从美国中小学教科书《健康与幸福》中，我们发现健康与幸福原来是可以学习的，而且应该从小学习，从小做起。以生活习惯的养成为突破口，从生活和学习中经常面临或必须解决的一些现实问题入手。以"管理压力"为例，现在社会上很多人，甚至包括一些教育工作者都认为孩子不可能有什么压力，学校、家庭与社会都尽可能地为他们创造最好的学习生活条件，甚至有的父母把孩子的整个人生都规划好了。殊不知，孩子也会面临各种各样的压力。虽然相比他们的父母一代来说，他们的物质条件优越很多，可精神方面的压力却有过之而

无不及。很多父母都不希望自己的孩子输在起跑线上，所以他们不管孩子是否愿意、是否需要，都选择牺牲孩子的娱乐时间，让孩子去参加各种各样的补习班、特长培训班。更有甚者，有些地方兴起了"小升初"考试，甚至进幼儿园都要考试。这些五花八门，而又"关乎人的一生"的考试无疑让孩子们透不过气来。除了学习上的压力，他们还面临着身体、社交等各方面的压力。就拿马上要进入小学的儿童来说，他们将面临环境的变化、学习方式的变化和人际关系的变化。在这些变化中，无论家长之前做了多么充足的准备，孩子都有可能碰到一些无法预计的事情，而这些突发性的事情不是每个孩子都有能力去应对和解决的。在无能力解决的情况下，这些问题都会对孩子造成巨大的压力。既然这些问题都实实在在地存在，如果我们一如既往地轻视它、忽视它，那么后果不堪设想。早恋、吸毒、犯罪现象出现的年龄段越来越早，青少年自杀事件时有发生，离家出走、打架斗殴现象更是层出不穷。与其等孩子成为"问题少年"后再扼腕痛惜，不如在孩子还是一张白纸时，我们细心地描绘。即使有极少数问题可能是孩子现在不会面临或者无须解决的，但防微杜渐、防患于未然还是有必要的。诸如流感、心脏病、糖尿病、过敏等传染病或慢性病的知识，可能有人会认为这些知识与孩子的生活太遥远了，孩子没必要懂得这么多。其实不然，这些都与孩子的幸福生活息息相关。例如，针对传染病，家长就应教给孩子如何预防传染病的方法：经常用肥皂洗手除菌，不要和别人共用杯子、餐具或者瓶子，防止手指及其他物体接触眼睛、鼻子和嘴巴。这些措施很多都是一些生活习惯，而这些生活习惯是在儿童时期就必须且较为容易养成的习惯，包括选择健康的食品、经常运动、保持健康的体重、掌握减轻学习压力的方法、避免使用烟草产品等。如果孩子对这些一无所知，那么等他们人到中年、健康出现问题后再来"亡羊补牢"，可能已悔之晚矣。

既然"健康与幸福"可以学习，而学校教育的主渠道当然就是课堂教学了。我国课堂教学历来以传授学科知识为核心，对于"健康与幸福"这类概念，这几年虽有涉猎，但根本上并没有进入学生每天的学习生活和行动中。于是，造成学生在每天上学或放学路上所受到的教育，比每天接受的学校教育更直观、更具体、更有影响力。有鉴于此，把涉及"健康与幸福"相关话题的内容，串联起来，以与学生生活相关联的主题模块，正式进入课堂教学，融入相关课程结构中，形成更优质的课程体系，将是前所未有的一种教育创新与突破。

首先，应该肯定的是，"健康与幸福"作为相关课程进入学校教育，并不是增加学生的学习负担，更不是应试教育。这是由学校教育的性质和目标决定的。人类追求幸福生活，应是所有社会活动的终极目标，学校教育自然也不例外。开设"健康与幸福"课程是社会发展的需要。知识经济时代的人才，首先应该是身心健康的，这是从事创造性学习和创造性活动的前提条件。良好的身心素质，既是人所拥有的本质力量的内在依据，也是个体适应环境和发挥潜能的物质精神基础。"健康与幸福"课程不但是学校教育回归生活实践，是其应具有的基本内涵，更是素质教育的奠基工程。这也是学校德育教育改革的需要。很多时候，我们的德育就像迷途的孩子，四处流浪，苦苦寻找，蓦然回首，却看到梦中的家园就在我们身后默默守望。

其次，"健康与幸福"作为相关课程进入学校教育，既不是灌输、强迫，也不是居高临下、强词夺理，而是因势利导和因材施教的教育。这是由这门课程的内容、途径和方法决定的。诚如上述，"健康与幸福"课程与德育目标、任务是一致的，这是提高学校德育工作吸引力的重要抓手。这种课程设置有两种方式。一是在德育课程中进行专题教育，并把这种教育理念贯穿于德育过程的始终。二是把"健康与幸福"的教育内容，根据年龄特点进行课程化教学，如像美国进行专门化的教育。其教学内容的重点是健康成长与幸福生活，即生理、心理的和谐发展，负责任的和有尊严的幸福生活。作为一个以综合性和实践体验为主的课程，这里要强调这门课程教学内容的相对独立性，反对完全依附于德育、心理健康和社会实践活动课的倾向；同时，也要反对教学内容的学科化、知识化倾向。因为作为一门综合性生活课程，其宗旨是为学生可持续发展和创造性发展奠基，为其"快乐学习、健康成长、幸福生活"提供保障。至于其教学内容，主要涉及心理与情绪健康、家庭与社交健康、生长和发育、营养、个人健康与体育活动、暴力与伤害预防、酒精、烟草和其他药物、传染病和慢性病、环境健康、消费者健康和社区等方面，这些教育内容主要以课程活动与课外活动的形式呈现，如小组讨论分享、游戏活动、角色扮演、故事叙述和实践活动等，通过活动使学生收获对幸福生活的感悟。其教学方式不同于一般的学科教学，更多是采用小组讨论法、角色扮演法、情景模拟法、自我反省法和榜样示范法等，让学生在课程中活动、探究、体验和调适，以期实现对身心健康与幸福生活的认识。当然，"教必有法，教无定法"，上述的学习方式和教学方法并不是孤立的，而是相互联系的，应当因人而异，灵活处理，提供适合学生发展需要的教育，而不是用教育来选择学生。

最后，"健康与幸福"作为相关课程进入学校教育，并不是为了传授学科知识，而是为了使学生认识健康的价值，培养健康素养，懂得维持和保持健康，做自己身心健康的保健医生，促进其拥有终身的健康行为。因此，在该课程的实施过程中，其学习方式、评价方式与传统的学科教学有着根本的区别。该课程强调探究学习，通过探索性的认知和实践活动，获得健康与幸福的知识、能力。在这里，教育者不是传授知识，更不是代替学生出谋划策，扮演塑造者和指导者的角色，而是推动学生积极思考、自我反省和自我教育。对于学生来说，探讨和把握"健康与幸福"的方法与途径，比学习和记忆现成的知识结论更有意义，至于探索结果正确与否，不是评价学习是否成功的依据，更重要的价值在于这种学习使学生形成了问题意识、自由探索、自我成长的习惯。特别是该课程强调体验学习，这是一种基于学生自身的活动，是获得直接经验的学习方式。体验不仅仅发生在活动的过程中，它也会作为活动的结果而存在；在体验的背后，有模仿有榜样，这是对现实社会生活中各种活动的模拟，其价值不在于学会某种操作方式和技能，而在于从体验中获得真实的感受，这种内心体验是形成认识、转化行为能力的原动力，也是习惯形成的内驱力。当然，该课程也强调合作学习、自主学习、发现学习、问题解决学习等，这些学习方式都有一个共同特点，即强调学生的批判性思维能力，逐步养成在教师指导下自主参与、自我发展的习惯。

三、我国中小学"健康与幸福"课程建设的思考与展望

确实，健康与幸福是一对孪生兄弟。健康，不仅是身体健康，也是道德健康、心理健康，是灵与肉、物质与精神的完美结合；幸福，不仅是快乐的情感体验，也是自我实现心理潜能的优化，是良好心态、宁静心灵的和谐统一。"健康与幸福"，首先是身体健康，没有病痛、感觉良好；其次是精力充沛、活力四射、生动活泼，能够在正确的时候做正确的事情；最后是有效适应环境，并保持稳定的情绪和精神状态。健康且幸福地生活，这是一种极致的生命境界。可以说，健康是人生中最大的幸福，而幸福之路始终就在青少年的脚下延伸，遗憾的是我们对教育的误解，减慢了他们迈向幸福之路的脚步。

毫无疑问，小学阶段是人生观、世界观、价值观的奠基期，而中学阶段则是形成发展的关键期。在这两个阶段，他们开始注意到自己的生理、心理健康，开始学会体验式学习和创意性思考，开始培养健全的心智和完善的人格。此时，对他们进行有意识的健康教育与幸福教育，并非要他们提出一个清晰的健康计划，而是帮助他们确立正确的健康观、成才观，为幸福人生打下基础；可以促使他们学会认识自我，认识自己的个性特征、兴趣爱好；提高他们对生命价值、生活意义的理解，关注自身发展潜力与未来人生道路的选择；帮助他们把所学的知识与理想追求建立联系，尽其可能地规划未来人生发展的方向，并不断调整、摆正自己在人生发展道路中的位置，以期适得其所。知道感悟生命、感恩生活、规划生涯；知道"我是谁""我要到哪里去""我该如何到达那里"。明白自己的任务不是简单的学习、考试、作业，而是要创造性地解决生命、生活、生涯中的各种问题，实现真正意义上的幸福人生。有鉴于此，告诉青少年生命、营养、疾病和健康的知识，安全、交往、适应和健身的技能，情绪调适、压力

管理、团队合作和心理保健的方法，以及合理饮食、习惯养成、智力开发和生涯规划的步骤，落实于健康与幸福的具体实施过程中，贵在当下，从我做起，从现在做起。

在使用美国中小学教科书《健康与幸福》时，与其说把它定位为一门引进的课程，不如定义为一种引进的教育理念。对学生来说，"不积跬步，无以至千里；不积小流，无以成江海"。该课程的一个显著特点是循序渐进，所以，学生在使用该教材时，最有效的一个方法为：轻松阅读，点滴做起。切不可操之过急，也不必抱有过重的功利心。倘若能做到"轻松阅读，点滴做起"，不仅阅读是轻松愉悦的，而且幸福的脚步也会越来越近了。对教师而言，这套教材的最大特点是生动有趣、可操作性强。教师在使用该教材时，要充分利用各册教材中设计的一些诸如"角色扮演""制作相册""道歉时间"等活动。例如，在阐述"如何解决冲突"这一内容时，教材中就安排了一个"角色扮演"活动。教师可以把学生分为几个小组，让各小组各自创设一个能产生冲突的情境，然后让学生自己分角色轮流进行表演。从家长的角度来看，该教材的另一个特点就是扑面而来的浓浓的生活气息，所以家长在使用时，要巧妙利用这个特点。例如，讲到"均衡饮食"时，教材中要求学生制定一份菜单；讲到"人际沟通"时，教材中建议每个家庭每周安排一次道歉时间……这些都是家长操作方便，且能起到事半功倍效果的一些教育内容与设计。

对于我国教育工作者而言，更重要的是"洋为中用"，即学习原创，选择优化，创生创新，本土成长。以教育部《中等职业学校学生心理健康教育指导纲要》（2004 年）、《中小学健康教育指导纲要》（2008 年）、《中小学心理健康教育指导纲要（2012 年修订）》（2012），国家卫生健康委（原国家卫生计生委）《全民健康素养促进行动规划（2014—2020 年）》（2014）和中共中央、国务院《"健康中国 2030"规划纲要》（2016 年）和《国务院关于实施健康中国行动的意见》（2019年）为政策依据，在对美国中小学教科书《健康与幸福》进行本土化修订时，主要关注以下几方面内容。一是要正确理解课程的地位、作用和背景。"健康与幸福"课程建设是德育课程改革与发展的必然产物，在培养新一代合格公民，贯彻党的教育方针和全面推进素质教育中，发挥着其他德育课程无法替代的重要作用。二是要认真把握"健康与幸福"课程的指导思想。坚持育人为本德育为先，突出思想性；贴近现实生活，具有时代性；关注健康素养，体现人文性；重视价值澄清，反映探究性；整合不同学科知识，实现综合性；顺应不同成长需要，体现主体性；强调知行合一，突出体验性和实践性。三是要凸显"健康与幸福"课程的基本特色。该课程具有明确的德育功能和综合性课程的特点，在教学过程中，要融合多种教学资源，重视学习方式和教学方法多样化，要避免简单化、学科化倾向，要避免教育对象的低龄化；强调以生活经验为中心，实现认知、情感和观念的有机统一；强调全体学生共同参与的教育机制，通过知识传授的学习环节，探究体验的思考环节，拓展训练的活动实践环节，突出学生分析问题、解决问题等批判性思维能力的培养；教学内容要面向全体学生，与课堂教学、专题讲座和自学相结合，重点是让学生主动、积极参与，让他们在学习中体验，在体验中感悟，在活动和实践中自我调适，做自己幸福人生的"总设计师"。具体而言，我国本土化"健康与幸福"的课程理念是积极生活、健康生活、幸福生活；课程目标是快乐学习、健康成长、幸福人生；课程内容包括健康素养（健康知识与理念、健康生活方式与行为、健康基本技能）和幸福特质（认识自我、应对压力、学会做人、情绪调适、社会适应）两大部分。教材设计的逻辑思路为：学习健康知识—参加健康活动—掌握幸福生活方法，这三个相互联系、逐步递进的模块，即知识学习环节、活动体验环节、感悟训练环节。既有知识的传授、活动的体验，也有健康与幸福技能的训练等，是集知识、体验和训练为一体的综合课程。可采用课堂讲授、案例分析、小组讨论、心理测试、团体训练、情境表演、角色扮演和体验活动等方式方法。教材的呈现要努力做到图文并茂，融知识、活动和方法为一体。特别是要增加教材中图片、照片、风景画和动漫画等的分量，使教材有趣、有用、有效。

我国儿童青少年究竟何时才能实现"快乐学习、健康成长和幸福生活"？显然，答案在于当下必须学习"健康与幸福"的基本道理，从中小学开始抓起，做到有效整合资源，模块教学示范，渗透交叉融合，校本实施评估。因为，人生每个阶段都有自己独特的发展任务，错过了某个发展的关键期，就很难进行弥补和挽救了。于此，再次重温我国人民教育家陶行知的告诫，"我们深信健康是生活的出发点，也就是教育的出发点"，足矣！理由为：健康与幸福的学校成就健康与幸福的教师，健康与幸福的教师培养健康与幸福的学生，健康与幸福的学生成全健康与幸福的家庭，健康与幸福的家庭奠基健康与幸福的中国。这就是费孝通先生所说的"各美其美，美人之美，美美与共，天下大同"。

第四篇

群体教育的研究视角

　　群体与个体相对，是个体的共同体；群体教育与个体教育相别，是多学科教育的集合体。我们以不同群体为对象，从群体教育的多学科视角出发，系统梳理和阐述了不同群体的心理健康问题。未成年群体是心理健康的"重灾区"，开展未成年人心理健康教育，对于国家和个人的发展具有重要意义。国外十分重视在活动和体验中提高学生的心理素质，强调心理辅导者的资格认定和专业发展；我国幼儿群体心理行为问题开始受到关注，中小学生和职业学校学生心理健康教育的内容、教育模式和教师培训正在探索中，但存在着学科化、形式化、表面化和孤立化等倾向，应结合国际上综合化和整合化、专业化和精细化的发展方向，来逐步建立符合我国国情的未成年群体的心理健康教育体系。研究生群体是心理健康的"高危区"，主要表现为情绪情感问题、人格障碍问题、人际关系问题、网络成瘾问题等，目前应从个体层面、微系统层面以及宏系统层面，对研究生群体的心理健康问题进行预防与干预；未来则需以跨学科的思维，注重对研究生心理健康问题的量化研究；以发展的眼光，重视研究生心理健康问题的累积性。教师群体和医护群体是心理健康问题的"高发区"，他们面临着巨大的心理压力，其心理行为异常和精神障碍愈加凸显，特别是职业倦怠感对他们的职业生涯与职业发展有较大的消极影响。新时代教师群体和医护群体的心理健康促进应从个体、职业以及社会支持层面着手，采取行之有效的措施，切实改善和提高他们的心理健康水平。职业群体心理健康问题的研究，对心理健康问题研究有两方面的启示：在理论上，职业群体的心理健康问题研究，为厘清个体心理健康问题的形成机制提供了合适的研究对象；在实践中，则为建立以职业为基础的心理健康预警体系，提供了理论和实证数据支撑。网民群体的心理健康问题也不容忽视，其网络成瘾问题、情绪情感问题、人际关系问题以及网络偏差行为问题越来越明显，对此应从个体层面、群体层面及国家层面，对网民群体的心理健康问题进行预防与干预。股民群体的心理健康状况不容乐观，不但引发其非理性投资，而且影响我国 A 股市场的功效发挥。我们从股民群体的投资行为偏差和心理表象出发，梳理了其心理健康问题的表现特点，从个体和社会两个层面分析了问题成因，进而提出应构建投资者社会心理服务体系，全面提升其心理素质和心理健康水平，促使股民群体实现自我和谐、人际和谐与社会和谐。

随着社会转型、经济发展与人口结构变化，老年群体、独生子女群体等群体的心理健康问题开始摆到了决策者的议案上。为此，我们系统梳理了老年群体、独生子女群体心理健康问题研究的现状、表现特点、形成原因、预防和教育干预措施，以及对未来研究的展望。从学科视角看，这可以拓展和丰富心理健康教育的研究领域；从应用视角来看，可以为一般性心理健康问题的成因及解决提供示例和教育思路。留守儿童和流动儿童规模庞大，因特殊的家庭环境和成长经历，这两类群体的消极情绪更加凸显、行为问题更易出现、社会适应更加困难。当前对其心理健康问题的干预主要有破碎修补模式和积极提升模式两种。从基础研究看，未来应加强留守、流动儿童心理健康问题的纵向研究、生理机制探讨和跨文化研究；从应用研究看，应加强顶层设计、微环境系统的重塑和修补以及积极心理品质的提升。离婚家庭子女是另一类普遍存在的群体，随着社会经济发展，我国离婚率大幅增加，离异家庭儿童增多，其心理健康问题日益受到社会关注。研究发现，父母离异对子女的幸福感产生负面影响，导致情绪、行为、社会适应、认知发展等心理行为问题。改善离异家庭子女心理健康水平，需要加强对其父母的心理干预，提高共同养育质量，建立健康的亲子沟通模式，加大社会支持力度，营造积极健康的社会环境，从而减少父母离异对子女产生的负面影响。

第二十一章

未成年群体的心理健康问题研究

我国 14 亿人口中的未成年人约有 3.67 亿。未成年群体(主要是中小幼学生群体)思想道德和心理健康状况如何,直接关系到中华民族的整体素质,关系到国家前途和民族命运。因此,开展未成年群体的心理健康问题研究具有十分重要的意义,它不但是国家和民族、社会和时代发展的需要,也是未成年人自身发展和全面发展的需要。我们认为,未成年群体综合素质的提高必须以良好的心理素质为中介,而心理素质的水平直接取决于心理健康教育工作的推进和深化。

一、国外未成年群体的心理健康问题研究

在 20 世纪 80 年代以前,美国心理健康教育的重点是个别有心理行为问题的学生,后来才把心理健康教育的重点转移到全体学生身上,通过心理素质训练和心理健康教育活动,来提高全体学生的心理素质。[1] 其主要形式是组织一系列活动,在活动中让学生自己去发现、体验和探究某些心理状态,以此来改变态度和认知观念,从而提高心理素质。近年来,学校还设计了心理健康、社会心理问题的一系列活动,诸如学校适应、学习不良、情绪紊乱、自我困扰、人际关系失调等,这些活动的目的是进行预防、早期干预和治疗,通过这些活动把学校、社区、家庭三者有机结合起来,充分利用各种有效教育资源来提高

---

[1] Steven W. Evans, Jennifer L. Axelrod, and Jennifer L. Sapia, "Effective school-based mental health interventions: Advancing the social skills training paradigm," *Journal of School Health*, 2000, 70(5), pp. 191-194.

学生群体的心理素质。同时，有的学校还设置了社会情绪学习活动，通过提供系统的课堂指导，加强学生认识、控制自己的情绪，欣赏他人的观点，建立亲社会目标和解决问题的能力，以及学习各种人际交往技能。有效应对与年龄阶段发展相关的任务，通过创设有利环境，来支持、强化这些指导，从而使学生在教室中学到的心理健康知识可以应用于教室之外的生活中。[①] 此外，他们还关注了心理健康教育的评价问题，以及个人面对生活压力和挫折的"反弹能力"（bouncing back），用积极心理学的视角重视正面情绪和健康人格的研究与实践。

欧洲国家的心理健康教育，虽然强调按照预定方向改变学生的个人行为，但更重视在实践和体验中提高中小学生的心理健康水平。例如，丹麦心理健康教育的方法之一是行动能力培养法（action competence），即让学生有机会自己决定自己的未来，并按照自己的打算采取行动，教育的重点是训练和培养学生的"行动能力"，强调学生自己教育自己和主动参与的能力。

日本在 20 世纪 60 年代开始重视学生的心理健康教育，90 年代在学校设置心理咨询室或心理辅导室；2000 年开始在学校设置心理健康教育课程。日本学校心理健康教育主要围绕提高学生适应现代社会的心理素质展开，重点是发现问题后的指导与矫正，其目的是提升学生的思维力、判断力，增强心理健康的实践能力，并将学习兴趣、学习方法和学习能力、独立思考能力、判断是非能力和行动能力作为重点，为他们日后适应剧烈变化的社会生活和环境奠定基础。此外，在日本，社会、学校和家庭都很重视孩子的心理健康教育。政府的整体规划，社会的热情参与，特别是政府对社会心理研究人员有组织地利用和管理，值得充分肯定。

国外未成年群体心理健康教育地区差异小，发展较为均衡。例如，美国于1992 年成立的儿童心理健康中心（Child Mental Health Services，CMHS）是一个非常系统并不断完善的，集家庭、社区和学校于一体的为未成年群体提供不同心

---

① John W. Payton, Dana M. Wardlaw, and Datricia A. Graczyk, "Social and emotional learning: A framework for promoting mental health and reducing risk behavior in children and youth," *Journal of School Health*, 2000, 70(5), pp. 142-149.

理健康服务的机构。该机构在各个州设立了不同内容、针对不同人群的心理健康分支机构，从远离本土的阿拉斯加州，到中部的俄亥俄州，延伸到西海岸的加利福尼亚州，各地的未成年人和家庭可以就近选择。美国儿童心理健康国家行动日程还阐明了具体目标和实施步骤，来帮助有心理需求的儿童青少年及家庭。① 相对而言，我国因经济发展不平衡，未成年群体的心理健康教育也表现出不平衡现象，像北京、上海、广州等经济发达的城市，近几年来已经在中小学和幼儿园建立了心理辅导机构，学校、家庭和社会均给予了较大的关注，发展也较迅速，而在经济发展较落后的地区，尤其是偏僻的农村和边远地区的未成年人心理健康教育几近空白。

国外对心理辅导老师的资格要求较高。国外中小学心理辅导老师作为学生成长中一个重要的心理支持者，具有严格的资格标准。在美国，担任心理辅导老师是一件很不容易的事，首先必须在心理学和教育学方面接受特殊训练，还要经过至少一年的实习，然后才能获得资格认证。而且，美国的中小学心理辅导员往往拥有硕士以上学位，较高的学历至少在一定程度上保证了心理辅导老师的知识储备和教育观念的适宜性。相对而言，我国普遍开展未成年人心理健康教育是近 10 年的事情，即使在北京、上海这样的城市，中小学校的心理辅导老师目前仍没有规范的资格认定标准，从心理辅导老师的专业素质上难以保证心理健康教育沿着正确的方向发展。

国外设置心理辅导老师的比率较高。据美国国家学校心理辅导员协会调查，当学校中的心理辅导员人数与学生的比例是 1∶1000 时，往往能够大大减少学生的违纪问题和学习障碍。资料表明，美国几乎所有的中小学校都有心理辅导或心理咨询老师，他们所面临的问题是继续加大比例。比尔·希尔博士认为，如果不能迅速增加学校中的心理辅导教师，让心理学走入校园，"我们将失去推动教育、防止暴力、防止未成年人怀孕的机会"。为此，美国还出台了针对校园心理健康老师不足的政策，有一个补充和保持办法(staff recruitment and retention

---

① David Chamalian, "The state of our children's mental health," *The Exceptional Parent*, 2001, 31(2), p. 85.

approaches），其中提到与大学联合培养、免交个人所得税、大学时学生贷款免息以及返还大学时的学费等。这无疑对促进学校心理健康教育有积极作用。

与此相应，国外未成年人心理健康教育的专门化或专业化水平较高，家庭卷入水平也较高。如前所述，美国的 CMHS 项目在各州设立的服务中心均面向不同的人群，如抑郁症中心、预防自杀中心、预防暴力以及药物滥用中心等，从而为不同需要的人群，特别是未成年群体提供及时的专业帮助。同时，细致的工作计划和有效的操作机制，使家庭卷入频率以及积极性提高，从而能有效地预防未成年人群出现的心理行为问题。有数据表明，参与该计划的未成年人的学业成绩有了较大提高，旷课率极大降低。超过 75 % 的家庭对这些效果表示满意，因而更积极地参与其中。

二、我国未成年群体的心理健康问题研究

由于国家和政府对未成年人思想道德教育与心理健康教育工作的高度重视，我国幼儿园、中小学和职业技术学校的心理健康教育工作取得了较大的进展，未成年群体的精神面貌和心理素质有了较大提高，学会学习、学会做人、学会健体和学会审美，逐渐成为未成年人的人生目标和价值追求。

(一) 幼儿群体的心理健康问题研究

随着社会经济发展与人口老龄化的巨大压力，父母和社会对幼儿的期望值不断上升，使幼儿承受着越来越重的心理负担。我们采用"儿童行为量表"（CBCL）调查了 36 所城市幼儿园的 457 名 3~6 岁幼儿，结果发现行为问题的检出率为 15.1%，主要表现为抑郁、强迫、交往不良和攻击性等心理行为问题。另据上海精神卫生中心对 3000 名 4~5 岁幼儿进行心理健康调查显示，8.8% 的幼儿有不良习惯，11% 的幼儿情绪抑郁、自卑，5.8% 的幼儿焦虑、紧张，20% 的幼儿表现出多动、坐立不安，25% 的幼儿偏食，22% 的幼儿性情古怪。幼儿

存在的突出心理问题主要有：①小儿多动症；②社会行为问题，包括爱发脾气、好打架、争吵、说谎、嫉妒、恶作剧、不能和别的幼儿友好相处、有破坏行为、偷窃等；③性格和情绪问题，包括任性、自私、固执、娇气、胆怯、退缩、易哭泣、懒惰、自卑、过分敏感、过度幻想等；④神经功能障碍，包括排泄机能障碍、言语障碍、睡眠障碍、强迫行为、神经紧张等；⑤不良习惯，包括吸吮手指、咬指甲、眨眼、挖鼻孔、耸肩、咬衣服、玩弄生殖器等；⑥意志力薄弱、耐挫力差，表现为怕苦怕累、害怕困难，遇到困难退缩、束手无策和依赖成人，无法接受委屈、责备、批评等挫折打击；⑦学习上的问题，包括注意力不易集中、反应迟钝等。

上述问题，要求我们高度关注幼儿群体的心理健康状况。教育部颁布的《幼儿园教育指导纲要（试行）》明确指出："幼儿园必须把保护幼儿的生命和促进幼儿的健康放在工作的首位。树立正确的健康观念，在重视幼儿身体健康的同时，要高度重视幼儿的心理健康。"但是，我们应该看到，虽然国家在政策上体现了对幼儿心理健康教育的重视，但是各级地方幼儿园并没有对幼儿开展实质性的心理健康教育。即使心理健康教育工作做得较好的幼儿园，他们的教育和研究大多还停留在医学模式上。尽管在理论上强调幼儿心理健康的维护，但诸多原因导致幼儿教育实际工作的重点仍在幼儿的身体方面。此外，当前我国幼儿心理健康教育工作者知识、经验的不足，使得幼儿心理健康教育的质量与效果无法提高。许多幼儿教师认为幼儿有心理问题是幼儿发展中的自然现象，经常不予理会，有的则认为是思想品德问题或个人行为习惯问题，这样的认识往往使幼儿的心理健康问题变得更加严重。

目前，我国还缺乏完善的幼儿心理健康教育的机制，因此，需要各级教育部门转变教育观念，制定幼儿心理健康教育的教育原则、教育目标和主要内容与途径，使各级幼儿园明确幼儿心理健康教育是幼儿素质教育不可缺少的重要组成部分，掌握正确开展幼儿心理健康教育的方法和途径。幼儿心理健康教育的主要实施者是幼儿教师和家长。因此，有必要对幼儿教师和家长普及幼儿心理健康知识，特别是提高父母的心理健康教育水平。我们的研究表明，婚姻关系和亲子关系共同影响幼儿的心理行为问题，婚姻关系和亲子关系则呈显著的正相关。[1] 这要求父母必须从幼儿心理发展的特点与规律出发科学育儿，家庭、幼儿园、社会共同关注、积极参与，及时发现幼儿存在的心理行为问题，适时进行心理健康教育。总之，幼儿身心发展的实际需要和特点，制约着幼儿心理健康教育的全过程，因此必须遵循幼儿的心理特点，才能顺利地完成教育教学活动，取得良好的教育效果。

(二) 中小学生群体的心理健康问题研究

我国中小学心理健康教育自 20 世纪 80 年代末逐渐升温，90 年代受到普遍关注，目前已在教育界形成一股持续热潮。在政策法规方面，国家和政府专门出台了有关心理健康教育的文件，如《关于加强中小学心理健康教育的若干意见》《中小学心理健康教育指导纲要(2012 年修订)》《中小学心理辅导室建设指南》等。在教材、读本和硬件建设方面，国内目前已出版了一批有关心理健康教育的读本或教材，300 余种；20 多个省市已将心理健康教育课设为必修课或选修课程。此外，不少学校都设有心理辅导室；在师资培训方面，许多省市、地区与高校科研机构联合做了大量的工作，开展了较大规模的专兼职培训，部分省市已开始了专职心理健康教育教师的认证工作。可见，在心理健康教育实施的重要性方面，人们已经普遍认识到这是实施素质教育的一项重要内容；在心理健康教育实施的必要性方面，大量的调查研究显示，当前我国中小学生心理健康状况不容乐观。据估计，小学生有心理行为问题的占 10%左右；初中生占 15%左右；高中生约占 18%。北京师范大学课题组在北京、河南、重庆、浙江、新疆五个不同地区抽样选取 16 472 名中小学生，调查结果表明，小学生有异常心理问题倾向的比例是 16.4%，有严重心理行为问题的比例是 4.2%；初中生有

---

[1] 俞国良、金东贤:《婚姻关系、亲子关系对 3~6 岁幼儿心理行为问题的影响》，载《心理科学》，2003，26(4)。

异常心理问题倾向的比例是 14.2%，有严重心理行为问题的比例是 2.9%；高中生有异常心理问题倾向的比例是 14.8%，有严重心理行为问题的比例是 2.5%。在心理健康教育的内容方面，教育部《中小学心理健康教育指导纲要（2012 年修订）》中明确指出，心理健康教育的内容包括：学习、自我、人际关系、情绪调适、生活与社会适应等方面，这反映了人们的普遍共识，也成为教材编写和课程设计的指导原则。例如，辽宁省把心理健康教育纳入中小学课程改革的体系中，制定了中小学心理健康教育地方课程标准，配套了专门的活动课教材，并初步组建了一支心理健康教科研队伍，有 45.11% 的中小学校参与了科研课题研究，涉及教师 6000 余人。在心理健康教育的实施模式方面，尽管多种模式并存，但总体上看，从最初针对少数问题或高危儿童的筛查干预模式，到目前面向全体学生的发展性模式的转变趋势是很明显的。例如，上海市以发展性心理辅导为趋向，狠抓生命教育研究与实践，取得了较好的效果。

心理健康教育的形式多种多样，如课程、讲座、活动、游戏、心理咨询、心理训练等。一些学校经过探索，总结出了很好的心理健康教育模式。例如，北京某区小学经过探索总结出心理健康教育的三项原则（全体性、个体性、主体性）、四项内容（友善乐群、敬业会学、自我修养、学会生活）以及八种主要方法。有的学校开展了心理健康教育的"五个一工程"（一份小报、一个信箱、一个环境、一个电话和一个诊室）。开展心理健康教育对一些学校整体工作起到了推动作用，使他们感受到了切实的益处。不少地方和学校已把心理健康教育作为重要工作来抓，广东省设立了中小学心理健康教育专项经费，对 11000 多名教师进行了培训，并制定了心理健康教育师资培训工作计划和示范学校评估标准，做到内容、课时、教材、备课、考核统一，且统一颁发证书。

尽管如此，我国中小学心理健康教育在不同地区发展得极不平衡，即使在开展中小学心理健康教育工作方面做得较好的中小学校，也存在着一些问题。一是学科化倾向。目前，有些学校把心理健康教育纳入学校的正规课程中，当作一门学科来对待，在课堂上系统讲述心理学的概念、理论，方式单调、乏味，学生则在课本上勾勾画画，课下死记硬背，完成作业，更有甚者还安排学生进行心理健康课的考试。这与心理健康课程开设的初衷背道而驰。二是形式化倾向。心理健康教育的形式化倾向表现为，有些学校虽然名义上设立了心理辅导室，开设了心理健康课，配备了教师，但是由于教育者自身教育观念存在问题，因此心理健康课并没有真正发挥作用，心理辅导室形同虚设，前来咨询的学生寥寥无几，成为应付上级检查的"硬件"之一。三是表面化倾向。一些地方和学校，在开展心理健康教育之初，兴趣勃勃，对学生进行各类测验、请各方专家讲座、建立学生心理档案、筹建心理辅导室等，但由于工作缺乏整体思路、专职人员素质较低，因此这些工作只是停留在表面，心理健康教育未能得到深入和持续的开展。四是孤立化倾向。一些学校封闭、孤立地对学生进行心理健康教育，忽视了对教师的心理健康教育，没有很好地调动社会群体尤其是家长的积极参与，使教育效果大打折扣。

(三) 中职学生群体的心理健康问题研究

中等职业技术学校的学生正处在身心发展的转折时期，随着学习活动由普通教育向职业教育转变，发展方向由以升学为主向以就业为主转变，以及将直接面对社会和职业的选择，他们在自我意识、人际交往、求职择业以及成长、学习和生活等方面难免产生各种各样的心理困惑或问题。职高学生虽没有普高学生面临的高考压力，但他们面临的社会压力要比普高学生大，所承受的失败与挫折也会比普高学生多。要承受社会轻视的压力和家长埋怨"不争气"的压力，要克服自卑的心理障碍。对辽宁、山东、江苏、安徽、浙江、四川、陕西、甘肃、广东九省近 20 个地区 50 多所学校近万名职业技术学校学生的调查发现，他们普遍存在学习焦虑、交友困难、挫折感强、就业困惑、社会适应能力差等问题。这些问题都亟待通过加强心理健康教育加以解决。

当前中等职业学校的心理健康教育状况和进展参差不齐。北京市(海淀区和东城区）、烟台市、大连市、深圳市、兰州市等地的职业技术学校，积累了一定的经验。为了使学生了解心理健康知识，这些职校定期举办心理健康教育活动，邀请高校心理咨询专家为学生开设系列讲座，特别是针对普遍存在的心理问题，分不同年级经常有针对性地举办人际交往、调整自我、健康人格等讲座。有的学校还开设了心理健康选修课，使学生更加系统地学习心理健康知识。然而，我们应该看到，职业技术学校的心理健康教育还处在起步阶段，经验相对缺乏，而且各个学校对心理健康教育的认识和重视程度也存在差异，这就直接影响了职业学校心理健康教育的发展。一是学校和教师对心理健康问题的认识有时把握不准，把心理行为问题和思想道德问题混淆在一起，在处理态度和方法上会出现偏差，影响了心理健康教育工作的顺利进行。二是学生对心理健康教育的认识存在偏见，他们往往认为开展心理健康教育，去心理辅导室进行咨询就意味着自己有"问题"了，因而经常采用掩饰或者回避的态度来对待自己的各种心理困惑和问题。三是有的学校虽然设置了心理辅导室，配备了专职心理辅导老师，对学生进行个别辅导，但是由于心理辅导老师和学生之间接触机会较少，而且辅导室每周只能定点开放，再加上学生对心理辅导的片面认识，因而很难充分发挥心理辅导的作用。一方面学生面临各种心理困惑需要澄清；另一方面心理辅导室不能发挥其效用，两者之间存在着脱节和矛盾。

有鉴于此，我们认为职业学校的心理健康教育工作，可以借鉴中小学校的一些经验教训，特别强调职业学校的心理健康教育应面向全体学生，注重学生的发展性心理行为问题，帮助学生了解一些心理健康的基本知识，掌握自我调节情绪和克服心理障碍的方法，敢于正视现实。心理健康教育活动可以采用班级团体心理辅导的形式，强调对学生维护自身心理健康能力的培养；同时也要注意团体辅导和个别辅导的结合，针对学生严重的心理行为问题给予个别咨询和指导，促进每个学生的健康发展。

三、未成年群体心理健康教育的发展态势

由于心理相对于身体的特殊性，它更多受社会、政治、经济、文化环境的影响，因此不同个体之间虽接受同样的心理健康教育，但其效果也会有很大的差异。因此，未成年群体心理健康教育是一个社会系统工程，它随着教育、心理以及学校组织研究的发展、社会大环境的变化而不断地变化、发展和趋向完善。我们认为，未成年群体心理健康教育可能会向两个不同的方向延伸：一是综合化和整合化，即各种心理健康教育、咨询和治疗机构的整合与重组，加强彼此之间的联系，共享信息资料和加快信息化的进程；二是专业化和精细化，即建立健全的制度，各种教育机构或团体拥有自己主要的服务对象，有自己某方面的专家。实际上，这是一个问题的两个方向的延伸。

首先是综合化和整合化。不同心理健康机构的合作对有效的心理健康教育显得越来越重要，如药物滥用和心理健康教育机构、青少年司法机构和心理健康教育机构等合作。美国的"学校心理健康计划"（School Mental Health Project）提出，提高学校心理健康教育的效果，不仅仅是扩展咨询服务或建立更多的有心理辅导和教育的学校，重要的是建立一个综合性、全方位的机构，使学校真正成为一个能为学生提供心理支持的地方，从而使他们的智力和健康水平达到最大程度的提升。此外，计算机和互联网的普及对人们生活的巨大影响，迫切需要心理健康教育资源进一步整合，提高信息化水平。而目前的情况仍属于分而治之的局面，各个地区和教育、研究机构掌握的资料都是零碎的。政府部门会因为难以得到综合信息，从而在决策时无据可依，无法使整个学校心理健康教育系统的积极效果发挥最大作用。这里，未成年人心理健康教育模式的探索与选择就是一个重要的课题。美国密歇根州综合的学校健康教育模式是一个很有益的探索。该模式首先由州创立，继而得到州教育部门、社区健康中心、州公安局、家庭组织，以及200多个专业机构和志愿组织的支持与帮助。密歇根

模式，为未成年人提供从幼儿园到高中的心理健康教育课程，传授知识和基于知识建立起来的各种应对技能。这个模式实施后，取得了良好的教育效果，参加该项目的学生抵御不良诱惑的能力增强，问题行为减少。将来需要开发出更多类似于这种系统的具有连续性的心理健康教育模式，并在实践中检验其效果，不断改进和完善，进而向更广大的区域推广。

其次是专业化和精细化。在美国学校心理健康教育系统中，根据学生不同的需求，设有不同层次的心理辅导机构，大部分学生可以从学校设立的心理健康教育中心获得心理援助，学校通过网络、活动以及心理辅导等多种方式对学生进行心理健康教育。例如，校园暴力干预计划主要是为了预防校园犯罪和校园暴力，实际上该计划实施以来，已经大大降低了校园犯罪和校园暴力的人数。但是，仍有一部分学生的问题本来通过一般心理辅导就可以解决，却被诊断为心理疾病而进行治疗，而应接受心理治疗的学生却未能得到及时的援助，这说明，心理辅导教师队伍的专业化以及机构或组织的专业化均不够。有鉴于此，立法应更具体、更具针对性。事实上，对于公众心理健康问题，美国许多州都已经通过了相关法案并具体到未成年人，出现心理行为问题却难以得到及时的鉴定和帮助，已成为心理健康教育发展的一个重要障碍。将来针对各级学校，政府机构可能会保证未成年人心理健康教育项目在操作过程中做到有法可依。此外，心理健康教育效果的评价方法需进一步完善。怎样评价一个方案或项目的实施效果，缺少一致的令人信服的评价系统。目前的评价主要通过不同组之间一些指标的比较，通过前后测查比较，或者通过建立基线水平，以测查项目推行的实际效果。但是，许多研究者对此提出了质疑。今后这方面的工作将会吸引越来越多研究者的关注。

显然，我国未成年人心理健康教育水平还较低，我们要积极吸收国外有益的经验和做法，但是，也要认识到各国国情有很大的不同。未成年人心理健康教育工作需要不断探索和积累经验，急于求成是不可取的，重要的是加强心理健康教育师资队伍建设，充实心理健康教育内容和模式，丰富心理健康教育的途径和方法，以及实现心理健康教育手段的现代化。①

对于幼儿来说，实施发展性心理健康教育，主要培养有益于幼儿心理健康的态度、情感、行为习惯方式，以及良好的个性品质和社会适应能力，促进幼儿情感、态度、能力、知识和技能等方面整体素质的提高。对少数有心理行为问题的幼儿，开展补偿性心理咨询与辅导，使这些幼儿尽快恢复和提高心理健康水平，增强自我发展能力。对极少数有严重心理行为问题的幼儿，能够及时识别和转诊，密切配合专业心理治疗机构，尽早治愈心理行为问题，让他们都能以健康的心理面貌出现在日常生活中。

对于中小学校和职业技术学校的学生来说，心理健康教育工作开展得好坏，很大程度上取决于是否拥有一支素质精良的专业队伍。加强学校心理健康教育教师队伍建设，有计划地开展心理健康教育教师培训工作，逐步实现心理教育工作者的职业化是大势所趋。联合国教科文组织曾对从事学校心理健康教育的专业人员的资格和训练提出过三项明确要求：第一，具有教学文凭和教师资格证；第二，五年以上的教学经验；第三，系统修完有关心理学课程。我们应参照这些标准，逐步完善从事心理健康教育教师的职业资格认定工作。从发展的眼光看，对一些基本问题（如心理健康与学习、创造力和品德发展的关系、心理健康和个人成长成才的关系、学校适应和青春期问题、情感恋爱问题）等的深入研究，会不断丰富心理健康教育的内容，并把心理健康教育工作不断引向深入。特别是网络技术时代的到来将为心理健康教育开辟新的途径。

---

① 俞国良：《中小学心理健康教育发展趋势》，载《光明日报》，2002-10-31。

第二十二章

研究生群体的心理健康问题研究

近年来，随着我国研究生招生规模不断扩大，研究生在校人数持续增加。《国家中长期教育改革和发展规划纲要（2010—2020年）》指出，到2020年，我国在校研究生规模达200万人。作为学校教育的最高层次，研究生教育肩负着建设创新型国家的宏伟目标，关系到科教兴国战略的实施和实现。然而，面对社会文化的繁荣和时代的嬗变，我国研究生群体正面临着巨大的心理压力。研究生由于心理行为问题而导致休学、退学的比例持续增加，各种自残、自杀事件屡见不鲜。有研究显示，我国研究生群体中约44.16%均存在不同程度的心理行为问题，其心理健康水平不容乐观[①]，心理健康问题正成为研究生成长、成才的强大阻力。因此，厘清研究生群体心理健康问题的主要特点与成因，提出行之有效的预防与干预方案，加强对研究生群体的心理健康教育已刻不容缓。

一、研究生群体心理健康问题的表现特点与成因

一是情绪情感问题。情绪情感问题一直是研究生寻求心理咨询的首要问题，主要表现为抑郁、焦虑、情绪失控、情绪情感脆弱以及孤独感增加等。例如，毛富强等人通过对研究生进行问卷调查发现，在SCL-90的高分因子中，抑郁占第三位。[②] 另外，张晓琴等人对农林院校2270名研究生的心理健康状况进行了测查。

[①] 马喜亭、李卫华：《研究生心理健康状况与生活压力调查研究》，载《中国特殊教育》，2011(4)。

[②] 毛富强、李振涛、王建华：《研究生心理健康状况与个性特征及生活事件分析》，载《中国心理卫生杂志》，2003，17(10)。

结果表明，农林院校研究生的焦虑症状突出，应引起心理工作者的关注。① 究其原因，是由于研究生群体在以往生活经历中大多顺风顺水，自我感觉良好，自我期望值高，而挫折承受能力较弱。进入研究生阶段，在面对纷沓而至的多重压力时，如果没有足够的心理资源和有效的应对方式来处理，就容易产生自我否定和自我怀疑，进而导致各种消极情绪。具体来说，在建设世界一流大学和一流学科的"双一流"背景下，各高校均对研究生培养制定了更高的标准，提出了更严的要求。研究生群体发表文章更加困难，科研任务也更加繁重，毕业后还可能面临"高不成、低不就"的尴尬境地。学业和就业的双重压力迫使他们不得不时刻绷紧神经投入学习中，以提高自己的科研水平和竞争实力。如果这种紧张情绪长时间得不到有效缓解，就会出现焦虑、烦躁、失落等消极情绪。此外，研究生群体正处于埃里克森人生发展八个阶段中寻求亲密感的重要阶段，他们在这一时期的主要任务是寻求亲密感，克服孤独感，体验爱情。但是，由于交友范围狭窄，经济状况紧张，沟通能力欠佳，他们很难与异性建立亲密关系。高学历人群已成为"剩男""剩女"的主要构成者。这导致其情感需求和性需求长期处于被压抑的状态，久而久之，他们会感到情绪低落、孤独、焦虑和抑郁。

二是人格障碍问题。该问题的主要特征是个体的一些个性或行为特点与正常的人格模式有明显偏离。研究者通过"人格诊断问卷"（PDQ-4+）对研究生群体的人格障碍进行了筛查，结果显示，研究生样本在一些人格障碍上的得分显著高于大学生。② 这表明，研究生群体的人格障碍问题不容小觑，具体来说，主要包括偏执型人格、强迫型人格、自恋型人格和依赖型人格四方面。首先是偏执型人格。主要涉及个体的一种非理性信念，即坚信自己的某种观点或某个决定是正确的，而拒绝听取他人意见或做出改变。偏执型人格的个体通常表现为敏感多疑、过分警惕、不接受批评、报复心重以及容易冲动。研究生群体背

---

① 张晓琴、严德强：《农林院校研究生心理健康问题与对策研究》，载《黑龙江高教研究》，2015(10)。

② 李江雪、项锦晶：《人格诊断问卷(PDQ-4+)在研究生群体中的应用研究》，载《中国临床心理学杂志》，2006，16(6)。

负着父母的高期望，有着过于严格的家教。这导致其容易自我苛求，偏执地陷入纠结和矛盾中。譬如，研究生群体很容易产生自我能力否定倾向，即虽然根据外界标准已经获得了成功，但他们仍偏执地认为自己不够优秀与努力。其次是强迫型人格。研究生群体一般具有较强的自我约束能力和自我监控意识，他们过于追求完美，事事要强，自我要求较高，且十分在意他人对自己的评价。因此，研究生群体的自我强迫性过重，易形成强迫型人格。再次是自恋型人格。作为同辈中的佼佼者，研究生群体一般在童年时期就得到父母或老师的高度关注。外界的过高评价使其坚信"自己是独特的"。久而久之，易导致特权感的产生，并最终发展为自恋型人格。他们经常自我夸大，认为自己与众不同，期望获得他人的关注和崇拜，而缺乏对他人需求的敏感性。最后是依赖型人格。主要涉及研究生群体唯导师是从，过于墨守成规而缺乏独立思考和研究的能力。过度的依赖性可能导致个人成就动机下降，创新性不足，丧失进取、拼搏、奋斗的勇气。

三是人际关系问题。良好的人际关系能够为个体提供社会支持，进而满足人们对安全感、归属感、自尊和爱的需要，而人际关系障碍则不利于个体的身心健康发展。对于研究生群体而言，人际关系主要涉及同学关系和师生关系。首先，同学是与研究生朝夕相处的主要群体。然而，相较于本科生而言，研究生群体的构成更为复杂，年龄跨度较大，生活经历迥异，学习方式不同，再加上以科研为主的学习特点，导致彼此之间交流较少，同学关系不够亲密。更为重要的是，由于存在诸多共同利益，研究生群体普遍具有较强的竞争意识，比较心理颇为严重。一些研究生为了维护自己的自尊，倾向于向下的社会比较。其结果是，自身优越感不断提升，自我感觉良好，在人际交往中自视甚高，同理心弱，缺乏包容性和主动性，难以合群。还有一些研究生个性争强好胜，倾向于向上的社会比较。而一旦发现自己与上行比较目标存在较大差距且难以超越时，就会产生挫败感和妒忌心理。研究表明，妒忌能够预测个体的直接攻击和间接攻击，造成人际关系紧张。[①] 其次，导师作为研究生群体的一个重要他人，在其人际关系中占据重要地位。然而，部分研究生却无法与导师建立融洽的师生关系。这一方面是由于研究生扩招后，每位导师所带研究生的数量大幅增加，因此师生之间单独沟通的时间变少，无形中拉大了师生之间的心理距离。另一方面则是由于研究生的"导师负面评价恐惧"，即担心导师会给予质疑和否定，因此千方百计避免与导师接触，并最终导致师生关系疏离。

四是网络成瘾问题。网络成瘾又被称为病理性网络使用，指的是个体由于过度使用网络而导致的社会和心理功能受损的社会现象。它往往是导致研究生群体人际交往狭窄、社会适应性差以及学业发展障碍等问题不可忽视的作用源。网络本身具有匿名性（anonymity）、便利性（convenience）和现实逃避性（escape）的特点。社交网络可以满足人类不同层次的心理需求，使得个体在网络世界可以充分进行积极的自我展示，建立亲密关系，缓解焦虑情绪，获得社会支持。这就是研究生群体网络成瘾行为的动机来源。如前所述，研究生群体面对着来自学业、就业、人际、经济等诸多方面的压力，极易产生孤独感和焦虑情绪，在现实生活中可能面临控制感和归属感缺失的问题。首先，根据网络的得失补偿假说，当个体的心理需求在现实中受阻而得不到满足时，就可能发生"病理性补偿"过程，希望通过其他途径予以满足。因此，他们是网络成瘾的易感人群。众多实证研究表明，来自外界环境的压力是个体网络成瘾的主要原因之一。压力与网络成瘾有显著正相关，当个体承受较大压力时，其网络成瘾的可能性就会增加。[②] 其次，焦虑和孤独感也能够正向预测研究生的网络成瘾。相比于低焦虑者和低孤独者，高焦虑和高孤独感个体往往更容易网络成瘾。最后，环境因素，尤其是家庭环境因素往往对研究生群体的网络成瘾行为起到调节作用。研究者发现，亲子沟通是个体网络成瘾行为的保护性因子。亲子沟通质量越高，

---

① 吴宝沛、张雷：《妒忌：一种带有敌意的社会情绪》，载《心理科学进展》，2012，20（9）。

② L. T. Lam and E. M. Wong, "Stress moderates the relationship between problematic Internet use by parents and problematic Internet use by adolescents," *Journal of Adolescent Health*, 2015, 56（3）, pp. 300-306.

子女网络成瘾的可能性越低。① 虽然缺乏来自研究生被试的证据，但网络成瘾的干预研究发现，促进亲子沟通能够有效治疗个体的网络成瘾行为。②

二、研究生群体心理健康问题的预防与教育干预

第一，在个体层面，应注重研究生群体内在心理资源的建构和培养。个体—环境交互作用模型指出，个体因素和环境因素共同作用于人们的心理与行为模式。在面对相同的环境时，不同的个体会表现出不同的心理反应和应对方式。个体内在心理资源，主要包括心理韧性（resilience）和积极情绪（positive e-motion），它能够有效缓冲外界压力对个体心理健康的不利影响。心理韧性是指当个体面临生活逆境、压力、创伤和不幸事件时，仍能成功应对，从预期的威胁中恢复如初的能力。较高的心理韧性有助于提升个体的生活满意度与主观幸福感，并帮助个体更好地适应生活，促进身心健康发展。研究发现，心理韧性与抑郁、焦虑、心理不适等有显著负相关，而与积极情绪有显著正相关。③ 更为重要的是，作为一种积极的心理资源，个体的心理韧性可以通过有效的训练得以提高。因此，研究生心理韧性的提升可能是帮助其有效应对多重压力，摆脱心理健康问题的有效途径。积极情绪即正性或具有正效价的情绪，包括快乐、喜悦、乐观、满足、自豪等一系列愉快情感。根据积极情绪的拓展和建设理论（the broaden-and-build theory of positive emotions），积极情绪有利于扩展个体的注意范围，开阔思维广度，增强认知灵活性。处于积极情绪的个体能够以更加积极的视角和心态看待挫折与压力事件，从而发现不利事件中蕴含的积极线索，

---

① Q. X. Liu, X. Y. Fang, L. Y. Deng, et al., "Parent-adolescent communication, parental internet use and internet-specific norms and pathological internet use among Chinese adolescents," *Computers in Human Behavior*, 2012, 28（4）, pp. 1269-1275.

② 刘勤学：《青少年网络成瘾：亲子互动和需求满足的作用及家庭团体干预》，博士学位论文，北京师范大学，2011。

③ 桑青松、李海澜、刘思义等：《心理韧性集体咨询对校园受欺凌小学生状态焦虑的影响》，载《心理与行为研究》，2019，17(3)。

更多地采用以问题为中心的应对策略，增强问题解决的变通性和灵活性，进而提高心理适应性。研究发现，积极情绪能够减弱个体的抑郁倾向，改善病态心理状况，降低物质滥用的风险和精神病症的发生率。当要求被试书写和记录积极情绪与愉快事件时，其主观幸福感有显著提升，且这一干预措施在 5 个月后依然有效。① 更有研究者发现，积极情绪甚至能够预防身体疾病的发生，提高疾病的康复进程。② 总体而言，积极情绪和心理韧性相辅相成，经常体验积极情绪有助于心理韧性的建设，而较强的心理韧性又促进积极情绪的产生。二者共同作用，能够有效提高研究生群体应对压力和逆境的能力，促进其身心健康发展。

第二，在微系统层面，应充分发挥良好家庭环境和学校教育对研究生心理健康的保护作用。首先，家庭是人格塑造最初始的环境。研究生群体心理健康问题的发生与其原生家庭，尤其与早期童年经历是分不开的。家庭社会经济地位、父母受教育程度、家庭氛围、父母教养方式等都会对个体的心理健康产生持久影响。在研究生阶段，尽管个体的社会支持系统从以父母为主逐渐向以同伴和导师为主转移，但良好的家庭氛围仍是其获取心理和情感支持的重要来源。家庭成员之间较高的亲密度有利于研究生群体的归属感和爱的满足，能够促进人际关系的建立和心理健康成长。反之，父母对子女情感需求的漠视，对其学业的过高期望，则可能给子女带来较大的心理负担，增加焦虑和抑郁情绪。因此，在家庭层面，应努力营造温暖、和谐的家庭氛围，加强亲子沟通与交流。另外，学校是统一开展研究生心理健康教育的最佳场所。然而，长久以来，学校心理健康教育工作倾向于把本科生心理健康教育实施方案简单地套用到研究生群体上，存在重本科生、轻研究生的现象。研究生和本科生存在较大年龄差异，他们面临不同的学业要求和人生压力，可能出现不同的心理健康问题。因

---

① 王永、王振宏：《书写表达积极情绪对幸福感和应对方式的效用》，载《中国临床心理学杂志》，2011，19(1)。

② J. T. Moskowitz, E. S. Epel, and M. Acree, "Positive affect uniquely predicts lower risk of mortality in people with diabetes," *Health Psychology*, 2008, 27(1), pp. S73-S82.

此，高校应创新研究生心理健康教育方法，开展有针对性的心理教育工作。一方面，要充分发挥导师在研究生群体心理健康教育中的作用。导师参与是研究生心理健康教育中一个不可或缺的要素。研究生在校学习期间，与他们联系最紧密、接触最频繁的就是导师，研究生对导师具有很强的依赖感和敬重之心。导师的言行对研究生心理健康发展具有潜移默化的影响。因此，各高校应加强研究生导师的心理健康意识培训，提高导师对学生心理健康状况的关注度，促进师生间的主动沟通与交流，使研究生导师能够及时掌握学生的心理健康动向，并为其提供心理支持和心理疏导。另一方面，应重视研究生自我教育的功能，借助网络平台，探索适合研究生心理健康教育的新途径。研究生具有较强的自我能动性，在学习方式上更是以自主学习为主。有鉴于此，自我教育作为一种自觉进行自我认识、自我反思和自我评价的教育活动，必将成为研究生心理健康教育的一种有效形式。网络心理健康教育打破了传统学校心理健康教育的时空局限性，避免了面对面咨询的尴尬和紧张局面，能够充分调动研究生群体主动接受心理健康教育的积极性，这是研究生自我教育的主要途径。

第三，在宏系统层面，应加强正确的社会舆论引导，消除对研究生群体的消极刻板印象。研究生心理健康教育不可能脱离社会大环境。事实上，研究生的很多心理行为问题都是由社会性的应激源引起的。我国正处于社会转型时期，经济的快速发展和多元价值观的涌入增加了研究生群体对未来生活的迷茫。他们作为高学历人群，迫切希望证明自己的价值和能力，打破阶层固化的壁垒，提升自己的社会地位。这可能会无形中导致其物质主义价值观的提升，进而损害心理健康水平。物质主义价值观（materialism）是一种个体过分强调拥有物质财富的价值观。具有高物质主义的研究生往往以获得物质财富作为生活的目标，并将其看作评价幸福感和成功的核心标准。然而，大量研究发现，物质主义价值观并不能提升个体的主观幸福感，反而对其有负向预测作用。[1] 这可能是由

---

① 蒋奖、宋玥、邱辉等：《大学生物质主义价值观、自尊与幸福感的关系》，载《中国特殊教育》，2012(8)。

于对物质主义的追求属于外部目标，它主要依赖于外在物质的多少，且具有不稳定性。然而，高物质主义者对物质的追求是不断提高的，一旦这种物质需要得不到满足时，他们的自我价值感和幸福感就会随之降低。因此，为减少物质主义对个体心理健康的不利影响，国家和社会层面应加强正确的社会舆论引导，帮助研究生群体树立社会主义核心价值观；重点关注家庭贫困研究生的生活状况，减轻其经济不安全感，避免物质主义的产生。此外，当今社会充斥着一些对研究生群体，尤其是女性研究生群体的消极刻板印象，如认为高学历人群"智商高、情商低"，甚至将女博士研究生称为男人和女人之外的"第三类人"。由于刻板印象是人们基于简单的分类方式对某个社会群体过于概括化的看法。它往往不考虑群体内部的个体差异，容易以偏概全，扭曲群体的特征。这些消极刻板印象导致研究生群体陷入评价担忧、自我效能感下降以及焦虑情绪增加。因此，在社会层面，我们必须进一步倡导尊重知识、尊重人才、尊重女性的社会氛围，为研究生群体创造温暖、轻松、和谐的社会环境，促进其身心健康发展。

三、研究生群体心理健康问题研究的展望

研究生是社会的精英群体，其素质高低关系到国家的发展和未来。只有重视研究生群体的心理健康问题，加强研究生心理健康教育，才能为培养社会主义建设的一流人才保驾护航。这里，我们在对研究生心理健康问题的表现特点与原因，以及预防与干预策略进行分析的基础上，进而提出未来该领域的研究应从以下三个方面进行深入探索。

第一，在研究内容方面，需秉持"精细化"的研究态度，深入分析不同研究生群体心理健康问题的差异性以及内在心理机制。首先，与本科生相比，研究生群体的生源更为复杂，彼此间年龄差异较大，婚恋状况、经济状况及社会经历也迥然不同。因此，研究生群体的心理健康问题不仅具有一些共性的特征，

也存在一些异质性的方面，需要研究者更为细化的探讨与分析。例如，以往研究发现，研究生群体的心理健康问题具有性别差异，女性在 SCL-90 上的得分要显著高于男性。[1] 这可能是由于女性群体一般更为敏感细腻，就女性研究生而言，她们往往比男性面临着更多的婚恋和就业压力，经历着高自我期望与低社会期望的冲突，因此更容易产生焦虑、抑郁等心理问题。除此之外，不同年级、不同婚姻状况、不同专业，以及独生与非独生子女研究生自身心理特征和所面临的压力源也不尽相同。只有细化研究不同类型研究生的心理行为问题特点，才能更加深入和全面地掌握研究生的心理健康状况，从而促进干预实践的针对性和有效性。另外，研究生群体心理健康问题的发生机制或内在动因，应成为该领域的研究重点。既然研究生群体在面对诸多社会压力时，容易产生各种心理健康问题，那么，这些心理问题究竟是如何发生的？会受到哪些中介变量的影响呢？毫无疑问，并非所有研究生均无法适应该阶段的学习与生活节奏。个体的人格特征、认知方式、应对策略等因素，都可能是研究生心理行为问题产生的近端因素。认知理论认为，任何心理问题的产生都伴有非适应性认知问题。换言之，外界环境或事件本身仅仅是引发心理问题的远端因素或者外因，个体对刺激情境的非理性认知，如绝对化的要求、过分概括化、糟糕至极等才是导致心理健康问题的近端因素或内因。令人遗憾的是，纵观已有研究，研究者鲜有对研究生群体心理健康的内在机制进行探讨，这使我们对该问题的认识仍浮于表层，未窥其本质。因此，在今后的研究中，研究者应深入挖掘研究生心理健康问题的发生机制，通过对中介变量的探索，打开干预研究的新思路。

第二，在研究方法方面，应以跨学科的思维，注重对研究生心理健康问题的量化研究。迄今为止，研究者大多从教育学理论或经验的角度出发，分析研究生心理健康问题的表现特点、形成原因及干预方案，而较少从心理学角度对研究生心理健康水平的内在因素进行微观研究。我们应该看到，研究生的心理

---

[1] 李梅、钟向阳、植毅耘：《研究生心理健康及其与人格的相关研究》，载《华南农业大学学报(社会科学版)》，2002，1(2)。

健康问题既受个体主观因素的影响，又受家庭和学校教育方式方法的制约。因此，以基础研究为主的心理学与以应用研究为主的教育学的交叉融合研究才是心理健康教育发展的大趋势。[①] 心理学的基础性研究必不可少且不可忽视，它能够为教育干预提供必要的理论指导和实证依据，使之有章可循，有据可依。鉴于研究生心理健康问题量化研究的欠缺，未来研究在方法上应至少从以下两方面进行改进。一方面，应编制针对研究生群体的心理健康测评工具，提高对研究生心理行为问题的鉴别力。目前，我国高校仍主要使用 SCL-90 作为研究生心理健康问题的筛查工具。然而，该量表主要适用于对门诊病人心理健康问题严重程度的评估，将其直接用于测评研究生群体的心理健康状况是不恰当的。因此，研究者应致力于开发一套标准化、权威化的研究生心理健康量表，这不仅是保障研究生心理健康教育有效开展的迫切要求，也是推进研究生心理健康服务体系建设的基础工程。另一方面，要加深对研究生心理健康问题的认识，就要不断推进研究方法的多样化和科学化。研究者除了可以采用问卷收集法开展回溯性和前瞻性研究外，还可以使用元分析的方法来系统梳理与分析以往的研究成果。此外，随着认知神经科学和生物医学技术的发展，通过 ERP、fMRI、PET 等手段来研究心理健康问题也屡见不鲜。例如，研究者通过记录被试的事件相关电位发现，高抑郁倾向的被试在观看悲伤图片时，其 LPP 波幅显著小于控制组，这进一步表明抑郁个体降低了对悲伤刺激的回避动机，从而更多地体验到悲伤情绪。[②] 显然，采用现代心理学手段探讨研究生心理健康问题的成因及神经生物机制，对于后续的预防、诊断和治疗均具有重要意义。

第三，在实践干预方面，要用发展的眼光，重视研究生心理健康问题的累积性。个体的心理发展是阶段性和连续性的有机统一。根据埃里克森的心理社会阶段理论，人的一生会经历 8 个不同的人格发展阶段。每个阶段都是不可忽视的，且都有该阶段需要完成的主要任务或需要解决的主要矛盾。前一阶段心

---

① 俞国良:《心理健康教育学:心理学与教育学的交叉融合研究》,载《教育研究》,2018, 39(9)。

② 李红、杨小光、郑文瑜:《抑郁倾向对个体情绪调节目标的影响——来自事件相关电位的证据》,载《心理学报》,2019, 51(6)。

理发展任务的完成增加了下一阶段危机得到积极解决的可能性；反之，如果前一阶段的心理危机没有得到解决，那么就可能在后面的阶段中爆发出来。可以想见，研究生群体出现的心理健康问题并非完全是在这一阶段才突然出现，这些问题可能在大学甚至是更早的时期就已经存在并积累潜伏下来，由于没有得到及时的重视或解决，才会在研究生阶段集中爆发。例如，个体的职业发展问题以及获取亲密感的需要在大学阶段就存在，只是随着考研而得以暂时缓解、搁置，但是，到了研究生阶段这些问题又重新浮出水面，从而影响研究生群体的心理健康。从这一层面来讲，研究生所面临的诸多压力可能仅仅是其心理行为问题爆发的导火索，该阶段心理健康问题的出现具有新旧困扰累积性的特点。因此，研究生心理健康教育的实施不能与大学，甚至是中小学阶段的心理健康教育割裂开来。从微观层面，高校心理工作者要避免"只见树木，不见森林"的片面认识，应看到研究生心理健康问题背后可能潜伏的早期遗留问题，对症下药，有的放矢。从宏观层面，应树立大中小幼心理健康教育一体化的教育理念。[①] 重视早期阶段的心理健康教育，做到"早预防、早发现，早治疗"，避免心理行为问题的累积。此外，还要根据不同年龄阶段学生人格和社会性发展的特点，开设相应的心理健康教育课程，促进他们积极心理资源的建立与发展，为研究生心理健康教育做好铺垫、固本强基。

---

① 俞国良、王浩：《大中小学心理健康教育一体化：理论的视角》，载《教育研究》，2019(8)。

第二十三章

教师群体的心理健康问题研究

百年大计，教育为本；教育大计，教师为本。在我国推进、深化教育改革过程中，1600 多万教师群体首当其冲。关心教师的心理健康状况，为教师的心理健康营造良好的制度、政策环境和氛围，是教育治理能力现代化的题中应有之义。① 我们以"心理健康"和"教师"为主题词与关键词，在中国知网（CNKI）上检索到 1995—2019 年共 1073 篇文献，其中期刊论文 994 篇，硕博论文 79 篇。从发表年限来看，在 1995 年之前，有关教师心理健康的研究几乎处于空白状态，1995—1999 年有少量研究出现，而从 1999 年开始相关研究直线上升，到 2006 年达到最大峰值（88 篇），之后又有所下降。可见，进入 21 世纪，随着素质教育的不断推进和实践，教师群体的心理健康得到了研究者的高度关注。特别是随着社会转型和教育改革的不断深化，我国教师群体正面临着巨大的心理压力，其心理行为异常和精神障碍愈加凸显。已有研究表明，心理健康问题正成为教师个人成长、专业化发展的强大阻力。② 因此，厘清教师群体心理健康问题的类型、特点及成因，提出行之有效的应对措施，为新时代教师群体的心理健康维护和促进固本强基，应是当务之急。

一、教师群体的情绪情感问题与调适

现实生活中，教师群体普遍存在着烦躁、紧张、焦虑、忧郁、挫败等不良

---

① 衣新发、赵倩、胡卫平等：《中国教师心理健康状况的横断历史研究：1994~2011》，载《北京师范大学学报（社会科学版）》，2014(3)。
② 王智、李西营、张大均：《中国近 20 年教师心理健康研究述评》，载《心理科学》，2010，33(2)。

情绪。长期的情绪困扰，加剧了教师心理健康状况的恶化，进而波及学生及其心理健康的发展变化。研究表明，教师的情绪状态不仅会影响教师的具身认知、动机和行为系统，也会对学生的认知、动机和行为系统产生直接或间接的影响。① 当教师对学生表现出生气和恼怒情绪时，其学生会具有明显的情绪性扰乱迹象。② 因为，如果不良的情绪影响个体的具身认知，更有可能影响个体的行为。俞国良等人研究发现，个体在面临沉重的心理压力和失调的情绪状态下往往会发生认知偏差，倾向于对他人的意图做出消极的判断，从而相应地做出消极的反应。③ 目前，教育领域不断深化改革，教师群体面对着教学、科研、管理等多重压力，尤其是高校教师，在建设世界一流大学和一流学科的"双一流"背景下，面临更高要求的教学、科研和社会服务三重压力，如果没有足够的心理资源和有效的方式来应对，容易产生焦虑、紧张等各种消极情绪。加之学校领导对教师情感需求的漠视，对其教学和科研有着过高期望，则可能给教师带来更大的心理负担，加重其焦虑和抑郁情绪。这种高负荷、高耗能、高焦虑的心理状态，不仅会给教师的心理健康带来负面影响，更会对教育教学质量造成负面影响。

毫无疑问，教师的服务对象是发展中的学生，任何不良的情绪，都有可能影响教师教学效能与行政运作效率，进而影响学生的心理健康水平。④ 根据情绪 ABC 理论，情绪并非是由导致情绪发生的诱发事件直接引起的，而是通过个体对这一引发事件的解释和评价所引起的，因此，改变原有认知，建立新的情绪认知，是调适不良情绪的有效途径。刘仕凡等人基于情境性认知的视角，发现教师由于长期的职业训练，教学情境可作为一种情境性线索诱发更好的自动

---

① 金东贤、邢淑芬、俞国良：《教师心理健康对学生发展的影响》，载《教育研究》，2008(1)。

② R. Lewis, "Classroom discipline and student responsibility: The students' view," *Teaching and Teacher Education*, 2001, 17(3), pp. 307-319.

③ 俞国良、曾盼盼：《论教师心理健康及其促进》，载《北京师范大学学报(人文社会科学版)》，2001(1)。

④ 俞国良、宋振韶：《现代教师心理健康教育》，75~79 页，北京，教育科学出版社，2008。

情绪调节效果，使之保持更稳定的情感状态。[①] 侯颖等人通过对我国改革开放 30 年以来有关教师课堂情绪管理研究的分析，提出了教师在具体的教育教学情景中管理情绪的方案。[②] 此外，有研究发现情绪能力（包括情绪知觉、识别、表达及调节等能力）不仅促进教师个人的发展，还能有效提高教学效果。[③] 由此可见，引导教师群体建立正确的认知与评价，提高情绪调适能力，恢复身心机能的平衡与稳定，是防止不良情绪和行为偏差出现、泛化、蔓延的有效方式。

二、教师群体的人格异常问题与矫正

大量研究表明，教师人格是影响教师自身和学生成长的重要因素。[④] 教师作为影响学生发展的重要他人，其人格对学生的影响是无形的、深刻的、全方位的。例如，陈益等人研究发现，教师的某些人格特征与学生的学业成绩有较高相关[⑤]，而人格异常严重影响教师的心理健康水平和职业发展。调查表明，一部分教师在人格特质上存在着严重缺陷，心理健康水平较低。[⑥] 人格异常包括一系列的心理与行为表现，根据《精神疾病诊断统计手册(IV-TR)》关于人格异常的诊断[⑦]，教师人格异常概括起来主要有三类：一是偏执型人格异常，主要表现在教师在教育教学过程中表现出思维和情感异常，过于敏感，经常毫无根据地怀疑别人，对学生缺乏信任，同事之间因存在一定的竞争关系而产生不合理的比较和嫉妒，人际关系有明显缺陷；二是回避型人格异常，主要表现在

---

① 刘仕凡、连榕、李涓等：《教学情境对教师自动情绪调节的影响》，载《心理与行为研究》，2019，17(2)。

② 侯颖、王文：《近三十年国内教师课堂情绪管理研究的回顾与展望》，载《当代教育科学》，2016(18)。

③ R. Hosotani and K. Imai-Matsumura, "Emotional experience, expression, and regulation of high quality Japanese elementary school teachers," *Teaching and Teacher Education*, 2011, 27(6), pp. 1039-1048.

④ 蔡岳建、谭小宏、阮昆良：《教师人格研究：回顾与展望》，载《西南师范大学学报（人文社会科学版）》，2006，32(6)。

⑤ 陈益、李伟：《小学教师人格特征和学生学业成绩的相关研究》，载《南京师大学报（社会科学版）》，2000(4)。

⑥ 李伟：《南京市七所小学教师人格特征的测试与分析》，载《南京晓庄学院学报》，2001，17(3)。

⑦ 王建平：《变态心理学》，50~55 页，北京，高等教育出版社，2005。

教学行为退缩，对他人的观点非常敏感，常因害怕出丑而不敢直面问题甚至盲目、非理智地回避各种社交场合，如与学生、家长、同事、领导等的相处，其人际关系非常局限；三是强迫型人格异常，主要特征是顾虑太多，过分地谨小慎微，过度地担忧和焦虑，各种教学实践必亲力亲为，缺乏灵活性，自我要求过于严格，且有完美主义倾向，自我实现和自尊的需要都较强。上述三类典型的人格异常问题，不仅制约教师的职业发展，而且影响教育教学质量和学生发展。

健全的教师人格不仅有助于教师自身的身心健康和专业发展，而且对学生的学业成绩、自我概念及人格塑造等均有不同程度的影响。[①] 因此，有必要深入探索人格异常的有效矫正方案，健全教师群体的人格。目前，对于人格异常未有非常有效的矫正方法，对于人格异常严重的群体，精神科医生通常采取药物治疗、心理治疗和精神外科治疗三种方法相结合的策略。[②] 对于教师群体而言，从心理治疗这一角度出发，由于环境造成的程度较轻的教师群体可以通过"认识领悟疗法"，使人格异常问题得以微幅的矫正。在矫正过程中注重提高教师的认知水平，使其意识到因自己人格异常给学生、学校乃至社会造成的危害，进一步提升他们的责任感、道德意识和法律意识，从而一定程度上重塑或健全他们的人格。也有研究发现，教师群体的人格异常源于其周围的环境，不利环境的改变将有助于人格异常的矫正。[③] 因此，改变教师群体所处的不利环境，如减少家庭环境、学校环境的负面因素，打破教师长期局限在"象牙塔"里的封闭环境，并辅助支持性的心理治疗，促进积极人格特征的发展，从而使得其人格异常的症状有所缓解。

---

① 蔡岳建、谭小宏、阮昆良：《教师人格研究：回顾与展望》，载《西南师范大学学报（人文社会科学版）》，2006，32(6)。

② 俞国良、宋振韶：《现代教师心理健康教育》，114～122 页，北京，教育科学出版社，2008。

③ 钱焕琦、蒋灵慧：《教师个体人格与职业人格的冲突与调适》，载《上海师范大学学报（哲学社会科学版）》，2015，44(4)。

三、教师群体的人际关系问题与改善

一直以来，人际关系是影响教师心理健康的重要因素，主要体现在师生关系、同事关系以及家庭关系上。许多教师常因在学校岗位上必须对学生持有亲和力和忍耐力，过度损耗导致心理资源枯竭，自我控制能力下降，回到家里不自觉地把负面情绪带给家人，如对家人冲动发脾气，甚至打骂孩子，直接影响夫妻关系、亲子关系，进而影响了家庭氛围与生活质量。[①] 集多重角色于一身的教师群体，在多种关系、多重角色互换的过程中，几乎没有时间和精力调解角色间、角色内的冲突，容易出现人际障碍和适应不良问题。面对这类问题，一类教师将其外化，在与他人交流时倾向于表达自己的不满，发泄自己的情绪，或表现出攻击性行为，以至于无法听取他人的劝告或建议；另一类教师将其内化，尽可能避免与他人接触，交往退缩，内心更加封闭。教师群体肩负着教书育人的重任，其人际关系不仅影响个人的身心健康，而且对学生的身心健康和人际交往至关重要。教师心理健康可使学生受益，若教师出现情绪、人际障碍等种种心理行为问题，受害最大的自然是学生。研究表明，不良的师生关系(如冲突型或依赖型)会使学生对学校产生消极的情绪体验，在学校环境中表现出退缩和攻击性行为等心理行为问题。[②] 甚至有研究发现，35.7 %的学生将师生关系比作"猫和老鼠""警察和小偷""监狱长和囚犯"等消极对立的关系[③]，这种不良的人际关系，严重阻碍了良好师生关系的建立和发展。此外，同事之间的竞争关系也是导致教师群体出现人际障碍的重要因素。学校往往把学生的学业成绩和教师的工资绩效直接挂钩，教师承担着巨大的考评、晋升压力，同事之间形成强烈的"你上我下"的竞争关系，客观上不利于构建和谐的人际交往氛围，

---

① 庞丽娟、洪秀敏、姜勇：《教师心理健康：关注与促进》，载《教育理论与实践》，2003，23(5)。

② J. A. Baker, "Contributions of teacher child relationships to positive school adjustment during elementary school," *Journal of School Psychology*, 2006, 44, pp. 211-229.

③ 陈礼弦：《教师对学生个性发展和心理健康的影响及矫正》，载《贵州教育》，2006(16)。

如此种种因素夹杂在一起，最终导致教师出现人际障碍问题。

教师的人际关系质量，对教师的教育教学工作以及学生和自身的心理健康都会产生不良的影响。因此，克服心理障碍，正确处理人际关系成为摆在教师群体面前的一个重要议题。研究表明，教师积极的沟通心态是影响人际关系和谐发展的主要因素。沟通的目的是增加了解、理解，从而用正确的态度和方式改善人际障碍问题。因此，沟通成为建立良好人际关系的基础，更是化解人际关系紧张、人际沟通障碍的有效途径。良好人际关系的建立，始于有效的沟通，需要教师树立积极的沟通心态，运用适当的人际互动技能，正确处理与学生、同事、领导以及家长之间的关系，为自己营造良好的工作和生活环境。此外，良好的人际关系氛围可以有效缓解教师的人际障碍。在良好的关系氛围中，教师更愿意相信他人，打开心扉，与他人倾诉、交流，从而得到更多他人的支持和积极的评价，有利于建立起良好人际关系的自信，如个人遭受挫折时，如果得到同事和领导心理上的支持，会更加有勇气克服由挫折感带来的心理障碍，有助于缓解人际障碍问题。

四、教师群体的职业倦怠问题与应对

教师群体已成为职业倦怠（job burnout）的高发人群，主要是因为教师在长期繁重的工作压力下，产生累积性的消极情绪体验，如对教育教学工作的消极、冷淡甚至退缩，情感和身体的衰竭，成就感降低等。综合各类研究，影响教师职业倦怠的因素主要有工作压力、学校环境、经济收入等。首先，来自工作压力方面的影响最为突出。教师群体普遍感到工作辛苦、劳累，工作生活的压力巨大，而且付出与回报显著失衡，其直接后果是职业倦怠。默恩斯（Mearns）等人发现教学是最有压力的职业之一，高压力导致更高的职业倦怠。[1] 当教师面

---

① J. Mearns and J. E. Cain, "Relationship between teachers' occupational stress and their burnout and distress: Roles of coping and negative mood regulation expectancies," *Anxiety*, *Stress and Coping*, 2003, 16(1), pp. 71-82.

对巨大压力，得不到外界支持，自身又无法调节时，就会产生挫败感，直至出现情绪耗竭，即教师职业倦怠。[1] 职业倦怠的教师会用冷漠的态度来应对学生、家长和同事，对教学完全失去热情，甚至开始厌恶、恐惧教育工作，试图离开教育岗位，另谋他业。郭永鑫等人研究发现，职业倦怠(主要包括耗竭和成就感降低)对心理健康和离职意向有显著的预测作用。[2] 其次，学校因素也会影响教师职业倦怠，如有研究发现学校提供的工作资源影响教师职业倦怠[3]，田宝等人发现学校组织气氛对于教师的工作倦怠水平具有重要的影响[4]，埃莉斯(Elise)等人研究表明学校经济条件差、学生流动大和行为问题多会直接影响到教师的职业倦怠。[5] 可见，学校诸多方面对教师群体的职业倦怠有显著影响。最后，经济收入也是影响教师职业倦怠另一重要因素。教师的经济收入是保证教师体面生活的基础，也是体现教师工作价值的基本标志，更是教师保持心理健康的首要条件。[6] 目前，教师的收入有微幅上涨的趋势，但与我国房价、物价等生活成本上涨的趋势存在显著差距，无法弥补经济困境对教师造成的心理压力。还有研究者发现，付出—回报失衡加剧了教师的抑郁与焦虑情绪[7]，这是教师出现心理健康风险的重要原因。[8]

应对教师职业倦怠需要种种资源，主要包括个体层面、社会层面或物质层

① D. W. Chan, "Emotional intelligence and components of burnout among Chinese secondary school teachers in Hong Kong," *Teaching and Teacher Education*, 2006(22), pp. 1042-1054.

② 李永鑫、高冬东、申继亮：《教师倦怠与自尊、心理健康和离职意向的关系》，载《心理发展与教育》，2007(4)。

③ K. Pyhlt, J. Pietarinen and K. Salmela-Aro, "Teacherworking-environment fit as a framework for burnout experienced by finnish teachers," *Teaching and Teacher Education*, 2011(27), pp. 1101-1110.

④ 田宝、李灵：《学校组织气氛对教师工作倦怠的影响》，载《心理科学》，2006，29(1)。

⑤ T. P. Elise, P. B. Catherine and A. H. Patricia, "Teacher-and school-level predictors of teacher efficacy and burnout：Identifying potential areas for support," *Journal of School Psychology*, 2012(50), pp. 129-145.

⑥ 衣新发、赵倩、胡卫平等：《中国教师心理健康状况的横断历史研究：1994~2011》，载《北京师范大学学报(社会科学版)》，2014(3)。

⑦ A. Bacigalupe, S. Esnaola, and U. Martín, "The impact of the great recession on mental health and its inequalities：The case of a Southern European region, 1997-2013," *International Journal for Equity in Health*, 2016, 15, pp. 17-26.

⑧ F. Fiori, F. Rinesi, D. Spizzichino, et al., "Employment insecurity and mental health during the economic recession：An analysis of the young adult labour force in Italy," *Social Science & Medicine*, 2016, 153, pp. 90-98.

面的资源。个体资源包括自我效能感、控制感、自尊自主等；社会资源主要指社会支持系统；物质资源包括良好的身体状况和职业所需的足够体力，还包括能满足基本需要的财物等。霍伊高（Hoigaard）等人发现教师的自我效能感与工作满意度正相关，与职业倦怠和辞职意向负相关。[①] 高自我效能感教师更愿意采取积极的应对方式，主动寻求解决方案，更不易产生倦怠和辞职意向，而且拥有更高的工作满意度。[②] 而通过提高教师对人际关系的满意度可以有效地提升教师的自我效能感。[③] 衣新发等人发现提高教师班级管理能力，使教师掌握有效的教学方法，可以提高教师的自我效能感和降低职业倦怠。[④] 根据自我决定理论，自主作为人的基本心理需要之一，是人类最佳功能和心理健康的先决条件。教师拥有充分的自主权有助于缓解教师的职业倦怠问题。在教师自身发展过程中，社会或学校更多地满足教师的自主需要，能够提高教师的工作动机，有效缓解其工作压力，提升工作满意度和职业幸福感。相反，忽视教师的自主需求，则会抑制教师的工作积极性，使其产生职业倦怠和消极行为。[⑤] 此外，教师信念是缓解教师职业倦怠的重要因素。教育教学工作是一项周期长、见效慢的工作，拥有教师信念的教师其责任心和坚持性更高，在看不到学生明显进步时，不会轻易放弃，而是继续保持工作的热情，积极地应对种种阻力，完成自己肩负的使命。

---

① R. Hoigaard, R. Giske, and K. Sundsli, "Newly qualified teachers' work engagement and teacher efficacy influences on job satisfaction, burnout and the intention to quit," *European Journal of Teacher Education*, 2012, 35(3), pp. 347-357.

② E. M. Skaalvik and S. Skaalvik, "Teacher self-efficacy and teacher burnout: A study of relations," *Teaching and Teacher Education*, 2010, 26(4), pp. 1059-1069.

③ E. T. Canrinus, M. Helms-Lorenz, D. Beijaard, et al., "Self-efficacy, job satisfaction, motivation and commitment: Exploring the relationships between indicators of teachers' professional identity," *European Journal of Psychology of Education*, 2012, 27(1), pp. 115 -132.

④ 衣新发、赵倩、胡卫平等：《中国教师心理健康状况的横断历史研究：1994~2011》，载《北京师范大学学报（社会科学版）》，2014(3)。

⑤ 王振宏、王克静、游旭群等：《教师效能、工作动机与心境对教学创新的影响》，载《心理科学》，2010，32(5)。

五、新时代教师群体的心理健康维护与促进

综上所述，教师群体的心理健康正面临着情绪、人格、人际以及职业倦怠等问题的考验。我们必须看到，新时代教师心理健康问题复杂而明显，维护与促进教师心理健康水平是一项系统工程，仅靠单一方面的努力是远远不够的，教师自身、学校和政府、社会都有义不容辞的责任。

第一，从个体层面，建立教师自我调节机制，改善心理健康水平。无论何种措施，只有落实到每一位教师的身上，使其心理健康水平有所提升，才能发挥该措施应有的价值。研究表明，教师只有建立自我调节机制，才能真正维护和促进自身的心理健康水平。教师每天都有可能面对各种负性事件，只有进行自我调适，在多重角色转换、多种关系处理中，主动调整和寻找冲突之间的平衡点，才能让自己葆有和谐的心理状态，也才能让自己有效应对压力，做好教育教学各项工作。因此，建立自我调节机制，需要教师充分认识到自己的情绪、心理特点及其影响，掌握一定的心理健康的理论和方法，自觉调整心理、情绪状态与行为。同时，建立对当前一些社会现象和生活中的困难、挫折的正确认知，及时疏导、排遣不良情绪和心理困扰，使自己具有良好的心理素质和较强的自我调控能力。虽然教师都会面临各种各样的压力，但不是所有教师都会产生人格异常、职业倦怠等问题，研究发现，有些教师可以很好地应对职业压力，在面对困难、逆境、创伤时，能够主动寻找积极的经验，以此来缓冲心理上的失衡，从而调节心理健康水平。[①] 斯泰恩（Stine）等人的研究发现，成功应对压力的教师通常会采取各种有效解决问题的策略。[②] 可见，教师的心理健康意识是缓解心理健康问题、提升心理健康水平的关键。此外，教师要顾全大局，以

---

① M. Milstein and J. Farkas, "The over-stated case of educator stress," *Journal of Educational Administration*, 1988, 26(2), pp. 232-249.

② Stine Ekornes, "Teacher perspectives on their role and the challenges of inter-professional collaboration in mental health promotion," *School Mental Health*, 2015, 7(3), pp. 193-211.

"主人翁"精神置身于学校的建设和发展中，使自己成为良好职业道德、职业规范的"自我立法者"、不良职业角色和从业心理的"自我纠正者"，将有助于维护和促进自身的心理健康水平。

第二，从学校层面，健全教师管理体制，加强教师心理健康教育。教师心理行为问题的成因十分复杂，但问题的直接原因往往与学校的管理体制相关。因此，要切实有效地帮助教师提高心理健康水平，必须从教师的管理体制入手，尤其是教师评价机制。有研究发现，近年来教师的职评越来越与学历、科研成果直接相关。我国当代教师应具有更高的学历、一流的科研成果，有其必要性和重要性，但不少地方在政策制定与实施上，操之过急，走形式主义，使得教师为此"疲于奔命"，造成教师巨大的精神压力，心理健康状况不容乐观。[①] 因此，在学校内部建立发展性评价机制，是缓解教师焦虑、提升心理健康水平的有效措施。此外，大力加强和创新教师心理健康教育研究与培训，开展有针对性的心理健康教育工作，是提高教师群体心理健康水平的有效途径。研究发现，心理健康援助培训对教师的心理健康知识、态度、信心和行为的某些方面有积极的影响。[②] 信息化时代，借互联网平台，探索适合教师心理健康教育的新途径，为教师提供心理健康教育课程，举办专家讲座和现场咨询，建立健全教师心理咨询、服务机构等，以此提升教师自我教育和提升的能力，进而维护和促进教师的心理健康水平。

第三，从社会层面，加强舆论引导，构建社会支持服务体系。随着时代发展的需要，人们对教育日益重视，社会和家长对学校教育的期望越来越高，教师所承担的社会责任对教师整体素质提出了更高要求，这对教师素质提高具有积极作用，但同时，也使教师群体面临着前所未有的压力。社会期望教师使每一个学生成才，即使有些学生是父母养育失败的特例也不例外，但是学生作为具有主动性和差异性的发展中个体，除了学业成绩，兴趣、态度、人格等诸多

① 庞丽娟、洪秀敏、姜勇：《教师心理健康：关注与促进》，载《教育理论与实践》，2003，23(5)。
② A. F. Jorm, B. A. Kitchener, M. G. Sawyer, et al., "Mental health first aid training for high school teachers: A cluster randomized trial," *BMC Psychiatry*, 2010, 10(1), p. 51.

特质方面的变化，都需要教师长期的潜心引导和关注，短期难以出现立竿见影的效果；而主流的社会风气往往只重视教师的教育教学质量和社会责任，却忽视教师的承受力和个人需求。当教育教学质量不高、学生发展出现问题时，教师往往成为替罪羊。特别是一些媒体在个别教师发生了有违师德的现象后，不恰当地大肆渲染，而对绝大多数兢兢业业、勤勤恳恳、尽心尽责、关爱学生的教师则相对宣传、肯定不够，在造成教师不满、挫伤工作积极性的同时，无疑在客观上也给教师造成了巨大的心理压力。① 社会心理学研究表明，所有对他人高度负责的角色，都要经受更多的内在冲突、责任与压力。教师的职业是对社会、对家长、对下一代成长高度负责的职业，因此，教育行政部门在切实关注和支持教师的同时，呼吁全社会关心、保护教师的身心健康，对他们予以更多的理解与关怀，使教师有足够的心智和体力来支撑传道、授业、解惑的艰辛工作，更有健康、阳光的心理来积极承担灵魂工程师的神圣使命。因此，在社会层面，必须加强正确的社会舆论引导，进一步倡导"尊师爱师"的社会氛围，为教师群体创造温暖、轻松、和谐的社会环境，构建有效的社会支持服务体系，促进教师群体的身心健康发展。

教师强则教育强，教育强则国家强。在教育强国的大背景下，"为人师表，教书育人"比以往任何时候都更具分量，教师已成为提高国家综合实力的重要依靠力量。因此，提高教师素质，尤其是提高教师的心理素质，必将助力于国家的发展和民族的未来。因为教师的未来，也是学生的未来，更是国家的未来。

---

① 庞丽娟、洪秀敏、姜勇：《教师心理健康：关注与促进》，载《教育理论与实践》，2003，23(5)。

第二十四章

医护群体的心理健康问题研究

与教师群体一样，医护群体也是心理健康问题的"高发区"，他们面临着巨大的心理压力，心理行为异常和精神障碍愈加凸显，其中职业倦怠的表现与特征尤其明显。职业倦怠（又译为"职业枯竭"或"工作倦怠"）是指由情感衰竭、去人性化和个人成就感降低构成的一种生理上、心理上多维度的综合性症状。[1]倦怠具有消极性，对个体的身心健康和工作表现都有不良影响。由于医护群体的工作关系到人的生命，要承担重大的责任和风险、高负荷的工作和过多的情感付出，且其工作时间较长，工作内容单一，因此，医护群体是倦怠研究最早也是最密切关注的人群之一。已有研究发现医护群体是职业倦怠的高发群体，且医护群体职业倦怠对医疗质量、自身的职业发展和生活都有消极的影响[2]；医生的职业倦怠较为普遍，且严重程度令人担忧[3]；不同医院、不同职业类型的医护群体的职业倦怠程度有所不同，且已影响到其工作能力状态。[4] 医护群体职业倦怠不仅关系到其自身的健康，而且关系到患者的生命及医患关系，会导致病人对医护群体的信任度下降、依从性降低进而使患者的疾病加重[5]，对

[1]　唐昕辉、李君春、耿文秀：《国外工作倦怠观的理论探索》，载《心理科学》，2005，28(5)。

[2]　李兆良、高燕、冯晓黎：《医护人员工作压力状况及与职业倦怠关系调查分析》，载《吉林大学学报（医学版）》，2006，32(1)。

[3]　任霞、孙红、杨凤池：《北京市三甲医院医生职业倦怠调查与分析》，载《中国医院管理》，2007，27(6)。

[4]　杨惠芳、朱玲勤、杨彦诏等：《银川市医护人员职业倦怠和工作能力现状及其关系研究》，载《卫生研究》，2007，36(1)。

[5]　E. S. Williams and A. C. Skinner, "Outcomes of physician job satisfaction: A narrative review, implications, and directions for future research," *Health Care Management Review*, 2003, 28(2), pp. 119-139.

于提高医疗质量、自身的职业发展和生活状况都有消极的影响①，不利于社会的和谐稳定发展。因此，重视医护群体的职业倦怠现象并予以有效的干预，对于提高医护群体的身心健康及医院效率，确保医疗安全等具有重要意义。

一、医护群体职业倦怠的现状与特点

(一)医护群体职业倦怠的现状

国外有研究显示，1/3 的护理人员有职业倦怠症状。② 2001 年，在美国、加拿大、德国、英国和苏格兰展开的一项调查发现，医院中的医护群体职业倦怠现象非常严重，在参与调查的 5 个国家中，有 4 个国家 40%的护士对目前工作不满意。在美国所有的护士中，有 1/5 声称将在 1 年内停止工作，而年轻护士则有 1/3 表示将在近期提出辞职。在我国，对职业倦怠的研究起步较晚，直到 20 世纪末才开始关注。近年来国内关于不同职业群体的职业倦怠现象的研究也越来越得到重视，中国科学院心理研究所李超平等采用国际通用的"马斯勒倦怠量表-服务行业版"(MBI-HSS)对 218 名医护人员进行调查，结果显示 42.1%的被试有一定程度的情绪衰竭现象，有 22.7%的被试有一定程度的去人性化现象，48.6%的被试出现成就感降低③，医护群体职业倦怠的现状令人担忧。

(二)医护群体职业倦怠的特点

医护群体一旦产生职业倦怠，往往会出现工作热情消失、工作满意度下降等特点，就会在工作中缺乏救死扶伤的职业精神，工作投入减少，做事敷衍，

---

① E. S. Williams, T. R. Konrad, W. S. Scheckler, et al., "Understanding physician's intentions to withdraw from practice: The role of job satisfaction, job stress, mental and physical health," *Health Care Management Review*, 2001, (26), pp. 7-19.

② M. C. Poncet, P. Toullic, N. Kentish-Barnes, et al., "Burnout syndrome in critical care nursing staff," *American Journal of Respiratory and Critical Care Medicine*, 2007, 175(7), pp. 698-704.

③ 李超平、时勘、罗正学等：《医护人员工作倦怠的调查》，载《中国临床心理学杂志》，2003, 11(3)。

对工作有畏难情绪，工作效率下降，这是职业倦怠的最初表现。这种状态如果没有得到及时改变，工作满意度进一步下降，就会对所在组织失去信心，从而产生离职、弃医等愿望或行动。① 此外，职业倦怠会使个体变得人际关系淡漠，甚至人际关系恶化，他们以一种消极的、否定的、冷漠的情绪去对待自己周围的人，对他人不信任，无同情心可言，把人当作一件无生命的物体看待。职业倦怠感高的医护群体对病人会表现出情感的疏离和冷漠，不能设身处地考虑病人的感受，往往会认为病人的要求太多，难以满足其愿望；还会降低与同事、上级之间的交往，且易急躁，不好合作，使工作中的人际关系恶化。②

二、医护群体职业倦怠的压力源与影响因素

(一)医护群体职业倦怠的压力源

1. 职业压力

医护群体是一个特殊职业群体，需要经常与不同的患者及其家属打交道，经常面对重症抢救、生离死别、技术更新，职业的性质决定了日常工作量大且烦琐，工作生活时间相对缺乏规律，经常处于一种不良的工作环境中；加之临床上病人病情变化复杂，不确定因素多，要求医护群体认真观察，详细记录，迅速做出反应。这种特殊的工作性质和高强度的职业压力，通常使医护群体产生职业倦怠。已有研究表明，医护群体的工作压力与职业倦怠存在相关③；医生职业倦怠的产生与医疗事故、工作负荷呈正相关。④

---

① S. Prosser, E. Tohnson, G. Kuipers, et al., "Mental health, 'burnout' and job satisfaction in a longitudinal study of mental health staff,"*Social Psychiatry Epidemiology*, 1999, 34, pp. 295-300.

② 刘爱芳、姜能志：《医生职业倦怠研究述评》，载《中国卫生事业管理》，2007(9)。

③ 李兆良、高燕、冯晓黎：《医护人员工作压力状况与职业倦怠关系调查分析》，载《吉林大学学报(医学版)》，2006, 32(1)。

④ C. I. Cordes and T. M. Dougherty, "A review and an integration of research on job burnout,"*Academy of Management Review*, 1993, 18(4), pp. 621-656.

2. 医患关系

医患关系本质上是兄弟式的、没有阶级差别的同志式关系，但是由于个体的职业道德、自身素质不同，在具体的工作中，医患关系也遇到了不少新矛盾和新问题。医生作为一种职业，服务对象是患者，医生拥有专业知识与技能，有诊治权和干涉权，对求医患者施行诊断和治疗，并且可以在特殊情况下限制患者自主权利，医生也有义务全心全意治愈患者的病症。患者也享有平等的医疗权、对疾病的认知权、知情同意权、隐私权，同时还有遵守医院纪律制度，配合医生治疗的义务。但是，由于医院是一个复杂多变的环境，也是一个充满焦虑、存在沟通障碍的场所，医生终日要面对的是饱受疾病折磨、心理状态不同、文化层次不同的病人，同时还要面对病人及其家属的愤怒、恐惧、悲伤等情绪变化，那么就难免会出现医患关系的紧张局面。研究表明，医患关系压力与医生职业倦怠存在相关[①]，紧张的医患关系容易导致医护群体的职业倦怠。

3. 生活压力

产生职业倦怠的医护群体在个人的生活上也会表现出种种不适，感受到巨大的压力。职业倦怠者更容易引起家庭矛盾，表现出多种因压力造成的症状，他们往往否认自身的问题，耻于承认自身已出现的行为、态度和心理失衡状态，讳疾忌医，不能主动寻求帮助和社会支持。[②③④] 职业倦怠可以导致医护群体出现医疗差错，后者反过来又会加重倦怠症状，从而形成一种恶性循环，由此对医护群体本身及其家庭和患者造成伤害，其代价是巨大的。[⑤] 有研究表明，在年龄方面，年轻人较容易产生职业倦怠；在性别方面，女性医生比男性医生更

[①] C. I. Cordes and T. M. Dougherty, "A review and an integration of research on job burnout,"*Academy of Management Review*, 1993, 18(4), pp. 621-656.

[②] E. S. Williams and A. C. Skinner, "Outcomes of physician job satisfaction: a narrative review, implications, and directions for future research,"*Health Care Management Review*, 2003, (28), pp. 119-140.

[③] S. Prosser, E. Tohnson, G. Kuipers, et al., "Mental health, 'burnout' and job satisfaction in a longitudinal study of mental health staff,"*Social Psychiatry Epidemiology*, 1999, 34, pp. 295-300.

[④] V. Brenninkmeyer, M. Yperen, B. P. Buuk, "Burnout and depression are not identical twins: Is decline of superiority a distinguishing feature,"*Personality and Individual Differences*, 2001, (30), pp. 873-880.

[⑤] J. F. Christensen, W. Levinson, P. M. Dunn, "the heart of darkness: The impact of perceived mistakes on physicians,"*Journal of General International Medicine*, 1992, (7), pp. 424-431.

容易产生职业倦怠；在婚姻家庭状况方面，单身者比已婚者易产生职业倦怠，而离异者又比单身者易产生职业倦怠。[①]

4. 报酬问题

有研究者（Freudenberner）在探讨倦怠的心理机制时，曾提出"付出—回报"不对称理论。他将倦怠定义为"一种迫不得已的生存方式调整的结果，即在现实不能吻合所期待的'付出—回报'逻辑时导致的一种心理疲劳和挫折状态"[②]。在我国，医疗费用虽然逐年上涨，但是这部分费用主要体现在药品和医疗器械的使用上，医护群体承担的风险和报酬是不相匹配的，其劳动价值在服务收入中未得到合理的体现，从而产生职业倦怠。

（二）医护群体职业倦怠的影响因素

导致个体产生职业倦怠的因素很多，大致可以分为3大类：工作和职业特征因素（角色冲突与角色模糊、工作超负荷等）；组织因素（组织的奖惩体系、组织支持等）；个体因素（包括内外控、自尊水平、自我效能感、个体期望值等）。[③] 詹森（Jansen）等人通过对402名荷兰社区护士的工作满意度和职业倦怠调查发现，工作特征和人格特征均对职业倦怠有影响，但是个性特征更能影响护士的倦怠水平，工作特征更多地影响了护士的工作满意度；佩特斯（Peeters）对1264名被试进行了职业倦怠和工作家庭冲突、工作需求、家庭需求关系的研究，发现工作需求、家庭需求既通过工作家庭冲突对职业倦怠产生影响，也直接影响了个体的倦怠水平；麦克马纳斯（McManus）等人经过3年的时间对331名英国医生的倦怠情况与压力进行了追踪研究，结果发现情感耗竭与压力互相影响，高水平的情感耗竭引起了压力，高压力感也会引发情感衰竭，高个人成就感提高了压力水平，而去个性化则降低了压力水平；泽勒斯（Zellar）等人的研究考察了大五人格中的神经质、外向性和宜人性3个特征，结论是人格特征通

---

① 陆昌勤、赵晓琳：《影响工作倦怠感的社会与心理因素》，载《中国行为医学科学》，2004，13（3）。
② 李先锋、李义安：《教育生涯中的心理枯竭问题研究》，载《聊城大学学报（社会科学版）》，2003（3）。
③ 贾晓燕、朱永新：《医护人员工作倦怠研究现状》，载《现代医院》，2006，6（4）。

过影响对情绪性社会支持的感知来影响职业倦怠状况，具体而言，外向性的人更易感受到情绪性社会支持，宜人性则与非工作相关内容、正性内容以及同情性内容的谈话相关，而神经质则预测负性主题的谈话内容，这些不同性质的社会支持进一步影响职业倦怠状况。①

三、医护群体职业倦怠的应对策略与教育干预

(一)有利的社会支持

医护群体要面对的是一群特殊的对象，需要他们较大的情感投入，并且这种情感上的投入是一种长期的行为，这就很容易造成医护群体对社会的反应。因此，社会应给予他们更多情感上的支持，当他们取得进步时，给予他们更多的微笑和掌声；当他们在工作中遇到挫折时，给予他们更多的安慰和谅解，这样医护群体才可能在"付出"与"回报"之间建立一种平衡。有研究已经证明，与倦怠有关的工作源中，社会支持是重要的资源之一，社会支持与职业倦怠有一定程度的相关②，拥有较强社会支持系统的人身心都比较健康，更不易枯竭。在医院管理中，通过加强上级和同事支持、创建良好组织或团队气氛等方式，为医护群体提供更好的支持，可以有效防止倦怠感的产生。同时，更多社会支持的存在，也意味着医护群体有了更多的缓解压力和倦怠的途径。此外发挥政府的政策导向作用也是解决这一问题重要的途径。媒体应针对社会对医护群体的过高期望，积极优化社会舆论，倡导新型职业价值观，确立对医护群体的合理期望水平，为他们创造一个宽松的舆论环境。

(二)良好的组织氛围

随着职业倦怠研究的不断进展，工作环境与人的相互适应问题已成为预防

---

① 贾晓燕、朱永新:《医护人员工作倦怠研究现状》，载《现代医院》，2006，6(4)。
② 陈晶、吴均林:《医护人员工作倦怠及其与社会支持的关系》，载《医学与社会》，2007，20(12)。

倦怠的关键问题。现有的资料表明：组织管理和个人层面改善的结合，才是倦怠感的最有效的预防措施，二者缺一都是不够的。组织层面的改善有以下几方面措施。①营造组织文化，使其在价值取向、工作方式等方面获得员工的认同。②制定合理的奖惩机制。规章制度的制定要考虑到过量工作的消耗计算在内的产出平衡，不能只在意工作的数量，更要注重质量。③让员工更有安全感。误诊误治有时是不可避免的，由此引起的医疗纠纷如果组织漠视不管，个体很容易对组织产生疏离感。因此，一个成功的组织应当建立一套处理不利事件的机制，以增强员工的安全感和凝聚力。④管理和政策问题。一个方便员工、不过多干涉其行使自主权的组织必然会受到员工的欢迎。政策的制定应遵循以下原则：政策的对象应包括全体员工，尽量给员工以更多的工作自主权，政策应灵活适应形势的发展。⑤岗位的变化和升职的机会。流水线似的工作状态不是大多数人所向往的，因此岗位的变化有利于调节员工麻木的神经。当然并不是每个人都适合管理工作，但是如果事业发展的机会少，个体体会不到工作的积极反馈，就会造成倦怠，从而产生离职等愿望，造成人才的流失。尽管组织层面的介入对预防倦怠具有更好的效果，但是其实施却具有一定的难度，往往需要大量的时间、精力和金钱的投入。[①] 实践已经证明，良好的工作氛围能为医护群体发展提供有力支持，能激发其成就动机，有效预防职业倦怠的发生。医护群体职业倦怠的产生还与工作兴趣和动机的丧失有关，因而医院应激发医护群体内在的工作兴趣和理想抱负，满足他们多方面的需要，防止职业倦怠。针对医护群体工作负荷比较重的问题，医院及医疗组织应本着"以人为本"的思想，从患者及医护群体的身心健康及利益等出发，合理安排工作时间，降低医护群体的工作强度，保证医护群体每周的休息，定期安排休假、体检和心理咨询指导，组织压力管理培训，帮助医护群体丰富其内外资源；同时，还应该设置专职人员，组织开展督导、自我体验、小组学习等活动。通过有效的措施降低医护群体工作的超重负荷，能有效提高医疗质量，预防其职业倦怠。

---

① 孙元林、许晶、刘晶：《医生的工作倦怠及对策》，载《医学与哲学》，2005，26（9）。

(三)加强学习、提高自身知识水平和心理素质

医护群体应加强自身的学习来提高自己的学识和技能,增强自己进行医疗活动时的信心。同时加强与患者及其家属交流的训练与学习,掌握医院人际关系处理的技巧,学习自我调节和减压的方法,逐渐适应医院复杂的医疗环境。另外,里夫(Ryff)和辛格(Singer)在对资料进行系统回顾分析的基础上,总结了医护群体预防倦怠需采取的个人策略,包括改变个人价值观的取向使生活感到愉快,多留些时间与家人和朋友在一起,关注自身健康,注意营养和运动,提升自我价值认同,树立长远的人生目标,与他人保持健康的关系,提高自主能力,增强对环境的适应能力,不断学习以促进个人的成长以及获得配偶及朋友的支持等方面。① 通过多种方法,医护群体可以使自己尽可能每天保持愉快的工作心情,真正感觉医疗服务是一种神圣的职业,通过工作来体悟自我的人生价值和人生意义以及为患者服务所带来的乐趣。

综上所述,要想缓解医护群体的职业倦怠状况,需要建构起健全的社会支持体系。在高强度的压力下,社会、组织和个体要共同努力,积极采用应对策略,有效预防职业倦怠,确保医护群体的工作质量和身心健康都得到显著提高。

---

① M. Cropley, "Ways to recover from work-induced stress," *Journal of Family Health Care*, 2004, 14(4), pp. 86-87.

第二十五章

职业群体的心理健康问题研究

2019 年我国就业人数为 7.75 亿人①，他们分属于不同的行业和地区，从事着不同的职业。一般而言，心理健康水平是个人职业素质的核心要素，直接影响着其职业技能的发挥。不同职业群体因其所处行业、岗位与职务上的差异性，使其心理健康问题也呈现出迥异的特点。因此，对职业群体心理健康问题的研究，不仅为企业解决员工特定的心理健康问题，继而为提高劳动生产率提供了新思路，而且也为缩小不同职业群体之间的心理健康水平差距、构建和谐社会提供有益的政策实践。有鉴于此，我们对常见的职业群体，包括军人、警察、工人、医务工作者、教师、公务员六类职业群体的心理健康现状特点、形成原因、预防和干预措施，以及未来的研究展望进行分析。

一、职业群体心理健康问题的特点

职业不仅为人们提供经济和社会支持，而且还深刻地影响着人们的心理和人格的发展、稳定和成熟，同时，也对人们的身心健康起着十分重要的作用。一方面，职业满足了人们获得成就的欲望，实现了人与社会的连接，从而促进了心理健康；另一方面，职业本身所带来的压力，又对人们的身心健康造成了不利的影响。这里的目的不在于对不同职业群体心理健康状况进行评估，而旨在通过梳理现有关于不同职业群体心理健康问题的研究，以概括出职业群体心理健康问题所特有的、异于非职业群体的特点。一般而言，职

---

① 参见国家统计局：《中华人民共和国 2019 年国民经济和社会发展统计公报》，2020。

285

业群体心理健康问题表现为生理—心理问题、人际交往问题和职业行为问题三个方面。

生理—心理问题。职业群体的心理健康多处于一种"亚健康"状态,具体表现为出现焦虑、抑郁和强迫等心理状态的可能性较高。现有的采用"症状自评量表"(SCL-90)对不同职业群体的心理健康状况所进行的调研分析表明,军人①、警察②、工人③④⑤、医务工作者⑥⑦⑧⑨、教师⑩⑪⑫⑬⑭、公务员⑮等常见职业群体的心理健康状况较正常人差。在 SCL-90 量表的调查研究中,上述职业群体在焦虑、抑郁和强迫因子的单项得分较正常人群体的得分更高。与此同时,职业群体在上述心理状态的困扰下,又会出现多烦躁、易激惹、食欲不振、呼吸困难、头晕头痛等身体不适的症状。以医生群体为例,卡普兰(Caplan)教授的一项针对住院医生的调查发现,该群体有 27% 患有抑郁障碍(其中,严重抑郁症

① 衣新发、赵倩、蔡曙山:《中国军人心理健康状况的横断历史研究:1990~2007》,载《心理学报》,2012,44(2)。
② 李艳青、任志洪、江光荣:《中国公安机关警察心理健康状况的元分析》,载《心理科学进展》,2016,24(5)。
③ 林赞歌、连榕、邓远平等:《制造业员工社会支持、职业倦怠与生活满意度的关系》,载《心理与行为研究》,2017,15(1)。
④ 衣新发、刘钰、廖江群等:《铁路员工心理健康状况的横断历史研究:1988—2009》,载《北京交通大学学报(社会科学版)》,2010,9(3)。
⑤ 高飞、陈龙、裴华等:《企业员工应激源的因素结构研究》,载《中国临床心理学杂志》,2004,12(1)。
⑥ 张功震、蒋广根:《医生的心理健康问题分析》,载《医学与哲学(人文社会医学版)》,2008,29(8)。
⑦ 李勋、陈福国:《医生抑郁症的国内外研究概略》,载《医学与哲学》,2006(3)。
⑧ 涂玲、张新庆、任南等:《我国医务工作者心理健康现状及分析》,载《医学与哲学(人文社会医学版)》,2009,30(7)。
⑨ 赵然、方晓义:《护士工作压力、应对方式与心理健康水平的关系》,载《中国心理卫生杂志》,2005,19(9)。
⑩ 徐美贞:《特殊教育教师心理健康状况的调查研究》,载《中国特殊教育》,2004(2)。
⑪ 潘君利、左瑞勇、汤永隆:《民办园教师的职业倦怠与其心理健康的关系》,载《学前教育研究》,2009(3)。
⑫ 赵兴民:《中学教师心理健康问题分析及对策》,载《中国教育学刊》,2011(3)。
⑬ 范会勇、李晶晶、赵曼璐等:《幼儿园教师的心理健康:对基于 SCL-90 量表研究的元分析》,载《心理科学进展》,2016,24(1)。
⑭ 衣新发、赵倩、胡卫平等:《中国教师心理健康状况的横断历史研究:1994~2011》,载《北京师范大学学报(社会科学版)》,2014(3)。
⑮ 宋俏珈、张建新、张金凤:《公务员的心理健康状况及与应酬压力、职业倦怠感、生活满意度的关系》,载《中国心理卫生杂志》,2014,28(4)。

患者占比为 11%），13%有自杀意念。① 研究表明，我国医生患抑郁症的概率为 25%~30%，高出普通人群四倍之多②；与此同时，医务工作者所面临的高负荷和高风险情形，使得他们中的大多数人出现了身体疲倦不适、强迫、焦虑、烦躁等不良现象。③

人际交往问题。职业群体在人际交往中所表现出的适应不良问题，往往是由于其生理和心理机能上的障碍没能得到及时有效的治疗。这种适应不良主要体现在两个维度，一是在职业内部，体现在同事间的竞争、上级所传递的不良情绪或下派过多的任务、下属的拖沓与不配合；二是在职业外部，表现为与职业服务对象之间的互动与沟通。来自上述两个方面的交往压力，使得职业群体在人际交往中更容易表现出攻击性和防御性。比如，使用横断历史的元分析方法所得结果表明，在 1990—2007 年，我国军人群体在人际交往敏感方面所存在的问题一直突出④；同时，教师群体在人际交往上所存在的障碍主要表现为自闭、过分认真和追求权威导致的冷漠，以及因职业本身所导致的自卑⑤，本质上属于一种防御性的社交行为。

职业行为问题。该问题是职业群体所特有的，其主要特点在于职业行为问题的影响效果的外溢性。具体而言，当职业群体的职业行为偏离了正常的职业行为规范的要求时，不仅会导致职业群体在角色认知上的错位，而且会对其服务的对象以及与该职业相关联的群体造成负面的影响。比如，当医务工作者出现敏感、易激惹、冲动控制差等行为问题时，会直接降低其工作效率，进而影响到医疗工作的质量、疗效，同时也为医患纠纷埋下隐患。⑥ 教师群体中的幼

---

① R. P. Caplan, "Stress, anxiety, and depression in hospital consultants, general practitioners, and senior health service managers," *British Medical Journal*(International Edition)，1994，309(6964)，pp. 1261-1263.

② 李勋、陈福国：《医生抑郁症的国内外研究概略》，载《医学与哲学》，2006(3)。

③ 涂玲、张新庆、任南等：《我国医务工作者心理健康现状及分析》，载《医学与哲学(人文社会医学版)》，2009，30(7)。

④ 衣新发、赵倩、蔡曙山：《中国军人心理健康状况的横断历史研究：1990~2007》，载《心理学报》，2012，44(2)。

⑤ ［日］关计夫：《自卑心理浅析》，132~138 页，福州，福建科学技术出版社，1988。

⑥ 袁琰琴、王波、王线妮等：《医护人员心理健康状况调查》，载《解放军护理杂志》，2007，24(12A)。

儿园教师和特殊教育教师是职业行为问题的多发群体。例如，特殊教育教师面对的特殊儿童往往伴有情绪和行为障碍，教师必须集中精神以应对随时发生的突发事件，这使得他们长时间处于疲劳状态，产生各种心理不适和职业倦怠，进而出现职业行为问题。

职业群体的心理健康问题，除了表现出上述精神、交往和行为方面的问题之外，其问题本身还具有职业群体内的差异性、职业群体间的差异性。群体内的差异性表现在同一职业群体内部的不同子群体之间和不同的社会人口特征群体之间心理健康状况的差异；群体间的差异性体现为不同职业群体之间的心理健康水平的差异。

二、职业群体心理健康问题产生的原因

一般而言，职业群体的心理健康水平要差于非职业群体的心理健康水平。这里需要澄清两个问题：一是职业群体的心理健康问题是由职业本身的特点所导致的，还是由个体社会人口特征所决定的；二是职业群体的心理健康问题是在职业生涯阶段所表现出来的暂时性现象，还是个体一生中所特有的心理属性。对上述两个问题的解答，最终要明晰职业群体心理健康问题与职业特征之间是否存在因果关系。正如在职业压力模型（Job Strain Model）中假定职业环境和个体特征同时影响职业压力的形成，我们亦认为职业群体的心理健康问题是由职业特征、社会评价及个体特征三方面的因素共同作用所导致的。

导致职业群体心理健康问题的职业特征，包括工作量、工作内容和工作环境。研究表明，工作压力和应对方式对职业群体的心理健康水平有较强的预测作用[①]，而职业特征所包含的三种因素单独或综合作用，形成了职业群体所要

---

① 赵然、方晓义：《护士工作压力、应对方式与心理健康水平的关系》，载《中国心理卫生杂志》，2005，19(9)。

面对的、影响其心理健康状态的主要压力源。首先，工作量的多少是产生职业压力最直接的因素，工作量可以从数量和时间两个维度进行衡量。例如，公务员的工作应酬直接加重了公务员的工作负荷，增加其工作压力，并削弱了公务员对工作的满意度和热情。[①] 其次，工作内容按照卡拉塞克（Karasek）教授编制的"工作内容量表"[②]（Job Content Questionnaire），共包含了心理需求和工作控制两个维度，在此基础上我们将工作内容细分为四部分，即工作的难易程度、枯燥程度、是否涉及人际交往以及个人对工作的控制程度。工作的难易程度主要是指单位工作任务的完成所需要付出的脑力水平和体力水平，通常要求高的职业岗位出现心理健康问题的概率更高；枯燥程度主要是指工作内容创意性低且趋于程式化，长期来看不仅易使职业群体产生职业倦怠感[③]，而且还会产生由人工智能技术对常规操作型（routine manual）工作岗位的替代所产生的危机感；人际交往是指个体在职业环境中与上级、下属、同事及顾客之间沟通和交往的程度，事实上同事关系的紧张、缺乏合作性、参与决策的限制以及角色转换与冲突，都可能成为职务紧张的因素[④]；个人对工作的控制程度（job decision）是指个人自主控制和决定工作的程度，研究表明，个体对工作所具有的高控制感会使得较高的压力源水平与压力反应之间的关系不显著。[⑤] 最后，工作环境是诱发各种心理疾患的潜在因素，具体可以从物理环境和工作场所的制度环境进行分析。物理环境主要包括工作场所的噪音、冷热和照明等情况；制度环境主要包括工时制度、薪酬制度及晋升制度等。通常职业群体所面临的危险的工作条件、在职务上的不安全感、过度竞争及工作时间过长或不规律等，均会直接导

---

① 宋俏珈、张建新、张金凤：《公务员的心理健康状况及与应酬压力、职业倦怠感、生活满意度的关系》，载《中国心理卫生杂志》，2014，28(4)。

② R. A. Karasek, "Job demands, job decision latitude, and mental strain: Implications for job redesign," *Administrative Science Quarterly*, 1979, 24(2), pp.285-308.

③ C. Maslach, "What have we learned about burnout and health?" *Psychology & Health*, 2001, 16(5), pp.607-611.

④ C. L. Cooper and J. Marshall, "Occupational sources of stress: A review of the literature relating to coronary heart disease and mental ill health," *Journal of Occupational Psychology*, 1976, 49(1), pp.11-28.

⑤ 周跃萍、周莲英：《不同职业人员工作压力源及压力反应的比较研究》，载《心理学探新》，2004，23(1)。

致其生理和心理健康问题。例如，护理人员因其专业及工作环境的特殊性，导致其长期处于精神紧张的应激状态，这也使得其经常出现焦虑烦躁、神经过敏等不良现象的比例高于一般群体。①

社会评价主要是指社会对特定职业群体的职业角色或职业地位的评价所营造出的广义的社会心理环境，这一环境最终所形成的社会舆论和社会规范的力量，会形成对职业群体的无形压力。社会对职业群体的职业角色的评价形成压力源的原因有两个：一是评价超出了职业规范所规定的职业内容；二是评价会将社会热点不合理地转化为对特定职业群体的刻板印象。例如，在医患关系比较紧张时，媒体对医务工作者负面的、以偏概全的报道，不仅会严重地挫伤医务工作者们的工作积极性和奉献精神，而且会使其肩负着沉重的精神负担。社会对职业地位的评价，直接影响着职业群体对自身社会价值的评价水平，从而影响其从职业生活中获得的满足感。当社会对特定职业的社会地位的评价，使得该职业群体出现角色认同错位时，就可能导致个体在不同职业之间的流动，一方面为了进入地位较高的职业阶层，另一方面也为了占有更多的社会资源。如果个体的这种愿望无法实现，其自尊便会受挫，进而出现心理失衡。以教师群体为例，随着互联网技术的兴起，人们获取知识的渠道更多、速度更便捷，这对教师的职业权威、社会地位和社会作用造成了严峻的挑战②，尤其是个性化教学的兴起，更是对教师素质提出了更高的要求，冲击着教师的心理。因此，在我国处于社会转型期间，对社会进步与人的全面发展的要求已成为对职业群体影响最大的压力源。

影响职业群体心理健康的个体特征，包括社会人口特征、人格特征及生活经历三个方面。社会人口特征主要包括年龄、性别、受教育程度、收入情况及婚姻状况等内容。对特定职业群体的心理健康的元分析结果表明，同一职业群

---

① 袁琰琴、王波、王线妮等：《医护人员心理健康状况调查》，载《解放军护理杂志》，2007，24(12A)。
② 俞国良、曾盼盼：《论教师心理健康及其促进》，载《北京师范大学学报(人文社会科学版)》，2001(1)。

体内部的心理健康状况会随着社会人口特征的变化而变化。[1][2][3][4] 人格特征的概念由戈德堡(Goldberg)提出[5]，主要包括个体的开放性、责任心、外向性、宜人性和神经质性五个基本方面的内容。通常在职业群体中，外在控制源者比内在控制源者更难以应对外界的压力情境或事件，从而导致心理健康水平也更差。生活经历主要是指在个体生命周期的不同阶段所经历的积极的或消极的生活变化，当面对这些变化时，职业群体与普通群体一样，不得不进行心理调整以适应这些变化，加之职业特征所产生的压力源，使得职业群体较普通群体更容易出现心理健康问题。

综上所述，职业群体心理健康问题的产生本质上是由职业特征、社会评价所营造出的环境产生出的紧张、压力与职业群体的个体特征相互作用所导致的。因此，心理健康问题的形成可以看作如下两个循环环节所组成的系统：一是环境因素产生刺激，二是不同的个体特征对环境进行反应。

三、职业群体心理健康问题的预防与教育干预

职业群体的心理健康问题，可视为对压力源的不当应激反应在个体身上的投射，因此可以从减少压力源、改善应激反应和为问题人群提供支持系统三个角度进行分析。但是，为了便于与前述的导致职业群体心理健康问题的原因分析一一对应，我们将从社会、职业和个人三个层面对职业群体心理健康问题的预防与干预措施进行阐述。

---

① 衣新发、赵倩、蔡曙山：《中国军人心理健康状况的横断历史研究：1990～2007》，载《心理学报》，2012，44(2)。

② 李艳青、任志洪、江光荣：《中国公安机关警察心理健康状况的元分析》，载《心理科学进展》，2016，24(5)。

③ 衣新发、刘钰、廖江群等：《铁路员工心理健康状况的横断历史研究：1988—2009》，载《北京交通大学学报(社会科学版)》，2010，9(3)。

④ 衣新发、赵倩、胡卫平等：《中国教师心理健康状况的横断历史研究：1994～2011》，载《北京师范大学学报(社会科学版)》，2014(3)。

⑤ L. R. Goldberg, "The development of markers for the Big-Five factor structure," *Psychological Assessment*, 1992, 4(1), pp. 26-42.

社会层面的措施，包括营造良好的社会心理环境和构建完善的社会支持系统。营造良好的社会心理环境主要是从预防的角度出发，具体指社会对不同职业进行评价时，应该基于该职业在社会分工体系中的位置进行客观的评价；与此同时，要将职业本身所附带的身份地位象征进行剥离，还原职业使人获得满足感和实现人生价值的目的。构建完善的社会支持系统是从干预的角度出发，对已经出现或可能出现心理健康问题的职业人群进行帮扶，使其尽早摆脱心理疾患的困扰。社会支持系统既包括在职业群体面临失业、退休等情形时，为其提供物质援助，缓解其可能面临压力的社会保障制度和社会网络，也包括个体在社会中受尊重、被支持、被理解的情感体验和满意程度。对于特殊的职业群体，因其职业的特殊性，国家和政府还应该给予该职业群体特殊的经济保障和精神关爱。研究表明，社会支持系统的建立不仅对生活满意度具有显著的正向预测作用①，而且对心理健康水平也有显著的调节作用。

职业层面的措施，包括建立国家职业心理健康预警机制和职业心理咨询服务体系。国家职业心理健康预警机制，可以由国家卫生健康委员会组织实施。从宏观视角来看，预警机制可以把握各职业群体的心理健康的动态，为解决地区间、职业间心理健康水平的差距提供数据和政策支撑；从中观视角来看，预警机制可以为企业改善员工的心理健康水平提供依据，进而提高员工的人力资本存量，实现企业生产效率的提升；从微观视角来看，预警机制可以使职业群体有机会发现和正视自己存在的心理健康问题，进而寻求解决办法。职业心理咨询服务体系的内容主要包括建档、监测、培训、治疗等过程。具体而言，每一处工作场所都应该建立员工的心理健康档案，根据实际情况定期开展心理健康测试和登记，并根据心理测试的结果进行专题讲座、专项培训或个别辅导形式的心理健康教育和治疗。需要指出的是，心理健康测试的内容不仅包括心理测试，还包括职业人员在物质和精神方面的需求，通过对这些需求的收集可以

---

① 林赞歌、连榕、邓远平等：《制造业员工社会支持、职业倦怠与生活满意度的关系》，载《心理与行为研究》，2017，15(1)。

为企业进行酬薪、工时和晋升等方面的制度改革提供依据。

个体层面的措施，主要包括提升职业素质和提高对压力的应激反应。提升职业素质是解决职业群体心理健康最为根本的方法之一，一旦职业人员无法适应职业的要求，便可能受到压力源的影响从而产生心理疾患。职业素质的提升，一方面可以实现个体与职业的完美匹配，提升个体对职业的喜爱程度；另一方面也有助于职业群体合理地应对与职业特征相关的压力源，从而降低出现心理健康问题的概率。具体而言，职业人员可以通过经验交流、进修学习、自学等形式，增加其对所在职业相关的专业知识的掌握，进而提高职业技能；对于尚未进入劳动力市场的人也应该着力提升自身的职业技能，与此同时，社会不应该形成对职业技术类院校的歧视。提高对压力的应激反应主要是使职业群体在面对压力时能够正确地看待，从而避免受到压力源的影响。研究表明，在面临压力源时以积极的态度应对有利于个体的心理健康[1]，而具体训练压力应激反应水平的方法包括放松训练、时间管理技巧、认知重建策略和反思等。[2]

四、职业群体心理健康问题研究的展望

职业群体的心理健康问题日益受到心理学、社会学、经济学和组织行为学等众多学科的关注，现有的研究主要集中于不同职业群体心理健康问题的现状、形成原因及解决措施。在未来的研究中，如下三方面的发展趋势值得重视。

在研究方法上，对心理健康的测量方法有待扩充。从测量的取样来看，现有的研究以抽样和元分析为主，抽样过于集中在某一地区或某一职业群体中的子群体，从而限制了现有研究的可比性与推广性，未来的研究需要提高样本的代表性。从测量的标准来看，现有的研究多使用 SCL-90 量表对职业群体的心理健康水平进行测量，所得的结果本质上属于主观的心理健康水平，而 SCL-90 量

---

① 高北陵、胡赤怡、宛军等：《深圳市警察心理素质研究Ⅲ. 心理健康与应对方式调查》，载《中国心理卫生杂志》，2003，17(7)。
② 俞国良、曾盼盼：《论教师心理健康及其促进》，载《北京师范大学学报(人文社会科学版)》，2001(1)。

表只是作为临床的筛选手段，作为心理健康水平的测试效度低、误差大。[①] 因此，未来需要使用客观的临床手段，即经由专业人士利用测量仪器对职业群体的心理健康水平加以测量，所得的结果可以视为客观的心理健康水平。如此一来，便可以对主观健康水平和客观健康水平所得的结果进行比较分析，从而得出单独使用主观测量方法所得不到的研究结论。从测量结果的可比性来看，现有的研究直接对不同职业群体在 SCL-90 量表中的各因子上的得分进行比较分析，这种比较没有考虑到职业特征本身对这种因子得分所造成的影响。在未来不同职业群体的比较研究中，需要先根据职业特征对研究结果进行标准化处理，然后再进行比较。

在研究内容上，对职业群体心理健康问题的研究对象、研究视角和研究理念，都需要进一步地扩充和深化。就研究对象而言，现有的关于职业心理健康问题的研究主要集中在常见的特殊职业群体，本质上属于对特殊群体心理健康问题的研究范畴，未能从职业的角度对该职业群体的心理健康问题进行研究。在未来的研究中，应该从研究对象的深度和广度上加以研究。具体而言，应按照我国的职业分类标准对职业群体的心理健康问题的现状与趋势、一般性与特殊性进行研究，以提升研究的广度；还应该突出对特殊职业群体、新型职业群体、热门职业群体的研究，并对同一职业群体按照不同的标准划分成子群体加以研究，以提升研究的深度。就研究的视角而言，现有的研究受到现实与问题导向的影响，主要侧重于对职业群体已经出现的心理健康问题进行研究，缺乏对职业群体一般意义上的心理健康的形成机制的研究。在未来的研究中，不仅需要关注问题，而且需要分析职业群体心理健康水平的形成过程，从而在理论上对心理健康问题的预防和干预提供更为有力的措施。就研究理念而言，已有的研究多以监测和解决现存的职业心理健康问题为研究的出发点，缺乏对职业群体之间以及职业群体内部心理健康水平差距的研究。未来需要在职业群体心

[①] 唐秋萍、程灶火、袁爱华等：《SCL-90 在中国的应用与分析》，载《中国临床心理学杂志》，1999，7（1）。

理健康水平差距的测量以及缩小职业群体的心理健康差距上加大研究力度。

在研究结论上，职业群体心理健康问题研究的理论性有待提升。现有的研究所得的结论主要是用相关分析的方法，对可能导致心理健康问题的原因进行分析，缺乏理论上的机制性研究。此种现象的形成主要是因为该领域的研究对象众多、研究学科分立使得研究难以形成合力。就研究对象而言，因职业类别较多，研究者难以提炼出公认的且能够合理地对不同职业进行分类的属性或特征，从而导致职业群体心理健康的研究多为类别或个案的研究，缺乏对职业整体的心理健康特征的概括。就研究学科而言，职业心理健康问题属于交叉学科的研究领域，不同的学科侧重于对心理健康的形成过程、最终状态及改善办法等不同环节的问题进行研究。比如，劳动心理学和工业心理学侧重于研究劳动者在劳动过程中的身心状态的演变过程；职业心理学则侧重于研究不同职业群体所呈现出的心理健康问题；经济学则侧重于研究改善工作场所的制度安排和员工的心理健康状态与企业、个人收益之间的关系。在未来的研究中，较为理想的情形是以职业群体心理健康问题为研究领域，将上述不同学科背景的研究者集中起来，形成完整的研究链条。

第二十六章

网民群体的心理健康问题研究

网民群体即借助电脑或手机等通信设备，以互联网为媒介参与线上活动或交流，并保障有一定上网时间的群体。截至 2018 年 12 月，我国网民规模已达 8.29 亿人，普及率为 59.6%，手机网民规模达 8.17 亿。① 互联网普及率的提高，极大地方便了人们的生活、学习和工作，促进了信息获取方式的完善以及拓展了人际交往渠道。但与此同时，网络的使用也对网民的心理健康带来一定的负面影响，如长时间无节制地上网所导致的网络成瘾问题、情绪情感淡漠问题、人际关系问题及网络偏差行为等，严重影响了网民群体的正常社会生活。因此，系统梳理网民群体的心理健康问题，分析这些问题的形成原因，并在此基础上提出有针对性的预防与教育干预方案，以及对未来相关研究提供新的思路与方向，这是当前网民心理健康教育领域亟待解决的重要课题。

一、网民群体心理健康问题的表现特点与成因

第一，网络成瘾问题。网络成瘾是伴随互联网技术的发展而出现的一种新型成瘾现象，也是当前最为社会关注的网民心理健康问题。网络成瘾也被称为病理性网络使用或问题性网络使用，是指网民在无成瘾物质作用下的无节制、失控的上网行为。② 网络成瘾主要包括网络性成瘾、网络关系成瘾、网络强迫

---

① 中国互联网络信息中心（CNNIC）：第 43 次《中国互联网络发展状况统计报告》，http://www.cnnic.net.cn/hlwfzyj/hlwxzbg/hlwtjbg/201902/t20190228_70645.htm，2021-02-02。

② K. S. Young, "Internet addiction: The emergence of a new clinical disorder," *CyberPsychology & Behavior*, 1998, 1(3), pp. 237-244.

行为、信息收集成瘾及计算机成瘾五种类型。无论是哪一种网络成瘾者，他们都经历了长期、密集的网络信息接触，并因此导致认知、情感和行为上的诸多问题。研究发现，网络成瘾者比非成瘾者有更多的孤独、抑郁情绪，他们更可能出现社会退缩、逃学等问题行为，也更容易产生身心健康方面的不良后果。[①]

迄今为止，研究者从网络自身特点、环境因素和个体因素三方面分析了网络成瘾的发生机制。首先，根据研究者（Young）提出的 ACE 模型，网络成瘾的形成与互联网本身的特点是分不开的。一是网络的匿名性（anonymity），人们在网络里可以隐藏自己的真实身份；二是网络的便利性（convenience），网民足不出户就可以完成自己想做的事情；三是网络的现实逃避性（escape），人们在现实世界中受挫后，可以在网上寻求安慰。其次，现实环境因素也是导致网络成瘾的一个重要方面。例如，在有关青少年网络成瘾的调查中，研究者发现家庭环境是一个不可忽视的作用源。具体来说，家庭环境中的母爱缺失、父爱缺失，父母的忽视、过分干涉、过分保护、缺少温情，以及家庭依恋中的焦虑性等均与青少年网络成瘾呈显著正相关。[②] 除此之外，网络成瘾青少年的家庭功能也显著差于非成瘾青少年家庭，他们具有更少的家庭沟通和情感反应，以及更差的问题解决方式等。[③] 最后，个体因素是网络成瘾的近端影响因子。根据素质—压力模型，并非所有网民都会成瘾，网络成瘾者往往具有某些易感性的人格特征，如羞怯。羞怯的个体更倾向于通过网络交流来满足社交需求，从而减少面对面交往中所产生的紧张和不悦情绪。当线上交流成为羞怯个体的主要社交方式时，就会增加其对网络的依赖，以致上瘾。[④] 除此之外，网络成瘾的易感性因素还包括高孤独感、低自我控制、低自尊、高自恋、高感觉寻求等。可以说，网络成瘾的研究，为我们打开了探索成瘾行为背后心理依赖机制的重要

---

① 雷雳：《青少年"网络成瘾"干预的实证基础》，载《心理科学进展》，2012，20（6）。
② 刘勤学、方晓义、周楠：《青少年网络成瘾研究现状及未来展望》，载《华南师范大学学报（社会科学版）》，2011（3）。
③ 刘勤学、方晓义、周楠：《青少年网络成瘾研究现状及未来展望》，载《华南师范大学学报（社会科学版）》，2011（3）。
④ 罗青、周宗奎、魏华等：《羞怯与互联网使用的关系》，载《心理科学进展》，2013，21（9）。

窗口。

第二，情绪情感问题。网民群体更容易出现情绪情感问题，如焦虑、抑郁、孤独感等。网民群体的网络使用行为可以分为两大类：一类是主动性网络使用，指的是网民和他人进行直接交流的活动（如发表状态、评论帖子等）；另一类是被动性网络使用，指的是在没有直接交流情况下的信息浏览活动（如查看帖子、浏览朋友圈信息等）。其中，主动性网络使用对网民群体情绪情感的影响是双方面的。一方面，主动性网络使用有助于网民群体获得线上的积极反馈和社会支持，从而减少抑郁、焦虑和孤独感的发生；另一方面，一旦个体投入大量时间和精力进行网络交流，又因社会资本缺乏或线上联结较弱而无法获得预期反馈时（如在朋友圈获得的朋友点赞数较少），就更容易引起个体对自身受欢迎程度的焦虑，产生消极情绪。罗一君等研究者提出，主动性网络使用对个体情绪情感的不同影响可能与不同的网络使用动机有关。① 有别于休闲娱乐、好友联系等动机对网民情绪情感的积极影响，当个体基于社会补偿动机（通过网络交往寻求现实中无法获得的社会支持）进行网络使用时，他们主要是通过沉溺于安逸虚幻的网络世界来逃避压力，而非解决问题。因此可能会导致消极情绪的增加。

另外，在被动性网络使用与网民情绪情感的关系上，研究者得出了较为一致的结论：以信息浏览为主的被动性网络使用可能通过上行社会比较和嫉妒等中介机制增加网民群体的抑郁和焦虑水平。② 上行社会比较是指与比自己更优秀、更有能力的人进行比较。在社交网络中，由于个体倾向于美化自我，并将积极、美好、理想化的一面进行网络呈现。因此，网民在进行被动性网络使用时，可以更轻易地获得他人所呈现的带有一定积极偏向的信息，并关注到自我与他人之间的差异，诱发上行社会比较。这种上行社会比较会使个体产生自己不如他人的消极感受，进而贬低自我价值。同时，被动性网络使用中的上行社

---

① 罗一君、孔繁昌、牛更枫等：《压力事件对初中生抑郁的影响：网络使用动机与网络使用强度的作用》，载《心理发展与教育》，2017，33（3）。

② 柴唤友、陈春宇、段长英等：《网络亲子沟通与青少年抑郁的关系：线上社会资本的中介作用及其年龄差异》，载《心理发展与教育》，2019，35（1）。

会比较还会诱发个体对自我形象的不满，降低身体意象满意度，从而诱发抑郁、焦虑、嫉妒等情绪。因此，个体在社交网络中进行上行社会比较的频率越高，其焦虑和抑郁水平也越高。

第三，人际关系问题。互联网的使用可能对网民群体的现实人际关系产生威胁，导致社会隔离以及亲密度的降低。在早期文献中，研究者甚至将网络视为最能疏远彼此的社会交往形式之一。例如，克劳特（Kraut）等人1998年曾对73个家庭的169名互联网用户进行过一项追踪研究，以调查网络使用对社会卷入和心理幸福感的影响。结果发现，互联网使用不仅没有提升人际关系，反而减少了使用者的社会卷入，增加了他们的抑郁水平和孤独感。[1] 研究者将这种现象称为"互联网悖论"（或"社会替代理论"），并解释说：网络的过度使用侵占了人们原本用于与家人、朋友进行正常人际交往和社会活动的时间，造成个体与现实世界相隔离。然而，通过网络建立和维持的人际关系通常是浅薄的，缺乏感情和承诺。用虚拟、脆弱、低质量的网络交往代替现实生活中高质量的人际交往，则会导致社会支持和社会卷入程度的降低，以及人际关系的疏离。另外，网络交往可能会弱化个体在现实中的人际交往能力。人们在网络上的交往主要是虚拟空间中以文字为媒介的间接性"人—机"交往，它在一定程度上打破了传统的"人—人"交往模式，使现实中的人际交往技巧和规则成为多余。个体在网络上进行交流时往往并不需要面对面交流所必需的社交技能。长此以往，容易弱化网民群体在真实交往中的广度和深度，导致人际交往心理的淡化、闭锁，以及人际关系的疏远、冷漠。最后，网络交往还可能导致人际信任危机。不同于现实世界中人际交往的实在性，在网络环境中，交往双方的身份很可能是个体按照理想自我塑造出来的。彼此之间互相传达的信息通常也经过了刻意的加工与包装，具有一定的虚假性。因此，网民群体经常是在虚拟世界中与虚拟他人进行虚假的交流，彼此之间很少有感性、真实的情感沟通，也很难形成

---

[1] R. Kraut, M. Patterson, V. Lundmark, et al., "Internet paradox: A social technology that reduces social involvement and psychological well-being?" *American Psychologist*, 1998, 53(9), pp. 1017-1032.

可信可靠的人际关系。可以说，网络在缩小人们空间距离的同时，也在一定程度上拉大了人们的心理距离。久而久之，容易造成个体恐惧、疑虑、防范心理的增加，以及人际信任感和安全感的降低。

第四，网络偏差行为。网络偏差行为是随着互联网发展而出现的新行为问题，它是个体在网络使用过程中表现出来的违反或破坏网络规范及社会期望的偏差行为的总称①，包括网络欺骗、网络色情、网络攻击，甚至是网络犯罪等。网络偏差行为反映了个体在网络环境中的心理问题和偏差，是网络对网民心理健康影响的一个重要方面。如前所述，个体在现实环境中遭遇的各种压力性生活事件是导致其转向网络，以致网络成瘾的重要原因。那么，个体在网络环境中是如何化解这些压力的呢？广义紧张理论认为，童年虐待、亲子冲突、不良同伴关系等压力性生活事件会引起个体人际需求和社会联结感的缺失，进而产生焦虑、愤怒和紧张情绪。当这些负面情绪无法缓解时，就会出现网络偏差行为。② 其中，网络攻击是典型之一。网民群体的网络攻击行为与以下两方面的原因是分不开的。其一是网络暴力环境的接触（如暴力游戏、暴力视频等）。社会学习理论提出，个体通过观察学习获得攻击行为的图式。久而久之，这些攻击图式逐渐内化与稳定，则会导致个体的敌意认知偏向。长时间的网络暴力环境接触容易使网民群体从认知上将攻击行为合理化，并将其视为解决问题的一种有效手段。由于网络本身的匿名性、便利性等特点，个体更倾向于在网络中将这些攻击图式再现，从而产生网络攻击行为。其二是道德推脱的影响。一般情况下，个体均具有自己的一套道德标准，以约束不良行为的产生。但道德推脱作为人们头脑中的一种自我保护认知倾向，可以使个体内部的道德机制失去自我调节作用，以轻松摆脱由不道德行为所导致的自责与罪恶感，从而使个体心安理得地做出更多不道德行为（如网络攻击行为）。③ 根据网络攻击行为的线

---

① 罗伏生、张珊明、沈丹等：《大学生网络偏差行为与人格特征及应对方式的关系》，载《中国临床心理学杂志》，2011，19（4）。

② R. Angew, "A revised strain theory of delinquency," *Social Forces*, 1985, 64(1), pp. 151-167.

③ 杨继平、王兴超、高玲：《道德推脱的概念、测量及相关变量》，载《心理科学进展》，2010，18（4）。

索过滤理论，网络环境中由于社会缺场、社会线索减少以及人际交往的间接性等，往往会引起道德线索的缺失。在这种情况下，个体更容易降低自己的道德标准，增加道德推脱的可能性，进而导致网络攻击行为的发生。

二、网民群体心理健康问题的预防与教育干预

第一，从个体层面，应注重网民群体积极心理品质的培养。个体—环境交互作用模型指出，人们的行为受到个体因素和环境因素交互作用的影响。不同的个体即使在面对同样的环境时，也可能表现出不同的行为模式。通过对网民群体心理健康的影响因素进行梳理，我们发现，个体的一些积极心理品质，如自我控制会缓冲网络对网民心理健康的不利影响。自我控制是一个包含多层、多维能力的复杂心理结构，是个体不受外界诱惑因素影响，且能够自主控制自己的情绪和行为冲动的能力。自我控制缺乏会导致一系列的个人和社会问题，如网络成瘾、物质成瘾、偏差行为、学业失败等。高自我控制则是个体网络成瘾、网络偏差行为的重要保护因子。面对虚拟网络环境中的各种刺激，高自我控制者能不为所动、不受侵扰，有效制约自己过度的网络使用行为，抵御自身的享乐倾向，而不会陷入一种难以自拔的行为失控状态，以致成瘾。此外，戈特弗里德森(Gottfredson)等人关于犯罪的一般理论指出，个体偏差行为主要来源于自我控制能力的低下。更重要的是，自我控制还是其他因素对个体偏差行为产生影响的关键中介变量。只有提高个体的自我控制能力，才能阻止偏差行为甚至是犯罪行为的发生。[1] 因此，应加强对网民，尤其是青少年网民群体，包括自我控制能力在内的积极心理品质培养。在家庭和学校教育中，要树立规则意识，提高他们的延迟满足能力和自我约束能力，使其将"能够"和"应该"区分开来，做网络的主人。

第二，从群体层面，应构建和谐的人际关系，注重网民基本心理需要的满

---

[1] M. Gottfredson and T. Hirschi, *A general theory of crime*, Stanford, CA, Stanford University Press, 1990.

足。基本心理需要理论指出，人类具有三种基本的心理需要，即能力、关系和自主感。当这些心理需要无法在现实生活中得到满足时，个体就会想方设法寻求其他途径的补偿，将目标转向网络环境。国内学者高文斌等人在解释网络成瘾问题时提出了"失补偿"假说，他们认为网络成瘾在本质上就是个体的心理需求在现实生活中得不到满足时的一种"病理性补偿"。① 已有研究结果显示，网民群体使用社交网络的最主要动机之一就是获得归属感。那些在现实生活中不受欢迎、孤独、焦虑的个体会更倾向于通过网络交友来减少社会疼痛感。② 然而，由于网络虚拟性的特点，个体虽然在网络世界中得到了暂时的安慰，却并不能从根本上解决问题。网络世界的"美好"反而增加了他们的心理落差，使网民群体更倾向于脱离现实世界，以致引起网络成瘾、焦虑、抑郁、网络攻击等一系列心理与行为问题。可见，要从根本上预防网络对网民心理健康的不利影响，就需要着眼于现实生活中的个体基本需要，尤其是归属需要的满足。首先，应培养良好的家庭氛围，并将其置于解决网民群体心理健康问题的突出地位。家庭是影响个体身心健康的最基本单元，对个体的发展产生着潜移默化的影响。良好的家庭氛围不仅为网民群体提供了最重要的社会支持，满足了个体的归属需要和快乐体验，也能有效发挥"监督"的功能，避免网民群体因过度沉迷网络而带来的诸多不利影响。其次，整个社会都应大力构建和谐的人际关系。现实生活中的社会排斥，是降低个体归属需要的一个强预测因子，且这一影响往往不受其他调节变量的作用。因此，无论是学校中的师生关系、同伴关系，还是工作中的同事关系、上下级关系，都应该提倡"以和为贵"，避免社会排斥事件的发生。通过家庭的和谐、人际的和谐促进整个社会的和谐，搭建网民健康、合理使用网络的"保护伞"。

第三，从国家层面，应加强网络监管，开展网络心理健康教育。网民心理健康问题的出现与网络环境本身规范建构的缺位有关。例如，网络上流行的"丧

① 高文斌、陈祉妍：《网络成瘾病理心理机制及综合心理干预研究》，载《心理科学进展》，2006，14（4）。

② R. B. Clayton, R. E. Osborne, B. K. Miller, et al., "Loneliness, anxiousness, and substance use as predictors of Facebook use," *Computers in Human Behavior*, 2012, 29, pp. 687-693.

文化"对个体消极情绪潜移默化的影响、网络暴力情境对攻击行为的诱发、网络监管不力对网络偏差行为的强化等。因此，国家有关部门应加强网络法规建设，形成网络行为规范，并督促各网站加强网站管理工作，树立网络文明风气，净化网络交际环境。与此同时，应树立先进的教育理念，充分利用网络的优势，以网络为媒介，大力开展网络心理健康教育。网络心理健康教育是指借助网络平台，向来访者提供专业心理健康教育的服务。它对提高网民的心理健康水平大有裨益。传统的线下心理健康教育已经无法满足如此庞大的网民群体日益增长的心理健康需求。而网络作为一个便捷、有效的交流平台，突破了心理健康教育的时空限制，促进了心理健康教育资源的整合。它可以将众多心理健康教育素材与师资联结起来，构建一个全方位、多层次的心理健康教育网络系统，形成心理健康教育的合力。除此之外，网络心理健康教育还有利于网民群体的主动参与，增强心理健康教育工作的预警功能。在网络环境中，人与人之间处于平等独立的地位。个体，尤其是网民群体更容易在网络中表露真实的自己，也更容易接受网络心理健康教育这种隐秘的心理交流方式。这种交流方式避免了双方面对面交流时的紧张感，有利于充分调动网民主动接受的积极性，从而使心理健康工作者更好地了解网民群体的心理健康状况。因此，国家相关部门应加大资源投入与硬件支持，建立专业的网络心理健康教育平台，培育一批新型、高素质的网络心理健康教育工作者。建立健全网络心理测验系统，大力开展网络心理健康调查，从而更有针对性地对网民心理健康问题予以及时的预防与干预。

三、网民群体心理健康问题研究的展望

近年来，互联网心理学的研究方兴未艾。迄今为止，已有大量研究成果刊发在心理学期刊上，如《心理科学》（*Psychological Science*）、《发展心理学》（*Developmental Psychology*）、《心理学年鉴》（*Annual Review of Psychology*）等。除此之

外，还有一些期刊如《人类行为的计算机》(*Computers in Human Behavior*) 等则专门发表这一领域的最新研究成果。互联网心理学的蓬勃发展使我们对网民群体的心理特点、影响因素和心理健康现状有了一定程度的认识与了解。然而，目前该领域的研究仍处于较为表层的阶段。未来，研究者应至少从以下三方面进行深入探索。

第一，在研究群体上，应扩大样本的选取范围。出于样本可获得性的考虑，在以往有关网民心理健康的研究中，研究者多选取学生群体(主要包括大学生和青少年)作为调查对象，而鲜少涉及对其他年龄阶段或其他被试群体的考查。诚然，作为互联网的主要使用者，大学生和青少年正处于身心发展趋于成熟的关键时期，他们更容易受到网络不良因素的侵蚀而影响到身心健康与学业发展。因此，关注学生网民群体的心理健康问题无可厚非。但是，单一考查网络对学生群体的影响，可能会导致研究结论的偏差，限制研究结果的推广性和适用性。近年来，随着互联网的普及，老年人也逐渐加入这一信息化的浪潮中，并产生一系列的心理与行为问题，如老年人更容易受到网络诈骗的影响，进而造成其人际信任感受损。因此，老年群体的网络心理健康研究刻不容缓。然而，有关学生群体网络使用的研究结论却不能简单推论到老年人身上。例如，对于学生群体而言，害羞与上网时长有显著正相关[1]，而对于更广泛的网民群体的研究结果却并未显示二者的相关性。[2] 另外，有研究发现人格对网络使用的预测性受到年龄的影响：对于青年人，大五人格中的外向性预测作用最强，而对于更年长的人来说，开放性的预测作用则更为显著。[3] 综上所述，未来互联网心理学的研究在被试的选取上，应更加注重样本的多样性与丰富性，将不同年龄阶段，包括成年人和老年人，以及不同群体类型，如职业群体和特殊群体等均纳

[1] E. S. Orr, M. Sisic, C. Ross, et al., "The influence of shyness on the use of Facebook in an undergraduate sample,"*CyberPsychology and Behaviour*, 2009(12), pp. 337-340.

[2] T. Ryan and S. Xenos, "Who uses Facebook? An investigation into the relationship between the Big Five, shyness, narcissism, loneliness, and Facebook usage,"*Computers in Human Behavior*, 2011(27), pp. 1658-1664.

[3] T. Correa, A. Hinsley, and H. G. De Zuniga, "Who interacts on the Web? The intersection of users' personality and social media use,"*Computers in Human Behavior*, 2010(2), pp. 247-253.

入研究范畴，以提高研究结果的生态效度，避免管中窥豹、盲人摸象。

第二，在研究内容上，应加强理论构建，深入和细化对网民群体心理健康问题的发生机制的研究。首先是理论构建问题。理论模型对于实证研究的开展具有指导性意义，坚实的理论基础有助于澄清因果关系的传导机制，从而对现象做出更为严谨的解释。没有理论支撑的研究是薄弱的。系统梳理网络心理学领域的研究成果，我们发现，虽然对网民群体心理健康问题的研究正在如火如荼地开展，但与之相应的理论模型却十分匮乏。具体而言，仅仅在网络成瘾研究中形成了一些新的理论，如"富者愈富"模型和"穷者愈穷"模型。除此之外，大多数研究或是单纯从问题出发，以数据统计结果为导向（如回归分析）寻找个体线上问题行为产生的原因，或以传统心理学的相关理论为依托（如自我决定理论），将其借用到网络领域。这导致目前该领域的研究仍然比较零散，缺乏系统性和整合性。这也使得关于网络心理健康的干预研究因缺乏理论的支持而难以推进。

其次是整合与细化分析网民心理健康受损的发生机制问题。网民心理健康问题的发生机制，是网络心理学的研究重点。既然互联网的使用在一定程度上可能影响网民群体的心理健康，导致网络成瘾、消极情绪情感、人际关系障碍及网络偏差行为等问题。那么对这些心理健康问题发生机制的探讨则应该受到关注。目前，研究者集中探讨了少数人格特质（如大五人格、羞怯、自恋）或心理动机（如归属需要、认同需要、寻求社会支持）对网民群体心理健康的影响，而较少对这些影响因素间的相互作用进行整合，以致遮掩了变量间可能存在的中介作用或调节关系。除此之外，当前该领域的研究仍处于较为粗略的阶段，缺少对网民心理健康影响因素的细化分析。例如，在网络人际交往对个体心理健康影响的研究中，大多数研究者都将个体网上交往对象假定为陌生人，而很少区分线上陌生人好友与线上熟人好友的比例，以致出现研究结果的偏差。因此，在今后的研究中，研究者应以理论为支撑，对相关影响因素进行细致且综合的考量，以更全面、深入地揭示网民心理健康问题的发生机制。

　　第三，在研究方法上，应综合认知神经科学技术，以跨学科的多维视角，全面动态地探索互联网使用对心理健康的影响。当今心理学的研究正在向脑神经科学方向深入，ERP、fMRI、PET 等认知神经科学技术被大量应用于心理学实验中。然而，在网民心理健康研究领域，问卷调查法仍是研究者使用的主要方法。实验研究，尤其是认知实验研究寥寥可数。不可否认，问卷调查法为我们揭示了网民群体心理与行为层面的重要信息，在相关研究中发挥着不可替代的作用。但是，单一的问卷研究无法揭示网民群体心理问题发生的神经生物机制，也难以确定变量间的因果关系。而认知神经科学方法则克服了问卷调查法在研究效度上的固有缺陷。它将网络使用行为与个体内部生理机制结合起来，揭示网民群体心理健康问题的深层机制。不仅加深了我们对这一问题的认识和理解，也为该领域的研究提供了新的思路，增加了研究结果的应用价值。例如，以往研究发现，网络成瘾者与非成瘾者的脑区激活水平、注意偏向和脑电波等方面可能存在差异。① 这些成果为现实生活中网络成瘾的诊断和鉴定提供了重要参考。与此同时，研究者也应加强跨学科的研究思维与视角，打破学科之间的割裂状态，将心理学的定量研究方法、认知神经科学的基础研究技术，以及教育学的实践性导向相结合。在问卷调查法的基础上，逐步开展相应的实验研究，并通过神经生物学等技术手段，有理、有据、有层次、有深度地对网民群体心理健康问题的影响因素、发生机制和生物基础进行探讨，避免画地为牢、故步自封。

---

　　① 牛更枫、孙晓军、周宗奎等：《网络成瘾的认知神经科学研究述评》，载《心理科学进展》，2013，21(6)。

第二十七章

股民群体的心理健康问题研究

股民是人们对于在股票二级市场进行股票交易的个人投资者的称谓。据统计，截至 2019 年，我国股票投资者中的自然人账户数量为 15 937.22 万户，占总账户比为 99.76%[①]，庞大的股民群体对我国股票市场的健康发展起着举足轻重的作用。毫无疑问，作为股票市场主体的股民群体的投资行为，直接影响我国资本市场功效的发挥。然而，股民群体的心理健康现状不容乐观。股民群体成员构成复杂，他们期望通过股票交易行为赚钱的成就动机十分强烈，追求目标单一，情绪反复波动，受挫机会频繁，各种消极因素造成这一群体已成为心理健康问题的高危人群。投资行为引发他们紧张、焦虑已属常态，因投资失利而自杀者也屡见不鲜。因此，对股民群体的心理健康问题进行深入研究，给出改善该群体心理健康状况的对策和方案具有重要的社会价值与现实意义。

一、股民群体心理健康问题的表现特点

心理健康状况是影响股民股票投资的重要因素。研究表明，以抑郁程度度量的心理健康特征对个体投资股票的概率和比重均存在显著的负向影响，心理健康特征影响居民投资股市的作用渠道至少包括认知差异效应、偏好效应和预算约束效应。[②] 国外研究者也发现，受心理健康问题影响的美国居民家庭减少

---

① 中国证券登记结算有限公司：《中国证券登记结算统计年鉴 2019》，http：//www. chinaclear. cn/zdjs/editor_ file/20200818160825297. pdf，2020-11-02。

② 曹扬、沈坤荣：《心理健康与股票投资——基于中国家庭微观调查数据的实证研究》，载《中国经济问题》，2017(5)。

了对风险工具的投资，各种心理健康问题可以降低持有风险资产的概率高达19%。[①] 可见，心理健康状况会显著影响股民群体的投资行为。反之，投资行为亦会对股民群体的心理健康状况造成影响，这些问题表现具有鲜明的群体性特征。

一是生理—心理失衡。由于股票市场波动性大，投资收益常常达不到预期，使股民群体在投资过程中经常处于身心失衡、情绪紊乱的状态。股民群体呈现出独特的"投资综合征"，具体表现为很多投资者会由于投资行为而出现失眠、心慌、焦虑、易怒、厌食，以及抵抗力下降等躯体性、心理性症状，个别投资者还出现了极度抑郁症状。一项调查结果显示，在调查对象中，48%的投资人存在心理健康问题，具体表现为人际关系敏感、强迫、敌对性、偏执、抑郁和焦虑，其发生率为10%~30%，存在焦虑和抑郁情绪的分别占22%和23%，其中具有中度以上焦虑者和抑郁者均占8%。[②] 股民群体时刻面对由股价波动带来的不可控制感，以及由即时显性化的、不达预期的投资业绩检验引发的挫败感、对自我及社会的负面评价，使得股民群体在投资过程中经常处于紧张、焦虑、烦躁不安、情绪频繁波动的心理失衡和情绪紊乱状态。股票市场大幅波动、投资出现大幅亏损还会成为急性应激源，诱发自杀类极端事件。这种常态化的身心失衡导致行为偏差，行为偏差又促发心理失衡，股民群体在投资过程中往往会陷入这种恶性循环中。此外，这种普遍存在的失衡心态通过群体效应传导到股票市场，助长了我国A股市场暴涨、暴跌频率更高、幅度更大、投机性更强的特点，进一步增加了投资难度，又从外部环境方面加剧了这一失衡。

二是人际关系困扰。股民群体间的人际交往主要是股票信息传递和股票交易交流，也有进行委托交易的。在这种交往中普遍存在向上"社会比较"。在股票市场中最容易传播的消息就是某某人买了哪只股票赚了几倍，某某人通过股

---

① V. L. Bogan and A. R. Fertig, "Portfolio choice and mental health," *Review of Finance*, 2013, 17 (3), pp. 955-992.

② 石华孟：《股票投资者心理状态分析》，载《健康心理学杂志》，2001，9(3)。

票投资成了千万、亿万富翁，股民群体间更愿意交流自己某次赚钱的"辉煌"业绩和"成功经验"，鲜有告诉他人自己赔钱的。在这种向上"社会比较效应"下，股民群体常抱有快速博取暴利的投机心理，实施更具冒险性的投资行为，这往往会产生投资损失，进而造成信息传递者之间的人际关系紧张、恶化，交易委托行为还会引起法律纠纷。此外，投资行为也造成了股民群体正常的工作、家庭关系的失衡。由于股票市场的高度不确定性和波动性，使得股民群体过度关注股票市场，不少股民时不时就要查看一下股票市场行情和自己的账户盈亏状况，一些股民有成瘾倾向。再加上股民的情绪常因市场起伏而波动，往往会使其在工作时精神恍惚、精力不济，直接影响其正常的工作质量、效率，引起工作环境的负面评价与工作关系紧张。社会中不少人形成了"股市像赌场、买卖股票是高风险的冒险行为"的刻板印象，因而股民的投资行为会被看作不够理性的投机行为，甚至被视为不务正业的行为，对于股票投资的不同看法常常会引起家庭争执，特别是在出现投资亏损，影响到个人收入水平和家庭经济状况时，常会引发婚姻危机、家庭关系紧张。

三是投资行为偏差问题。股民群体的心理健康问题可从其外化的投资偏差行为上窥见一斑。在投资过程中经常发现并被证实存在的心理偏差有 30 余种①，典型的投资偏差行为有过度交易、处置效应、过度反应和反应不足、非理性羊群行为等。①过度交易。在过度自信和"赌徒心理"的影响下，股民群体常常产生过于频繁的交易行为。研究表明，个体投资者的投资绩效很差，但交易却异常活跃，过度交易给投资者的个人财富带来巨大的损失。② ②处置效应。"售盈持亏"是股民群体中普遍存在的行为。人们对亏损的感受比盈利的感受更强烈。个体在损失情景中更倾向于冒险，而在获益情景中更倾向于保守。③ 研

---

① 茅宁、王宁：《有限理性个体投资者行为机理的实证研究》，载《管理科学》，2008，21(1)。

② B. Barber and T. Odean, "Trading is hazardous to your wealth: The common stock investment performance of individual investors," *Journal of Finance*, 2000, 55(2), 773-806.

③ D. Kahneman and A. Tversky, "Prospect theory: An analysis of decision under risk," *Econometrica*, 1979, 47, pp. 263-291.

究指出，处置效应与股价波动以及收益率之间存在负相关关系。[1] ③过度反应和反应不足。股民群体常常不能对股票市场的信息和价格波动做出客观理性的反馈，小资金个人投资者在牛市中不够理性，而在熊市中过于谨慎。[2] ④非理性羊群行为。我国证券市场羊群行为普遍存在，显著高于其他成熟市场。[3] 羊群行为不仅会影响投资者个体的投资收益，还会推动股票价格大幅波动，导致市场的无效率运行，容易诱发金融危机。[4] 此外，在股民群体中还普遍存在各种投资侥幸行为，比如先验偏见、心境依赖、赋予效应、心理账户、损失厌恶等。这些不良心理效应会直接引发其非理性投资行为。

二、股民群体心理健康问题的产生原因

诚如前述，股民群体心理健康问题的表现，的确有其不同于其他群体的特殊性，这种特殊性是由其心理健康问题产生的特定原因决定的，包括个体和社会两个层面。

第一，从个体层面来看，股民群体的心理健康问题源自：普遍存在的认知偏差、人格特质影响和投资能力不足。

股民群体普遍存在认知偏差。股票价格影响因素众多且时时波动，因而有效的股票投资行为需要投资者具备丰富的专业知识、成熟的投资技能和良好的心理素质，这是绝大多数股民所不具备的，因而他们很容易采取将复杂的投资决策进行简化的策略来认知，从而使其投资判断和决策产生偏差。例如，确定一家上市公司的投资价值，需要对公司未来的经营发展做出预期，这可能需要

---

① W. Goetzmann and M. Massimo, "Disposition matters: Volume, volatility and price impact of a behavioral bias," *NBER Working Paper*, 2003.

② 史永东、李竹薇、陈炜：《中国证券投资者交易行为的实证研究》，载《金融研究》，2009(11)。

③ T. C. Chiang and D. Z. Zheng, "An empirical analysis of herd behavior in global stock markets," *Journal of Banking and Finance*, 2010, 34(8), pp. 1911-1921.

④ M. H. Kabir and S. Shakur, "Regime-dependent herding behavior in Asian and Latin American stock markets," *Pacific-Basin Finance Journal*, 2018, 47(8), pp. 60-78.

对宏观经济、行业情况、企业竞争优势等多方面调查研究后才能做出判断。大多数股民做不到相关专业分析，而仅仅因为朋友推荐、股票价格很低或者喜欢这家公司的产品就买入公司股票。研究表明，投资者认知偏差在中国具有一般性和本土化的特点。我国的股票投资者不仅具有启发式简化、自我欺骗、情感性影响、社会交互效应等一般意义上的认知偏差，同时还具有认知精度缺陷、专家情结、过度恐惧、政府不信任等本土化的认知偏差。[①] 普遍存在的认知偏差，使得股民群体容易出现投资决策偏差和非理性的交易行为，最终使其难以获得良好的投资绩效，也难以从投资行为中获得心理和谐。

股民群体人格特质的影响。不同的人格特质对投资行为产生不同影响。研究表明，投资者人格特质中的神经质、外向性、宜人性与过度交易、处置效应、羊群效应三种投资偏差行为存在相关关系，尽责性与过度交易和羊群效应显著相关。其中高神经质的人对外界刺激反应比一般人强烈，对情绪的调节、应对能力比较差，经常处于一种不良的情绪状态，在投资中易表现出过度交易、交易频繁、短线交易等现象。高外向性个体更偏好刺激和冒险、更有活力和支配力、更能感受积极的情绪，可能会存在过度交易、处置效应和羊群行为。宜人性的人更具有竞争性，更有可能做出非常规决策。尽责性越强投资意向越强烈，容易产生过度交易行为和羊群行为。[②] 投资行为将股民群体带入持续的紧张、压力环境，这种环境和股民群体的人格特质容易形成负向叠加作用，即不确定性强和挑战性大的股票市场环境容易促发股民群体的人格异常，不利于个人投资者的人格健康发展；而个人投资者人格特质中的不同维度因素由于不能得到有效认知和控制，会促发股民群体的非理性投资。

股民群体普遍存在投资能力不足。大多数股民的实际投资能力与取得良好投资业绩所需的投资能力之间有较大差距。股民群体普遍缺乏金融专业知识，投资技能匮乏，对股票市场缺乏系统性了解，信息获取渠道有限，分析研究能

[①] 裴平、张谊浩：《中国股票投资者认知偏差的实证检验》，载《管理世界》，2004(12)。

[②] 王雅丽：《我国个人投资者的人格特质对投资行为的影响——基于大五人格结构模型》，硕士学位论文，山东大学，2013。

力不足，难以有效选择股票和股票的买卖时机，缺乏对风险与收益的均衡分配和对资金的有效管理，也缺乏有效的心理素质来控制情绪进行理性投资。调查报告显示，投资者对金融素养的自我评分高于真实得分，投资者存在对金融素养的过度自信。受访投资者的专业金融素养仅为44.23，其中得分在60分以下的投资者达58.31%，大部分投资者专业金融素养仍未达及格标准。① 投资能力不足使得大多数的个人投资者并不适合进行股票投资的独立自主操作。普遍存在的投资方式选择不当，加剧了这种能力不匹配现象。调查表明，41.30%的投资者对于投资建议的需求表现为"我自主决策，但在投资前会征求理财顾问的意见"，接近40%的投资者选择"我完全自主决策"的投资方式，仅1.66%的投资者选择"投资决策完全交由理财顾问决定"的委托投资方式。② 投资能力的不匹配，直接导致股民群体难以顺利实现投资目标，产生时间、精力和身心健康上的失衡，这是该群体产生心理健康问题的重要原因。

第二，从社会层面来看，股民群体的心理健康问题源自信息劣势地位、易受从众感染和暗示引导、社会支持匮乏。

处于信息劣势地位。投资者获取信息的能力、信息的准确性及对信息的解读能力，对投资者的投资预期、投资决策形成和投资行为实施有着重要影响。当信息比较重要而模糊性较强时，个体就会产生焦虑感，难以形成稳定的态度，可能导致个体控制感缺失。股民群体的主要投资信息来源为电视、网络和权威报纸等公共信息。调查表明，有58%的受访投资者通过电视或网络了解股市信息，27%的受访者将权威报纸当作个人主要信息来源，7%的投资者通过专家咨询，而8%的受访者以熟人的内幕消息为主要渠道。③ 而我国证券市场信息披露机制不完善，上市公司内部控制信息披露的相关规定没有得到切实有效的执行，

---

① 西南财经大学中国金融研究中心《我国证券投资者教育的效率分析与制度建构》课题组：《中国投资者教育现状调查报告（2018）》，http：//www. xinhuanet. com/finance/2019-03/07/c_ 1210075208. htm，2019-10-25。
② 西南财经大学中国金融研究中心《我国证券投资者教育的效率分析与制度建构》课题组：《中国投资者教育现状调查报告（2018）》，http：//www. xinhuanet. com/finance/2019-03/07/c_ 1210075208. htm，2019-10-25。
③ 尹海员：《基于个体投资者行为分析的我国证券市场监管研究》，博士学位论文，陕西师范大学，2011。

存在着自愿性披露动力不足、披露流于形式以及隐瞒不利消息的问题。[①] 这会让依赖于公共信息的股民群体不论是在投资行为上还是在心理方面始终处于被动状态。特别是上市公司经常在市场发生股价剧烈波动后才公布消息，这让股民群体时常处于紧张、焦虑、恐惧状态中，加剧了其心理障碍或心理疾病出现的概率。相比机构投资者的投资信息决策主要源自对上市公司的深入调研和专业投资团队的有效研究分析，股民群体明显处于信息劣势地位，难以在投资行为中建立自尊自信、获得公平感。

易受从众感染和暗示引导。股民群体容易受到诱导、暗示，特别是"专家""权威人士"的暗示，从而进行投资模仿，产生从众行为和羊群效应。尽管媒体是股民群体获取信息的主要渠道，但是专家意见是对股民群体的投资行为产生实质影响的主要因素。调查表明，仅有11%的投资者认为媒体上推荐股票的人可信，12%的人表示可能会投资网络上的炒股高手推荐的股票，而选择听从朋友的推荐、媒体财经评论员和券商工作人员意见的分别占比35%、25%和28%。[②] 然而相关研究证明了"专家"推荐的无效性。研究表明，大多数的机构预测是有偏差的，即他们的预测和实际情况之间的误差是系统性的和长期性的。有1/3预测在很大程度上是无偏的，但其预期并没有充分地利用信息，甚至对于滞后一天的收益率所提供的信息的利用也是有限的，信息精度比较低，不适合指导投资。[③] 国内外相关研究都表明，公司会通过对信息披露方式进行策略性的选择，以应对投资者情绪、影响投资者受情绪驱动的预期偏差，并从中获取私利。[④][⑤] 股民群体依赖于"专家荐股"，不但起不到有效的投资效果，反而有可能被诱导利用、被"割韭菜"，从而面临经济上的投资损失，心理上的经常性焦虑、挫败和沮丧情绪。

---

① 蔡吉甫：《我国上市公司内部控制信息披露的实证研究》，载《审计与经济研究》，2005，20(2)。
② 尹海员：《基于个体投资者行为分析的我国证券市场监管研究》，博士学位论文，陕西师范大学，2011。
③ 高峰、宋逢明：《中国股市理性预期的检验》，载《经济研究》，2003(3)。
④ N. K. Bergman and S. Roychowdhury, "Investor sentiment and corporate disclosure," *Journal of Accounting Research*, 2008, 46(5), pp. 1057-1083.
⑤ 王俊秋、花贵如、姚美云：《投资者情绪与管理层业绩预告策略》，载《财经研究》，2013，39(10)。

社会支持匮乏。股民群体能够获得的外部支持为交易所、证券公司等机构所提供的投资者教育。尽管我国资本市场的监管部门已经把投资者教育作为一项长期的、基础性和常规性的工作，从现状来看，我国投资者整体所受投资教育匮乏，教育目标定位出现偏差，教育主体与受教者存在利益冲突，未能有效发挥社会支持效能。调查显示，绝大部分受访投资者都是在大学及以后阶段才开始接受经济、金融相关教育，仅23%的投资者在大学之前了解过经济、金融相关知识，而国外大多数发达国家都是从小学阶段就开始教授国民金融知识。仅有41%的受访者表示会长期接受投资者教育。现有教育内容"重宣传，轻实践"，教育形式单一不便捷，81.32%的投资者教育主体采用的仍为线下渠道，证券公司作为主体开展投教工作与其本身的营利性定位存在一定冲突。这些因素降低了投资者教育的效率和效果。特别是当前投资者教育的主要内容是对金融专业知识的介绍，其目标是在培养"专业投资者"。股民群体构成复杂，多数人并不适合成为投资专业人士，这一目标不具现实性。而对于如何对投资者认知及能力偏差进行有效干预，引导其理性参与投资市场方面，在教育目标上不清晰，在教育内容上缺乏，导致投资者教育在引导投资者理性认知和理性投资方面的作用有限。

三、股民群体心理健康问题的社会心理干预

综上所述，造成股民心理健康问题的原因是多方面的，且存在着多种因素之间的共同作用和交互影响。因而，对股民群体心理健康问题的预防和干预，也需要在多维视角下统筹考虑。对此，我们提出系统构建投资者社会心理服务体系①，从个体、人际、群体不同层面提供社会心理服务，对于股民群体心理健康问题进行多维度干预，全面提升其心理素质和心理健康水平，促使其在投资过程中形成正确的社会态度、健康的社会情绪，产生客观的社会认知、健全

---

① 俞国良：《社会转型：社会心理服务与社会心理建设》，载《心理与行为研究》，2017，15(4)。

的社会影响，实施积极的社会行为、享有公平的社会公共服务，达到在个体层面的自我和谐、人际层面的人际和谐和群体层面的社会和谐。

在个体层面，建立投资者态度情绪监测系统和预警机制，建立心理危机干预和心理援助体系，为股民群体提供正确的社会态度服务和健康的社会情绪服务，促使其知情意行合一，实现自我和谐。

目前金融领域的"投资者情绪"研究并非是心理概念上反映个体生理、心理体验和感受的"情绪"，而是投资者对股票价格预期的乐观或悲观判断，股民群体的非理性预期和投资行为常被用于机构投资套利，成为被程序性"割韭菜"的对象。因而建议在交易所或投资者保护基金等中立机构层面建立心理学意义上的投资者态度情绪监测系统和预警机制，定期报告投资者态度及情绪状况，发现相关特点、规律，预测发展趋势，使之成为相关政策制定、调整和完善的基础，据此提供权威、可信的社会心理服务。一是根据具体心理问题及特点，利用一些常用的心理干预方法，如认知行为疗法、放松疗法、多模式干预方法等，帮助股民群体掌握心理资源和心理应对技能，提升心理认知水平和情绪管理能力，纠正投资偏差行为，达到知情意行合一，促进个体及群体在投资过程中形成正确、稳定的态度。二是对于股民群体出现的消极社会心态和负面情绪及时予以科学引导，促使其回归理性和心理健康。对可能出现的市场极端反应发布预警信息，并建立心理危机干预和心理援助体系。具体可通过心理热线服务、心理辅导与心理咨询、心理治疗等多种方式，疏导股民群体的负面情绪。在市场大幅波动对股民群体造成较大心理影响时，实施心理危机干预。例如，2008年全球金融危机发生时，香港特别行政区政府通过向两家心理辅导机构拨款的方式设立"金融危机情绪辅导热线"，设立当月即接到 731 宗求助，其中近 6%求助者有自杀念头。[①] "热线"起到了有效的心理援助和危机干预作用。

在人际层面，建立面向投资者的信息传导系统和舆论影响机制，提高政策、信息传递的效果，把事前引导纳入舆情管理，为股民群体提供客观的社会认知

①　梁祖彝：《投资失利负债者增 6%想自杀》，载《香港文汇报》，2008-11-22。

服务和健全的社会影响服务，促使其在投资过程中具有均衡健康的人际氛围和人际关系，实现人际和谐。

目前监管部门、证券交易所都已建立了向投资者进行政策发布和市场信息披露的系统渠道，但是我国资本市场仍处于发展完善阶段，政策变化快，新政策推出量大、专业性强，多数缺乏专业信息解读能力的股民难以有效接收和理解相关内容。此外，对于证券市场中出现的问题、负面事件，当前多处于事后被动应对局面，舆情管理也多是对于负面舆论出现后的滞后处理，引导作用有限，不利于树立公正、权威、可信的正面影响。因而建议在投资者保护机构层面，建立面向投资者的信息传导系统和舆论影响机制。通过信息传导系统，进行政策信息解读，将其转换为易被投资者接受的形式，通过多种渠道向投资者传递，提升信息传递的效率和效果。对于股票市场发展过程中出现的问题、负面事件产生的负面舆论和社会偏见，予以主动梳理和反思，进行深度的理论分析和实践解剖，以真实、客观的调查研究结果为基础进行宣传解释，其中科学的、知识的成分越高，越利于股民群体及其他社会公众对于发生的问题合理归因，产生客观、正确的社会舆论，形成对于股票市场和股票投资行为的客观社会印象。通过舆论影响机制，倡导以诚信为投资伦理规范和道德标准，引导股票市场各方主体主动服从市场规则规范，遵守相关行为准则。使舆情管理贯穿事前、事中、事后整个过程，在社会影响方面发挥积极正向的社会舆论引导作用，消除在股民群体中普遍存在的不良社会比较，弱化在投资中的群体性情绪感染，纠正社会上对于投资行为的偏见和错误印象，促进良好投资风气和理性投资心态的形成，营造资本市场健康的人际环境和氛围。

从群体层面，建立社会行为、社会绩效评价系统，形成社会力量干预与国家力量监督机制，为股民群体提供积极的社会行为服务和公平的社会公共服务，为其创造公平公正、有序竞争的良好投资环境，实现社会和谐。

在群体层面上，形成政府主导、行业配合、市场多方主体参与的社会行为体系，构建政府、行业和市场不同层面的社会绩效评价体系，从多个维度促进公平公正、有序竞争的良好投资环境的形成。制度层面，加强证券市场法律制度、行业规范和职业准则的规范与完善，减少政府对于证券市场的直接干预，提高金融政策的公平性和可预期性，降低股票市场的政策性风险，减少诱发股民群体紧张、焦虑等的应激源。社会行为方面，加强资本市场监管力度，加大对内幕交易、市场操纵、股评"黑嘴"等违规行为的惩戒力度，规范股票市场各方主体行为。增强行业协会、投资者保护机构的作用发挥，为投资者提供多种表达和服务渠道。社会公共服务方面，提供高质量的投资者教育服务。投资者教育应基于国家战略层面，从教育目标、内容设计、教育形式、实施主体及相应的法律制度等方面予以系统规划。基于中小投资者在我国股票交易主体中占绝大多数的现状，当前阶段的投资者教育目标应为全面提升投资者心理素质，引导投资者结构调整。教育内容上，以心理健康知识、工具和方法为核心内容，金融方面重点增加投资方式的选择，通过提升投资者的理性认知，引导大多数能力不足的个人投资者进行投资方式转换。教育形式上，从个体心理特点出发，将心理学研究成果融入教育形式，提升教育的针对性和趣味性。教育主体上，由国家制定法律法规，监管部门制定激励相容的政策，引导各方利益主体充分发挥作用，积极开展证券投资者教育。[①] 从长远看，由于我国现已处于高度国际化、金融化的世界经济体系中，金融素质是现代人需要发展的必备素质之一，应纳入国民教育体系，从校园教育开始进行国民金融知识普及。

四、股民群体心理健康问题研究的展望

目前，国内外对于投资者群体的研究多集中在投资者心理对投资行为和投资决策影响方面，少有文献研究心理健康对于居民、家庭资产选择的影响，更鲜有对投资主体心理健康状况进行研究的。这表明当前研究对于股民群体心理健康状况，及其对投资者交易行为、资本市场平稳发展和社会和谐性影响的重

---

① 李建勇、刘海二、曹战京:《证券投资者教育与国民教育体系》，载《上海金融》，2015(2)。

要性认识不够。而这一群体又具有心理健康问题的独特性和群体同质性特征，因而对于该群体心理健康问题展开研究具有历史必然性。未来还需要从不同方面进行大量的深入探索。

第一，加强基础研究和调查研究。首先，需要开展对于股民群体心理健康状况的实证调查研究。从自我意识、情绪和情感、人际关系、环境适应、挫折应对等多个维度，对于股民群体的心理健康水平进行系统调查，以了解股民群体心理健康状况的现状，为进一步深入研究提供实证资料。其次，需要编制针对股民群体的心理健康测评工具，提高对股民心理行为问题测量的针对性和鉴别力。这是保障股民群体心理健康调查工作顺利开展的基础工程，也是进而进行高质量分析研究的基础。再次，深入剖析股民群体心理健康问题产生的内在心理机制。股民群体的心理健康问题究竟是怎么产生的？哪些内在的心理机制在起作用？对于相同的投资环境为何不同的个体会有不同的反应，有哪些变量在起着中介和调节作用？在市场中适应性强的个体具备什么样的心理素质？群体的心理表现是如何传导到资本市场中产生社会影响的？通过深入分析上述问题，挖掘问题机理，寻找心理规律，找出保护性因素，为股民群体的心理健康教育、理性投资引导、心理健康问题的疏导和心理危机的干预等应用提供理论支持，促进干预实践的针对性和有效性。

第二，加强应用研究和干预研究。在基础研究和调查研究基础上，需要进一步开展将研究成果转化为在真实的投资环境中，能够解决股民群体实际面临的心理健康问题的应用研究和干预研究。心理学领域的多种心理干预措施和心理干预模型已在多个群体、领域取得了良好的应用实践。例如，具有多层次支持系统的干预反应模型(response to intervention)被认为是学校心理学和学校心理咨询践行的最好根基[1]；员工支持计划(employee assistance program)在全球两万

---

[1] 赵乐、张俊杰：《干预反应模型：高校心理健康教育的新途径》，载《福建师范大学学报(哲学社会科学版)》，2017(4)。

多家机构中的应用实践显示，显著提高了员工的职场效能和生活满意度。[①] 然而股民群体人数众多、构成复杂、分布广泛，且与金融机构间只是服务与被服务的关系，如何有效地对这一群体进行心理健康问题干预，如何将已有基础研究、心理学、社会学等领域的研究成果进行应用转化，对于应用内容的确立、干预模式的选择、应用路径的设计、应用评价体系的建立等，需要进一步的探索。通过上述应用研究和干预研究，将理论研究成果转化为技术服务和应用实践，以推进股民群体心理健康问题的有效解决，也为系统构建股民群体的社会心理服务体系提供应用途径和实践方法。

第三，构建股民群体的社会心理服务体系。这是个系统工程，是对基础研究和应用研究的融合实践。体系的构建需要围绕股民群体的心理健康特点和规律，从个体、人际、群体三个层面出发，深入研究各个层面的社会心理服务理论、目标、内容、方法、评价及交互影响。而社会心理服务的主要路径是通过环境系统实现的，需要将社会心理服务的不同层面与环境系统的不同维度相结合，包括个体层面和个体直接接触的金融机构、家庭、工作场所等微观环境的结合，人际层面和家庭与投资、工作与投资等多个环境交互影响的中观环境的结合，群体层面和文化、政策、经济地位等社会背景为依托的宏观环境的结合，进而系统探索社会心理服务的实现路径，构建出可实践的操作系统和作用机制。这些研究是构建投资者社会心理健康服务体系的核心和根基。建成这一体系，将有效推动投资者普遍的认知、态度和行为偏差纠正，全面提升投资者的心理素质，促进理性投资行为的提升。这种群体纠偏还会成为政策助推和资本市场效能助推：促进投资者结构调整、进行有序的舆情管理、提升资本市场的资源配置效率。

---

① The Employee Assistance Professionals Association（EAPA）：WOS-annual-report-2020-part1-. pdf，https：//www. lifeworks. com/wp-content/uploads/2020/09/WOS-annual-report-2020-part1-. pdf，2021-02-11.

第二十八章

_____

老年群体的心理健康问题研究

作为老年人口众多、老龄化发展较快的国家之一，我国目前 60 岁及以上的老年群体已超过两亿。[①] 同时，仅 2018 年一年，全国新增老年人口数量就几乎是总人口新增数量的 1.6 倍。这不仅表明我国庞大的老年人口规模正呈现总量扩张、增量提速的发展态势，还意味着与人口老龄化有关的一系列问题正迫在眉睫。在众多老龄化问题中，老年心理健康问题已然成为社会各界关注的重要议题。由于身体、认知等各方面能力的退化，老年群体罹患心理障碍与心理疾病的风险大大增加，严重影响其寿命与死亡率，阻碍了社会经济的正常发展步伐。因此，对老年群体的心理健康问题进行研究，专注于提高老年群体的生命质量，实现老年群体的心理健康，不但是心理健康研究的重要内容，更是与可持续发展以及社会长治久安休戚相关的问题。

一、老年群体心理健康问题的研究现状

第一，老年群体心理健康问题研究从文化多元性扩展到地域多样性。从世界范围来看，由于国家所处的特定历史、经济及社会环境的不同，老年群体的心理健康问题也存在一定的文化差异。最初，老年心理健康问题的许多研究、理论与实践，都是从西方文化传统中产生，缺少对其他文化的适宜性。因此，老年群体心理健康问题的文化多元性研究不仅能够极大丰富研究内容，还有利

_____

① 黄大平、梁桂春、苏秀然等：《影响社区老年人健康的因素及护理对策》，载《中国卫生产业》，2012(22)。

于寻求不同文化中老年群体心理健康的区别与共通点。早在 20 世纪 80 年代，有关老年群体心理健康问题的跨文化研究就已兴起。大多数老年群体心理健康跨文化研究主要聚焦于其心理健康问题患病种类、水平及测量工具的差异等。[①] 随后，不同地域之间的老年心理健康研究也逐渐丰富。最典型的则是我国农村与城市老年群体心理健康问题的比较。郭爱妹等人通过分析中国城乡老年人口状况追踪调查数据，发现农村老年群体抑郁症状检出率、焦虑水平均显著高于城市老年群体[②]，其原因主要在于我国农村与城市老年群体之间存在着巨大的社会和经济差距，城市老年人普遍享有更好的医疗与健康保障措施。与此同时，较城市老年群体而言，农村老年群体的社会参与、养老条件、社区基础设施建设等也处在劣势。经济上的窘迫和医疗服务可及性的不公平等，使农村老年群体容易产生焦虑、失望负面情绪，并最终导致抑郁症、焦虑症的发生。与之相对，陶琳瑾等人对城乡老年群体心理健康问题进行元分析，得出城市与农村老年群体心理健康问题差异较小的结论，这可能与近年来农村的城市化进程有关。[③] 如今，老年群体心理健康问题地域多样性的研究正处在蓬勃发展阶段，反映了其研究现状从宏观国别维度逐渐细化到微观地域维度。

第二，特殊老年群体心理健康问题的研究。我国有关特殊老年群体心理健康的研究主要针对空巢老人、留守老人及流动老人。这三类特殊老年群体的形成很大程度上是因为大量青壮年劳动力正不断向城市转移。为此，一部分老年人被迫留在本地从而导致"留守"以及家庭"空巢化"现象产生，而另一部分老年人则选择跟随子女生活，进而成为流动老年群体。空巢老人及留守老人长期缺乏情感慰藉、生活照料甚至是经济供养，容易表现出焦虑抑郁、孤独悲观、不愿与他人交往甚至无所事事等负面情绪。[④] 同样，流动老人不得不离开长期生

① A. M. Prina, C. P. Ferri, M. Guerra, et al., "Prevalence of anxiety and its correlates among older adults in Latin America, India and China: Cross-cultural study," *The British Journal of Psychiatry*, 2011, 199(6), pp. 485-491.

② 郭爱妹、应启龙:《老年人抑郁症状的城乡比较研究》, 载《社会工作》, 2011, 56(1)。

③ 陶琳瑾、吴苗、闵洋璐等:《近二十年中国城乡老年人心理健康影响因素的元分析》, 载《中国校外教育》, 2016(6)。

④ 李德明、陈天勇、李贵芸:《空巢老人心理健康状况研究》, 载《中国老年学杂志》, 2003, 23(7)。

活的熟悉环境，原本建立的人际关系网络不断收缩甚至消失，易产生社会适应不良以及不安全感，这些都会对他们的心理健康造成负面影响。① 由于经济发展、城乡分割、人口流动、家庭结构变革等多种原因，特殊老年群体占有相当大的比例；此外，特殊老年群体所处的各种困境更加剧了其心理脆弱性。因此，有关特殊老年群体的心理健康问题已然成为一个新型的社会问题。近年来学者的研究对象已开始关注这些特殊老年群体，探索其心理健康问题的形成机理，旨在为之后对特殊老年群体的干预提供指导。

第三，聚焦老年群体心理健康问题服务研究。人口老龄化现状与发展趋势使得老年群体心理健康问题逐年突出，为应对老年心理健康问题，一些老年心理健康服务政策相继出台。世界卫生组织于 2016 年通过了《老龄化与健康全球战略和行动计划》，提出将卫生系统与老年人的需要相结合，以实现老年人心理健康。在我国，国务院印发的《中国老龄事业发展"十二五"规划》与《关于加快发展养老服务业的若干意见》也指出要广泛开展老年健康教育，加快发展养老服务业，注重老年人的精神关怀和心理慰藉。2016 年，《关于加强心理健康服务的指导意见》还重点强调了要通过培训社会工作者和心理工作者、引入社会力量等多种途径，为心理健康状况不良的老年人提供更多的心理辅导、情绪疏解、悲伤抚慰等心理健康服务。与此同时，一系列有关老年群体心理健康问题服务的研究迅速开展。以往研究表明，老年群体利用心理健康服务的比率较其他年龄组群体更低。② 导致此现象出现的原因：一是许多老年群体将晚年的心理健康问题视为衰老的自然伴随物，对其可治疗性抱有错误认识，从而限制了他们寻求心理健康帮助和治疗的意愿；二是心理健康问题服务的污名化，即对寻求与精神疾病相关帮助与治疗感到耻辱也是影响老年人心理健康问题治疗的重要障碍之一；三是心理健康服务的专业人员数量不足。在美国，每 100 万人有 1000 人提供心理健康服务，而我国每 100 万人仅有 2.4 人从事心理健康服务工

---

① 李珊、于戈：《移居老年人心理健康状况分析》，载《中国公共卫生》，2011(6)。

② R. Crabb and J. Hunsley, "Utilization of mental health care services among older adults with depression," *Journal of Clinical Psychology*, 2010, 62(3), pp.299-312.

作，这也进一步造成老年心理健康服务使用率的下降。① 然而，虽然目前老年心理健康服务还存在一些不足之处，但可喜的是，随着心理健康服务普及率的上升，以及针对心理健康政策的出台，国内老年群体越来越希望其所在社区提供政府资助的心理咨询服务。② 这种态度的转变意味着我国老年群体心理健康问题服务的推动初见成效，也提示老年心理健康服务的全面建设应紧随其后。

二、老年群体心理健康问题的影响因素

根据生态系统模型，个体并不是孤立地存在和发展，而是嵌套于一系列环境系统中，既受到个体系统的影响，也受到外部系统的影响。③ 此外，生命历程视角（life-course perspective）主张，人的发展是由贯穿生命历程的所有事件与经历构成，老年群体心理健康问题的形成离不开个人成长乃至最终衰老所经历的各类生活事件。④ 因此我们在这两大理论的基础上，分别从个人、环境以及生活事件三方面分析老年群体心理健康问题的影响因素。

第一，老年群体心理健康问题的形成离不开个体因素的影响，主要涉及个体的生物遗传学特性、不良躯体状况、生活方式等。首先，生物遗传学特性决定了老年个体罹患心理健康问题的敏感性。一方面，体现在多种心理健康问题均具有遗传倾向；另一方面，个体的人格特征等因素受遗传作用较为明显，这些都会对心理健康问题产生重要影响。姚远等人利用"艾森克人格问卷"（EPQ）和"症状自评量表"（SCL-90）的数据，表明低精神质老年群体的心理健康状况显著好于高精神质老年群体。⑤ 高精神质老年群体通常表现为"以自我中心"，为

① 杨华京：《"企业心理服务"悄然亮相中国》，载《国际人才交流》，2005(7)。
② W. J. Olesiuk and B. Wu, "Are expectations for community mental health increasing among older adults in China?"*Psychological Services*, 2017, 14(3), pp. 397-402.
③ 俞国良、李建良、王勍：《生态系统理论与青少年心理健康教育》，《教育研究》，2018，39(3)。
④ D. Shenk, B. Ramos, K. J. Kalaw, et al. "History, memory, and disasters among older adults: A life course perspective,"*Traumatology*, 2009, 15(4), pp. 35-43.
⑤ 姚远、陈立新：《老年人人格特征对心理健康的影响研究》，载《人口学刊》，2005(4)。

人固执冲动，处事冷漠，具有高攻击性和怀疑性，在面临重大精神刺激时不能够沉着应对，难以保持心理平衡，从而易导致心理健康问题的出现。其次，老年群体的不良躯体状况会造成老年人时常为自己的身体健康担忧，加重其心理负担，精神紧张和不安感进一步增强。而且，强烈持久的不良躯体健康也可能会发展为心身疾病，表现出身体健康问题与心理健康问题的"共病化"。这使得老年群体在就医时被漏诊或误诊，常常反复就医却难以治愈，为终止精神与身体的双重折磨，甚至有些老年人放弃生存意愿，采取极端的自杀行为以结束痛苦。此外，不健康的生活方式与生活习惯，如长期不参与体育锻炼、睡眠质量差会影响个体正常的生理及心理节律，降低老年群体的生活质量，不利于负面情绪与疲劳的排解，造成感知觉、思维、记忆等迟滞，在应对压力时无法调动充足资源，因而导致其陷入紧张和焦虑的不良心态中。

第二，对老年群体心理健康问题产生影响的环境因素包括家庭、社区及社会环境。首先，就家庭而言，伴随着社会劳动生产领域的脱离，老年人逐渐与家庭成员开始频繁、密切的接触，这种紧密联系使得老年群体的家庭环境变得日趋重要。家庭关系紧张、家庭氛围不和睦的老年群体多半得不到来自家庭的情感支持，极易造成老年群体抑郁、孤独以及不安全感的发生。同时，子女的社会经济地位，特别是他们的受教育程度，也会影响老年父母的心理健康及日后的死亡率。[①] 究其原因主要在于，老年父母会将子女与自身结为"命运共同体"，并把子女当作自己生命的延伸。因此，当子女取得成就时，老年父母会体验到自豪感；而子女在某一领域的失败（如婚姻、教育）同样也会导致老年父母情绪、认知等方面产生剧烈变化，从而成为影响老年群体心理健康问题的危险因素。其次，社区环境不仅是老年群体的主要活动场所，还提供了除家庭以外与社会之间相互联系的平台，是影响老年心理健康问题的重要因素。在老年群体退休后，白天活动和参与的重要领域逐渐从工作转移到邻里关系中，这使得

---

① J. J. Yahirun, C. M. Sheehan, and M. D. Hayward, "Adult children's education and changes to parents' physical health in Mexico", *Social Science & Medicine*, 2017, 181, pp. 93-101.

老年人更倾向于依赖周边资源，并将与邻里的社会关系看得更为重要。邻里关系不融洽的老年人主观幸福感更低，心理健康状况更差。① 同样，社区服务设施不完善，社区文化不和谐，则阻碍了老年群体对社区活动的正常参与以及对社区服务的利用，不利于老年群体在社区中进行朋辈人际交流沟通、发展兴趣爱好、排遣时间、学习娱乐甚至建立社区角色等。因此，老年群体容易出现精神上的空虚、情感上的失望郁闷、行为上的消极对抗。最后，相比于家庭与社区，社会环境对老年群体心理健康的影响更具有持久性、深远性。社会环境主要包括社会文化与社会保障制度：一方面，社会文化涉及社会对老年群体的态度评价以及社会有无形成尊老爱老的良好氛围，如果社会普遍认为老年群体无法再创造社会价值，是社会的沉重负担，则会造成老年群体形成"人老不中用"的消极想法，从而导致老年群体产生自卑、绝望心理，极易表现出退缩等不良行为；另一方面，多数老年群体已退出社会生产舞台，开始面临各种疾病的侵扰，因此社会长期的养老保障及医疗保障支持必不可少。若老年群体缺少长期持续的社会养老保障和医疗保障，那么他们将承受巨大的生存养老负担以及医疗费用，这会进一步加重其心理压力、引发心理与生理的双重痛苦，心理健康问题继而产生。

第三，老年群体在步入老年期后所经历的各类不良生活事件是造成心理健康问题的重要原因。首先，显著的事件之一即非自愿退休。退休不仅是国家的制度安排，也是个体由中年迈入老年的标志。非自愿退休被视为使个体产生压力的主要不良生活事件，因为非自愿退休意味着预先持有的生活轨迹被迫打乱，工作和个人社会角色丢失，失落感、孤独感升高，自我效能感降低，从而造成老年群体心理健康水平进一步下降。② 其次，丧偶与失独。配偶与子女是老年人晚年的主要照顾来源，因而丧偶与失独不只意味着家庭成员的离去与家庭关系的终结，还会对以家庭为主要支持系统的老年群体造成重大打击，严重危害其心理

---

① 仲亚琴、高月霞、李百胜：《基于社会资本理论的农村老年人心理健康问题》，载《中国老年学杂志》，2016，36(10)。

② I. van der Heide, R. M. van Rijn, S. J. Robroek, et al., "Is retirement good for your health? A systematic review of longitudinal studies," *BMC public health*, 2013, 13(1), p. 1180.

健康状况。最后，老年人口流动也是影响其心理健康的重要因素。在国内，随着城市经济的飞速发展，大规模的农村人口迁居到城市，并且越来越多的流动人口开始以家庭为单位进行迁移，老年流动人口呈稳定增多趋势。[①] 然而，这些老年流动人口基本被排除在流入地居民可享受的补贴住房、社会保障和医疗福利之外。与此同时，老年人口流动现象也带来一系列心理健康问题，包括遭受歧视，文化适应不良，孤独感与失落感、不安全感增强等。老年人口流动意味着与长期居住的原住地脱离，个体面临传统生活方式、社区及社会网络的变化，以及适应新的文化环境的需求，这在一定程度上会威胁到老年群体的心理健康。

三、老年群体心理健康问题的预防与教育干预

老年群体心理健康问题的预防与干预是指针对老年人群，以实现心理健康为目的的一系列有组织有计划的活动、手段及策略。依据干预主体，我们从个人与家庭层面、社区层面以及社会层面三个方面来分析有关老年群体心理健康问题的预防与干预措施。

第一，重视个人与家庭在老年群体心理健康中发挥的作用。个人与家庭是心理健康问题初发的最先察觉主体，个人与家庭能否有效地处理心理健康问题直接关系到积极老龄化的成败。首先，个人应树立正确的老龄化观。随着年龄增长，老年群体不可避免地面临着生理及心理功能的改变，以及从社会主导角色到依赖角色的转化。老年群体应正视这一自然规律及社会规律，以积极乐观的态度对待人生，如定期体检、不讳疾忌医，加强体育锻炼、合理膳食，学会享受离退休后的生活，创造宽容、愉悦的心境等。其次，给予足够的家庭支持。研究表明，老年群体所需要的帮助70%都来自家庭，家庭支持是老年群体的主要支持来源。[②] 因此，配偶、子女需加强与老年群体的沟通交流，学会察觉并满

---

① 苗瑞凤：《老年流动人口城市适应性的社会学分析》，载《中国老年学杂志》，2012, 32(18)。

② 张冉、高玉霞、王桂茹：《国内社区老年人心理健康需求及干预现状研究进展》，载《中国老年学杂志》，2011, 31(14)。

足老年群体的正常生理及心理需求，保持紧密的家庭联系，营造良好和谐的家庭氛围。特别是子女成年后因学业、事业等原因离开家庭，但也不应疏忽对老年父母的关怀。比如，在闲暇之余与老年父母进行电话联系，时常问候关爱老人，以充足的家庭支持帮助老年群体渡过被迫退休等危险时期，尽量减少由缺乏家庭关爱而导致老年群体孤独、不安、悲伤、抑郁等负面情绪的产生。

第二，加强在社区层面改善老年群体心理健康问题的能动性。社区是老年群体的主要活动场所，也是实现老年群体心理健康问题防治结合的重要平台。老年群体心理健康问题的预防、干预与促进有赖于社区基础设施的建设以及社区心理健康服务的完善。就社区基础设施建设而言，社区应配备老年活动室、老年锻炼场地等，满足老年群体的人际交往需求，增加老年群体进行情感交流和娱乐活动的形式，提高老年群体对各项活动的参与度，倡导老年群体积极参加社区活动，参与力所能及的工作，发挥老年群体的社会价值，从而丰富其精神生活。如果社区基础设施建设无法营造出多样、舒适、和谐的社区环境，那么就会直接造成老年群体日常生活质量的下降，老年群体自然会因此出现失望、焦躁等不良心理健康问题。社区心理健康服务的完善，则主要体现在构建心理健康服务体系与强化社区心理健康队伍上。构建心理健康服务三级预防与干预体系，做到"早发现，早干预，早治疗"。在一级预防中向老年群体灌输相关的心理健康知识，加大对老年群体的心理健康普及力度，定期开展心理健康咨询、检查与诊断活动；在二级预防中对于易患心理健康问题的老年群体进行重点关注，防止心理健康状况进一步恶化；在三级预防中对于已患心理健康问题的老年群体进行及时的干预与治疗，帮助其恢复心理功能及社会功能，对于有严重心理健康问题的老年人则应尽早转介专科医院。与此同时，强化社区心理健康队伍意味着引进或培养专业的、高质量的老年心理健康服务工作者，而不能为节省开支由没有心理健康服务资质的社区人员兼任。通过引进专业高校师生、心理健康工作者及心理学家在社区内开展心理健康讲座、定期坐诊，自主将社区工作人员培养为拥有心理健康服务资质的专业人才等方式，充实社区人才队伍，针对老年群体的心理健康特点及影响因素，着力将社区打造为以预防、干预、治疗为一体的多元化心理健康服务机构，充分发挥社区在老年群体心理健康问题上的防治作用。

第三，落实社会心理服务，提供强有力的社会支持。群体层面的社会心理服务包括积极的社会行为服务与公平的社会公共服务。① 积极的社会行为服务意味着应向老年群体提供对其有益的亲社会行为，尊重、帮助老年群体，从而树立全社会尊老爱老的社会新风，营造和谐友爱的社会氛围，使老年群体形成"老有所为""老有所用"的自我认识，以达到预防心理健康问题的作用。社会公共服务强调提供服务的公平、公正性，主要表现在两方面：一方面，加强城镇化进程，缩短城乡差距，使城乡老年群体公平地享受社会养老保障及医疗保障服务，最终实现"老有所养""病有所医"；另一方面，通过社会再分配形式，做到老年群体"住有所居""弱有所扶"，也是使得社会公共服务更公平地惠及老年群体的体现。此外，提供强有力的社会支持即从国家的角度全面综合地把握影响老年群体心理健康问题的多种因素，动员全社会的力量，为老年群体构建强有力的社会支持体系。比如，在发生重大危机事件后，应及时组织社会团队对老年群体心理健康问题进行危机干预，同时遵循老年群体心理健康的特点和规律，提供心理援助，着力恢复其心理功能与社会功能。

四、老年群体心理健康问题研究的展望

尽管心理健康问题的出现并不是衰老的必然结果，但相比于其他年龄群体，老年群体的心理健康问题的确尤为显著。例如，王武林曾指出老年群体是自杀率最高的群体，且我国老年群体自杀率正处于世界前列。② 因此，有关老年群体的心理健康问题引起了社会各界及多个研究领域的广泛关注。目前，老年群

① 俞国良：《社会转型：社会心理服务与社会心理建设》，载《心理与行为研究》，2017，15(4)。
② 王武林：《中国老年人口自杀问题研究》，载《人口与发展》，2013，19(1)。

体心理健康问题研究主要包含对研究现状、影响因素及预防干预措施的分析。未来研究还应注重以下三个方面的发展趋势。

第一，在研究方法方面，有关老年群体心理健康问题研究应重视从单维到多维、从横断到纵向，从微观到宏观的探究。从单维到多维即应全面考察心理健康的多个方面，包含认知、情绪、人际、社会适应等方面，建立起完整的老年心理健康识别与评估体系，从而更有利于之后对老年群体心理健康问题的筛查、诊断与有针对性的干预。从横断到纵向对老年群体心理健康问题进行研究，不仅能发现不同群体间心理健康问题的特点与差异，还能对老年群体心理健康问题的发生、发展及变化全貌具有更清晰的了解，并因此进行因果关系的推断。从微观到宏观意味着现有研究不但要探讨影响老年心理健康的微观因素，更要将社会环境、我国国情及相关政策考虑在内，从而厘清老年群体心理健康问题的社会根源。特别是，我国正处在社会转型、经济变革的关键历史时期，老年心理健康问题会随着社会风气、社会舆论、社会政策的变动而不可避免地受到影响。综上，通过从单维到多维、从横断到纵向、从微观到宏观对老年心理健康问题进行分析，有助于克服老年心理健康问题研究单一化的局限，理解老年心理健康问题的特点、形成机理、变化过程，从微观角度进行预防干预，从宏观角度为老年心理健康问题的解决提出政策建议。

第二，在研究工具方面，有关老年群体心理健康问题的测量工具仍有待开发，这主要源于引进的国外量表不适于我国国情以及现有工具缺乏对心理健康全面性的测量。当前国内老年心理健康问题研究所使用的工具大多来自国外，因文化异质性、适应性问题很可能无法准确地识别与评估我国老年群体的心理健康问题，研究者至少应将量表进行本土化的改编后才能投入使用。除此之外现有工具还缺乏对心理健康全面性的测量：一方面，部分量表，如"自评焦虑量表"（SAS）、"老年抑郁量表"（GDS）等，只考虑了心理健康问题的个别维度，并不能覆盖全貌；另一方面，一些量表，如"康奈尔医学量表"（CMS）仅将心理健康问题简单地视为精神障碍，旨在鉴别临床特征，不适合正常老年人或心理症状较少的老年群体。① 因此，研究者在借鉴相关国外老年心理健康问题研究测量工具的同时，应根据相关老年心理健康理论，尝试编制适合于我国老年群体的心理健康量表，并涵盖心理健康的更多内涵，构建我国老年群体心理健康问题的常模。只有形成适用于我国国情的老年群体心理健康量表，才能更准确、有效、可靠地评估我国老年群体的心理健康状况，并为以后老年群体心理健康的干预及促进打好基础。

第三，在研究学科方面，老年群体心理健康问题研究应开展多学科交叉融合，进行优势互补。首先，老年群体心理健康研究可以与分子遗传学相结合，探讨老年群体心理健康问题的遗传基础，有利于日后研究者利用基因检测辅助临床诊断，识别影响心理健康的重大疾患。其次，当下研究还可以与脑科学交叉融合，运用脑功能成像的技术探讨一些老年心理健康问题，如阿尔茨海默病、精神分裂症的神经机制，有助于从临床实践中解释心理健康问题的脑功能定位。最后，引入教育学内容，开展老年群体心理健康教育，普及心理健康相关知识，使老年群体能够有效处理应激生活事件，积极应对损害心理健康的危险因素，正确看待心理问题。在未来研究实践中，应发挥多学科力量，推动多学科交流协作，促进相关心理健康问题研究的创新，使其成果能够切实有效地惠及老年群体，并为其他群体的心理健康问题提供借鉴依据。

---

① 李娟、吴振云、韩布新：《老年心理健康量表（城市版）的编制》，载《中国心理卫生杂志》，2009，23(9)。

第二十九章

独生子女的心理健康问题研究

我国于 20 世纪 80 年代实行了计划生育政策，这一政策强制性地改变了家庭内部的人口结构，使独生子女成为越来越普遍的社会现象。到 2015 年年底，我国独生子女人口达 2.246 亿人。[①] 如此庞大的独生子女群体在改变我国家庭结构的同时，也对我国的社会结构乃至经济运行产生了深远影响，因此，对独生子女群体心理健康问题的研究，不仅适应了心理健康教育应用研究的需要，而且为心理健康教育基础理论的形成提供了有益的启示。

一、独生子女心理健康问题的表现特点

自美国心理学家霍尔提出"独生子女本身就是一种弊病"的观点后，越来越多的研究开始关注独生子女群体，尤其是该群体的心理健康问题。对于独生子女群体本身是否是"问题人群"的代名词的解答，不是这里讨论的重点。我们旨在通过对现有研究文献中所讨论的独生子女心理健康问题的梳理，以概括其表现特点。一般地，独生子女群体心理健康问题的特点表现为生理—心理问题、人格障碍问题、人际关系问题和适应不良问题四个方面。

生理—心理问题。生理—心理问题对独生子女群体的心理健康起着指示器作用，它除了影响个体的心理状态外，还会通过心身交互作用，进而影响个体的身体健康状况。独生子女在生理—心理问题上主要表现为患抑郁症和焦虑症

[①] 李汉东、王然、任昱洁：《计划生育政策以来的独生子女数量及家庭结构分析》，载《统计与决策》，2018(13)。

等心理疾患的比例较大，其原因在于独生子女在家里背负父母的期望，同时在学校又承受着沉重的学业负担。[①] 刘松涛等人利用在中学生群体中收集的"症状自评量表"（SCL-90）和"艾森克人格问卷"（EPQ）数据，表明独生子女在强迫症状因子、抑郁因子、焦虑因子、偏执因子和精神病性因子得分上均显著高于非独生子女。与此同时，独生子女也更容易出现头晕、胸闷、胃部不适等身体上的不适症状。[②]

人格障碍问题。该问题主要表现为个体的性格特点或行为特点，明显的偏离了正常的人格模式，如偏执型人格、依赖型人格和强迫型人格等。凌辉等人采用人格诊断问卷对大学生人格障碍情况进行了调查，结果显示独生子女组在偏执型和依赖型上的阳性率显著高于非独生子女组。[③] 独生子女的偏执型人格主要表现为"以自我为中心"的幼稚心理，习惯于享受优待。范存仁等人通过分析西安市小学生的调研数据得出如下结论，独生子女比非独生子女表现出更强的以自我为中心，具体表现为好支配别人、事事都要别人听从自己的，以及嫉妒别人。[④] 依赖型人格主要涉及独生子女对父母及长辈的过度依赖，从而缺乏自信和独立自主的能力，而且这种依赖通常表现为情感和物质上的双重依赖。强迫型人格的产生主要是由于父母对子女的严格管束，因此他们在生活中缺乏自主性，而且为了规避父母的惩罚，满足父母的要求，从而在做人做事时谨小慎微、反复思索，这也使得他们经常陷入紧张和焦虑的不良心态中。

人际关系问题。人际交往能力弱是独生子女群体被广为诟病的心理健康问题之一，主要表现为因自卑、自傲、嫉妒等因素所导致的社交恐惧症，并最终使其在处理人际关系中处于被动的角色。高志方认为独生子女因为在家庭里受到父母的过度关注，所以在家庭之外的情境中容易出现不合群、胆怯以及无法

[①] 王裕如：《不安的太阳——中国第一代独生子女心理探索》，116页，上海，复旦大学出版社，1999。

[②] 刘松涛、张晓娟、芦珊等：《独生子女与非独生子女中学生心理健康状况和人格特点》等：《中国健康心理学杂志》，2018，26（9）。

[③] 凌辉、黄希庭、窦刚等：《中国大学生人格障碍的现状调查》，载《心理科学》，2008，31（2）。

[④] 范存仁、万传文、林国彬等：《西安市小学生中独生与非独生子女个性品质的比较研究》，载《心理科学》，1994，17（2）。

与他人和睦相处的问题。① 此外，独生子女在幼儿时期缺乏与同龄幼儿一起生活的经验，在交往中不懂谦让，其他幼儿不喜欢与他们玩耍；而且他们自身还会产生嫉妒心理，也不愿与其他幼儿一起游戏，最终在人际交往中处于一种孤立状态，难以形成与发展良好的同伴关系。博汉农（E. W. Bohannon）甚至提出，独生子女需要通过假想中的朋友以弥补他们社会交往的缺乏，并举出了在幼儿园所观察到的幼儿假想自己的朋友的实例。②

适应不良问题。该问题主要表现为独生子女在面临环境转换时，所出现的心理和行为上无法适应的状态。适应不良问题的产生源于两个方面：一是在成长过程中缺乏锻炼，从而导致适应能力的缺失；二是父母对独生子女心理健康问题的疏忽，导致子女情感未得到满足而产生的不安全感，进而导致无法适应陌生的场景。郑磊等人利用中国西部农村抽样调查数据，考察了独生子女和非独生子女的心理适应性，结果表明出生在较小规模家庭或独生子女家庭的儿童，其心理适应性水平显著偏低。③ 李志等人所收集的大学生数据显示，独生子女大学生虽然在学习上的适应能力较强，但是在学习方法和对待考试上表现出较非独生子女更不适应的特点，而且更多地感到生活不如意，挫折承受能力比非独生子女差。④

二、独生子女心理健康问题产生的原因

诚如前述，对独生子女群体心理健康问题表现特点的分析，并不是为了证明独生子女与特定心理健康问题之间存在因果关系，而是为了借助对独生子女群体心理健康问题的研究，以促进对特定心理健康问题形成机制的研究，即探

---

① 高志方：《独生子女的早期教育问题》，载《教育研究》，1981(6)。
② E. W. Bohannon, "The Only Child in a Family," *The Pedagogical Seminary*, 1898, 4(5), pp. 475-496.
③ 郑磊、侯玉娜、刘叶：《家庭规模与儿童教育发展的关系研究》，载《教育研究》，2014(4)。
④ 李志、吴绍琪、张旭东：《独生子女与非独生子女大学生学校生活适应状况的比较研究》，载《青年研究》，1998(4)。

讨独生子女心理健康问题产生的原因。德国医学家尼特尔（E. Neter）从缺少特定的家庭教育因素以及父母的不当教育方式入手，分析了独生子女群体心理健康问题的起因。[①] 我们在此基础上，从环境因素和家庭教养方式两方面分析独生子女群体心理健康问题形成的原因。

对独生子女心理健康问题发挥影响作用的环境因素，主要包括其所生活的家庭、学校和社会环境，而且这种环境因素的相互影响作用，并最终在家庭环境中得到集中体现。首先，家庭环境是导致独生子女群体出现心理健康问题的直接因素，与非独生女子女群体相比而言，独生子女群体因"独生"，从而不受家庭规模和出生次序的影响。因此，独生子女群体在家庭中由于缺乏兄弟姐妹的同胞体验，会表现出与非独生子女群体截然不同的心理状态和行为风格。日本心理学家依田明指出，相较于父母—子女间的"竖"的关系以及同龄伙伴之间"横"的关系，兄弟姐妹这种年龄不同的子女之间的关系是"斜"的关系，其发挥着引导他们走向同家属之外的同龄人之间的社会生活的桥梁作用。[②] 此外，与非独生子女相比，独生子女会获得更多的家庭资源，从而更容易被娇惯，进而形成专横和依赖的性格。其次，学校环境是连接家庭和社会的桥梁，是个人能否成功地实现社会化的重要环节，学校对学生的影响主要体现在其评价体系中，目前，学校教育主要将学业成绩作为评判学生是否成功的唯一标准，加上父母对家庭中唯一的孩子施加过多的期望，从而使得独生子女极易出现心理或精神上的迷茫、情感上的焦虑，以及行为上的不良。最后，人的心理状态与特定的时代背景和社会环境息息相关。因此，独生子女的心理健康问题往往有着较为明显的时代特征，这也可以解释为什么不同时期关于独生子女心理健康问题的研究往往会得出截然相反的结论。就计划生育政策下的中国第一代独生子女而言，其父母多半成长于物质和机会匮乏的年代，因而遭受了外部压力的父母自然会将自身的焦虑传递给他们唯一的孩子，甚至将孩子视为实现自己理想的工

---

① 转引自［日］山下俊郎：《独生子女的心理与教育》，14~15页，哈尔滨，黑龙江人民出版社，1984。

② ［日］依田明：《家庭关系心理学》，106~107页，天津，天津人民出版社，1987。

具，不断满足子女物质上的要求，最终导致独生子女的人格异化。与之相对，第二代独生子女出生在物质丰裕的时代，但因家庭的破碎，与父母长期分离，以及受多元开放文化的负面影响，使其缺乏归属感，一旦遇到不良诱惑或不良影响，极易产生犯罪心理和犯罪行为。①

家庭教养方式，主要涉及父母及其他抚养人在抚养和教育子女的过程中，所形成的具有相对稳定性的一种方法和形式。具体而言，与独生子女心理健康问题相关的不当教养方式主要包括溺爱型、过度保护型和否定干涉型三种。1996 年中国城市独生子女人格发展现状与教育研究报告显示，上述错误的家庭教养方式的占比依次为 30%~74%、26%~62%、27%~62%。② 溺爱型教养方式的特征，主要就是对子女的过分关爱乃至包办代替，这也是独生子女家庭中最为常见的问题，尤其是当前我国所出现的隔代抚养问题，使得独生子女的心理健康问题出现不同于传统的家族主义、家庭主义的特殊心理机制，尤其是瓦解了父母与子女之间的关系。③ 对于受到过度关爱和包办代替的独生子女而言，行为能力会受到限制，故而独立性较差，成为一个有着较多依赖心的人；而且逐渐形成以"自我为中心"的占有欲较强的性格，最终表现为责任感和同情心的缺乏。④ 过度保护型的教养方式，主要源于独生子女的唯一性，使得父母对孩子百依百顺、娇生惯养，从而缺乏应有的严格教育。独生子女的父母总想减少孩子的痛苦，避免孩子不愉快的事情，无论什么都由着孩子的性子去做，生怕引起孩子的不满，从而使孩子成为家里的"霸王"，最终形成任性和蛮横的性格。⑤ 父母的过度保护，使孩子在成长的过程中，失去了试错和尝试的机会，因而孩子的社会适应性以及耐挫折程度会受到不利的影响。否定和干涉型的教

---

① 高荣云：《试析两代独生子女的个性心理特征及青少年暴力犯罪——兼论第二代独生子女的暴力犯罪预防》，载《当代法学》，2007，21(5)。

② 中国青少年研究中心、中国青少年发展基金会：《中国青少年发展状况研究报告(1996)》，213~215 页，北京，中国青年出版社，1997。

③ 唐晓菁：《城市"隔代抚育"：制度安排与新生代父母的角色及情感限制》，载《河北学刊》，2017，37(1)。

④ 王爱民：《独生子女教育心理学》，北京，光明日报出版社，1989。

⑤ 转引自[日]山下俊郎：《独生子女的心理和教育》，14~15 页，哈尔滨，黑龙江人民出版社，1984。

养方式，主要体现为对孩子学习、生活和交往等各方面的严格限制，而且当孩子的行为和表现偏离家长所设定的期望或目标时，就会受到批评和责骂。之所以如此，是因为父母在年轻时遭受过挫折，他们将孩子视为自己实现个人理想的工具。这种现象在第一代独生子女的父母中表现尤为突出，最终使独生子女在心理表现中出现两个极端：一极是缺乏主动性，另一极是对抗性。

特别值得关注的是环境和家庭教养方式对独生子女心理健康的影响，具有时代性、地域性和交互性的特点。时代性表明，不同历史时期会对应不同的社会背景，从而对独生子女的心理健康产生迥异的影响；地域性则进一步指出影响独生子女群体心理健康的因素，在不同的地区或国家所发挥的作用并不是完全一致的；交互性则主要体现在不同的环境因素以及环境因素与错误的家庭教养方式之间，可能会同时对独生子女群体的心理健康问题产生影响。

三、独生子女心理健康问题的预防与教育干预

由于独生子女心理健康问题产生的原因可能是多方面的，甚至存在多种因素的共同作用。因此，对心理健康问题的预防和教育干预，也需要在多维度视角下加以考虑，同时还需要多主体的参与。为了突出家庭教育和学校教育在心理健康教育中的特殊性和重要作用，这里从上述两个方面展开阐述。

重视家庭教育。应把家庭教育置于解决独生子女群体心理健康问题的首位。家庭教育的改善涉及三个方面。一是树立正确的教育目标。能否建立理性的家庭教育目标，直接关系到家庭教育的成败。我国的家庭教育向来就有望子成龙的传统，这也使得家庭教育的目标过多地强调了智力教育，从而忽略对孩子身心素质的提高[1]，这本质上是对孩子心理健康问题的忽视。研究表明，家庭教育以"为应试教育服务"为目标的家庭占比为89%，与之相对孩子最需要的教育内容为心理健

---

[1] 章玉贵、万继蓉：《理性定位：独生子女家教成败之关键——当前中国城市独生子女家庭教育的问题与对策》，载《当代青年研究》，1998(2)。

康教育，其占比为 38.2%。① 二是掌握科学的教育理念。孩子的发展既依赖于成年人又独立于成年人，因此，父母对子女的抚养，要建立在科学的育儿方法的基础之上。特别是随着独生子女家庭的增加，父母作为正规学校教育的辅助人员，越来越多地参与到孩子的正规教育过程中，从而使得父母的角色开始注入教师角色的部分内涵。因此，家庭教育并不是不需要任何准备便可以直接进行的，遗憾的是很多父母对科学的教育理念知之甚少。三是采取合理的教养方式。父母的教养方式既可以是正面的、鼓励性的，也可以是惩罚性的，但要遵循一致性、持久性和榜样性等原则。因为不同时代、不同地域，乃至不同个体之间所出现的心理行为问题，都可能是不同的因素所导致的，所以父母在教养方式的选择上要与自己的孩子相适应。例如，有些父母为了避免溺爱孩子，对孩子要求苛刻，从而走向了另一个极端，合理的教养方式则要求父母既要严格又要慈爱。比如，在满足孩子的物质需要时，既要严格要求，绝不迁就，但同时又要耐心教育和引导，最终消除孩子在物质享用方面的特殊感和优越感。

改善学校教育。独生子女心理健康问题的解决，有赖于学校教育的调整和改善，具体体现在学校教育的评价和资源分配体系的调整上。就教育评价的调整而言，与家庭教育中建立理性的教育目标类似，学校教育的目标应该是培养心理健康且追求卓越的人，所以就不能按照某一单一的指标对学生进行评价，否则就极易造成为达成标准所导致的异化问题。比如，一旦学校教育的评价体系过分强调个人学业上的成功时，再加之家长的期望和社会偏好，学生自然就可能会在达到这一目标的过程中产生焦虑。教育资源分配体系的调整，则主要体现课程设置和教师组成上的调整。心理健康教育课程应该成为中小学生乃至大学生的必修课，使得包括独生子女在内的学生都能够认识到自身的心理健康状况，从而进行自我调理并达到心理健康预防的作用。与心理健康教育授课和辅导相关的教师，应该是经过专业训练的心理健康从业人员，而不能为节省开

---

① 曹珂瑶：《家庭教育还没有引起应有重视》，载《人民教育》，2015(9)。

支由其他授课老师兼任。与此同时，心理健康辅导和监测机构的建立也应该作为学校重要的基础设施建设内容之一，并将其日常运行的效果作为对学校本身考核评价的重要指标。通过资源的重新分配和整合，最终建立起以心理健康教育教师为核心的工作团队，遵循独生子女群体等特殊人群的心理健康特点和规律，并覆盖全体学生和教职员工的多层次立体的心理健康服务体系。

四、独生子女心理健康问题研究的展望

独生子女因其特殊性以及心理健康问题的多发性，受到了众多学科领域的关注。就该群体的心理健康问题而言，目前的研究主要涉及不同年龄阶段独生子女以及独生子女与非独生子女心理健康问题的现状、特点、原因及对策建议的分析上，在未来的研究中，以下三方面的发展趋势值得重视。

在研究方法上，独生子女心理健康问题的比较研究仍有待扩充。现有的关于独生子女群体心理健康的比较研究主要集中于独生子女与非独生子女之间的比较，除此之外还可以从时间、地域和群体等维度进行比较。在时间维度上可以对独生子女群体在不同时期所呈现出的心理健康问题的社会根源以及政策背景进行梳理和比较，从而更清楚地厘清社会环境对独生子女群体心理健康的影响。从地域或国别维度进行比较，更有利于分析特定文化或习俗在独生子女群体心理健康问题形成过程中所扮演的角色，从而为心理健康问题的解决提供有益的思路。不同群体间独生子女心理健康问题的比较研究，将有助于我们从中观的群体视角对独生子女群体心理问题所呈现的特征以及心理健康问题的形成机理进行分析。对独生子女群体心理健康问题在不同维度下所进行的比较分析，将有助于排除心理健康问题原因分析中可能存在的相关关系，从而得出较为可信的因果推断，最终为心理健康问题的解决提供更有针对性和可信性的建议措施。

在研究内容上，关于对独生子女属于"问题人群"的社会偏见的形成、发展趋势及偏见本身对独生女子群体心理健康影响的研究较为缺乏。独生子女心理

健康问题的研究呈现出较为明显的阶段化特征。最初的研究着重强调和批判独生子女群体所有的心理健康问题；稍后的研究开始利用实证分析对第一阶段的研究进行驳斥；现阶段的研究综合了前两个阶段的研究，强调独生子女群体并不存在特异性，具体表现为既强调可能存在的心理健康问题，也强调可能存在的智力、心理和社交等方面的优势。但是，将独生子女群体可能存在心理健康问题与独生子女是"问题人群"相等同的偏见却保持了一定的稳定性。事实上，社会一旦对特定人群形成了认知偏见，这种偏见就有可能进一步演变为歧视，进而对独生子女群体的学习和生活造成实质性的负面影响，这对于原本就已经存在心理健康问题的独生子女而言更是雪上加霜。因此，学者亟须从独生子女群体是"问题人群"的社会偏见的形成机理、非理性的社会认知偏见的纠偏以及社会偏见对独生子女群体心理健康的影响三个方面进行研究。只有理解这种社会心理的形成过程，才能为解决确实存在于部分独生子女身上的心理健康问题营造出良好的社会氛围。

在研究结论上，独生子女心理健康问题研究结论的一般性推广研究有待提升。心理健康问题的研究本身就兼具理论性和应用性的双重属性[1]，而现有的研究都是对特定地域、年龄阶段或群体的独生子女的心理健康问题进行分析，本质上仍旧属于应用研究的范畴。事实上，独生子女群体的特殊性并不取决于其本身能否成为心理健康问题的多发群体，更何况新近的研究已经逐步地推翻了原有的关于独生子女群体所具有的心理健康问题的结论，所以按照心理健康问题发生率进行判断，独生子女群体并不是合适的研究群体，所以如果仅从应用研究的视角对独生子女群体的心理健康问题进行分析，会使研究本身陷入死胡同。事实上，独生子女群体的重要性和特殊性在于其为心理健康问题的研究提供了天然的控制组，因此，在对其心理健康问题的研究中可以剔除兄弟姐妹的影响。此外，独生子女是一种较为极端的家庭结构，通过对该家庭结构中的子女的心理健康问题的研究，为其他类型家庭孩子的心理健康研究提供有益的启示。

---

[1] 俞国良：《心理健康教育学：心理学与教育学的交叉融合研究》，载《教育研究》，2018(9)。

第三十章

───────

留守儿童的心理健康问题研究

我国现代化进程不断加快，农村劳动力源源不断地涌入城市，但由于种种原因，其子女大都被留在了户口所在地，由此导致了留守儿童的出现。留守儿童是指因父母双方或一方长期在外打工而被留在户籍所在地，不能与父母双方共同生活的 18 周岁以下的未成年人。① 世界低收入和中等收入的国家中均存在为数众多的留守儿童，据 2015 年全国 1% 人口抽样调查的数据推算，中国留守儿童规模为 6876.6 万，其中农村留守儿童规模为 4051 万，在农村留守儿童中，父母均外出的占 48.09%，其规模为 2641.3 万。② 在菲律宾，由于父母在海外工作而产生的留守儿童有 300 万~500 万，印度尼西亚大约有 100 万。③ 由于留守儿童特殊的家庭环境和成长经历，使他们更容易出现一系列的心理健康问题，所以，该群体已成为我国不容忽视的特殊群体，该群体的心理健康问题也成为我国新的公共卫生问题，引起了社会各界的普遍关注。

一、留守儿童群体心理健康问题的集中表现

近年来，留守儿童心理健康问题得到了研究者的重视和初步探讨，研究发现，留守儿童群体的心理健康问题突出表现在三个方面：消极情绪凸显、行为

───────────

① 崔伟、徐夫真、陈佩佩等：《留守初中生教师支持与学业适应：人格的调节作用》，载《中国特殊教育》，2017(2)。

② 段成荣、赖妙华、秦敏：《21 世纪以来我国农村留守儿童变动趋势研究》，载《中国青年研究》，2017(6)。

③ Chenyue Zhao, Xudong Zhou, Feng Wang, et al., "Care for left-behind children in rural China: A realist evaluation of a community-based intervention," *Children and Youth Services Review*, 2017, 82, pp. 239-245.

问题频现、社会适应困难。

第一，消极情绪凸显。儿童期是个体心理发展的关键期，如果父母一方或双方长期在外，则无法为儿童营造良好的家庭氛围，则会使他们的孤独感、焦虑和抑郁等消极情绪更加凸显。孤独感是留守儿童群体中较常出现的一种负性情绪。范兴华等人的研究发现，留守儿童的孤独感水平要显著高于一般儿童。① 需求递进模型认为，个体天生就具有归属和爱的需求，一旦这种需求无法得以满足，个体将体验到强烈的孤独感。由于亲子之间沟通频率的减少和沟通质量的降低使得留守儿童无法充分感受到来自父母的关爱，致使其孤独感水平要显著高于正常儿童；抑郁作为一种常见的消极情绪，是衡量个体心理健康的重要指标，已经成为留守儿童在成长期间难以清除的"顽疾"。一项为期 2.5 年的追踪研究发现，留守儿童前后测中报告的抑郁程度均高于正常儿童。② 不仅如此，这种负性情绪有可能延续至个体的成年期甚至终生，如有研究表明，有留守经历的个体在大学期间抑郁水平和抑郁的检出率均高于一般个体③；焦虑情绪在留守儿童群体中也常出现。元分析研究发现，总体而言，留守儿童的焦虑程度显著高于一般儿童。④ 留守儿童年龄越小、留守的时间越久、越是女童、越是独生子女，体验到的焦虑水平就越高，且无论是父母一方还是双方外出对留守儿童焦虑情绪的加剧程度都是一致的。⑤ 除了以上几种情绪体验外，留守儿童还存在较高程度的自卑感。⑥ 由于缺少父母的管束，留守儿童在学业和社会规范的遵守上变得较为松弛，学业表现往往不尽人意，从而渐渐被老师和同伴忽

---

① 范兴华、余思、彭佳等：《留守儿童生活压力与孤独感、幸福感的关系：心理资本的中介与调节作用》，载《心理科学》，2017，40(2)。

② 范兴华、方晓义、黄月胜等：《父母关爱对农村留守儿童抑郁的影响机制：追踪研究》，载《心理学报》，2018，50(9)。

③ 韩黎、王洲林、张继华等：《留守经历大学生负性生活事件与抑郁的关系》，载《中国心理卫生杂志》，2017，31(4)。

④ Jian Cheng and Ye-Huan Sun, "Depression and anxiety among left-behind children in China: A systematic review," *Child care health and development*, 2015, 41(4), pp. 515-523.

⑤ 胡义秋、方晓义、刘双金等：《农村留守儿童焦虑情绪的异质性：基于潜在剖面分析》，载《心理发展与教育》，2018，34(3)。

⑥ 申继亮、刘霞：《留守儿童与流动儿童心理研究》，31~39 页，北京，北京师范大学出版社，2015。

视。加上留守儿童较难获得父母的实施评价和积极反馈，这在一定程度上影响了他们对自身能力的判断，催生自卑感。

第二，行为问题频现。家长外出务工，亲情的缺失和情感欲求的不满足，使留守儿童更容易产生各种问题行为，其中，与心理健康密切相关的有攻击行为、自伤行为和网络成瘾行为等。例如，研究发现，留守儿童产生攻击性行为的风险是一般儿童的 1.105 倍。从攻击性行为水平来看，留守儿童攻击行为总体水平及其在躯体攻击、言语攻击、愤怒等方面的得分均要高于一般儿童，其中表现最为典型的是言语攻击和身体攻击；从攻击性行为检出率来看，留守儿童的检出率在不同性别、小学 4~6 年级、初中阶段、主要照料人为母亲、主要照料人管教方式为民主或严格等方面上均高于非留守儿童的检出率。[1] 与父母分离催生的不安全感，使留守儿童容易在人际交往过程中产生怀疑和戒备心理，并且比较容易冲动，易将他人的行为理解为带有敌意的，故而，表现出更多的攻击性行为；留守儿童自伤行为的发生率和自伤水平也显著高于一般儿童，并且此类行为呈现出反复发生的倾向。[2] 留守儿童家庭结构的变化和家庭功能的失调会引发儿童不良情绪体验，这会进一步强化自伤行为，而近年来屡见报端的留守儿童自伤事件正式向我们敲响了警钟，预防留守儿童自伤行为已经刻不容缓；除此之外，研究还发现留守儿童的网络成瘾问题也较为明显并正在严重损害留守儿童的健康发展和成长。[3] 由于缺乏父母的关心，使得网络极易成为留守儿童情感依赖和基本心理需要获取的工具。同时，由于缺乏父母的教育和引导，留守儿童的意志控制能力发展较差，这又容易使得留守儿童沉浸在网络的世界里难以自拔。

第三，社会适应困难。留守儿童由于正常监护的缺失，使其在社会交际中

---

① 郝文、吴春侠、余毅震：《中国农村留守儿童与非留守儿童攻击行为及影响因素比较》，载《中国公共卫生》，2020，36(8)。

② 王玉龙、袁燕、张家鑫：《消极情绪与留守青少年自伤：家庭功能与情绪表达的调节作用》，载《中国临床心理学杂志》，2017，25(1)。

③ 魏昶、靳子阳、刘莎等：《学校氛围在留守儿童感恩与网络游戏成瘾间的中介作用》，载《中国学校卫生》，2015，36(8)。

对他人更加敏感、人际适应更加困难并产生强烈的社会疏离感等，因此社会适应更加困难。例如，最近一项元分析研究发现，总体而言留守儿童社会适应能力比一般儿童更差。这说明家庭功能和家庭养育方式对儿童的心理发展（如自我价值、情绪调节和心理韧性）具有潜移默化的影响。因为它们是个性发展的核心，代表着动机的源泉和社会化的动力。但该结果在不同年龄段的留守群体中应被谨慎对待，对于 6 年级以下的留守儿童，其社会适应性与一般儿童无显著差异，但对于 7 年级以上的留守儿童而言，其社会适应能力显著低于一般儿童。① 这可能与父母态度的改变和留守儿童长期的绝望效应有关。留守儿童年龄较小时，父母通常与其交流得较为频繁，但许多父母认为，当他们的孩子年龄较大时就变得很独立，所以不需要照顾。渐渐地，留守儿童就会发现，与父母分享的共同话题越来越少，并且有时会与父母有不同的意见，这慢慢导致沟通减少，社会适应更加困难。留守儿童社会适应困难集中表现于人际关系的不适应，对农村留守初中生的研究发现，男女生均存在不同程度的人际适应问题，其中女童人际关系不适应的检出率达 30.6%，显著高于男生。② 这可能是由于留守儿童在社会交往过程中更易对他人产生怀疑，或者由于留守儿童问题行为的多发致使其更容易遭到他人的排斥，进而导致同侪关系的"孱弱"和友谊质量的降低，最终导致社会适应困难。

二、留守儿童群体心理健康问题产生的原因

"个人—环境交互作用模型"认为，个体心理社会适应是环境和个体因素合力作用的结果。因此，留守儿童群体心理健康问题的产生，既有环境方面的影响（如国家顶层设计的滞后、微环境系统的破坏），又有个体素质的影响（如个

---

① 范兴华、方晓义、刘勤学等：《流动儿童、留守儿童与一般儿童社会适应比较》，载《北京师范大学学报(社会科学版)》，2009(5)。
② 张亚利、陆桂芝：《隔代教养方式对农村留守初中生问题行为的影响》，载《教育测量与评价》，2017(3)。

体积极心理品质匮乏）。

其一是国家顶层设计的滞后。虽然近年来党和政府不断重视留守儿童的心理健康，出台了一些加强关爱农村留守儿童的文件和政策（如2016年2月国务院印发的《关于加强农村留守儿童关爱保护工作的意见》），使得农村留守儿童关爱服务工作取得了一定成效，但从创新社会治理体制的视角来看，至今仍然缺乏成熟的路径机制，使得政策的制定较为滞后，且与实施落实乃至推进过程的监督和推进成效的评估多个环节之间出现了脱钩。首先，当下农村留守儿童心理健康问题的社会服务体系亟待布局，尚未建立学校、家庭和社区心理健康教育网络与协作机制。留守儿童出现心理健康问题时，虽然其中一方有时已经觉察，但由于缺乏沟通和联动机制，导致问题无法及时解决，进而使留守儿童心理健康水平进一步恶化。其次，留守儿童心理健康教育指导思想亟待更新。当下国家政策中规定的内容大都以留守儿童心理健康问题的发现和干预为主，防止儿童出现严重的心理问题和行为障碍，但心理健康的内涵不仅仅指的是没有严重的心理疾患，还包括积极心理品质的培养和充分发展。最后，留守儿童心理健康教育的途径亟待倡导和补足。国家相关政策的规定着重强调了留守儿童心理健康问题课堂引导和课后疏导的模式，但心理健康教育的网络化建设却未得以重视。在落后的农村留守儿童聚居区，利用网络开设心理健康教育课程和普及心理健康知识、进行线上心理咨询和干预同线下心理健康教育模式相比更具优势，收效更大。

其二是微环境系统的破坏。留守儿童心理健康问题的出现与其成长环境不无关系。其中与该类群体密切相关的微环境系统（如家庭和学校）的破坏是导致心理健康问题出现的重要因素。首先，家庭环境中教养方法的不当和家庭功能的失调是导致留守儿童心理健康问题的首要原因。由于父母的外出，使得其不得不面临隔代抚养和亲邻抚养的问题。研究发现，对于隔代抚养而言，祖辈们大都采取偏爱和理解的教养方式，最不倾向于采用严厉、惩罚性的教养方式，这导致留守儿童于童年期会出现"养而不育"的难题，祖辈认为只要儿童"不出事就万事大吉"，对于孙辈的要求几乎有求必应①，然而这并不利于儿童独立生存能力和自理能力的养成，很多情绪问题和问题行为的产生都是由于这种不平衡的教养方式造成的。除此之外，父母外出导致家庭功能的破坏也降低了留守儿童的心理健康水平。留守儿童与父母一方或双方长时间分离，亲子沟通的数量和质量均得不到有效保证，很难与父母建立亲密的依恋关系，留守儿童的家庭功能普遍不如一般儿童的质量高，而家庭功能的质量则会严重影响其情绪健康水平。② 其次，学校是儿童身心健康发展的重要影响源。由于留守儿童多存在于农村经济欠发达地区，大多数农村学校都未能对留守儿童的心理健康问题提起重视，忽视了校园积极心理环境的建设，且限于师资、资金等条件，农村学校在完成正常的授课任务之余很难为留守儿童提供专业的和针对性强的心理帮助，这进一步加剧了留守儿童心理健康问题的出现。

其三是个体积极心理品质的匮乏。风险缓冲模型认为风险环境并不必然导致发展或适应不良，积极心理品质的发展往往能够在一定程度上抵御和缓冲环境中风险因素对个体的不良影响。由于留守儿童特殊的成长经历和环境使其积极心理品质未能得到良好的塑造与发展，相较于一般儿童而言，对不良因素的抵御能力会更差，因而往往会出现更多的心理适应问题，降低心理健康水平。除了缓冲机制外，积极心理品质对心理健康起作用的形式还有补偿机制，即积极心理品质能够直接帮助个体建立理性平和的积极心态，使个体朝着健康的轨道上发展。研究发现心理资本、逆境信念等积极心理品质均是留守儿童心理健康发展的保护因素。例如，范兴华等人研究发现，心理资本能够帮助留守儿童缓解生活压力，从而在一定程度上减少孤独感，提升幸福感水平，但由于留守儿童的人际关系资源、家庭支持资源和成长资源相对处于劣势地位，因此，其在明理感恩、宽容友善、乐观开朗、自信进取等心理弹性各因子上的得分显著

---

① 张亚利、陆桂芝：《隔代教养方式对农村留守初中生问题行为的影响》，载《教育测量与评价》，2017(3)。

② 向伟、肖汉仕：《家庭功能对农村留守儿童情绪健康的影响效应》，载《湖南农业大学学报(社会科学版)》，2018，19(6)。

低于非留守儿童，这使得留守儿童抵御外界风险因素的能力大打折扣，心理健康问题极易出现。① 此外，对公正世界的信念也是积极应对困难的心理资源。对公正世界的信念越高，个人就越容易与周围的人建立良好的关系，然后适应周围的生活环境。对公正世界的信念可以帮助留守儿童有效地应对生活中的负面事件，对缓解他们的情感问题具有重要意义。留守儿童面临着家庭亲情缺失、亲子关系疏离的现实，过早背负起了生活的重担，这在一定程度上增加了他们的心理压力，使其公正世界信念显著低于一般儿童，最终更容易产生一些负向情绪问题并影响其生活幸福感。②

三、留守儿童群体心理健康问题的教育干预

除了通过调研等形式发现留守儿童现存的突出问题外，该领域相关人员还对留守儿童的心理健康问题进行了干预实验。其中干预的模式分为两类：一类是破碎修补模式，在此种指导模式下，心理健康相关人员往往关注于可能出现的重点问题以及可能存在该类问题的重点人员，遵循及早发现、及早修复心理"漏洞"的指导原则；另一类是积极提升模式，此种取向的方法以塑造积极的心理品质（如自尊、乐观、自我效能、心理弹性等）和树立积极乐观的人生态度为目标，往往面向的是全体留守儿童。目前干预手段和模式多以第一种为主。

首先是破碎修补模式。这种模式主要有绘画疗法、箱庭疗法、团体辅导以及虚拟现实技术等。例如，陈曙和王京琼以体育活动的形式对留守儿童进行了干预，结果表明，运动干预后，留守儿童的消极心理问题逐渐得到改善，形成了良好的积极心理。体育参与是促进留守儿童身心健康的有效途径，应建立以学校为支点、家庭为主阵营、社区为补充的"三位一体"的参与体育活动模式，

---

① 范兴华、余思、彭佳等：《留守儿童生活压力与孤独感、幸福感的关系：心理资本的中介与调节作用》，载《心理科学》，2017，40(2)。

② 张莉、申继亮：《农村留守儿童主观幸福感与公正世界信念的关系研究》，载《中国特殊教育》，2011(6)。

并注意学校、监护人和社区进行合理分工，学校负责对农村留守儿童体育参与活动进行方案设计与指导，监护人负责支持与督促，社区(村委会)负责监督与政策扶持以及人力、物力的资助。[①] 另外，李孟洁等人则以社区家庭工作坊的形式对学龄前留守儿童进行了干预。结果发现，干预组儿童的情绪症状、品行问题等显著减少，亲社会行为显著增加，而对照组在相应问题上则未出现这种趋势。这是因为利用模仿学习、角色扮演、行为促进、相互监督、行为强化、积极鼓励等一系列社会认知行为技术开展干预，在一定程度上促进了亲子沟通和安全依恋的建立，从而改善了学前留守儿童的行为问题。[②] 这也表明这种干预方法在抑制农村学前留守儿童不良心理行为问题、改善其心理健康、促进其积极健康发展方面取得了显著效果，值得借鉴和有针对性地推广。刘霞等人还采用团体心理辅导的方式对留守儿童进行干预。结果表明，该方法能够显著改善留守初中生的学业和社交焦虑、孤独倾向等心理状况。留守学生有着类似的经历和体会，通过同学间的各种交流，促使其在交往中观察、学习和体验新的态度与行为方式，将自己的各种情绪，如焦虑、愤怒和不满等倾诉和释放出来，最终理智地对待"留守"这一暂时性状态，提高心理健康程度。[③]

其次是积极提升模式。由于该种模式针对的一般为全体留守儿童，因此更加适合进行团体辅导和团体介入。例如，范兴华等人利用团体心理咨询项目对留守儿童的心理资本进行了为期7年的团体干预。结果表明，该方案能有效提高留守儿童的自信心、进取性和理性感恩水平。积极情绪的拓展与建构理论认为，心理资本等积极心理力量的获得既可以拓宽个体的注意视野，也可以改变其思想与行动的模式。据此可知，自信进取与明理感恩两种积极心理品质的改善不仅可以刷新留守儿童对生活状况的认识，还可以增加他们应对处境不利压

① 陈曙、王京琼：《体育参与对农村留守儿童身心健康的干预研究》，载《武汉体育学院学报》，2016，50(9)。

② 李孟洁、郭丽、周佑英等：《农村学龄前留守儿童心理行为社区家庭工作坊干预》，载《中国心理卫生杂志》，2016，30(4)。

③ 刘霞、张跃兵、宋爱芹等：《团体心理辅导对留守儿童心理健康水平的干预研究》，载《中国儿童保健杂志》，2013，21(9)。

力的信心和能力，因而对生活满意度有助力效应、对抑郁有抑制效应，总体上有益于留守儿童的心理适应。① 另外，王登芹等人还利用团体心理辅导来评估其对留守儿童心理韧性和一般自我效能感的干预效果。结果表明该方法在提升儿童目标专注、积极认知和情绪控制方面具有良好效果。② 同学之间通过交流和互助，获得了一些积极能量，对自己充满信心，对未来燃起希望，看待事物也更加乐观，这不仅有助于异常心理的修复，也有助于留守儿童理性地处理生活中的艰难困苦和压力事件，保持健康成长的心态。还有研究通过综合使用感恩记录、感恩沉思和感恩拜访等技术对留守儿童展开感恩品质的团体干预，在辅导过程中，留守儿童通过记录和分享自己的成长经历，从内心里真正意识到自己需要感谢的人和事。研究结果证明，该辅导形式能够显著增强感恩的强度、密度、广度和持续性。③ 感恩与个人利他行为、生活满意度和主观幸福感密切相关。感恩训练和培养可以帮助留守儿童朝着更积极的方向发展。

四、留守儿童心理健康问题研究的展望

留守儿童因其数量的庞大，其心理健康问题近年来一直受到学界的关注和重视，包括心理学、社会学、教育学等诸多学科领域均将其视为重要的议题。目前的研究围绕留守儿童心理健康问题的现状、原因和干预策略等展开了初步探讨，但就目前留守儿童心理健康问题的治理成效来看，未来研究应注意以下几点问题。

第一，从留守儿童心理健康问题的基础研究来看。当下研究仅仅局限在以问卷测验为基础的小范围横断研究，结果仅仅局限于留守儿童和一般儿童的心理健康问题的对比与描述，以及影响心理健康问题的主要因素和心理机制，研

---

① 范兴华、欧阳志、彭佳：《农村留守儿童心理资本的团体辅导干预》，载《湖南第一师范学院学报》，2018，18(3)。

② 王登芹、宋国红、陈现彬等：《团体心理辅导对留守儿童心理韧性及一般自我效能感的干预研究》，载《中国校医》，2016，30(11)。

③ 刘妍：《留守初中生感恩心理的发展与促进》，硕士学位论文，沈阳师范大学，2017。

究技术和视角亟待未来补充与丰富。首先，从研究方法来看，既有研究很少涉及纵向研究，这使得留守儿童的诸多心理健康问题在留守阶段乃至一生中的发生和发展规律难以被准确揭示，伴随留守儿童的某些突出心理健康问题究竟是由于出生代际造成的还是社会变迁造成的仍旧无法甄别和剥离。未来应引入长时程的追踪研究，以便明确留守经历对留守儿童心理健康问题的影响效力大小和影响过程中的量变规律与质变年龄特征。其次，从研究内容来看，当下研究缺乏对留守儿童心理健康问题生理机制的探讨。未来可从基因、细胞、神经网络、全脑等不同层面揭示该群体各种心理与行为活动异常的生理机制，以明确留守经历催生的心理健康问题背后是否存在着特定的生物遗传标记和生理机制改变，尤其是要揭示留守群体心理健康问题的代际传递和诱发机制中是否存在着特定的生理结构变化。最后，从研究视角来看，目前研究大都基于省内抽样或校内抽样。这使得研究结果的稳定性和准确性变得十分受限，在同一心理健康问题的探讨上很多研究存在着争论，很大程度上源于抽样的地域差异和文化差异。未来应拓展研究视野和研究范围，注重跨文化研究，以明确国内不同地域间、不同民族间，乃至在世界中低收入国家间存在的留守群体的心理健康问题是否具有一致性的特点抑或是否存在实质性的差别，为将来有针对性地开展心理健康服务提供翔实的依据。

第二，从留守儿童心理健康问题的应用研究来看。目前对留守儿童心理健康问题的干预和治理成效有限，政策上缺乏配套的顶层设计和保障机制、微环境系统破坏的漏洞尚未修补、个体积极心理品质的开发严重不足，未来应多管齐下，为留守儿童心理健康问题的治理提供一套完善的体系和科学模式。首先，应加强顶层设计。国家和地方政府应出台和完善配套的政策，将农村留守儿童心理健康服务体系的构建纳入振兴农村规划发展的重要组成部分中，如划拨专项资金、规定服务标准、制订服务计划等。其次，要注重微环境系统的重塑和修补。生态系统理论认为，家庭是对儿童和青少年影响最大的微观系统，学校环境则紧随其后。因而，一方面，未来应软硬兼施加强家庭环境的建设和改观，如加强对抚养人的亲子教育，使其充分意识到家庭功能对儿童发展的重要性，加强亲子沟通，以积极健康和谐的家庭环境影响孩子。同时还要通过法规的完善补充亲子团聚权的硬性规定，提升对不履行监护责任的认定和处罚的可操作性，为留守儿童的发展保驾护航。另一方面，还应加强学校环境系统的建设。除了要加强积极的学校心理环境的构建外，如打造良好的师生互动氛围，倡导公平对待每一位学生等，还要注重学校心理健康服务环境的构建，如开展宣传活动、普及心理健康知识、加强心理辅导或咨询中心建设、强化心理健康师资队伍建设等，让留守儿童尤其是存在心理异常的留守儿童享受体面而有质量的心理咨询和治疗服务。最后，还要在实践中提升留守儿童理性平和、乐观开朗、健康向上的积极心理品质，引导其树立正确的人生观和价值观，提高其社会适应能力、困境承受能力和情绪调节能力。

第三十一章

流动儿童的心理健康问题研究

自改革开放以来，随着经济和社会的快速发展，我国出现了大批流动人口。早期流动人口往往以个人外出打工供养家庭为主。随着务工条件的成熟，举家迁移流动的人口比例逐渐增多。2014 年国家卫计委流动人口动态监测数据显示，接近 90% 的已婚新婚新生代流动人口是夫妻双方一起流动，而携带孩子一起举家流动的比例占 61%。由此产生了大批流动儿童。有数据显示，目前我国流动人口的总数超过了 2.4 亿[①]，流动人口的未成年子女总量将近 1 亿人，其中包括了流动儿童和留守儿童两部分[②]，而其中流动儿童的数量早在 2014 年就已经高达 5981 万人。流动儿童随父母进入新的生活环境中，他们的生活观念、行为方式和行为习惯等都会发生明显的变化。在适应新环境的过程中，流动儿童也容易出现各种适应问题。因此，对流动儿童心理健康问题进行研究，可以为有效提高其身心健康水平、促进其社会适应提供有益的帮助。

一、流动儿童心理健康问题的表现特点

第一，学习问题。近年来，国家出台了多部针对流动儿童入学问题的文件和政策，大部分流动儿童的入学问题已经得以解决。然而，流动儿童在学习方面依然会出现一些心理问题。首先，有些流动儿童缺乏明确的学习动机。动机是直接推动有机体活动以满足某种需要的内部状态，是行为的直接原因和内部

[①] 国家卫生健康委员会：《中国流动人口发展报告.2018》，北京，中国人口出版社，2018。

[②] 韩嘉玲：《中国流动儿童教育发展报告（2019~2020）》，北京，社会科学文献出版社，2020。

动力。流动儿童往往对学习的意义缺乏明确的认识，直接导致他们对学习没有兴趣。① 其次，缺少良好的学习环境和学习资源。部分流动儿童的家庭只能保证流动儿童拥有基本的学习用具，缺少电脑等其他学习工具，也很少为流动儿童的兴趣和各种特长提供培训与辅导的机会。最后，部分流动儿童存在学业困难。有些流动儿童是在老家接受了几年教育之后才转到流入地继续学习的，进入新的学习环境后，由于在教学方式、教学理念和教学内容上的差异，会有部分流动儿童在学习上存在多方面的困难，如不会使用电脑制作 PPT 在课堂上进行展示、英语口语表达困难等。值得关注的是，研究者基于中国教育追踪调查的数据发现，流动儿童的数学和英语成绩显著低于留守儿童。②

第二，情绪问题。随着年龄的增长，儿童情绪的稳定性会逐渐增强，情感会日益丰富，其情绪理解和自我意识均有所发展。然而，在积极情绪和消极情绪上流动儿童与城市儿童有所不同，流动儿童比城市儿童体验到更多的消极情绪和更少的积极情绪。③ 一般流动儿童的情绪体验在男生和女生之间没有差异；随着年级的升高，流动儿童的积极情感比较稳定，但消极情感有逐渐增加的趋势；流动时间长短会影响流动儿童的情绪体验，随着时间的延长，流动对儿童情绪的消极影响有所降低。流动儿童体验到的消极情绪主要有焦虑、抑郁、孤独感、自卑、恐惧倾向等。④ 由于上述消极情绪的存在，因此流动儿童的安全感和幸福感也相比城市儿童更低一些。值得关注的是，虽然总体上流动儿童的情绪问题相对较多，然而，针对不同地区的研究结果并不完全一致。比如，近期针对公立学校流动儿童的一些研究，流动儿童孤独感的检出率与对照组相比并无显著差异，流动儿童的主观幸福感处于中等以上水平，并且他们的积极情

---

① 董妍：《流动儿童心理健康教育》，89~94 页，北京，开明出版社，2019。
② 孙丹：《流动、留守与学生学业成绩：来自 CEPS 的经验证据》，载《教育经济评论》，2019，4(5)。
③ 王静、但菲、索长清：《近十年我国流动儿童心理健康研究综述》，载《陕西学前师范学院学报》，2016，32(1)。
④ 申继亮、刘霞、赵景欣等：《城镇化进程中农民工子女心理发展研究》，载《心理发展与教育》，2015，31(1)。

绪多于消极情绪。①

第三，同伴交往问题。流动儿童尤其是学龄期的流动儿童，面临的最大问题之一就是同伴交往问题。伴随着不断流动，流动儿童的同伴不断更换，导致他们很难保持持续的友谊。而且，在这一过程中，由于户籍不在当地，还可能面临被同学歧视和嘲笑的问题，这给流动儿童的身心发展带来了不利的影响。首先，流动儿童的同伴关系问题表现为人际交往的网络规模小，人际空间相对狭窄，他们往往只跟自己身份相同的儿童进行交往。其次，流动儿童的交往形式较为单一，缺乏多元化。由于自身生活圈子的限制，因此他们往往更经常和离自己比较近的儿童聚在一起玩游戏，很少涉猎其他形式的活动，如看电影、去爬山、一起旅游等。最后，流动儿童的同伴交往具有不稳定性。流动儿童的本质特征是"流动"，因此，他们交往的同伴也在不停变动。在 6~14 岁的流动儿童中，约1/3 儿童的流动时间超过了 6 年②，这一流动性导致他们构建的交往网络很容易断裂。

第四，亲子关系问题。相对于留守儿童，流动儿童能够在父母身边入学和生活，拥有较多的亲子互动机会和亲子互动时间。即使流动儿童经常看到的是早出晚归、疲于奔波的父母，从客观上讲，他们比留守儿童拥有更多的父母陪伴时间。然而，与城市儿童相比，流动儿童的亲子陪伴质量却相对较低，他们的亲子关系问题依然不容忽视。与城市儿童相比，流动儿童亲子沟通频率、时间和主动性都较低③，这导致流动儿童与父母之间的冲突较多、隔阂较深、交流较少，亲子之间缺乏温暖、亲密与关爱。

第五，问题行为。儿童的问题行为就是其个人的行为和社会规则、社会评价不相适应，出现矛盾和冲突。问题行为可以分为对外的破坏性行为和对内的

---

① 王中会、蔺秀云、侯香凝等：《流动儿童城市适应及影响因素——过去 20 年的研究概述》，载《北京师范大学学报（社会科学版）》，2016(2)。

② 参见全国妇联课题组：《我国农村留守儿童、城乡流动儿童状况研究报告》，发表于 2013 年 5 月 10 日。

③ 陈丽、刘艳：《流动儿童亲子沟通特点及其与心理健康的关系》，载《中国特殊教育》，2012(1)。

心理性问题。① 外化问题包括影响公共秩序、攻击他人、干扰课堂秩序等；内化问题包括退缩、焦虑、抑郁等。通过使用"Achenbach 儿童行为问卷"进行调查，研究者发现流动儿童的行为问题高于本地儿童。② 流动儿童的行为问题主要包括，不良的卫生习惯、违纪行为、攻击行为、强迫、多动、交往不良、社会融入等。③④⑤⑥

第六，社会适应问题。社会适应是个人逐步适应所处社会的生活方式、掌握道德规范和行为准则的过程，对个人的成长和未来生活有重要意义。研究者发现，流动儿童虽然生活在城市中，但是面临着社会福利、观念、社会关系、社区、休闲、认同等多方面的排斥，这种排斥对流动儿童适应城市生活有一定的消极影响。⑦ 儿童在不断流动过程中，除了会受到排斥之外，有些还会受到其他人的歧视。这种消极的体验会使这部分流动儿童缺乏归属感，缺少必要的社会支持，进而使他们产生较强的疏离感和自卑感，最终导致他们无法融入城市生活中去。而流动儿童如果不能很好地融合到新的社会环境中，将会对他们的心理发展产生多方面的不良影响。

二、流动儿童心理健康问题产生的原因

"流动"本身会给儿童带来一些社会适应上的困难，社会、学校与家庭环境对流动儿童的心理健康也有重要的影响。

---

① T. M. Achenbach, C. Edelbrock, and C. T. Howell, "Empirically based assessment of the behavior/emotional problems of 2-and 3-3 year old children," *Journal of Abnormal Child Psychology*, 1987, 15, pp. 629-650.

② 王栋：《广州市白云区学龄期流动儿童行为问题影响因素的比较》，硕士学位论文，南方医科大学，2015。

③ 李晓巍、邹泓、金灿灿等：《流动儿童的问题行为与人格、家庭功能的关系》，载《心理发展与教育》，2008，23(2)。

④ 申继亮：《流动和留守儿童的发展与环境作用》，载《当代青年研究》，2008(10)。

⑤ 王晓梅：《流动儿童心理行为问题研究》，载《社会心理科学》，2011，26(11-12)。

⑥ 夏维海：《流动儿童心理研究现状与展望》，载《四川理工学院学报(社会科学版)》，2015，30(4)。

⑦ 徐阿慧：《小组工作介入流动儿童城市适应性的研究——以芜湖市 H 小学为例》，硕士学位论文，安徽师范大学，2017。

第一，社会变迁对流动儿童的影响。"流动"本身是一个社会问题，随着政策的变化，流动人口的管理和流动儿童入学等多方面的问题会随之发生改变。虽然自1998年以来，政府已经出台了一系列保障流动人口子女平等接受义务教育的条例和法规，全社会在保障流动儿童受教育权益方面已经达成了共识。然而，目前很多政策还存在一定的模糊性，特大城市采用积分落户或者父母缴纳社保限制等方式制定了很多地方管理办法。比如，有些地区规定，非本市户籍适龄儿童少年需要在某区接受义务教育的，其父母或其他法定监护人需要在该城区连续工作居住满一年及以上。类似这种规定，使一部分流动儿童未能及时进入公立学校就学，这些问题在一定程度上会影响流动儿童的学习兴趣和社会融入。此外，即使在义务教育阶段能够及时入学，在中考升学过程中也往往会受到一定的限制。而这部分学生刚好处于青春期，很容易因为上学受挫而产生自卑、抑郁等问题。在城市适应的过程中，流动儿童除了升学之外还面临着来自社会关系、文化、福利制度等各个层面的社会排斥。[1] 对流动儿童的排斥和歧视是导致流动儿童心理问题的根源之一。因为这些现象的存在，流动儿童会感觉缺乏社会保障和支持，无法获得安全感和归属感，会在一定程度上表现出外化问题，如通过打仗斗殴等来发泄自己的不满。同时，张林、张园提出，当应对资源和策略都耗竭的时候，他们也容易产生社交回避和社会疏离感等内化问题。甚至还有研究者发现，歧视会影响流动儿童的人格发展。[2]

第二，学校环境对流动儿童的影响。学校不仅是青少年学习的场所，也是他们最主要的生活场所。首先，流动儿童所在学校的类型对其心理健康有一定的影响。目前，流动儿童所在学校主要分成三种类型：以流动儿童为主的学校、以城镇儿童为主的学校、两类儿童比例相当的学校。首先，研究者发现，在后两类学校就读的流动儿童会感受到更大的学业压力，会显著增加流动儿童遭受

---

① 任云霞、张柏梅：《社会排斥与流动儿童的城市适应研究》，载《山西青年管理干部学院学报》，2006，19（2）。

② X. Xiang, D. F. K. Wong, and K. Hou, "The impact of perceived discrimination on personality among Chinese migrant children: The moderating role of parental support," *International Journal of Social Psychiatry*, 2018, 64（3），pp. 248-257.

歧视的可能性。但是，在城市儿童比例较高的学校就读也有一定的好处，可以显著提高他们对学校的满意度以及提高他们对"本地人"身份的认同，可以在一定程度上促进这一群体的社会融合。[1] 其次，从教学环境来看，一些流动儿童所在学校的师资条件和教学设备较差，特别是少数打工子弟学校的师资水平较差，这在一定程度上影响了流动儿童的学习兴趣和学习效果。最后，同伴关系和师生关系也会影响流动儿童的身心健康。研究者发现，同伴依恋会影响流动儿童的学校适应情况，师生关系会调节这一关系。当师生关系良好时，流动儿童良好的同伴关系能够更强地预测他们的学校适应情况。[2]

第三，家庭环境对流动儿童的影响。首先，流动儿童的家庭状况会影响流动儿童的学业成绩。流动儿童的父母文化程度相对较低，他们不仅工作繁忙，而且压力大，收入不高。流动儿童的家庭居住环境也往往较差，大部分处于城市边缘的乡镇、城乡接合部或历史较为悠久的老式社区内。家庭中没有固定的学习场所、没有充足的教育资源、父母不关注儿童的学习或者没有时间、没有办法辅导孩子的学习，这些都是部分流动儿童出现学业问题的原因。研究发现，流动儿童的家庭经济水平会影响其学业状况，经济水平较高的流动儿童家庭会抵消"流动"对儿童学业成绩的负向影响。其次，不当的教养方式会影响流动儿童的身心健康。对于流动儿童来说，虽然有父母陪伴在身边，但是不良的教养方式也会影响流动儿童的心理健康水平。一些流动儿童的家庭教育方式极其简单粗暴，这容易对流动儿童造成一定的心理伤害。这种简单粗暴的家庭教育方式可能会导致儿童离家出走、打架、自闭、厌学、厌世等。由于有些流动儿童与父母之间缺乏及时、有效的沟通，流动儿童无法感受到父母的关爱、家庭的温暖，他们也无法从父母那里习得有效的情绪调节策略和人际交往技能。

---

[1] 谢勇、向家成：《学校类型对流动儿童社会融合的影响——基于南京、杭州、苏州和绍兴的调研数据》，载《人口与社会》，2019，35(4)。

[2] 江波、沈倩倩：《同伴依恋对流动儿童学校适应的影响机制》，《苏州大学学报（教育科学版）》，2019，7(3)。

三、流动儿童心理健康问题的预防与干预

流动儿童的心理健康教育工作是一项系统的工程，解决流动儿童的心理健康问题，需要社会、学校和家庭多方面的合作与协同，因此，可以从这三方面来提高流动儿童的心理健康水平。

第一，提高社会公平性，减少流动儿童的歧视知觉。首先，由于户籍问题，流动儿童的入学难问题虽然有所改善，但是还没有完全解决，比如流动儿童的学前教育问题，流动儿童的升学问题，流动儿童是否随班就读问题，等等。如果这些问题不加以解决，在一定程度上依然会对流动的心理发展产生一定的影响。因此，要从根本上解决流动儿童的教育问题，依然需要政府制定更为合理的政策和办法。其次，由于家庭经济收入情况与儿童的心理健康发展水平有一定的关系，因此，如何提高流动儿童家庭的经济收入水平、真正做到"劳有所得"也是值得关注的问题。最后，在社会福利、社会文化方面的歧视如果不加以消除，也会导致流动儿童心理失衡，引发心理健康问题。有鉴于此，提高社会公平性是解决流动儿童心理健康问题最为重要的社会因素。

第二，改善学校环境，提升流动儿童的学校认同感。从学校对儿童发展的影响来看，教学条件、师生关系和同伴关系等对流动儿童的心理健康都起着至关重要的作用。首先，与政策相关联，流动儿童所在学校的教学条件往往较差，甚至有些学校的电脑和教具等是其他公立学校淘汰的，只能看不能用。这就需要对流动儿童所在学校进行硬件方面的改进。其次，多项研究都发现，师生关系与儿童的心理健康水平和社会适应有密切相关。提高教师的素质、减少教师的认知偏见和不公平对待是提高流动儿童心理健康水平的有效途径。要让教师及时了解流动儿童的心理状况，尊重流动儿童的个体差异。在学业方面，教师要及时给予流动儿童适当的帮助，引导他们树立正确的学习观、增强学习的内在动机、体验到学业的成功感，创造良好的班级氛围。最后，良好的同伴关系

对于青少年的发展至关重要。如果经常被同伴拒绝，会使流动儿童感受到更多的排斥与歧视，不利于流动儿童的身心健康，而获得较多社会支持的儿童则能够更好地缓解负性情绪、退缩行为和适应不良。因此，在学校心理健康教育中，应鼓励当地儿童与流动儿童多交往，通过合作学习与小组学习增加他们相互了解的机会，使流动儿童感受到同伴的友谊。

第三，重视家庭教育，增加流动儿童的幸福感。家庭是流动儿童的第一所学校，改进流动儿童父母的教养方式，可以有效提升流动儿童的幸福感。首先，要增加流动儿童父母与子女的交流时间。随着社会的发展与变化，儿童每天接触的各种信息日趋复杂，这些信息会潜移默化地影响流动儿童的价值观、世界观和人生观。父母只有与子女多进行沟通和交流才能了解他们的心理变化。其次，要改进流动儿童父母与子女的沟通方式。从学龄前儿童到中小学生，儿童与父母之前的沟通应该由父母的单方面控制逐渐过渡到双方相互协商。最后，根据最佳适配度理论，① 父母的教养方式是否适当，还受到儿童气质类型的影响。因此，要根据儿童的个性发展特点，选用合适的教养方式，要避免简单粗暴的形式。总之，父母要多倾听孩子的心声，多了解孩子的心理变化，多关注孩子的成长需求。在家庭中感受到"爱"的孩子，才能够感受到幸福感，才能够有更多的"爱"给予他人和社会。

四、流动儿童心理健康问题研究的展望

流动儿童的心理健康问题关系到他们的个人成长和未来劳动者的素质，对此展开研究并开展有效的干预十分必要，然而目前还有许多问题需要进一步研究。

第一，需要关注流动幼儿的心理健康问题。虽然，根据教育部的文件，流动儿童是指 6~14 岁(或 7~15 岁)随父母或其他监护人在流入地暂时居住半年以

---

① A. Thmoas and S. Chess, *Temperament and development*, New York, New York University Press, 1977.

上的儿童。① 但是，随父母流动的幼儿或者出生在父母流入地的幼儿数量也相当巨大，他们的心理健康问题却鲜有受到研究者的关注。在 CNKI 中国知网上，以"流动幼儿"为关键词进行检索，从 2008 年欧阳岚发表在《学前教育研究》上的《学龄前城市流动儿童的心理健康教育》开始②，截至 2019 年 11 月，共检索到 18 篇文献，其中与流动幼儿心理健康有关的研究仅有 10 篇。幼儿本应是心理健康教育重点关注的人群之一③，因此，亟须对流动幼儿的心理健康展开相关的研究，并尽早对这一群体做好心理健康服务工作，以帮助他们更好、更早地适应城市生活。

第二，需要关注留守和流动经历对儿童影响的差异。与流动儿童一样，留守儿童的心理健康问题也受到了研究者的普遍关注。然而，留守和流动经历对儿童的影响可能并不一致，研究者得出的结论也相互矛盾。例如，有研究者发现流动儿童的问题行为得分、焦虑水平高于普通儿童和留守儿童④⑤，也有研究者发现流动儿童中高成就学生的比例更高，流动儿童的积极适应能够更好地预测其学业成就。⑥ 因此，留守和流动经历对流动儿童影响有何不同，具体应该分别重点关注流动儿童和留守儿童哪些方面的心理健康问题还值得进一步探究。

第三，理解生态系统影响流动儿童心理健康的作用机制。生态系统理论指出个体所处的环境之间具有交互作用⑦，这些系统之间如何共同作用于流动儿童的心理发展有待于进一步的研究。此外，气质与环境之间具有交互作用，研究者已经发现流动儿童的自我控制、韧性、社会支持等与儿童的社会适应有密

---

① 教育部：《流动儿童少年就学暂行办法》，教育部：《流动儿童少年就学暂行办法》，http://www.moe.gov.cn/s78/A02/zfs_left/s5911/moe_621/201001/t20100129_3192.html，2021-02-28。
② 欧阳岚：《学龄前城市流动儿童的心理健康教育》，载《学前教育研究》，2008(1)。
③ 俞国良：《社会转型：心理健康服务与社会心理服务》，载《黑龙江社会科学》，2018(4)。
④ 华销嫣、李玮玮、张羽等：《流动儿童与留守儿童公正世界信念与抑郁和焦虑的关系》，载《中国心理卫生杂志》，2018，32(2)。
⑤ 金灿灿、刘艳、陈丽：《社会负性环境对流动和留守儿童问题行为的影响：亲子和同伴关系的调节作用》，载《心理科学》，2012，35(5)。
⑥ 何孟姐、杨涛、辛涛：《心态×资源：影响小学流动和留守儿童学业成就的关键——基于全国 8590 名四年级小学生的"学业韧性"调研及启示》，载《中小学管理》，2016(11)。
⑦ 俞国良、张伟达：《发展心理学对心理健康问题的研究》，载《黑龙江高教研究》，2019(7)。

切的关系。①②③ 因此，当短时间无法改变生存的环境时，如何通过有效的干预手段提升流动儿童良好的心理品质是值得进一步探究和实践的。

第四，需要关注"流动"经历对流动儿童的长期影响。虽然研究者从 20 世纪 80 年代就已经开始出现流动儿童了，但是截至目前，以"流动儿童"为研究对象，题目涉及"追踪"或"纵向"的研究仅有 7 篇。生态系统理论指出时间系统会影响个体的发展，个体的"流动"经历是否仅对流动儿童有消极的影响，是否会对其自强、自立的个性培养起到积极的促进作用？通过追踪研究发现，流动儿童经过半年或者一年城市生活的适应，他们在人际友好、互动参与和社会活力方面均有所提升，在孤独感方面有所下降。④⑤ 然而，这些对流动儿童的追踪研究时间都比较短暂，还有待更长时间的调查，考察时间因素与环境变化、社会变迁等如何共同影响流动儿童的心理发展。

①　宋潮、邢怡伦、董舒阳等：《社会支持的利用度与流动儿童心理韧性的关系：自尊的中介作用》，载《心理学探新》，2018，38(3)。
②　王景芝、陈段段、陈嘉妮：《流动儿童自我控制与社会适应的关系：心理韧性的中介作用》，载《中国特殊教育》，2019(10)。
③　王中会、蔺秀云：《流动儿童的亲子依恋与其城市适应的关系：心理韧性的中介作用》，载《心理发展与教育》，2018，34(3)。
④　马诗浩、植凤英、邓霞：《流动儿童社会适应与自我提升的追踪研究》，载《中国特殊教育》，2019(1)。
⑤　叶枝、柴晓运、郭海英等：《流动性、教育安置方式和心理弹性对流动儿童孤独感的影响：一项追踪研究》，载《心理发展与教育》，2017，33(5)。

第三十二章

离异家庭子女的心理健康问题研究

　　随着社会经济快速发展，工作生活节奏加快，社会生活复杂性增加，我国离婚率呈快速攀升的趋势。根据国家民政部统计数据显示，2000 年我国离婚人数 121.2 万对，到 2017 年离婚人数达 437.4 万对，翻了近 4 倍。随着离婚率的提高，离异家庭儿童大幅增加，他们的心理健康问题呈现多样性和复杂性，引起全社会和心理学研究者的高度关注。心理学研究对离异家庭子女心理健康问题做出了解释，揭示了影响离异家庭儿童心理健康问题的因素，并进一步探索积极有效的教育干预措施。

一、离异家庭子女心理健康问题的理论诠释

　　20 世纪以来，心理学研究普遍发现离异家庭子女与完整家庭子女相比，在心理健康方面存在的问题较多，研究者从生态系统理论和依恋理论视角对离异家庭子女心理健康问题做出了解释。从 20 世纪 90 年代初开始，近三十年来一些研究者也开始探索研究父母离异对子女心理健康影响的有限性，并提出有限影响说。

(一) 生态系统理论对离异家庭子女心理健康问题的诠释

　　布朗芬布伦纳提出生态系统理论 (ecological systems theory)，他认为个体生活在一系列的环境系统中，个体与环境系统之间的相互作用影响个体的发展。这一系列环境系统包括：微观系统、中间系统、外层系统、宏观系统和时间系

统。其中，微观系统是指与个体成长发生直接关系的系统，如儿童与父母之间的关系、儿童与同伴的关系；中间系统是指各微观系统产生的相互作用，如个体在家庭中与父母的关系，会影响到个体在学校中与老师和同学的相处；外层系统没有与个体直接发生关系，但是会间接影响个体的发展，如父母的工作满意度、父母的工作环境和收入等；宏观系统是指个体生活的社会文化环境；时间系统是指随时间发展带来的变化和影响。① 根据生态系统理论，离异家庭子女的成长受到系统压力带来的负面影响。一是微观系统直接带来的影响。由于父母离异，儿童主要跟随一方父母生活，因此导致另一方父母缺位，缺少来自另一方父亲或母亲的爱和交流，承受着压力和焦虑。二是中间系统的压力。在离异前后父母的冲突和争吵直接影响子女的成长，父母的离异会导致儿童在学校被同伴"另眼相看"，影响儿童与同伴之间建立信任。三是外层系统的压力。父母离异导致家庭经济收入降低，儿童面临生活水平下降和家庭教育投入的降低。这一系列因素对离异子女的身心发展带来负面影响，影响身心健康发展。

(二) 依恋理论对离异家庭子女心理健康问题的诠释

依恋(attachment)是儿童与其抚养者之间的一种特殊情感联结，这种联结一般是与父母之间的情感联结。健康的依恋关系是安全型依恋，是儿童对于周围的环境感到安全，相信父母能够及时给予支持和保护，在遇到问题时能够积极调动个人的心理资源解决问题。在温暖和睦的家庭氛围中，来自父母的积极回应和有效支持有利于建立安全型依恋。儿童早期与父母建立的依恋关系的质量将影响儿童认知发展和社会性发展，在关系建立上，将影响儿童在学校的同伴关系、师生关系，以及未来建立良好的恋爱关系。显然，离异不利于父母与儿童建立健康的依恋关系。一方面，子女与一方父母的分离和居住环境的变化，

---

① U. Bronfenbrenner, "Contexts of child rearing: Problems and prospects," *American psychologist*, 1979, 34 (10), pp. 844-850.

使得亲子接触的时间和频率减少，对子女的物质和精神支持减少，亲子交流的质量降低；另一方面，父母离异后带来抚养方式上的变化，单亲家庭更少采用民主型的养育方式，父母之间缺少交流与合作。父母离异产生的不安全依恋将导致儿童产生多种行为问题、学习方面的问题和社会适应问题。研究发现，父母在儿童幼儿期或者童年期离异比在青少年期带来的影响更大，4~5 岁儿童如果由于父母离异导致不安全依恋，对儿童的影响将是终生的。[①]

(三) 有限影响说对离异家庭子女心理健康问题的诠释

20 世纪 90 年代以来，心理学研究者开始思考离婚对子女产生的影响是否存在个体差异，这种影响是否是终生的。赫瑟林顿(Hetherington)等人认为离婚对儿童发展的影响是有限的，离异不一定导致子女产生心理健康问题，其有限性体现在两个方面。一方面，不是所有的离异家庭子女都面临严重的心理问题，这与父母的特质、子女的智商、性格特点都有一定的关系。父母如果能够恰当处理离婚事件，对子女进行持续的监管与爱护，保持紧密的亲子联系，离婚对儿童带来的负面影响并不显著。[②] 另一方面，离异对子女心理健康产生的负面影响并不是持久的、终生的。研究发现，离婚对子女产生的影响随着时间的推移而逐渐减少。因为随着时间的推移，儿童逐渐适应新的生活环境，而且随着儿童的成长和成熟，对离婚的认识趋于成熟。特别是子女成年之后，他们对父母离异的理解和接受能力提高，由于父母离异带来的悲伤也逐渐减少。[③] 可见，父母离异不仅是一个结果，更是一个过程，在这个过程中父母不断发生冲突，从这一角度来讲，如果儿童长期生活在父母经常发生冲突的环境中，即父母处于"隐性离婚状态"，还不如父母离婚，让儿童从持续的冲突环境中解脱出来，改变生活环境，父母重新探索新的抚养方式。

[①] Nair Hira and Ann D. Murray, "Predictors of attachment security in preschool children from intact and divorced families," *The Journal of genetic psychology*, 2005, 166(3), pp. 245-263.

[②] E. M. Hetherington, "For better or for worse," *Marriage*, 2002, 8(2), pp. 178-192.

[③] E. M. Hetherington and M. Stanley-Hagan, "The adjustment of children with divorced parents: A risk and resiliency perspective," *Journal of Child Psychology and Psychiatry*, 1999, 40(1), pp. 129-140.

二、离异家庭子女心理健康问题的类型

从整个社会来看，父母离异对子女心理健康产生的负面影响远大于积极影响。进一步地，它对儿童的幸福感、认知发展和社会性发展都会产生消极影响。

(一)离异家庭子女的自尊

家庭是儿童成长的第一场所，完整人格的塑造需要良好的家庭氛围和健康的家庭教育。自尊是建立在自我评价基础上的自爱、自信和自我尊重。离异家庭子女由于受到家庭环境的影响，自我评价偏低，容易导致自卑。美国心理学研究者对离异家庭儿童自尊(self-esteem)情况做了聚合交叉研究，面向 1035 所中学，收集 24000 名学生的有关数据进行纵向追踪和横向比较。研究者分别在其父母离婚前 3 年到离婚后 3 年，采集期间 4 个时间点的数据。研究发现，在 4 个时间点上离异家庭子女的自尊都显著低于完整家庭儿童的自尊。在变化趋势上，离异家庭儿童的自尊随时间变化呈 U 形趋势，即儿童的自尊随着父母接近离异呈下降趋势，父母离异之后，随着时间推移，儿童的自尊水平有所上升，但是仍然低于完整家庭儿童的自尊水平，父母离异对儿童自尊的影响是深远的、持久的。[1] 对于离异家庭儿童，父母和学校应给予他们更多鼓励，引导他们了解自己的优点，建立积极的自我评价，形成健康的自我认识，培养自尊、自信、自强的心理品质。

(二)离异家庭子女的情绪问题

相比完整家庭的儿童，离异家庭子女更容易出现内部情绪问题，抑郁、焦

---

[1] Yongmin Sun and Yuanzhang li, "Children's well-being during parents' marital disruption process: A pooled time-series analysis," *Journal of Marriage and Family*, 2002, 64(2), pp. 472-488.

虑、悲伤等负面情绪更为常见。一是由于父母之间的频繁冲突产生压力，导致郁闷和悲伤情绪；二是由于父母离异后，父亲或者母亲一方的缺失使儿童感觉被抛弃，不被爱和关注，有缺失感；三是对父亲的怨恨，不理解、不原谅父母的离异；四是由于错误的认知，认为是自己导致的父母离异，从而产生压力、自责和内疚。① 情绪像是天气，离异家庭子女长期在各种负面情绪交织的"阴霾"中，如果情绪指向内部，则容易出现内部情绪问题，产生抑郁；如果情绪指向外部，则容易产生外部行为问题，亲社会行为减少，攻击性增强。心理健康教育需要关注离异家庭子女的情绪调节，帮助他们认识情绪，学会情绪调节方法，运用倾诉、自我暗示、积极开展体育运动等方式调节情绪，拨开负面情绪的"阴霾"。

(三) 离异家庭子女的行为问题

家庭是儿童价值观形成、习惯和行为规范养成的重要场所，离异家庭儿童往往在青春期更容易尝试冒险行为，更容易有攻击行为。离异家庭中处于青春期的儿童更容易出现酗酒、药物使用等行为问题。一方面，由于缺少父母的监管；另一方面，父母离异成为青春期子女的压力源，会将酗酒或药物使用作为排解压力的一种方式。② 而且，青春期子女在离异家庭的压力环境下，更容易在生理上早熟，更容易在青春期发生性行为。研究发现，离异家庭的女孩比起完整家庭的女孩，第一次月经的时间更早，更容易与比自己年长的男性同伴发生性关系。③ 离异家庭子女需要父母给予更多持续稳定的关注，建立权威、民主的教养方式，帮助培养他们良好的行为习惯。

---

① L. Laumann-Billings and R. E. Emery, "Distress among young adults from divorced families," *Journal of family psychology*, 2000, 14(4), pp. 671-687.

② Z. Tomcikova, A. M. Geckova, O. Orosova, et al., "Parental divorce and adolescent drunkenness: role of socioeconomic position, psychological Well-Being and social support," *European Addiction Research*, 2009, 15(4), pp. 202-208.

③ E. M. Hetherington, "An overview of the virginia longitudinal study of divorce and remarriage with a focus on early adolescence," *Journal of Family Psychology*, 1993, 7(1), pp. 39-56.

(四)离异家庭子女的社会适应问题

父母离异带来儿童居住环境的改变，常常伴随搬家、转学，新的学习和生活环境使儿童产生各种适应性问题。① 离异使儿童在建立新的同伴关系、师生关系方面缺乏信任，社会性发展受到影响。研究发现，父母离异甚至对成年早期的恋爱关系质量也会产生负面影响，离异家庭子女在恋爱过程中冲突更多，恋爱关系持续时间更短。究其原因主要有两个方面：从恋爱态度方面，离异家庭子女对婚姻往往持消极的态度，而对离婚持积极的态度，因此，在恋爱关系中缺少承诺、缺乏信任；在恋爱行为方面，离异父母的冲突导致子女在恋爱关系中冲突行为的频率更高，破坏恋爱关系质量。②③

(五)离异家庭子女的认知发展问题

儿童认知的健康发展需要父母时间和精力的投入，需要父母有效的陪伴、沟通和交流，与完整家庭儿童相比，处在动荡环境下的离异家庭子女的认知发展水平较低。在完整家庭中，父亲在家庭教育中往往扮演"玩伴"的角色，与儿童共同游戏，对儿童的认知发展具有促进作用。而离异状态下，儿童与非监护方父亲的交流机会减少，父亲在经济、时间、精力的投入减少，加上由父母离异带来的压力和焦虑，导致离异儿童在数字、语言等方面的认知能力低于完整家庭子女。④ 对于学龄儿童来说，学业成绩作为衡量儿童认知发展的一项指标，研究发现，离异家庭子女的学业成绩低于完整家庭儿童。⑤

---

① 王永丽、俞国良：《离异家庭儿童的适应性问题》，载《心理科学进展》，2005，13(3)。

② Ming Cui and Frank D. Fincham, "The differential effects of parental divorce and marital conflict on young adult romantic relationships,"*Personal Relationships*, 2010, 17(3), pp. 331-343.

③ Ming Cui, Frank D. Fincham, and Jared A. Durtschi, "The effect of parental divorce on young adults' romantic relationship dissolution: What makes a difference?"*Personal Relationships*, 2011, 18(3), pp. 410-426.

④ M. Shinn, "Father absence and children's cognitive development," *Psychological Bulletin*, 1978, 85 (2), pp. 295-324.

⑤ M. Tartari, "Divorce and the cognitive achievement of children," *International Economic Review*, 2015, 56 (2), pp. 597-645.

三、离异家庭子女心理健康问题的影响因素

近年来，离异家庭子女的心理健康问题日益受到关注，越来越多的研究者聚焦于如何缓解或减少父母离异对子女造成的心理影响上。这里从"有限影响说"的角度，对影响离异家庭子女心理健康的有关因素进行了系统梳理，探索如何对离异家庭子女的心理健康问题进行有效的教育干预，从社会、家庭和学校的角度如何给予有效的支持和帮助。

（一）关于父母的因素

1. 父母冲突

父母离异不仅是一个状态和结果，更是一个过程，从父母离婚前到离婚后，父母双方存在持久的冲突过程。研究发现，父母离异对子女产生的负面影响很重要的原因是来自父母间的冲突[①]，使儿童缺少了温暖和关爱，父母冲突的解决和减少有助于减少对儿童的消极影响。父母如果认识到这一点，应该在离异后解除冲突，还子女一个相对稳定、安全的生活环境，否则，离异不仅没有解决夫妻间原来的矛盾，还增加了孩子的心理负担。

2. 家庭社会经济地位

家庭社会经济地位是影响离异家庭子女发展的外部因素，家庭经济收入和父母的受教育程度是衡量社会经济地位的重要指标。研究发现，与受教育水平较高、较高经济收入家庭相比较而言，在低社会经济地位的家庭，父母离异后，儿童更容易出现情绪问题、认知发展问题、人际交往问题。[②] 日常生活中我们经常发现，家庭收入较高的离异家庭能持续为子女成长提供较好的物质生活条

---

① 邓林园、赵鑫钰、方晓义：《离婚对儿童青少年心理发展的影响：父母冲突的重要作用》，载《心理发展与教育》，2016，32(2)。

② Z. Tomcikova, A. M. Geckova, O. Orosova, et al., "Parental divorce and adolescent drunkenness: Role of socioeconomic position, psychological well-being and social support," *European Addiction Research*, 2009, 15 (4), pp. 202-208.

件和教育环境，受教育程度高的单亲父母能通过与子女的有效沟通，帮助子女适应新的生活环境，缓解负面影响。

3. 父亲的作用

父亲在家庭中的作用主要表现在：是家庭的重要经济支撑，是孩子的"玩伴"，同时也是权威的体现。而一般离异家庭子女由母亲抚养，导致父亲在儿童成长过程中的缺位。研究发现，很多离异家庭儿童的悲伤来自与其父亲的关系。由于与父亲接触频率较低，感到父亲对自己的投入少，怀疑父亲对自己的爱，将离异的责任归结于父亲。[①] 一项元分析的研究发现，非监护人父亲对子女的心理健康发挥积极作用，非监护人父亲的权威教养方式对子女的学业成绩有积极影响，有利于减少青少年儿童的内化和外化的心理行为问题。[②] 从这一角度出发，父母离异后，非监护人父亲应积极参与儿童的成长。

4. 抚养模式

父母离异后，由于居住环境的变化，子女一般由监护人一方主要抚养，监护方与非监护方父母共同抚养子女的方式，影响孩子心理健康的水平。阿马托(Amato)等人通过对944个离异家庭父母抚养方式的聚类分析，根据监护方父母和非监护方父母之间的交流程度与冲突程度，将离异后父母对子女的抚养方式分为三类：合作型抚养(cooperative parenting)、平行抚养(parallel parenting)和单亲抚养(single parenting)。在合作型抚养中，非监护方家长参与抚养，经常与子女交流，并与监护方家长共同讨论子女的教养问题，较少产生冲突，子女与非监护方家长(一般是父亲)的关系也更为融洽。在平行抚养中，非监护方家长与监护方家长很少交流子女的成长问题，也很少干预监护方家长对子女的教养，父母之间有一定冲突。在单亲抚养中，非监护方家长不参与抚养，与监护方家长没有交流。研究

---

① L. Laumann-Billings and R. E. Emery, "Distress among Young Adults from Divorced Families," *Journal of family psychology*, 2000, 14(4), pp. 671-687.

② Paul R. Amato and Joan G. Gilbreth, "Nonresident fathers and children's well-being: A meta-analysis," *Journal of Marriage and Family*, 1999, 61(3), pp. 557-573.

发现，在离异家庭中，合作型抚养下的子女心理行为问题最少。[1]

(二) 离异家庭儿童自身特点的影响

父母离异对子女的影响受到儿童自身特点的影响，存在个体差异，他们自身的积极心理品质有利于减轻负面作用。

1. 性别的影响

男孩和女孩在成长中生理发展、认知发展和社会性发展都存在差异，他们受父母离异的影响也存在性别差异。研究发现，离异对女孩的影响大于对男孩的影响，女孩更容易比男孩变得焦虑和抑郁，易出现外部行为问题。因为女孩从儿童期到青少年期与父母的社会性联结更紧密，依赖性更强，当关系发生变化时，对女孩的影响更大。[2] 在儿童阶段，父母离异对其子女未来的恋爱关系的影响也存在性别差异。研究发现，父母离异影响子女在成年后亲密关系的质量，16 岁之前父母离异的个体在成年后离婚率比完整家庭的个体离婚率更高，而这种现象常在女儿身上表现得更显著。换句话说，父母离异对女儿的亲密关系的影响大于对儿子的影响。对女儿来说，父母离异后母女关系的质量、自尊、对社会支持的满意度影响着未来的亲密关系。如果父母离异后，女儿能感受到充分的心理社会支持，则不会对未来的亲密关系产生负面影响。[3]

2. 人格特点的影响

离异对不同性格特点的儿童影响不同。研究发现，对于缺乏韧性、自我管理能力不强的儿童来说，他们更容易出现外部心理行为问题和退缩行为。对于

[1] Paul R. Amato, Jennifer B. Kane, and Spencer James, "Reconsidering the 'good divorce'," *Family relations*, 2011, 60(5), pp. 511-524.

[2] Margot Prior, Ann Sanson, Diana Smart, et al., *Pathways from Infancy to Adolescence: Australian Temperament Project 1983-2000*, Australian Institute of Family Studies, 2000.

[3] U. Mustonen, T. Huurre, O. Kiviruusu, et al., "Long-term impact of parental divorce on intimate relationship quality in adulthood and the mediating role of psychosocial resources," *Journal of Family Psychology*, 2011, 25(4), pp. 615-619.

害羞的儿童来说，他们更容易出现内化问题，如焦虑和抑郁的问题。具有良好性格特点、具有坚持性的儿童会尝试解决问题的各种应对策略，积极与父母建立关系，这有利于减轻离异带来的负面作用。实际上，离异家庭子女至少与一方父母建立积极的亲子关系，儿童的内化和外化问题就会大幅减少。① 此外，儿童的自我效能感也发挥着积极作用。如果儿童缺少自信，认为自己无力改变父母的情况，缺少对环境的控制感，那么，父母离异所带来的负面影响将会更明显。相反，如果儿童具有较高的自我效能感，相信自己在父母的关系中能发挥重要作用，这对于儿童自身的各种适应问题具有保护作用，儿童能采取积极的策略有助于他们适应新环境。② 培养儿童积极、健康的心理品质对于他们有效应对社会生活事件具有缓冲作用。

3. 家庭外的社会支持系统

父母因素和子女特点是影响离异家庭儿童心理健康的内部影响因素。从外部因素来看，虽然家庭对儿童的影响是最直接的，但是学校、社区也是影响儿童成长发展的重要场所。儿童同伴的理解、教师的关心和支持、邻居的帮助对儿童的心理健康具有保护作用，可以缓冲父母离异带来的负面影响。需要注意的是，这种保护作用是有条件的，对于父母监管到位的儿童来说，家庭外的社会支持系统作用是显著的，对于父母监管不力的儿童，与同伴和学校的紧密联系，反而会扩大儿童的问题行为，因为在父母监管不够的情况下，儿童可能与学校或者社会上的问题青少年联系更紧密。③ 所以，离异家庭子女的健康成长需要家庭、社区、学校形成合力，以父母监管为主，建立与社区、学校合作的交流机制，共同营造健康的成长环境。

---

① Eda Ruschena, Margot Prior, Ann Sanson, et al. ," A longitudinal study of adolescent adjustment following family transitions,"*Journal of Child Psychology and Psychiatry*, 2005, 46(4), pp. 353-363.

② 俞国良、王永丽：《离异家庭子女心理适应问题研究》，载《教育研究》，2007(5)。

③ Jen-De Chen and Rebecca A. George, " Cultivating resilience in children from divorced families,"*The Family Journal*, 2005, 13(4), pp. 452-455.

四、离异家庭子女心理健康问题的教育干预

毫无疑问，缓解或减少离异家庭子女心理健康问题，不能仅从孩子本身的心理行为问题出发。从生态系统理论的角度，需要积极关注离异父母自身的心理健康状态、离异父母对子女的教养方式、亲子沟通模式；充分利用社会资源和心理健康专业机构，帮助离异家庭子女提高社会适应性，缓解父母离异带来的负面影响，促进儿童健康发展。

(一)积极关注离异父母的心理健康调节

从成年人的角度，夫妻离异是重大社会生活事件，必然导致情绪的低落，幸福感的降低。对于单亲母亲来说，还往往面临经济收入减少，抚养压力增加，所以离异后的成年人也面临心理健康的调适。由于离异后父亲和母亲的心理健康状态，以及父母之间的交流状态直接影响儿童的适应性问题，因此，离异后的父母应加强人格训练，培养健康心理，防止与前妻或前夫再发生争吵和冲突，防止在孩子面前抱怨另一方，将心理压力、焦虑和抑郁情绪传导到子女身上。在社会层面应加强对单亲父母的心理援助和支持，有效应对离婚事件，帮助单亲父母重新进入健康的生活状态中。

(二)积极关注离异父母对子女的教养

通过梳理文献研究发现，父母离异后儿童是否能够健康成长，很大程度上仍然取决于亲子的关系质量。父母离异后，如果至少一方父母能够持续地关注子女成长，给予充分的爱和温暖，在他们成长过程中给予支持，采取科学的教养方式，子女的成长会较少受到父母离异的影响。因此，父母在离异后，双方应该充分认识到离异仅仅是夫妻之间感情的破裂，对子女如果能够完全履行父母责任，在子女成长方面投入时间和精力，这样孩子受父母离异带来的负面影

响较小。更为积极的状态是，父母离异后能够积极探索合作式的教养，对子女成长的关键问题进行讨论，就能有效帮助子女健康发展。

(三)积极关注儿童对父母离异的理解

面对子女，很多父母对于离异的问题闭口不谈，这并不利于子女对父母离婚的认识，不利于他们面对新的家庭结构下社会生活的适应。父母对离异问题的回避，容易让子女在他们不够成熟的认知框架下形成对离异的错误理解，如将父母的离婚的责任归咎于自己，感到被一方父母抛弃。父母对离异问题与儿童进行开放、合理、充分的交流有助于孩子对离婚的理解①，减少自己对父母离异的错误认知。通过沟通，让孩子认识到父母离异是父亲和母亲双方协商做出的决定，离异的主要原因是父母情感的破裂，自己与父亲和母亲的血缘关系不会改变，父母对自己的关爱不会因为离异而减少。

(四)积极关注学校和社区的社会支持

除家庭之外，学校和社区是儿童成长的重要环境，离异家庭需要社会给予物质上和精神上的支持。在精神方面，离异父母和子女需要社会的理解和包容，在现代社会，离异是一个家庭为了解决矛盾冲突做出的选择，社会应予以理解。在学校，教师对离异家庭子女应给予关注和鼓励，帮助他们在学校建立健康的同伴关系，培养他们的自尊、自信。在物质方面，单亲母亲的经济状况往往不乐观，需要社会有关机构帮助解决就业，改善生活条件。

(五)积极关注离异家庭儿童心理健康干预项目

专门针对离异家庭儿童的心理健康干预项目对儿童在父母离异后的适应性具有积极作用。一项"新开端项目"(the new beginning program)立足于帮助离异

---

① Jen-De Chen and Rebecca A. George, "Cultivating resilience in children from divorced families," *The Family Journal*, 2005, 13(4), pp. 452-455.

家庭子女，聚焦改善亲子关系，开展有效训练。该项目认为，父母离婚导致儿童无法完成发展性任务，增加了出现心理健康问题的可能性，损害儿童的发展性能力。父母离异后，他们的养育对儿童成功适应和解决发展性问题、规划未来起核心作用。该项目通过带领亲子共同阅读关于离异家庭子女改善适应性的书籍、讲授有关知识、开展角色扮演、布置家庭作业等方式开展有关活动。经过 10 周的干预，实验组儿童在关于父母离异方面的负面感受降低，能够正确认识和接受父母离异的现实，积极适应新的生活环境。而且心理健康的干预措施具有持久性，在 15 年后，接受干预项目的儿童未来的适应性更好。①

---

① C. Christopher, S. Wolchik, J. Y. Tein, et al., "Long-term effects of a parenting preventive intervention on young adults' painful feelings about divorce," *Journal of Family Psychology*, 2017, 31(7), pp. 799-809.

附录

——

作者心理健康教育著作一览(2000 年至今)

1. 心理自测文库(10 册),俞国良主编,台北:台湾国际少年村出版社,2000。

2. 小学心理健康教育教师指导手册(上、下册),俞国良、陈虹主编,北京:开明出版社,2001。

3. 中学心理健康教育教师指导手册(上、下册),俞国良、陈虹主编,北京:开明出版社,2001。

4. 课外心理(6 册),林崇德、俞国良主编,沈阳:辽宁人民出版社,2001。

5. 心理健康教育材料(24 册),俞国良主编,北京:中国和平出版社,2002。

6. 心理健康教育教程(上、下册),俞国良副主编,北京:人民教育出版社,2004。

7. 心理健康教育(学生用书,教师用书),俞国良主编,北京:高等教育出版社,2005。

8. 现代心理健康教育,俞国良主编,北京:人民教育出版社,2007。

9. 心理健康教育读本(24 册),俞国良主编,北京:北京师范大学出版社,2008。

10. 现代教师心理健康教育,俞国良、宋振韶著,北京:教育科学出版社,2008。

11. 心理健康(中职国家规划教材),俞国良主编,北京:高等教育出版社,2009。

12. 心理健康教学参考书，俞国良、李媛主编，北京：高等教育出版社，2009。

13. 心理健康自测与指导，俞国良主编，北京：高等教育出版社，2009。

14. 心理健康教育案例集，俞国良、文书锋主编，北京：高等教育出版社，2009。

15. 生涯自测与指导，俞国良著，北京：高等教育出版社，2009。

16. 大学生心理健康通识，文书锋、胡邓、俞国良主编，北京：中国人民大学出版社，2010。

17. 心理健康经典导读（上、下册），俞国良、雷雳主编，北京：开明出版社，2012。

18. 健康与幸福（12 册），俞国良、雷雳等译校，杭州：浙江教育出版社，2012。

19.《中小学心理健康教育指导纲要（2012 年修订）》解读，林崇德、俞国良主编，北京：北京师范大学出版社，2013。

20. 心理健康（24 册，国家纲要课程教材），俞国良主编，北京：北京师范大学出版社，2013。

21. 健康与幸福（高中上、中、下册），俞国良、雷雳等译校，杭州：浙江教育出版社，2013。

22. 心理学大师心理健康经典论著通识丛书（17 册），俞国良主编，杭州：浙江教育出版社，2013。

23. 心理健康（中职国家规划教材，修订版），俞国良主编，北京：高等教育出版社，2013。

24. 心理健康自测与指导（修订版），俞国良著，北京：高等教育出版社，2013。

25. 大学生心理健康通识（第 2 版），文书锋、胡邓、俞国良主编，北京：中国人民大学出版社，2013。

26. 心理健康教学参考书(修订版)，俞国良、李媛主编，北京：高等教育出版社，2013。

27. 心理健康教育(24册)，俞国良主编，合肥：安徽大学出版社，2013。

28. 心理健康教学设计选，俞国良主编，北京：高等教育出版社，2014。

29. 成长不困惑，俞国良等译校，北京：中国人民大学出版社，2014。

30. 心理健康教育(十二五高职教材)，俞国良主编，北京：人民教育出版社，2014。

31. 中等职业学校心理健康教育培训教程，俞国良主编，北京：高等教育出版社，2016。

32. 心理健康教育教学参考(小学)，俞国良主编，北京：北京师范大学出版社，2017。

33. 心理健康教育教学参考(初中)，俞国良主编，北京：北京师范大学出版社，2017。

34. 心理健康教育教学参考(高中)，俞国良主编，北京：北京师范大学出版社，2017。

35. 20世纪最具影响的心理健康大师，俞国良著，北京：商务印书馆，2017。

36. 社会转型：心理健康教育报告，俞国良著，北京：北京师范大学出版社，2017。

37. 大学生心理健康，俞国良主编，北京：北京师范大学出版社，2018。

38. 心理健康(中职国家规划教材，第三版)，俞国良主编，北京：高等教育出版社，2018。

39. 心理健康教学参考书(第三版)，俞国良、李媛主编，北京：高等教育出版社，2018。

40. 心理健康自测与指导(第三版)，俞国良主编，北京：高等教育出版社，2018。

41. 心理健康大师：认知与评价，俞国良著，北京：开明出版社，2019。

42. 心理健康（中职国家规划教材，第四版），俞国良主编，北京：高等教育出版社，2019。

43. 中小学心理健康教育书系（14册），俞国良主编，北京：开明出版社，2019。

44. 中小学校心理健康教育研究，俞国良著，北京：北京师范大学出版社，2020。

45. 高等院校心理健康教育研究，俞国良著，北京：北京师范大学出版社，2020。

46. 心理健康教育理论政策研究，俞国良著，北京：北京师范大学出版社，2020。

47. 心理健康教育前沿问题研究，俞国良著，北京：北京师范大学出版社，2020。

图书在版编目（CIP）数据

心理健康教育学科融合研究／俞国良著.—北京：北京师范大学出版社，2021.4（2022.2 重印）
（京师心理研究书系）
ISBN 978-7-303-26566-4

Ⅰ．①心…　Ⅱ．①俞…　Ⅲ．①心理健康-健康教育-教学研究
Ⅳ．①G444

中国版本图书馆 CIP 数据核字（2020）第 251192 号

| 营　销　中　心　电　话 | 010-58807651 |
| 北 师 大 出 版 社 高 等 教 育 分 社 微 信 公 众 号 | 新外大街拾玖号 |

XINLI JIANKANG JIAOYU XUEKE RONGHE YANJIU

出版发行：北京师范大学出版社　www.bnupg.com
　　　　　北京市西城区新街口外大街 12-3 号
　　　　　邮政编码：100088
印　　刷：北京盛通印刷股份有限公司
经　　销：全国新华书店
开　　本：710 mm×1000 mm　1/16
印　　张：24.25
字　　数：326 千字
版　　次：2021 年 4 月第 1 版
印　　次：2022 年 2 月第 2 次印刷
定　　价：88.00 元

策划编辑：周雪梅	责任编辑：杨磊磊　葛子森
美术编辑：王齐云	装帧设计：邓　聪
责任校对：康　悦	责任印制：马　洁